가족기업의 성공승계 전략

조병선

Family Entrepreneurship and Business Succession

publishing and culture
피앤씨미디어

추천사

'기업이란 무엇인가'라는 물음을 다시 던지지 않을 수 없다. 기업은 일자리를 제공하고 경제적인 부와 사회적 가치를 창출함으로써 경제 및 사회 발전에 공헌하는 핵심 경제주체다. 기업이 투자를 확대하고 혁신을 지속해 나갈 때 경제는 활력을 유지하고 더 많은 일자리가 창출되며 국가경쟁력은 높아진다. 기업가정신을 고양하고 기업의 자율과 창의가 존중되어야 하는 이유다.

한국의 스타트업 기업들이 52시간 규제를 포함한 여러 가지 기업 발목잡기들에 가슴 아려하며 한국을 탈출한다. 세계 130개국이 법인세율을 최저 15%로 하기로 합의하여 세계가 법인세율을 정하는 세상이 되었다. 세상은 이렇게 한 번도 보지도 듣지도 생각지도 않던 쪽으로 변하는 중이다. 오늘도 우리에게는 제 밥그릇만 챙기고 자기 또는 집단 편집증에 경도된 사람들이 공정과 효율, 시장을 무시한 법과 정책과 제도들을 쏟아낸다. 그런데도 책임지는 사람, 책임을 묻는 사람들이 없다. 오로지 한쪽에 비켜서서 제3자인 양, 외계인인 양 비판의 잡음들만 내고 있다.

이런 와중에 저자는 오랜 경험에 바탕을 둔 지혜와 열정으로, 경제의 활력을 증진하고 우리의 선량한 기업들을 오랫동안의 질곡에서 되살리기 위해, 다시 한번 반드시 바로 잡아야 할 필수 어젠다를 정리한다. 국가 경제에서 큰 비중을 차지하고 있는 가족기업의 중요성과 경영특성, 계속기업의 명제에 따른 필연적인 기업승계, 세계적으로 유명한 장수 가족기업과 그들의 경영특성 및 성공 승계 전략 등을 정리하여 보이면서, 우리가 이제는 소모적인 논란에 마침표를 찍어야 할 기업승계 관련 정책 및 법 제도의 선진화 방안을 제시한다.

인간은 항상 자기 눈높이만큼만 본다고 한다. 특히 영향력이 있다는 사람들의 눈높이는 그래서 치명적이다. 이런 사람들이 눈높이를 높여야 하는 것은 당연한 일이다. 제발, 부디, 이 책이 그런 사람들의 눈높이를 높여주는 한 알의 밀알이 되어 주기를 진심으로 희망한다.

척박한 환경에서도 왕성한 기업가정신을 발휘하여 좋은 기업을 일구어 온 중견·중소기업 CEO들과 다음 세대를 이어갈 차세대 경영자들이 가족기업의 특성을 이해하고 가족, 오너십, 기업승계 등과 관련하여 새로운 영감과 지혜를 찾아가는 데 도움을 주는 안내서의 역할도 기대해본다.

한국중견기업연합회 회장
강 호 갑

추천사

코로나 팬데믹이 장기화되면서 전 국민의 마스크 쓰기가 일상화되었다. 코로나 초기 마스크 대란 속에서도 가격을 올리지 않은 착한 기업으로 알려진 중소기업은 창업주인 아버지와 후계자인 자녀가 함께 이끌어 가는 가족기업이다. 하지만 우리 사회의 가족기업에 대한 시선은 차갑다. 이는 주로 기업의 경영을 단순하게 바라보는 시각과 기업승계가 일반 재산의 상속과 다를 게 없다는 편견에서 기인한다. 일반 재산의 상속·증여가 한 개인의 재산이 다른 개인에게 단순 이전되고 귀속되는 행위라면, 기업승계는 일자리를 제공하고 경제적 가치와 소중한 사회적 가치를 창출하는 데 활용되는 기업재산과 경영 노하우를 장기간의 승계과정을 거쳐 전수하는 고도의 경영행위에 해당한다는 점에서 본질적인 차이가 있는 것이다.

중소기업 가운데는 CEO의 나이가 70대 이상인 법인이 1만 개가 넘는다. 베이비붐 세대의 은퇴 시기와 맞물려 기업승계가 시급한 화두로 부상하고 있는 이유다. 이러한 시점에서 오랫동안 기업승계 분야에 관심을 갖고 연구해 온 저자가 "가족기업의 성공승계 전략"을 출간하는 것은 시의적절하고도 반가운 일이다.

가족기업은 비가족기업에 비해 생산성과 수익성 지표 등 경영성과가 우수하다. 유럽은 200년 이상의 장수 가족기업이 4천여 개에 달한다. 우리나라도 명문 장수기업으로 확인받은 기업 19개사 가운데 18개 업체가 중소·중견 가족기업이다. 기업이 오래 생존하면서 경제·사회에 기여해 나가기 위해서는 안정적인 승계가 중요하다. 하지만 승계가 부의 대물림이라는 인식이 만연해 있고 승계를 지원할 생태계가 제대로 구축되어 있지 않은 관계로 기업들은 승계에 어려움을 겪고 있다.

중소기업중앙회장으로 재임하면서 국회와 정부를 설득해 가업상속공제 한도를 대폭 확대하고 다양한 제도개선을 이끌어냈지만, 현장에서 만나는 기업들은 여전히 기업을 승계하기가 어렵다고 하소연한다. 과도한 상속세가 승계를 어렵게 하는 가장 큰 요인이라고 지적하고 있으며, 기업의 본질은 좋은 제품 만들어서 시장에 팔고 일자리를 창출하는 것인데 세금 문제로 발목이 잡혀 있으니 답답하다고 한다. 이에 관한 개선이 시급한 상황이다.

본 책자는 가족기업이 글로벌 경쟁시대에 적합한 비즈니스 모델임을 널리 알리고, 가족기업의 발전을 위해 어떠한 방향으로 경영전략을 수립하고 승계과정을 진행해 나가야 하는지 길잡이가 될 수 있는 지침서라 할 수 있다. 많은 독자의 애독을 권한다.

중소기업중앙회 회장
김 기 문

머리말

오늘날 가족기업은 주요 선진국을 중심으로 연구자와 대학은 물론 기업인과 투자자 등 다양한 이해관계자들로부터 큰 관심을 받고 있다. 우리나라에서도 최근 들어 기업승계가 경제 분야의 주요 현안으로 등장하면서 가족기업에 대한 관심이 커지고 있다.

가족기업은 국민경제에서 차지하는 비중이 크고 일자리 창출은 물론 가족이라는 소중한 공동체의 안정 및 번영과 지역사회 발전에 공헌하는 등 경제·사회적으로 중요한 역할을 담당한다. 가족기업 중에는 소규모 생계형 기업이 큰 비중을 차지하고 있지만, 대부분의 중소기업과 중견기업은 가족기업이다. 월마트, 포드, BMW, 보쉬, 토요타, 이케아 등 잘 알려진 글로벌 기업들과 우리나라 대기업의 상당수도 가족경영 방식을 채택하고 있다. 각 나라의 명문 장수기업과 히든챔피언의 대부분 역시 가족기업 형태로 존립하고 있다.

가족기업은 족벌주의나 경영의 전문성 미흡 등으로 경영성과가 부진하고 문제가 많을 것이라는 막연한 인식과는 달리, 소유권이 불특정 다수에게 분산된 기업에 비해 경영성과가 우수하고 안정적인 경영을 유지하고 있는 기업이 많다. 위기극복 역량이 우수하고 환경변동에 신속하게 대응하며, 위험을 감수하고 과감한 투자를 할 수 있다. 단기적인 성과보다는 장기적인 안목에서 생존 및 발전 전략을 추구한다. 가문과 기업의 명예를 지켜가기 위해 고객의 신뢰와 품질을 중시하고 자선활동과 사회적 책임 활동에도 관심이 많다. 가족이 소유하고 경영하는 기업이기 때문에 직면하는 도전과 어려움 또한 적지 않다. 가족 구성원 사이의 갈등과 승계 과정의 어려움 등이 대표적인 도전

과제에 해당한다.

이 책은 저자가 그동안 연구하고 자문해 온 가족기업의 경영 및 승계에 관한 내용과, 가족기업에 대한 연구와 컨설팅 활동이 활발한 미국과 유럽의 자료들을 체계적으로 정리한 결과물로서 모두 3편으로 구성되어 있다.

제1편에서는 가족기업의 구조와 특성을 이해하는 데 필요한 이론, 가족기업 경영에 지대한 영향을 미치는 가족과 소유권, 갈등 및 분쟁 등에 관한 내용을 소개하였다.

가족기업에 있어서 가족은 기업을 소유하는 사람들의 집단임과 동시에 기업을 경영하는 구성원의 집단에 해당한다. 가족 구성원들이 가치관과 목표를 공유하고 협력할 때 가족기업이 갖는 장점을 최대화할 수 있다. 가족이 기업에 긍정적인 영향을 미치고 기업과 생산적인 관계를 유지해 나가기 위해서는 가족 구성원을 잘 교육하고 관리하는 것이 중요하다. 기업의 소유주 그룹에 해당하는 가족은 주주권 행사를 통해 기업을 통제하면서 경영 전반에 걸쳐 영향력을 행사한다. 화합하고 협력하는 가족 주주들은 '가족효과'를 창출하고 '인내자본'을 형성함으로써 기업의 성과를 높이고 가문의 유산을 창조하는 등 가족과 기업에게 많은 혜택을 제공한다. 갈등은 가족기업을 경영하는 대부분의 가족들이 직면하는 일상적인 문제다. 이를 효과적으로 관리해 나가지 않으면 가족의 화목과 기업의 영속성 유지에 큰 위협요인으로 작용한다.

제2편에서는 성공한 가족기업 리더라면 누구나 그리고 언젠가는 직면하게 되는 승계 문제를 다루었다. 기업승계의 중요성과 성공 비결, 후계자 선정과 육성, 승계계획 수립 및 관리, 성공 승계를 위한 가족과 기업 차원의 준비 등에 관한 내용이다.

가족기업의 승계는 장기간의 과정이며 사랑과 인내로 빚는 종합예술이다. 승계는 책임과 기업가정신의 대물림이며, 명문 장수기업의 토대를 다지는 제2의 창업에 해당한다. 성공적인 승계를 위해서는 승계계획을 수립하고 효과적으로 관리해 나가는 것이 중요하다. 필요한 자질과 역량을 갖춘 후계자를 선정하고 육성하는 일은 가업을 지키고 대를 이은 장수기업으로 가는 핵심 과제다. 승계자금을 마련하고 상속세 등 승계비용을 효과적으로 관리하면서 은퇴 이후의 삶도 준비해 나가야 한다. 가족 구성원과 주주 등 이해관계자를 효과적으로 관리함으로써 승계 과정에서 발생할 수 있는 갈등 및 위험을 줄이는 노력도 중요하다. 가족기업의 성공 승계를 위해서는 기업 차원의 준비도 소홀히 해서는 안된다.

제3편에서는 글로벌 히든챔피언에 대한 사례연구를 바탕으로 장수하는 가족기업의 경영특성과 성공승계 전략을 정리하고, 기업승계가 활발하게 진행되고 있고 지원정책 및 법제도가 잘 정비되어 있는 국가와의 비교연구를 통해 기업승계 정책 및 법제도의 선진화 방안을 제시하였다. 가족기업의 승계는 개별 기업과 가족 차원의 노력만으로 이루어지는 것은 아니다. 기업의 영속성 유지를 통한 경제 활력 증진과 글로벌 경쟁력을 갖춘 장수기업 탄생을 촉진하기 위해서는 기업승계와 관련한 상속·증여세 부담을 완화하고, 승계 과정에서 위협받기 쉬운 경영권의 안정적인 확보와 효과적인 지배구조 구축에 필요한 법제도를 선진적으로 구축해나갈 필요가 있다.

이 책이 완성되기까지 주위 분들의 격려와 지원이 있었다. 다양한 자료와 사례를 수집하고 정리하는 데 도움을 준 사랑하는 아내와 아일랜드 트리니티 대학에서 기업가정신 분야 연구에 열중하고 있는 조성환 군, 그리고 한국가족기업연구원의 최은규 연구원에게 감사의 마음을 전한다. 책의 구성과 내용 전반에 걸쳐 많은 자문과 아이디어를 공유해주신 기업승계와 상속세 분야 전문가 최봉길 박사님과 책의 출판을 맡아주신 피앤씨미디어 박노일 대표님에게도 감사를 드린다.

양질의 일자리를 창출하면서 우리 경제에 활력을 제공하고 있는 가족기업, 그리고 좋은 기업을 일구고 승계를 준비하고 있는 기업의 CEO들과 차세대 경영자들의 앞날에 무궁한 발전과 행운이 함께하기를 바라는 마음 간절하다.

2021년 7월 초하루

조 병 선

차 례

제1편 가족기업 경영 일반

제1장 가족기업에 대한 이해

1. 가족기업의 개념 ···················· 4
2. 가족기업의 중요성 ···················· 7
3. 가족기업의 경영상 특성 ···················· 10
4. 가족기업의 경쟁우위와 도전 ···················· 14

제2장 가족기업의 구조 및 특성과 거버넌스

1. 가족기업의 구성 체계 ···················· 18
2. 가족기업의 이중적 기능과 양가속성 ···················· 19
3. 가족기업의 경영 행태 ···················· 26
4. 가족기업의 거버넌스 ···················· 28

제3장 가족기업 연구에 활용되는 주요 이론

1. 체계이론 ···················· 38
2. 대리인이론 ···················· 47
3. 자원기반이론 ···················· 48

제 4 장 가족기업의 소유권

1. 가족기업 소유권 일반 ······ 51
2. 가족기업 소유주의 권리와 책임 ······ 54
3. 서로 화합하고 협력하는 소유권의 힘 ······ 55
4. 소유권의 이전과 주주 관리 ······ 61

제 5 장 가족기업의 경영과 가족

1. 가족기업 경영에 있어서 가족 ······ 64
2. 가족기업의 경영과 가족 관리 ······ 65
3. 가족기업 정책의 수립과 실천 ······ 75
4. 가족 구성원에 대한 교육 ······ 84

제 6 장 가족기업의 경영과 갈등관리

1. 가족기업의 경영과 갈등 ······ 90
2. 가족기업의 갈등에 대한 이해 ······ 91
3. 가족기업 갈등의 유형 ······ 95
4. 갈등관리 방안 ······ 99

제 2 편 가족기업 승계론

제 7 장 가족기업의 승계 일반

1. 승계의 개념과 유형 ······ 108
2. 승계의 중요성 ······ 111
3. 승계의 과정과 대상 ······ 118
4. 승계에 영향을 미치는 요소들 ······ 120

제8장 후계자 선정

1. 가족기업의 후계자 ······ 131
2. 후계자 선정 기준 및 방법 ······ 135
3. 후계자 선정 과정에서의 유의사항 ······ 140
4. 후계자 후보들 간의 경쟁 관리 ······ 148

제9장 후계자 육성과 리더십 개발

1. 후계자 육성의 중요성 ······ 152
2. 후계자 육성의 유형 ······ 154
3. 후계자 교육 및 육성의 단계 ······ 157
4. 후계자 육성계획의 수립과 실행 ······ 164

제10장 승계계획

1. 가족기업의 승계와 승계계획 ······ 173
2. 승계계획의 개념과 중요성 ······ 175
3. 승계계획 수립에 앞서 고려해야 하는 요인들 ······ 177
4. 승계계획의 수립과 실효성 제고 ······ 181

제11장 승계과정 관리와 성공승계를 위한 가족 및 기업 차원의 준비

1. 승계과정 관리의 개념과 중요성 ······ 188
2. 승계과정에서의 이해관계인 관리 ······ 189
3. 성공승계를 위한 가족 차원의 준비 ······ 199
4. 성공승계를 위한 기업 차원의 준비 ······ 204

제12장 가족기업의 리더십과 리더십의 이전 및 승계

1. 가족기업 리더십의 특성과 유형 ······ 209
2. 가족기업의 세대간 이전과 리더십 ······ 213
3. 가족 리더십의 특성과 중요성 ······ 215
4. 가족기업의 리더십 이전 및 승계 ······ 218

제3편 가족기업 경영 및 승계 사례와 정책

제13장 장수 가족기업의 경영특성과 성공승계 전략

1. 장수기업에 대한 이해 ···························· 232
2. 독일 명문 장수기업의 경영 및 성공승계 사례 ···························· 235
3. 사례를 통해 본 장수 가족기업의 특성 ···························· 257
4. 경영상 시사점 ···························· 261

제14장 가족기업 승계 관련 정책 및 법제도

1. 기업승계의 중요성과 지원 정책 ···························· 264
2. 한국의 기업승계 관련 세제 ···························· 267
3. 독일의 기업승계 현황과 정책 및 법제도 ···························· 271
4. 기업승계 지원 정책 및 법제도 선진화 방안 ···························· 293

찾아보기 ···························· 297

제 1 편

가족기업 경영 일반

제1장 가족기업에 대한 이해

가족기업은 가족이 소유한 기업으로서 가족 구성원에 의해 통제되고 운영되는 기업을 말한다. 가족기업은 창업자와 그 가족 또는 후손들이 소유권을 갖고 경영 전반을 통제함과 동시에 다음 세대에게 기업의 소유권 및 경영권을 계승하려는 특성을 갖는다.

가족기업 중에는 '가계와 경영이 분리되어 있지 않는 소규모의 생계형 기업'이 큰 비중을 차지하고 있지만, 거의 대부분의 중소기업은 물론 다수의 중견기업이 가족기업 형태로 존립한다. 월마트, 카길, 뉴욕타임즈, BMW, 보쉬, 토요타, 이케아 등 대규모 글로벌 기업들도 가족기업이다. 우리나라 대기업의 상당수도 가족기업 범주에 속한다. 가족기업은 그 수가 많고 국민경제에서 차지하는 비중이 높을 뿐만 아니라, 일자리 창출은 물론 사회를 구성하는 기본공동체에 해당하는 가족의 안정 및 번영과 지역사회 발전에 공헌하는 등 사회적으로도 중요한 역할을 수행한다.

가족기업은 네포티즘(nepotism, 족벌주의)이나 가족갈등, 경영의 전문성 미흡 등으로 인하여 경영성과가 상대적으로 낮고 문제가 많을 것이라는 일반인의 인식이 존재한다. 하지만 이러한 편견과는 달리 가족기업은 소유권이 불특정 다수에게 분산된 기업에서 찾아보기 어려운 특유의 강점들을 보유하고 있다. 가족기업은 비가족기업에 비해 경영성과가 우수하고 안정적인 경영을 유지하고 있다는 연구결과들이 다수 존재한다. 가족기업은 가치관과 신념의 공유를 통하여 가족 구성원의 결속을 강화하고 목표와 정체감을 명확하게 함으로써 목적 달성을 용이하게 함과 동시에 위기극복 역량이 우수하다. 가족기업은 소유와 경영이 분리되어 있지 않은 경우가 대부분인 관계로 의사결정 과정이 단순하고 환경변동에 신속하게 대응할 수 있으며, 위험을 감수하고 과감한 투자를 할 수 있다. 눈앞의 이익이나 단기적인 성과보다는 장기적인 안목에서 생존 및 발전 전략을 추구한다. 가족이 소유하면서 가족 내 승계가 이루어지는 관계로 세대 간 지식 및 경영 노하우와 기술의 이전이 용이하다. 가족기업은 가문과 기업의 명예를 지켜가기 위한 노력의 일환으로 고객의 신뢰와 품질을 중시하고, 자선활동과 사회적 책임 활동에 적극적인 경향이 있다.

다른 한편으로 가족기업이기 때문에 안고 있는 도전들도 적지 않다. 가족기업은 가족 갈등, 승계과정의 어려움 등과 같은 문제에 직면하기 쉽다. 가족 구성원의 감정적인 대립과 내분으로 기업 경영에 부정적인 영향을 초래하기도 한다. 특히 경영권 및 소유권 승계와 재산상속 과정에서 발생하는 갈등이나 분쟁은 기업을 위기로 몰아가고 가족의 화합을 해치는 요인으로 작용한다.

1. 가족기업의 개념

가족기업은 가족이 소유한 기업으로서 가족 구성원에 의해 통제되고 운영되는 기업을 말한다. 가족기업은 창업자와 그 가족 또는 후손들이 소유권을 갖고 경영 전반을 통제함과 동시에 다음 세대 가족 구성원에게 기업의 소유권 및 경영권을 계승하려는 특성을 갖는다. 세계 어느 나라에서나 보편적으로 존재하고 있는 가족기업은 그 수가 매우 많고 업종 및 규모나 입지, 비즈니스 모델 등 존립형태 또한 다양하다.

연구자들은 기업이 갖는 특성과 요소들을 중심으로 가족기업에 대한 정의를 시도하고 있다. 그 가운데 하나는 기업의 소유 및 경영에 참여하고 있는 최소 가족 구성원의 수에 따라 가족기업을 정의한다. 기업의 주요 의사결정에 영향을 미치는 '최소 가족 구성원의 수'를 기준으로 정의하는 유형에 따르면, 가족기업은 '단일 가족에 속하는 1인 또는 그 이상의 확대된 가족 구성원이 소유하고 경영하는 조직체로서, 이들에 의해 기업의 주된 경영방침과 사업방향이 결정되는 조직'이라고 본다.

또 다른 연구자들은 가족과 기업의 상호작용을 고려하여 가족기업을 정의한다. Poza는 '창업자 또는 그 후손이 기업의 실질적인 리더이고 1인 또는 2인 이상의 가족 구성원이 참여하면서 경영에 중요한 영향력을 행사하고 있는 기업'을 가족기업으로 정의하면서 '가족기업의 핵심 구성원에 해당하는 이들은 경영활동 및 이사회 참여, 소유권 통제, 주주로서의 전략적 의사결정, 기업과 임직원에 대한 가족가치와 문화의 전파 등 다양한 방법을 통하여 기업에 영향력을 행사한다'고 말한다.[1)]

창업자나 기업의 승계에 초점을 두고 가족기업을 정의하는 연구자들도 있다. 이들은 가족기업을 '창업자 및 창업자의 가족 구성원이 소유권을 갖고 경영 전반을 감독·통제함과 동시에, 창업세대에서 다음 세대 가족 구성원에게 기업의 소유권과 경영권이 계승되었거나 계승될 것으로 예견되는 기업'으로 정의한다(Ibrahim & Ellis).[2)]

가족 구성원이 보유하는 주식의 비중이나 통제권 등에 초점을 두고 가족기업을 정의하기도 한다. 여기에는 '기업의 소유자 또는 소유자 그룹에 해당하는 가족 구성원이 의결권 또는 통제권을 갖는 주식의 대부분을 보유하면서 당해 기업을 직접 경영하거나 전문경영인과 공동으로 경영하는 기업(독일 IfM Bonn)', '해당 기업을 설립하거나 인수한 사람 또는 그 배우자, 부모, 자녀, 자녀의 직계 상속인이 주식의 다수를 보유하고 있고, 가족의 대표자 가운데 1인 이상이 기업의 경영이나 관리에 참여하는 기업(영국 Institute for Family Business)', 또는 '2인 이상의 가족 구성원이 주식의 15% 이상을 소유하고 복수의 가족 구성원들이 경영에 참여하고 있으며, 그 가족이 앞으로도 계속해서 당해 기

---

1) E. J. Poza & M. S. Daugherty, Family Business 4e., 2014, p.6. 여기에서 제시하고 있는 참여(Participation)의 방법으로는 경영진의 일원이나 이사회 구성원, 주주, 가족이 설립한 재단의 구성원 등의 자격으로 기업 경영에 참여하는 것이 일반적이다. 소유권 통제(Ownership Control)는 주요 주주 자격으로 권한을 행사하는 가족 구성원으로서의 책임과 권리, 그리고 다른 주주를 대신해서 경영권을 행사하는 지배구조에 기인한다. 주주 자격으로 행하는 전략적 선택 및 의사결정(Srategic Preferences)은 최고 경영진의 일원으로서 경영에 참여하거나 경영고문, 주주총회, 가족회의 등에 참여하여 기업의 리스크와 관련된 주요 사항을 결정하거나 전략방향을 설정하는 데 영향력을 행사하는 것을 말한다. 그리고 문화(Culture)는 가족가치(Family Value) 및 기업경영에 참여하는 가족 구성원의 행동양식과 밀접한 관련이 있는 것으로서, 이는 가족과 기업의 상호작용이나 가족기업에 참여하는 가족 구성원에 의해서 장기적으로 제공되는 리더십의 결과로서 기업조직 및 근로자의 행동양식에 체화된다.

2) 이러한 정의에 따르면, 창업자가 기업의 대표이고 배우자가 기업경영에 참여하고 있는 경우라 하더라도, 나중에 자녀가 성장하여 기업에 들어와 근무하면서 승계를 준비하기 전까지는 가족기업에 포함된다고 보기 어렵다.

업에 대한 통제권을 보유할 계획을 갖고 있는 기업(Schulze, Lubatkin, Dono & Buchholtz)' 등의 정의를 들 수 있다.[3)]

한국의 가족기업 연구자들 가운데 김지희는 '가족기업의 개념은 가족기업 내의 최소 가족 구성원 수, 가족과 기업 간의 상호 관련성 및 상황에 대한 고려, 창업자 및 기업계승 등 각 핵심 요소에 따라 다양하게 정의할 수 있다'고 하면서, 가족기업을 '주식의 51% 이상을 단일 가족이 소유하고, 최소 한 사람 이상의 가족 구성원이 사업의 경영 및 관리 활동에 참여하면서, 다음 세대 가족 구성원에게 기업의 소유권과 리더십이 계승될 것으로 예견되는 기업'으로 정의한다.[4)] 그리고 남영호는 '특정 가족이 기업에 대한 전략적 통제권을 갖고 있으며, 창업주나 후계자가 직접 해당기업을 경영하는 기업'을 가족기업으로 정의한다.[5)]

가족기업의 범위에 대한 일반인의 이해도 다양하다. 많은 사람들은 가족기업을 가족들이 함께 운영하는 소규모의 생계형 기업 정도로 생각하는 경향이 있다. 가족기업 중에는 '가계와 기업경영이 분리되어 있지 않는 자영업이나 소규모의 생계형 기업'이 큰 비중을 차지하고 있지만, 거의 대부분의 중소기업은 물론 대다수의 중견기업이 가족기업 형태로 존립하고 있다. 월마트, BMW, 보쉬, 토요타, 뉴욕타임즈, 카길, 이케아 등 글로벌화된 대규모 기업들도 가족기업이다. 우리나라 대기업의 상당수도 가족기업 범주에 속한다.

---

3) 창업세대에 속하는 가족기업의 대부분은 창업주인 가족기업 리더가 주식의 대부분을 보유하면서 기업을 통제하고 있다. 창업세대를 지나 승계과정을 거쳐 자녀세대, 사촌세대 등으로 이어지는 경우에는 분가 등을 통해 확대된 가족의 구성원들이 주식을 분산 소유하고 경영에 참여하게 된다. 그리고 대기업 특히 주식시장에 상장된 대기업의 경우, 가족이 보다 적은 비중의 주식을 보유하고도 '상대적 대주주'로서 이사회 구성원을 선출하고 이들을 통해서 기업의 경영 및 목표달성을 통제하는 것이 가능하다. 이에 보유지분을 기준으로 하는 가족기업 정의는 연구대상이 되는 기업의 규모에 따라 차이가 있을 수 있으며, 기업에 따라 통제가 가능한 보유주식 비중에 차이가 있을 수 있다.

4) 김지희, 가족기업 창업 및 경영론, 2001.

5) 남영호, 가족기업론, 2016.

2. 가족기업의 중요성

(1) 경제 및 사회 발전에 공헌하는 핵심 경제주체

가족기업은 어느 나라를 막론하고 국민경제에서 차지하는 비중이 높다. 가족기업은 부의 창출, 일자리 제공, 지역사회 발전, 경제 및 사회의 안정 등에 크게 기여하는 핵심 경제주체에 해당한다.

가족기업의 비중은 가족기업에 대한 정의와 범위 기준에 따라 차이가 있기는 하지만, 세계 전체 기업수의 80%~98% 정도에 이르는 것으로 추산되고 있다. 미국에서는 전체 기업체 수의 최고 92%를 가족기업이 차지하고 있으며, GDP의 49%, 고용의 80%, 그리고 신규 일자리 창출의 86%를 가족기업이 차지하고 있다.[6] 독일의 경우에도 가족기업이 기업체 수에서는 95.3%를, 사회보험 의무가 있는 근로자의 61.2%를, 그리고 매출액에서는 전체의 41.1%를 차지하는 등 국민경제에서 중요한 위치를 차지하고 있다.[7] 한국의 경우에는 거래소 및 코스닥 상장기업 중 자산규모 1천억원 이상 제조업 가운데 73.7%가 가족기업으로 조사되었다.[8]

이와 같이 가족기업은 각 나라의 국민경제에서 차지하는 비중이 높고, 일자리 창출은 물론 사회를 구성하는 기본 공동체에 해당하는 가족의 안정 및 번영과 지역사회 발전에 공헌하는 등 사회적으로도 매우 중요한 기능과 역할을 수행한다.

(2) 양호한 경영성과

가족기업은 네포티즘(nepotism, 족벌주의)이나 가족갈등, 경영의 전문성 미흡 등으로 인하여 경영성과가 상대적으로 낮을 것이라는 일반인의 인식이 존재한다. 하지만 이러한 편견과는 달리 가족기업은 비가족기업에 비하여 경영

6) E. J. Poza 외, 전게서, p.4.

7) IfM Bonn, Volkswirtschaftliche Bedeutung von Familien– und Frauenunternehmen, Sep. 2010.

8) 박세열 외, 가족기업의 기업 지배구조적 특성이 기업가치 및 경영성과에 미치는 영향, 2010.

성과가 우수하고 안정적인 경영을 유지하고 있다는 연구결과들이 적지 않다.

포춘 500대 기업 가운데 가족기업이 35%를 차지하고 있는데, 이들 가족기업의 1992~2001년 기간 중 총자산수익률(ROA)은 평균 18% 수준으로 비가족기업에 비해 6.6%가 높게 나타났으며, 매출액 증가율 또한 가족기업이 더 양호한 것으로 조사되었다. 미국 S&P 500대 기업을 대상으로 한 조사에서도 가족기업의 매출액 증가율과 ROE 등 이익증가율에서 소유가 분산된 일반기업에 비하여 경영성과가 좋은 것으로 조사되었다.[9)]

성공한 유럽 기업의 비결은 가족경영에 있다는 연구결과도 존재한다. 1993~2003년 기간 중 유럽에서 주가 상승률이 가장 높았던 10개 기업은 모두 가족기업이었다. 독일의 경우 BMW를 포함한 가족기업의 1993~2003년 중 주가상승률은 206%로 일반기업의 47%를 훨씬 앞섰으며, 프랑스 가족기업의 주가상승률(203%)도 일반기업(76%) 대비 크게 높은 것으로 나타났다.[10)] 유럽 모건스탠리 캐피탈 지수에 의하면 가족 소유지분이 50% 이상인 유럽 가족기업의 경우에 2001~2006년 기간 중 연평균 16%의 높은 신장률을 보였다. 1996~2006년 기간 중 유럽 가족기업의 다우존스 주식 600 지수(pan-European Dow Jones Stoxx 600 Index) 역시 연평균 8%의 높은 성장세를 시현한 것으로 나타났다.[11)]

유럽 주요국의 경우, 가족기업이 비가족기업에 비해 2005년 대비 2007년의 부가가치 성장률 및 매출액 성장률이 각각 6.6%, 3%가 높고, 같은 기간 중 늘어난 신규 일자리 수 또한 가족기업이 비가족기업에 비해 2~2.5배가 많은 등 가족기업의 성장과 고용창출 효과가 우수하다는 것이 확인되었다.[12)] 독일의 가족기업은 비가족기업에 비해 17%나 높은 매출액을 시현하고 기업 당 1.5배 이상의 일자리를 제공하는 등 우수한 경영성과를 보이고 있는데, 이와

9) E. J. Poza 외, 전게서, p.2.

10) 2004. 4. 12. 뉴스위크 국제판 커버스토리.

11) Credit Swiss, Family Holdings Outperform Competitors: Credit Swisse Launches Family Index, press release, Zurich, Jan. 30, 2007.

12) Ernst & Young, "Flexible, focused and forward-looking. How a distinctive business approach is sustaining family firms through the downturn", 2010.

같은 효과는 설립자 가문의 후손이 경영에 직접 참여하는 경우에 유지되는 것으로 조사되었다.[13]

가족기업의 우수한 경영성과와 경영 안전성은 대기업의 경우는 물론이고 중소기업이나 중견기업의 경우에도 비슷한 현상을 보이고 있다. 대표적인 사례로는 글로벌 경쟁력을 갖추고 세계시장을 리드하고 있는 독일의 히든챔피언을 들 수 있다. 이들 히든챔피언에 속하는 기업들은 성장속도가 빠르고 안정적인 수익을 창출하면서 세계시장에서 1~3위의 시장점유율을 차지하고 있는데, 이들 가운데 가족기업 형태의 중소·중견기업이 주류를 이루고 있는 실정이다.

이와 같은 가족기업의 양호한 경영성과는 가족기업에서 발견되는 다양한 특성들, 예컨대 고객 및 거래처와의 신뢰관계 유지, 탄탄한 기술력, 단기성과 보다는 장기적인 생존 및 안정을 중시한 보수적인 경영, 기업 소유주의 원대한 포부와 왕성한 기업가정신, 응집력 있는 가족 구성원의 협력과 청지기 정신, 사회적 책임감 등이 작용한 결과라고 할 수 있다.[14]

(3) 가족기업 경영이 갖는 특별한 의미

가족기업을 경영하는 것은 역동적이면서도 보람이 있는 일이다. 심리학자 프로이트(S. Freud)는 “사랑과 일은 인생에 있어서 기쁨과 자존감의 주요 원천에 해당되며, 사랑과 일이라는 두 가지가 균형을 이룰 때 사람은 만족을 달성할 수 있다”라고 하였다.[15] 프로이트가 지적한 것처럼 인생을 살아가는 데 있어서 가장 중요한 두 가지 요소에 해당하는 ‘사랑하는 것과 일하는 것’을 동시에 수행할 수 있다면 삶에 대한 만족은 커지게 될 것이다.

이러한 점에 비추어 볼 때 가족기업은 사랑(가족)과 일(기업)을 동시에 추

---

13) C. Andews, “Large shareholders and firm performance－An emperical examination of founding－family ownership”, Journal of Corporate Finance, 14; 프랑크푸르트 주식거래소에 상장된 275개 기업의 1998~2004년 기간 중 경영실적 분석 자료.

14) 조병선, 독일 히든챔피언의 경영특성과 지속가능 성장 요인－독일 장수 가족기업에 대한 사례 연구를 중심으로－, 중소기업연구 제35권 제3호, 2013, 70~110쪽.

15) S. Freud, Civilization and its Discontents, London: Hogarth Press, 1955, p.68.

구하는 조직체로서, 여기에 참여하는 가족 구성원들의 삶에 대한 만족도를 높임과 동시에 경제 및 사회의 안정과 성장·발전에 공헌하는 생산적인 조직이라고 할 수 있다. 실제로 서구의 많은 나라를 보면 존경받는 기업의 다수가 장수 가족기업이고, 이들 장수기업을 경영하는 가족의 구성원들은 가문의 유산에 해당하는 기업의 경영에 참여하고 있다는 사실에 대하여 커다란 보람과 긍지를 갖고 있다. 가족기업의 성공적인 경영을 위해서는 가족과 기업이라는 두 조직 간의 조화와 균형을 유지하는 것은 매우 중요한 과제에 해당한다.

3. 가족기업의 경영상 특성

가족이 소유·경영하는 기업은 일반 비가족기업의 경우와는 차별화된 특성을 보인다. 가족기업에 대한 미국과 호주의 연구 결과를 토대로 정리한 가족기업의 경영상 특성은 대체로 다음과 같은 것들이 있다.16)

(1) 보수적인 경영으로 불황에 강한 특성을 갖는다

가족기업은 대체로 유행에 민감하지 않으면서 보수적인 경영을 추구하는 경향이 강하다. 보수적으로 경영을 해 온 가족기업들이 글로벌 경기침체를 잘 극복해 나가는 것으로 나타났다. 호주 가족기업협의회의 테일러(Philippa Taylor) 회장은 경기침체기 동안 가족기업의 재무적 성과와 향후 전망에 대해 놀랐다면서 "그동안 가족기업은 다소 행동이 늦고 보수적이며 일하기에 흥미로운 곳이 아니라는 인식이 존재했다. 그러나 이들은 단기전략 수행을 위한 차입 의존도가 낮아 다른 형태의 기업보다 금융위기를 잘 헤쳐 나갈 수 있었다"고 분석했다. 글로벌 금융위기로 경영환경이 악화되었던 기간에도 대부분의 가족기업은 종업원을 해고하지 않고 고용을 유지하거나 오히려 늘린 것으로 나타났다. 이와 관련하여 펠리가나(Dominic Pelligana) KPMG 파트너는 가족기업의 장점 가운데 하나로 종업원과의 관계성을 지적하면서, "이러한 속

---

16) American Family Business Survey, MassMutual, Kennesaw State University, Family Firm Institute, 2007; Family firms did well in crisis: KPMG report, 2009.10.12, The Austraillian.

성 때문에 경영상 어려운 시기가 도래해도 가족기업은 종업원들을 해고하지 않는 경향이 있다"고 설명한다.[17)]

(2) 장래에 대하여 낙관적이다

미국의 경우 2000년대 중반 이후 주택시장 붕괴로 글로벌 금융위기가 진행되고 경영환경이 불투명한 상황이었음에도 불구하고, 가족기업 경영자의 80% 이상은 장래에 대한 낙관적인 시각을 갖고 있었던 것으로 나타났다. 그리고 이들 기업 가운데 다수는 글로벌 금융위기 당시 3년간 수익이 경쟁업체에 비해 더 빠르게 증가하였고 정규직 근로자의 고용을 더 늘릴 계획을 갖고 있는 것으로 조사되었다. 이러한 결과는 가족기업은 비가족기업에 비하여 불황에 대한 적응력이 강하고 국민경제의 안정화에 대한 기여도가 높다는 것 이외에도 지속가능한 경쟁우위를 보유하고 있다는 사실을 입증해주고 있다.[18)]

(3) 여성 경영자 비율이 높다

가족기업은 비가족기업에 비하여 여성이 CEO이거나 대표자로 있는 기업의 수가 많고 큰 폭으로 증가하고 있다. 포춘 1,000대 기업의 여성 대표자 비중이 2.5%에 지나지 않음에 비하여(Fortune Magazine, April 30, 2007) 미국의 가족기업 가운데 여성이 CEO이거나 대표자로 있는 기업의 비중은 24%에 이르고 있다. 이는 2002년의 10%에 비해서 크게 늘어난 수치이고 1997년에 비하면 4배가 증가한 것이다. 후계자로 선정된 여성기업인까지를 고려한다면 가족기업 가운데 여성이 경영책임을 맡고 있는 기업의 비중은 앞으로도 지속적으로 증가하여 전체의 3분의 1 수준에 이를 것으로 예측되고 있다. 조사대상 기업 가운데 60%에 달하는 기업에서 최고 경영진에 여성이 포함되어 있다.

호주 가족기업도 여성의 경영활동이 상당한 비중을 차지하고 있다. 호주의 가족기업 경영은 여전히 남성이 주류를 형성하고 있지만, 여성 이사 비율은

---

17) Family Firms did well in Crisis: KPMG report, 2009.10.12, The Australlian.

18) American Family Business Survey, 2007.

30% 정도로 200대 상장기업의 여성 임원 비율보다 훨씬 높은 것으로 나타났다.

(4) 윤리경영 및 사회적 책임에 대한 인식이 강하다

가족기업은 윤리경영과 사회공헌 활동에 대한 관심도가 높은 것으로 알려져 있다. 가족기업의 경우 기업에 대한 사회적인 평가는 당해 기업을 경영하는 가족 및 가문의 명성이나 평가와 직결된다고 생각하기 때문이다. 이러한 영향으로 가족기업은 재무적인 성과와는 무관하게 근로자를 덜 해고하는 것으로 조사되었다.[19)]

가족기업을 경영하는 가족은 당해 기업에 대하여 강력한 영향력을 행사하고 있으며, 가족가치가 기업경영 전반에 걸쳐 강조되고 있는 특성을 갖는다. 가족기업의 60%는 그들이 설정해 놓은 윤리적 기준은 일반 비가족 경쟁업체에 비하여 더 엄격할 뿐만 아니라, 일반 근로자들과의 미팅이나 고객과의 협의 과정에서, 그리고 고위간부나 공급자와의 미팅 및 이사회 등에서 폭넓게 그리고 자주 거론되어진다.[20)]

많은 가족기업은 지역사회와 밀접한 연관을 맺고 있으며, 이러한 지역사회와의 근접성은 가족기업으로 하여금 보다 더 윤리적인 결정과 도덕적인 행위를 하도록 하는 요인으로 작용한다.[21)] 그리고 가족기업 경영자의 대부분은 자신의 기업은 해당 지역사회에서 가족의 정체성 확보 및 유지에 결정적인 기여를 하고 있다는 생각을 갖는다. 가족기업은 비가족기업에 비하여 사회적 책임경영에 더 많은 관심을 갖고 있는데, 이러한 현상은 기업을 소유·경영하는 가족 및 가문은 자신들에 대한 사회적인 이미지와 주위의 평판에 많은 관심을 갖고 있기 때문이다.[22)]

---

19) E. Stavrou, G. Kassinis & A. Filotheou, Downsizing and stakeholder orientation among the Fortune 500: Does family ownership matter? Journal of Business Ethics, 72(2), 2007, pp.149~162.

20) American Family Business Survey, 2007.

21) T. Jones, Ethical decision making by individuals in organizations: An issu−congent model. Academy of management Review, 16(2), 1991, pp.366~395.

22) Dyer & Whetten 2006, Family firms and social responsibility: Preliminary evidence from the S&P 500. Entrepreneurship Theory & Practice, 30(6), 2006, pp.785~802.

(5) 가족 구성원들이 긴밀하게 협동한다

가족 구성원의 협동 및 단결, 특히 가족들이 중요한 목표를 공유하고 이의 달성을 위해 마음과 역량을 모으는 것은 가족기업의 성공에 결정적으로 중요한 요소다. 장수하는 기업들은 대체로 가족과 기업의 구성원들이 서로 긴밀하게 연합하고 단결할 수 있도록 하는 다양한 장치들을 마련하고 있다.[23)]

미국 가족기업에 대한 실태조사에서는 대부분의 가족기업은 가족 구성원들이 가치를 공유하고 서로를 신뢰하면서 협동단결하고 있는 것으로 확인되었다. 가족들이 단결하고 협동하고 있는 기업은 그렇지 않은 기업에 비하여 경영성과가 더 양호하고 향후 성장 가능성 또한 상대적으로 높게 전망하고 있는 것으로 나타났다.[24)]

가족 구성원의 단결은 다른 이해 관계자들에게도 영향을 미친다. 예를 들어 잘 단결된 가족은 가족가치를 종업원들과 더 잘 공유하고 있으며, 이러한 기업은 그렇지 않은 기업에 비해서 종업원의 기업에 대한 충성심과 헌신의 정도가 높게 나타나고 있다. 가족 구성원과 종업원, 그리고 고객과의 가치 동조화 현상은 서로의 관계를 증진시키고 경영의 안정성을 높이는 데 기여한다.

(6) 승계 준비와 가족기업 리더의 은퇴 등 위기상황에 대한 인식이 부족하다

많은 가족기업들이 상대적으로 양호한 경영성과를 시현하면서 성장하고 있지만, 한편으로는 심각한 도전에 직면하고 있다. 이 가운데 가장 큰 도전으로는 기업의 승계와 관련한 이슈를 들 수 있다. 미국 가족기업협의회 등이 조사한 자료에 의하면 미국 가족기업의 약 40%가 10년 이내에 오너 경영자의 은퇴와 함께 중대한 변화를 맞게 될 것으로 예상하고 있다. 그런데 10년 안에 가족기업 리더의 은퇴를 앞두고 있는 기업의 4분의 1 정도는 이에 관한 아무런 준비를 하고 있지 않은 것으로 나타났다.[25)]

23) T. M. Pieper, Mechanisms to assure long term family business survival : A study of the dynamic cohesion in multigenerational family business families, Frankfurt: Peter Lang, 2007.

24) American Family Business Survey, 2007.

25) American Family Business Survey, 2007.

이미 고령화 단계에 들어선 가족기업 리더의 다수가 은퇴와 관련한 계획 자체를 세우고 있지 않거나 구체적인 계획을 마련해놓고 있지 않으며, 계획을 수립한 상태에서도 자신의 은퇴시기를 계속 미루는 경우가 많은 것이 현실이다. 이러한 현상은 많은 기업의 소유 경영자들은 가능하다면 계속해서 기업 리더로서의 권한을 행사하겠다는 생각을 갖고 있기 때문인데, 이는 가족이나 기업에 있어서는 물론 종업원과 거래처 및 고객에게도 좋은 일이 아니다. 가족기업이 적기에 원활하게 승계되는 것을 위협하는 또 다른 요인으로는 가족기업 리더의 은퇴 이후 삶에 대한 준비 부족을 들 수 있다. 다수의 창업 CEO들은 은퇴 이후의 삶을 영위하는 데 필요한 재무계획을 갖고 있지 않을 뿐만 아니라, 승계와 관련한 조세제도 등에 관하여 잘 알지 못하는 경우가 많다. 이와 같은 재무적 측면에서의 준비 부족은 후계자가 기업을 건실하게 경영해 가도록 하는 환경의 조성을 어렵게 하는데, 특히 승계 과정에서의 과도한 조세부담은 기업의 체력을 약화시켜 기업 경영에 커다란 장애요인으로 작용한다.

4. 가족기업의 경쟁우위와 도전

가족기업은 소유가 불특정 다수에게 분산된 대기업 등 일반 비가족기업에서 찾아보기 어려운 특유의 강점들을 갖고 있는데 이러한 것들이 기업 경영에 도움이 되는 요인으로 작용한다. 다른 한편으로는 가족기업이기 때문에 안고 있는 약점들도 존재한다. 여러 연구들을 통해서 발견된 가족기업의 경쟁우위와 도전은 대체로 아래와 같은 정리가 가능하다.[26]

(1) 가족기업의 경쟁우위

가족기업은 가치관과 신념의 공유를 통하여 가족 구성원의 결속을 강화하고 목표와 정체감을 명확하게 함으로써 목적 달성을 용이하게 함과 동시에

---

26) E. J. Poza 외, 전게서, pp.15~16; 김지희, 전게서, 25~28쪽.

위기극복 역량을 강화한다. 가족기업의 대부분은 소유와 경영이 분리되어 있지 않은 관계로 의사결정 과정이 단순하고 환경변동에 신속하게 대응할 수 있으며, 눈앞의 이익이나 단기적인 경영성과 보다는 장기적인 안목에서 생존 및 발전 전략을 추구한다. 가족이 소유·경영하면서 가족 내 승계가 이루어지기 때문에 세대 간 지식 및 경영 노하우와 기술의 이전이 용이하다.

가족기업 구성원들은 공통의 목표와 강한 사명감으로 일하며, 기업을 가문의 유산 혹은 삶의 일부로 생각하기 때문에 장기간 근무하고 이직률이 낮다. 이는 기업의 기술수준과 생산성을 높이고 위기에 대처하는 역량을 높인다. 그리고 가족기업은 창업정신과 가족가치로 구성원 간의 연계를 강화함으로써 기업에 속해 있는 개인에 대한 관심과 배려를 중시하는 문화를 형성한다. 가족기업은 소유 가문과 기업의 명예를 중시하고 이를 지키기 위한 노력의 일환으로 고객에 대하여 가치를 제공하는 일과 신뢰 및 품질을 중시한다. 또한 가족기업은 창업자의 뜻을 기리고 가문의 명예를 위해 자선활동과 사회적 책임활동을 중시하는 경향이 있다.[27]

(2) 가족기업의 도전

가족기업을 경영하는 것은 비가족기업 경영에 비해 더 어렵고 복잡성이 큰 것으로 알려져 있다. 가족기업의 경영상 어려움은 대체로 가족기업에 고유한 다음 몇 가지 특성에서 기인한다.

가족기업은 가족과 기업의 경계가 모호하고 역할의 혼란성이 존재한다. 가족기업은 가족 갈등, 승계과정의 어려움 등과 같은 문제에 직면하기 쉽다. 가족 구성원의 감정적인 대립과 내분으로 기업 경영에 부정적인 영향을 초래하기도 한다. 특히 경영권 및 소유권 승계와 재산상속 과정에서 발생하는 가족 구성원 간의 갈등 및 분쟁은 기업을 위기로 몰아가고 가족의 화합을 해치는 요인으로 작용한다.

후계자 선정 및 육성의 어려움, 비가족 임직원의 동기 관리 등도 가족기

27) 조병선, 전게논문, 2013, 101~105쪽.

업이 일반적으로 직면하는 어려운 점이다. 가족 구성원이라는 이유로 특혜를 누리는 족벌주의가 초래하는 문제들도 적지 않다. 예컨대 가족 구성원이라는 이유만으로 능력이나 경륜이 부족한 사람을 우대하거나 중책을 맡기는 경우가 있는데, 이 경우 장기간 근무해 온 임직원들이 갖게 될 불편한 감정과 행동들이 여기에 해당한다.

(3) 가족기업의 낮은 생존율

일부 예외적인 경우를 제외하고 대부분의 기업은 가족기업 형태로 출발한다. 창업주의 대다수는 젊은 나이에 사업을 시작해서 시간과 열정과 보유자원을 바쳐 긴 세월 동안 일구어 온 기업을 자신의 분신으로 생각하는 경향이 있다. 그리고 이 기업을 자녀에게 물려주어 후손들이 대대로 경영하면서 부를 창출하고 사회발전에 공헌함과 동시에 가문을 빛내는 좋은 기업으로 성장해 나가기를 기대한다.

그러나 가족기업의 대부분은 그리 오래 살아남지 못한다. 미국 가족기업을 대상으로 연구한 결과에 따르면, 5년 이상 생존한 기업 가운데 70% 이상이 다음 세대에까지 생존하지 못한 채 창업 당대에 사라지고, 생존한 기업 가운데 자녀세대를 거쳐 3대까지 살아남는 기업은 12% 정도에 불과하다. 그리고 창업세대로부터 시작해서 4대에 이르기까지 그 후손들이 소유·경영하는 기업의 비중은 4%에 지나지 않는다.[28)]

이와 같이 가족기업의 장기 생존율이 낮은 것은 기업을 경영하는 과정에서 겪게 되는 다양한 어려움이 존재하기 때문이지만, 특히 승계의 어려움과 관련성이 큰 것으로 지적되고 있다. 가족기업의 지속 경영과 관련한 연구에 따르면, 가족기업에 있어서 창업주가 은퇴하거나 사망한 후에 약 70%에 달하는 기업이 타인에게 매각되거나 파산하는 것으로 나타났다.[29)]

---

28) J. Ward, Keeping the Family Business Healthy : How to plan for Continued Growth, Profitability and Family Leadership, 1987.

29) R. Beckhard & W. G. Dyer, "Managing Continuity in the Family–Owned Business.", Organizational Dynamics, Summer 1983, pp.5~12; Dun & Bradstreet, The Business Failure Record, 1972.

제2장 가족기업의 구조 및 특성과 거버넌스

가족기업은 가족, 기업, 그리고 소유권이라는 세 개의 하위체계로 구성된 조직체다. 가족기업은 가족 구성원이 기업을 소유·통제하면서 기업의 경영 및 전략적 의사결정에 지대한 영향력을 행사한다.

가족기업의 가족적 기능과 기업적 기능이라는 이중 기능적 특성은 가즉기업과 비가족 기업을 구분하는 핵심적인 특성에 속한다. 가족기업이 수행하는 가족적 기능은 기업에 대한 소유권을 보유하고 경영 전반을 통제하는 '가족의 구성원과 가정생활'을 중심으로 이루어지는 사회적 기능을 의미한다. 이 기능은 가족 및 가정생활이라는 요인이 기업 경영에 큰 영향을 미친다는 점을 강조한다. 가족은 정서에 바탕을 둔 감성적 조직으로서 혈연관계에 있는 구성원의 조화와 화목을 중시한다. 조건 없는 사랑이라는 가치를 추구하고 공평성을 강조하며 구성원들 간에는 주관적 감정이 작용할 뿐만 아니라 비공식적 규칙에 따라 움직인다. 가족 내에서 부모는 자녀를 양육하고 가족 구성원의 성장·발전을 도모한다. 가족들 사이에는 주관적 감정이 작용하고 비공식적인 규칙에 따라 움직인다. 가족은 외부로부터의 간섭과 변화를 싫어하고 안정을 중시한다.

가족기업의 기업적 기능은 기업이 시장에서 다른 경쟁자들과 경쟁하면서 지속적으로 성장·발전해 나가기 위해, 이윤을 추구하는 기업조직으로서의 목표 및 전략과 행동양식을 중시하는 기능이다. 기업은 합리적·이성적 조직으로 목적 지향적이다. 이익을 우선적으로 추구하고 생존을 위해 외부환경에 민감하게 반응한다. 논리적이고 공식적인 원칙과 평가기준에 의해 운영되며 변화와 혁신을 추구한다. 능력을 중시하고 경쟁과 성과에 따른 보상이 주어지며 성장·발전을 위한 위험을 감수한다.

가족과 기업의 공동 이익을 지켜가기 위해서는 효과적으로 작동하는 거버넌스를 구축하는 것이 필요하다. 가족기업의 거버넌스를 구축한다는 것은 가족과 기업, 그리고 소유권 부문의 잠재력을 최대화하면서 이들 체계 상호간의 이익을 존중하도록 보장하는 조직 및 원칙과 절차를 확립하는 것을 의미한다. 효과적으로 기능하는 거버넌스를 통해서 가족과 기업은 유기적으로 협력하면서 각 체계에 고유한 이익을 추구함과 동시에 가족기업의 영속성과 안정적인 경영활동을 도모해 나간다.

가족기업의 경영 행태와 관련하여 논의되는 주된 내용은 '가족과 기업, 어디에 중점을 둘 것인가?' 하는 문제다. 이와 관련한 연구자들의 공통된 인식은 '가족체계와 기업체계 상호간의 기능과 역할에 대한 경계를 명확하게 설정하고 균형을 유지하는 것'이 중요하다는 사실이다. 이는 가족체계와 기업체계를 다 같이 중시하면서 가족과 기업 간의 관계를 균형적으로 유지해 나가는 경영 방식을 말한다. 가족과 기업 두 영역은 가족기업의 장기적인 생존과 번영에 결정적인 영향을 미치는 관계로, 가족기업 리더는 이들 두 영역 모두에 대하여 동일한 수준의 관심과 주의를 기울일 필요가 있다. 그렇게 할 때라야 가족과 기업 두 영역 간의 시너지 창출이 가능하고 가족과 기업 모두에게 긍정적인 환경을 창조하게 된다.

1. 가족기업의 구성 체계

가족기업은 가족, 기업, 그리고 소유권이라는 세 개의 하위체계로 구성된 조직체다. 이들 체계는 각각 고유한 특성과 목표 및 기대, 역할과 책임 등을 갖고 있다.[1)]

(1) 가족체계

가족체계를 구성하는 핵심요소는 가족 구성원이다. 가족은 기업을 소유하고 통제·경영하는 집단의 구성원에 속한다. 이들은 가족의 복지와 번영, 가족의 화목을 중시한다. 기업의 소유자로서 자본이득 창출, 기업의 존속과 안정적인 성장·발전 등에 관심을 갖는다. 그리고 가족은 기업의 경영에 참여하는 구성원으로서 경영 성과를 중시하고 경영의 효율화를 추구한다.

---

1) 김지희, 가족기업 창업 및 경영론, 2008, 50~55쪽; Kelin E. Gersick & Ivan Lansberg, Generation to Generation: Life Cycles of the Family Business, 1977.

(2) 기업체계

기업체계는 가족기업이라는 조직과 기업조직 내에서 이루어지는 경영과정을 의미한다. 여기에는 기업의 경영과 목표 달성에 필요한 제반 자원을 계획·배분·통제하는 전반적인 과정과 경영에 필요한 기술 및 능력에 속하는 전략, 생산, 재무, 회계, 마케팅, 인사 등의 영역이 포함된다. 기업체계가 추구하는 주된 목표는 기업이 경제적인 부와 사회적 가치를 창출하면서 지속적으로 성장·발전해 나가는 것이다. 가족기업을 경영함에 있어서는 가족과 기업이라는 두 체계 간의 경계를 명확하게 설정함과 동시에 이들 영역 간의 인적·물적 자원의 효율적 배분을 도모할 필요가 있다. 인적 자원 측면에서는 기업에 참여하는 가족 구성원에 대한 관리 문제가 주된 관심사이다. 물적 자원 측면에서는 경영 성과를 기업영역과 가족영역에 어떻게 배분할 것인지에 대한 문제가 중요한 과제에 해당한다.

(3) 소유체계

소유체계는 기업의 소유권을 누가 보유하고 있으며 어떻게 통제·관리되고 있는지와 관련된 분야이다. 소유체계는 기업의 소유권과 경영권의 승계 및 이전과 밀접한 관련성이 있다. 기업가정신이 투철한 존경받는 소유주 그룹을 육성하는 것 또한 소유체계의 주된 관심분야에 해당한다.

2. 가족기업의 이중적 기능과 양가속성

가족기업은 추구하는 목적과 적용되는 원칙 등이 서로 다른 가족과 기업이라는 조직의 결합체다. 소유권이 불특정 다수에게 분산되어 있는 일반 기업의 경우에는 기업이라는 조직을 효과적으로 관리하면 된다. 그러나 가족기업은 여기에 더하여 가족이라는 별도의 독립된 영역이 존재하고, 가족이 기업을 소유·통제하면서 기업의 경영 및 전략적 의사결정에 지대한 영향력을 행사한다. 가족기업의 이와 같은 이중 기능적 특성은 가족기업과 비가족기업

을 구분하는 핵심적인 특성에 속한다고 할 수 있다.[2)]

(1) 가족기업의 이중적 기능

1) 가족기업의 가족적 기능

가족기업이 수행하는 가족적 기능은 기업에 대한 소유권을 보유하고 경영 전반을 통제하는 '가족의 구성원과 가정생활'을 중심으로 이루어지는 사회적 기능을 의미한다. 이 기능은 가족 및 가정생활이라는 요인이 기업을 경영함에 있어 매우 중요한 요소에 해당한다는 점을 강조한다. 가족은 정서에 바탕을 둔 감성적 조직이다. 가족의 경우, 혈연관계에 있는 구성원 간의 조화와 화목을 중시한다. 조건 없는 사랑이라는 가치를 추구하고 공평성을 강조한다. 가족 내에서 부모는 자녀를 양육하고 가족 구성원의 성장·발전을 도모한다. 가족들 사이에는 주관적 감정이 작용하고 비공식적인 규칙에 따라 움직인다. 가족은 외부로부터의 간섭과 변화를 싫어하고 안정을 중시한다.

가족적 기능체계에서 나타나는 행동유형이나 의사결정 과정은 가족이라는 공동체의 정서적·생물학적 필요에 기초를 두고 있다. 가족기업을 경영하는 과정에서 이러한 기능을 효과적으로 수행하기 위해서는 가족 구성원이 속해 있는 가정 및 사회 내의 심리적·정서적·사회적 니즈를 충족시킬 수 있는 노력이 요구된다.

2) 가족기업의 기업적 기능

가족기업의 기업적 기능은 기업이 시장에서 다른 경쟁자들과 경쟁하면서 지속적인 성장·발전을 도모해 나가기 위해, 이윤을 추구하는 기업조직으로서의 목표 및 전략과 행동양식을 중시하는 기능이다. 기업은 합리적·이성적 조직으로 목적 지향적이다. 이익을 우선적으로 추구하고 생존을 위해 외부환경에 민감하게 반응한다. 논리적이고 공식적인 원칙과 평가기준에 의해 운영되며 변화와 혁신을 추구한다. 능력을 중시하고 경쟁과 성과에 따른 보

---

2) 김지희, 전게서, 34~41쪽.

상이 주어진다. 그리고 기업은 성장 발전을 위한 위험을 감수한다. 기업적 기능체계에서 나타나는 행동방식이나 의사결정 과정은 효율성을 중시한 객관적인 경제적 모델을 기초로 하여 이루어진다.

3) 통합적 시각에서 본 가족기업

가족기업에 대한 전통적인 연구들은 가족기업을 가족 영역과 기업 영역으로 분리하여 가족은 정서적·감정적 조직으로 그리고 기업은 합리성을 강조하는 구성요소로 보고, 이들 각 영역의 특성과 수행되는 활동을 파악하는 데 중점을 두었다. 그런데 근래에 들어서는 가족기업을 구성하는 두 개의 영역, 즉 경제적 영역에 속하는 기업과 사회적 영역에 속하는 가족을 하나의 통합된 조직체로 보면서 이들 영역간의 상호작용을 파악하고, 두 개의 영역이 조화와 균형을 유지하고 갈등을 최소화함으로써 시너지를 창출하는 데 관심의 초점이 두어지고 있다.

가족기업의 성공적인 경영을 위해서는 가족기업이 갖는 이중기능체계에서 발생하는 특성 및 문제점과 상호작용을 통합적 시각에서 파악하고 이를 조화롭게 유지·관리해 나갈 필요가 있다.[3)]

(2) 가족기업의 양가속성

가족기업의 양가속성(Bivalent Attributes)은 2인 이상의 가족 구성원이 가족기업에 참여하면서 경영에 영향을 미치고 있는 경우, 이들 사이에 나타나는 특유의 행동양식을 말한다. 가족기업에 참여하고 있는 가족들은 동일한

---

3) 가족기업에 있어서 기업체계는 가족의 재정, 가정활동 시간 및 노동 분담, 가족관계 및 가족 구성원간의 상호작용 등 가족 및 가정생활에 많은 영향을 미친다. 가족체계 또한 기업의 경영에 큰 영향을 미치는데, 가족의 재정 상태는 기업에 대한 투자에 영향을 미치고 가족 구성원 및 가족주주 관계는 경영의 안정성, 효율성 등 가족기업의 경영 전반과 승계과정에 지대한 영향을 미친다. 특히 가족기업의 세대이전 과정에서 가족 구성원이 서로 화합하고 협력하느냐 또는 갈등하고 분쟁하느냐 하는 문제는 기업의 성공승계 여부와 직결되는 요소에 해당한다. 가족의 구조와 크기, 가족이 처해 있는 상황 등도 기업 경영에 영향을 주고, 가족이 추구하는 가치는 기업이 지향하는 가치와 조직문화에 직접적인 영향을 미치는 요소로 작용한다.

가족의 일원임과 동시에 기업의 소유주, 경영자, 근로자 등 복합적인 역할을 수행하는데, 양가속성은 이러한 가족기업의 구조적 특성에서 기인한다.

2인 이상 가족 구성원이 주주 및 경영진 등으로 참여하고 있는 가족기업의 경우 '양가속성'을 어떻게 관리하느냐에 따라 기업의 성공과 실패에 영향을 미치고, 가족의 복지는 물론 기업에 근무하는 가족 구성원과 임직원의 관계에도 영향을 미친다.[4] 양가속성은 가족기업의 경영에 긍정적으로 작용하기도 하고 부정적인 효과를 초래하기도 하는 관계로 이를 효과적으로 관리할 필요가 있다. 가족기업의 안정경영과 가족의 화목을 도모하기 위해서는, 양가속성이 갖는 긍정적인 효과를 최대로 활용하고 부정적인 결과를 최소화하기 위한 관리가 중요하다. 양가속성의 효과적인 관리를 위해서는 가족 구성원들이 가족기업 체계 내에서 자신의 위치와 역할을 알고 거기에 맞는 행동을 할 필요가 있다.

양가속성이 발견되는 영역은 동시적 다중역할(simultaneous roles), 공유된 정체성(shared identity), 공통 생애역사(life long common history), 정서적 연류와 혼란(emotional involvement and confusion), 친족들 사이에 사용하는 사적언어(private language of relatives), 서로에 대한 알아차림과 개인 사생활(mutual awareness and privacy), 가족기업에 대한 특별한 의미 부여와 애착(meaning of the family business) 등 다양하다.[5]

1) 동시적 다중역할

가족기업에 참여하는 가족 구성원들은 가족기업의 각 체계 안에서 다중적인 역할(가족, 소유주, 경영자, 근로자 등)을 수행한다. 이러한 다중역할 수행은 가족 구성원으로 하여금 가족과 기업에 대하여 더 많은 책임감과 충성심 유발하고, 이는 기업의 성공경영을 위해 서로 신뢰하고 협조하는 관계를 형성하는 데 긍정적으로 작용한다. 그리고 한 사람이 실질적인 권한을 보유하고

---

4) Rento Tagiuri & John Dvis, Bivalent Attributes of the Family Firm, Family Business Review, vol. 9, no. 2, Summer 1996, pp.199~201.

5) 이하 가족기업의 양가속성에 관한 세부 내용은 Rento Tagiuri & John Dvis, 상게 논문, p.199 이하 참조.

다양한 역할을 수행함과 동시에 기업과 가족에 대한 정보를 갖고 있는 관계로, 각 영역에서 목적달성에 필요한 신속하고 효과적인 의사결정이 가능하다.

다른 한편으로는 다중역할을 수행하는 과정에서 경계의 모호성 문제를 초래하고, 역할 혼란으로 이어짐과 동시에 갈등을 초래할 가능성이 상존한다. 이와 함께 가족 구성원의 기업 내 지위가 가족 내에서의 지위로 인해 영향을 받을 수 있다. 즉 CEO로서가 아닌 아버지로서, 경영자 및 후계자로서가 아니라 아들이나 딸로서 인식되고, 이와 같은 역할 경계의 모호성은 역할의 혼란을 야기할 가능성이 있다.

2) 공유된 정체성

가족기업에 참여하는 가족 구성원은 기업에 대한 공통된 자아정체감을 형성함으로써 가족의 결속을 강화하고 기업에 대한 충성심을 높이는 데 기여한다. 한 가족의 구성원이라는 생물학적 결합에 바탕을 둔 가족정신과 가족의 이름은 가족의 단합과 경영위기 극복에 긍정적으로 작용하게 된다. 가족의 구성원은 좋은 기업 이미지를 만들기 위해 결속을 강화하고 가족의 이름을 손상시키지 않도록 주의를 기울이면서, 가문의 명예를 걸고 양질의 재화와 서비스를 제공하기 위해 노력하는 경향이 있다. 하지만 이러한 특성은 정체성을 공유하지 못한 가족 구성원을 억압하거나 스트레스를 가져오는 요인으로 작용하기도 한다. 가족 구성원의 행동이나 창의적인 제안 등이 가족가치 실현, 가문과 기업의 명성 유지, 기업의 목적달성 등을 이유로 강요 또는 제한을 받는다.

3) 가족의 공통 생애역사

가족기업에서 근무하는 가족들은 오랜 기간 함께 생활하고 같이 일하는 과정을 통해서 서로에 대하여 보다 잘 알 수 있게 되고, 서로의 가치관이나 강약점, 기업에 대한 생각 등을 파악하는 것이 가능하다. 이는 가족 간 유대를 강화함으로써 어려움이나 갈등을 극복하고 서로를 격려해 줄 수 있는 기회를 제공하기 때문에 기업이 위기에 직면하게 된 경우에 이를 효과적으로 극복할 수 있는 원천의 하나로 작용한다. 하지만 함께 일하는 가족 구성원들이 초기 단계에서 서로의 단점을 발견하고 실망하게 되는 경우에는 서로에 대한 신뢰를 해치는 요인으로 작용하기도 한다. 그리고 장기간에 걸쳐 형성된 가족들 사이의 부정적인 이미지와 행동 유형은 서로의 관계나 의사결정 과정에 부정적인 영향을 미친다.

4) 정서적 연류와 혼란

기업 내에서 함께 일하는 가족들은 정서적으로 상호 연류가 되어 있어 상대적으로 깊은 이해와 사랑의 감정을 갖는 동시에 싫어하거나 미움의 감정을 갖는 등 갈등하고 분쟁할 수 있는 잠재성을 갖고 있다. 가족들 사이에는 긍정적 측면의 감정 표현을 통해서 서로를 격려함으로써 신뢰를 향상시키고 기업에 대한 충성심을 높이는 데 기여한다. 상호간 갈등요소가 존재하는 경우에도 이를 표면화하지 않으려는 심리적 금지작용이 기능함으로써 기업 내 갈등상황 해결에 긍정적으로 작용한다.

하지만 가족 구성원 상호간에 존재하는 부정적 감정이 작동하게 되면 서로에 대한 신뢰가 무너지고 정서적 지지관계가 파괴된다. 함께 일하는 가족들 간에 어색한 관계가 생성되는 경우에는 서로를 회피하고 부정적인 관계가 형성하게 되며, 이는 가족 갈등을 유발시키는 요인으로 작용하게 된다.

5) 서로에 대한 알아차림과 개인 사생활

가족기업 내에서 함께 근무하는 가족들은 서로를 접촉할 기회가 많고, 서로를 인식하는 데 도움이 되는 사적인 언어[6]를 갖고 있으며, 서로에 대한 정보를 전달해 주는 매개체 역할을 하는 가족 구성원이 존재한다. 그 결과 가족 구성원들은 상대방이 받고 있는 스트레스, 상대방을 행복하게 하는 것과 화나게 만드는 것, 심리적·신체적으로 느끼는 상황과 환경 등에 대하여 민감하게 인식하게 된다.

---

6) 오랜 기간을 함께 생활해 온 가족 구성원들은 그들만의 특별한 단어, 표현, 행동 등 가족 언어와 같은 사적인 언어를 사용하는 경우가 적지 않다.

함께 근무하는 가족들이 서로에 대해 잘 알고 함께하는 시간이 많다는 것은, 상대방에게 집착하고 있거나 지나치게 감시당하고 있다는 느낌으로 발전할 가능성이 있다. 그 결과 가족기업에 참여하는 가족 구성원들은 서로가 자신의 프라이버시를 보장받기가 어렵다는 생각을 하기도 한다.

6) 기업에 대한 특별한 의미 부여와 애착

가족 구성원들이 기업에 대하여 갖는 특별한 의미와 애착은 구성원 개인과 기업의 관계, 기업의 수명 등에 따라 차이가 존재한다. 기업에 대한 애착

표 2-1 가족기업의 양가속성

긍정적 측면	핵심 속성	부정적 측면
• 가족과 기업에 대한 충성심 고취	**동시다발적 다중역할**	• 역할 규범의 혼란과 갈등 • 가족, 경영, 소유권의 혼동 • 기업 목적성 결여
• 가족과 기업에 대한 충성심 고취 • 기업에 대한 강한 사명감 • 객관적인 사업결정	**자아정체성 공유**	• 감시당하는 느낌 • 가족과 기업에 대한 불쾌감 유발
• 서로의 장점을 강화하고 약점을 보완 • 강한 연대감으로 가족위기 극복	**가족의 공통 생애 역사**	• 가족 상호간의 단점 지적 • 초기 실망감은 상호신뢰를 저해
• 긍정적 감정 표현으로 충성심, 신뢰감 강화	**정서적 몰입, 감정의 양면성**	• 의사소통의 객관성 부족 • 가족관계 갈등 유발
• 효율적 의사소통 • 기업 의사결정 효율화 • 정보교환의 신속성	**긍정적 상호인식, 프라이버시 침해**	• 의사소통 왜곡 • 프라이버시 침해 • 감시와 억압당하는 느낌
• 가족기업에 대한 강한 애착 • 확고한 사명감 형성	**가족기업에 대한 의미, 애착**	• 부정적 가족관계 형성 • 지나친 경쟁관계 형성

자료: Rento Tagiuri & John Dvis, 상게 논문, 김지희, 전게서, 22쪽 재구성.

이 강할 경우에는 기업의 비전과 목표를 설정하는 과정에서 통일된 의견을 가질 수 있고 이의 달성을 위한 헌신적인 기여를 기대할 수 있다. 이 경우 가족들은 기업을 '자신의 삶의 일부이고 조상이 물려준 유업'으로 생각하고 장기간 근무하면서 남다른 노력을 경주하는 경향이 있다. 이는 가족기업의 경쟁력과 위기대처 역량을 높이고 기업의 목표달성과 경영의 영속성을 높이는 데 기여한다.

하지만 가족기업에 대한 지나친 애착은 부정적 영향을 초래하기도 한다. 가족기업 리더가 가족보다 기업을 더 중요시한다는 인식을 주는 경우 가족관계에 부정적 영향을 초래한다. 기업에 대한 지나친 애착은 소유권과 경영권 승계를 둘러싼 과도한 경쟁과 갈등을 유발하는 원인으로 작용하기도 하는데, 이는 가족 간의 내분을 심화시키고 가족의 화목을 저해하는 요인으로 작용한다.

3. 가족기업의 경영 행태

가족기업의 경영 행태와 관련하여 논의되는 주요 내용은 '가족과 기업, 어디에 중점을 둘 것인가?' 하는 문제다. 이와 관련한 연구자들의 공통된 인식은 '가족기업 리더를 포함하여 가족 구성원들이 가족체계와 기업체계 상호간의 기능과 역할에 대한 경계를 명확하게 설정하고 균형을 유지하는 것'이 중요하다는 사실이다.[7] 가족과 기업 두 영역은 가족기업의 장기적인 생존과 번영에 결정적인 영향을 미친다. 따라서 가족기업 리더는 이들 두 영역에 대하여 관심과 주의를 기울여야 하며, 어느 한쪽이 반드시 지배적인 역할을 할 필요는 없는 것이다.

(1) 기업 우선 경영

기업 우선 경영은 기업체계에 우선을 두고 가족기업을 경영하는 행태를

7) E. J. Poza & M. S. Daugherty, Family Business 4e., 2014, pp.11~12.

말한다. 경영 과정에서 기업 부문을 지나치게 강조하는 경우에는 자연적으로 가족 부문이 등한시 되는 결과를 초래한다. 이 경우에는 기업경영 과정에서 가족 구성원이 의도적으로 불이익을 당하거나 낙담을 하게 되는 경우가 있고, 가족 구성원들이 기업에 합류하여 근무를 시작하기에 앞서 외부에서의 사전 경험이 부과되기도 한다.

가족 구성원에 대한 성과 평가는 일반 임직원들과 동일한 기준에 따라 평가되거나 오히려 더 엄격한 기준이 적용되기도 한다. 보상은 가족 내에서의 서열이나 위치는 고려되지 않고 기업 내에서 부여된 책임과 성과 및 기여도에 따라 이루어진다. 가족기업 리더의 관심 또한 가족에 관한 사항보다는 기업에 우선순위를 두는 경향이 있다. 그러나 기업이 지나치게 강조되는 경우에는 가족 간의 소통, 가족의 일체감, 가족 구성원의 충성도, 가족과 함께 보내는 시간, 가족 개개인의 감정 등이 훼손되고 그 결과 가족 구성원의 불만을 야기할 가능성이 크다.

(2) 가족 우선 경영

가족을 우선하는 기업에서는 고용이나 승계 등에 있어서 '장자우선권' 현상이 뚜렷하다. 가족 구성원을 특별하게 우대하는 현상도 두드러진다. 가족들에게는 그들의 역량이나 성과 또는 부과된 책임의 정도 등과는 무관하게 비슷한 보상이 주어지는 경우가 많다.

이러한 기업의 경우에는 유능하고 장래성 있는 임직원들이 단순히 가족 구성원과의 관계성이 부족하다는 이유에서 자신의 미래를 확신하기가 어렵게 되고, 그 결과 이들의 적극적인 헌신이나 참여를 제한하는 원인으로 작용한다.

가족 우선 형태로 경영되는 기업에서는 가족이 추구하는 목적이 우선시 되기 때문에 기업으로부터 가족 구성원에게 주어지는 특전이 광범위하다. 재무 관련 조직들은 가족 구성원들에게 유리하도록 의도적으로 둔감할 가능성이 있고 비밀을 지키는 것이 우선시 된다. 인적자원 관리에 대한 기준이나 경쟁, 그리고 이익분배 정책 등의 투명성이 낮다. 결과적으로 기업을 경영한다는 것이 가족의 생활 유지를 위한 방편의 하나로 인식되는 경향이 있다. 하지만 이러한 형태의 경영은 가족기업의 건실하고도 지속적인 성장 및 발전을 저해하고 가족 구성원들 간의 갈등을 심화시키는 요인으로 작용하기도 한다. 기업 영역에 비하여 가족 영역을 지나치게 우선하는 경우에는 기업 내 소통, 성과평가, 경영의사 결정, 전략선택 등이 훼손되는 부작용을 초래한다.

(3) 균형 경영

균형 경영이란 가족체계와 기업체계를 다 같이 중시하면서 가족과 기업 간의 관계를 균형적으로 유지해 나가는 경영 행태를 말한다. 이 경우에는 가족과 기업 두 영역 간의 시너지 창출이 가능하며, 그 결과 가족과 기업 모두에게 긍정적인 환경을 창조하게 된다. 이러한 균형적인 사고와 접근방식은 가족체계와 기업체계 상호간의 신뢰와 헌신을 증진시키고, 기업의 효율성과 가족의 화목을 증진함과 동시에 대를 이어 존속하는 장수기업이라는 유산을 만들어 내는 기초로 작용한다. 가족체계와 기업체계 간에 균형을 추구하는 경영을 위해서는, 이들 각 영역에서 효과적으로 기능하는 거버넌스를 구축하는 것이 바람직하다.

4. 가족기업의 거버넌스

(1) 가족기업 거버넌스의 개념과 중요성

기업의 거버넌스(governance)란 주로 기업 지배구조라는 용어로 사용되고 있는데, 이는 '기업을 둘러싼 다양한 이해관계자들 간의 관계를 조정하는 체계와 원칙 및 과정'이라고 할 수 있다. 가족기업의 거버넌스란 가족기업을 구성하는 3대 축에 해당하는 가족, 주주, 경영진 상호간의 관계 특성을 효과적으로 관리·통제할 수 있는 기본 원칙 및 체계와 과정을 의미한다. 이와 같은 가족기업의 거버넌스는 기업의 성장·발전과 가족의 번영과 협력을 장려하고 보호할 수 있는 방향으로 구축되어야 한다. 거버넌스의 효과적인 구축 및 운영을 통하여 가족의 통합이 이루어지고 그것이 가족기업의 경쟁우위로 작용하게 되어 기업과 가족 모두에게 유익을 제공한다.[8)]

가족과 기업의 공동 이익을 지켜가기 위해서는 효과적으로 작동하는 거버넌스를 구축하는 것이 필요하다. 가족기업의 거버넌스를 구축한다는 것은 가족과 기업, 그리고 소유권 부문의 잠재력을 최대화하면서 이들 체계 상호간의 이익을 존중하도록 보장하는 체계 및 원칙과 절차를 확립하는 것을 의미한다. 효과적으로 기능하는 거버넌스를 통해서 가족과 기업, 그리고 주주들은 상호 유기적으로 협력하면서 각 체계에 고유한 이익을 시현함과 동시에 가족기업의 영속성과 안정적인 경영활동을 도모해 나간다.

가족기업을 경영하는 과정에서 발생하는 많은 어려움들은 효과적인 거버넌스가 부재한 상황에서 벌어지는 사건들의 연속이라고 해도 과언이 아니다. 가족 구성원들과 가족 주주들 사이에 존재하는 부정적이고 파괴적인 감정은 기업의 성장 발전에 필요한 전략계획의 수립 및 추진을 방해하고 경영진을 법정에 세우기도 하며 기업에 큰 손실을 초래하는 갈등 및 분쟁으로 이어질 수 있다.[9)]

거버넌스는 가족기업을 구성하는 하위체계에 해당하는 가족과 기업, 그리고 소유권이라는 세 영역 모두에게 필요하다. 가족기업은 저마다 독특하지만 체계적인 거버넌스 확립을 통해서 보다 효과적이고 합리적인 의사결정, 기업과 가족 서로에게 유익한 정책 수립, 가족의 화목과 기업의 영속성 유지 등 주요 이해관계자들이 기대하는 공동의 목표를 달성해 나갈 수가 있다.

(2) 가족 부문의 거버넌스

가족 거버넌스와 관련된 필요는 가족회의나 가족협의회 등을 통해 효과적으로 충족시킬 수 있다. 가족회의 및 가족협의회로 대표되는 가족 거버넌

8) E. J. Poza 외, 전게서, p.256.; E. J. Poza, S. Hanlon & R. Kishida, Does the Family Business Interaction Factor Represent a Resource or a Cost? Family Business Review, 17(2), 2004, pp.99~118.

9) Craig E. Aronoff & John L. Ward, Family Business Governance, 2011, p.6.

스는 가족의 화합 및 번영과 기업에 대한 가족의 긍정적인 역할을 지속하기 위해서 가족이 공동으로 수행해야 하는 일들과 가족기업 소유주로서 지켜가야 하는 가치와 사명, 가족의 공동 목표, 가족정책 등을 정하고, 이를 가족 구성원들에게 알려서 실천해 나가도록 하는 역할을 담당한다. 가족 거버넌스는 다음과 같은 핵심적인 가족 사안의 일부 또는 전체에 초점을 맞추는 것이 바람직하다.10)

- 가족의 행동, 행위 또는 결정에 적용되는 가족정책이나 합의를 정한다.
- 가족의 비전과 사명 또는 가족과 기업의 이익을 위해 가족 구성원들이 함께 노력하도록 장려하는 가치와 원칙을 명확하게 밝힌다.
- 가족이 더불어 배우고 결정사항을 공유하며 서로 소통할 수 있는 가족 조직에 참여하거나 이러한 목적을 지향하는 체계를 마련한다.
- 가족 소유권 정책과 사업에 관한 가족기업 정책을 수립한다. 이 정책은 기업문화, 경영목표, 자본의 배분, 주주의 권리와 책임 등에 관한 원칙이다.
- 가족 내 갈등을 해결하고 도움이 필요한 가족 구성원에게 도움을 제공할 방법을 강구한다.
- 가족교육 및 정보제공을 촉진하거나 가족 구성원들이 기업 또는 가족 내에서 본인이 선택한 역할을 수행하는 데 필요한 지식과 이해를 얻고 공동의 목표를 달성할 수 있도록 보장한다.
- 가족의 생활, 정치활동, 자선활동에서의 역할을 조정하거나 가족이 외부 세계와 맺는 관계를 관리한다.
- 가족의 행복을 증진하거나 공동의 노력을 촉진하고 경험을 공유할 수 있는 관계를 증진한다.

---

10) Craig E. Aronoff 외, 상게서, p.29 이하.

(3) 기업 및 소유권 부문의 거버넌스

1) 기업 부문의 거버넌스

기업 거버넌스는 기업의 소유주와 소유주 그룹에 해당하는 주주와 가족을 포함한 주요 이해관계자들의 이익을 증진하고 주주 및 경영진이 설정한 목표를 달성하는 데 주안점을 두어야 한다. 이를 위해서 운영 중인 사업, 재무, 직원, 공급업체 및 고객과의 관계 등 기업이 상시적으로 직면하는 사업상의 문제를 효과적으로 관리하는 일이 중요하다. 이러한 목적 달성을 위한 효과적인 방안은 전문적 역량을 갖춘 유능한 경영팀을 구축하는 것이다.

2) 소유권 부문의 거버넌스

① 이사회

소유권 영역에서의 거버넌스 조직으로는 이사회와 주주총회 등이 있다. 이 가운데 핵심적인 역할을 담당하는 조직은 이사회이며 이사회가 수행하는 기능과 역할은 중요하다. 역량과 경험을 갖춘 이사들은 기업, 특히 CEO와 가족에게 소중한 자원으로 매우 유용한 역할을 수행할 수 있다. 경영활동 지원, 사업실적 모니터링, 기업의 전략, 목표, 정책 등 여러 분야에서 중요한 역할을 수행할 수 있기 때문이다. 이사들은 효과적인 공동 의사결정 사례와 전문가로서 책임 있는 리더십 모델을 제시함으로써 가족에게도 기여할 수 있다. 이사회의 핵심되는 역할 중 하나는 '불만스러운 소유주', 즉 불행한 주주를 미연에 방지하는 것이다. 이사들은 가족 구성원들에 대해 열린 태도를 유지하고 이들이 양질의 정보를 제공 받도록 도움을 제공함으로써 기업에 대한 가족 구성원들의 신뢰와 믿음을 강화하는 데 공헌을 할 수 있다.[11]

② 사외이사가 중심이 된 능동적인 이사회의 기능과 역할

이사회는 회사의 정관 개정, M&A 승인, 배당정책 결정 등과 같은 법적 기능을 담당한다. 여기에 더하여 이사회는 효과적인 거버넌스를 보장하고, 사업 정책과 전략을 모니터링하고 이의 개선에 기여한다. 능동적인 이사회는

11) Craig E. Aronoff 외, 상게서, pp.49~50.

가족기업 리더를 포함한 경영진으로 하여금, 사업전략의 품질 향상, 목표와 정책의 수립 및 검토, 경영진과 이사직에 대한 승계 지원, 핵심 간부에 대한 평가 등과 같은 주주들의 관심사를 충족시켜나갈 수 있도록 적절한 도움을 제공한다.12)

• 효과적인 거버넌스 보장

이사들은 스마트하고 효과적인 의사결정을 위해 필요한 사람과 의사결정 과정이 제대로 갖춰지도록 보장함으로써 거버넌스에서 중요한 역할을 수행한다. 기업문화를 평가하고 경영진이 강점을 활용하도록 도움을 제공한다. 그리고 가족 구성원 및 경영진과 소통하고 다음 세대의 멘토가 되어주는 등 여러 방법으로 기업과 가족의 거버넌스가 효과적으로 운영되도록 지원한다.

• 사업목표와 정책 및 전략에 대한 모니터링과 개선 지원

가족은 넓은 의미에서 사업목표를 정할 책임이 있다. 그러나 이러한 사업목표를 검토하고 나아가 실행 가능한 목표임을 보장하며 가족 스스로 자신이 선택한 목표의 결과와 절충점을 이해하도록 보장하는 것은 이사회의 역할이다. 회사의 사업실적을 모니터링하는 것 역시 이사회가 수행할 일이다. 이사회의 또 다른 주안점은 전략의 질을 향상시키는 데 있다. 기업의 전략계획을 평가하고 승인하는 것은 이러한 노력의 일환이다. 이사들은 기업의 정책을 개선하고 조정하는 역할을 한다. 즉 인적 자원, 보수, 윤리, 내부 관리, 기타 정책과 관행 등을 검토하고 이의 시행을 모니터링한다.

• 경영진에 대한 자문 및 조언

경험 많은 유능한 이사들의 역할 중에서 가장 중요하면서도 간과되기 쉬운 것 중 하나는 경영진에게 자문과 조언을 제공하는 일이다. 많은 가족기업 CEO들이 민감한 경영 사안을 누구에게도 알리지 못한 채 고립감을 느끼거나 공유하기를 꺼리고, 다른 가족 임원이나 최고 경영진에게 공개하는 것에 대한 의구심과 두려움을 갖는 경향이 있다. 이사회는 이러한 상황에서 속사정

12) Craig E. Aronoff 외, 상게서, pp.19, 53~64.

을 터놓을 수 있는 믿을 만한 친구, 공명판 또는 소중한 자산의 역할을 한다. 또한 가족기업의 리더들은 가족 구성원, 경영인, 소유주 등 많은 역할을 동시에 맡고 있기 때문에 생각이 흐려지기 쉽다. 이러한 점에서 이사들은 특정 사안을 결정할 때 리더가 어떤 역할에 주안점을 두어야 하는지에 대하여 자문하고 도움을 줄 수 있으며, 전문경영인의 선임이나 핵심 임원에 대한 평가시에도 유용한 도움을 제공할 수 있다.

• **승계과정 관리**

이사들은 승계계획을 준비하고 후계자를 선정하는 데 큰 도움을 줄 수 있다. 이사들은 후계자 후보들의 멘토가 되어 자질 및 역량 개발을 위한 방안들을 제시할 수 있으며, 후계자에 대한 최종 선택을 인준함으로써 승계과정에 대한 신뢰와 권위를 부여한다.

• **가족주주 지원**

능동적이고 효과적인 이사회의 존재는 가족 구성원들에게도 유용한 자원이다. 이사들은 가족들이 기업에 참여하는데 있어서 적용되는 가족정책의 이행을 감독하는 한편, 가족 구성원에 대한 성과평가와 보수 책정에 도움을 제공할 수 있다. 유능한 이사는 가족 구성원들과의 소통을 통해 이들을 교육하는 역할을 수행하고, 가족 주주들 사이에 감정 혹은 갈등이 고조될 때 가족을 안정시키는데 영향을 미칠 수 있으며, 문제의 해결방안을 제시하거나 조심스럽게 갈등 해결을 촉구할 수 있다.

3) 중첩되는 사안들에 대한 관리와 가족과 이사회 간의 협력

효과적으로 조직된 가족과 이사회는 각기 다른 서로의 책임들에 초점을 맞추지만, 동시에 시너지를 낼 수 있는 여러 영역을 공유하기도 한다. 가족기업의 많은 중대 사안들이 가족과 이사회가 공통적으로 관심을 갖고 달성해야 하는 중첩되는 과제들이다. 배당정책, 주식의 유동화, 이사의 선임과 평가, 사업목표 설정, 기업윤리, 가족 구성원에 대한 고용과 보상, 승계계획 등은 가족과 이사회 모두에게 있어서 함께 고려해야 하는 사안들이다. 많은 경우에 가족이 의사결정을 시작하고 이사회가 사안의 결과 및 절충점들을 평가하도록 가족에게 도움을 제공함으로써 원만한 결과의 도출을 지원한다.

(4) 가족기업의 성장과 거버넌스 변화

효과적인 가족기업 거버넌스는 가족과 기업이 시간의 흐름에 따라 성장을 하더라도 거의 동일한 기능을 유지한다. 그러나 거버넌스 과정이 취하는 형태는 기업의 성장·발전과 함께 변화를 필요로 한다. 창업주와 자녀세대 가족은 가족협의회나 주니어 보드를 구성할 필요는 없다. 그러나 3세대 경영이 시작된 이후 시간의 흐름과 함께 기업이 성장하고 가족도 여러 명의 3세대 구성원과 다수의 4세대 구성원들로 확대되었다면, 효과적인 거버넌스는 이처럼 복잡해진 요구를 충족시킬 수 있는 보다 공식적인 체계를 필요로 한다.[13)]

1) 초기 단계

창업세대에 속한 가족기업 소유주들은 종종 밥상머리에서 이루어지는 대화를 통해 가족의 문제들을 처리한다. 이 단계에서 가족 리더 및 가족 구성원의 기능은 대체로 공식적인 조직을 필요로 하지 않는다. 기업 거버넌스를 지원하기 위해서는 기업 소유주가 법적 지위는 없지만 이사회와 동일한 자문 및 조언 기능을 수행하는 통로로 사외이사회 또는 자문위원회를 구성하는 것이 바람직하다. 이사들과 가족 구성원들은 간단한 모임을 통한 의견교환이나 공동회의를 통해 상호작용을 할 수 있다.

자녀들이 성장함에 따라 부모는 보다 많은 시간을 자녀들과 사업에 관한 이야기를 하며 보낼 수 있다. 가족 구성원의 경영 참여, 소유권 및 경영권 승계, 리더십 이전, 가족 구성원의 역량 개발 등이 대화의 주된 내용을 이룬다.

2) 형제자매 파트너십 단계

2세대 가족 구성원들이 성인이 되면 보다 많은 가족들이 공식적인 가족회의를 개최하기 시작하고, 종종 그들의 배우자들도 가족회의에 참여하게 된

---

13) Craig E. Aronoff 외, 상게서, pp.75~84.

다. 이 단계에 이르면 가족 구성원의 경영 참여나 승계와 관련된 문제들이 중심 사안으로 떠오른다. 2세대 가족 구성원들이 중요한 역할을 맡게 됨에 따라 팀 구축, 공동 목표 설정, 가족의 화합, 가족 구성원에 대한 교육 등과 같은 공통 관심사를 개발하는 데 주안점이 이동한다. 이 단계에서는 복수의 사외이사들과 선택된 소수의 가족 구성원들로 능동적인 이사회를 조직하는 것이 바람직하다. 이사회와 가족은 통상적으로 간단한 대화나 공동회의 또는 선택된 가족 구성원 및 이사들로 구성된 운영위원회를 통해 상호작용을 하는 것이 일반적이다.

3) 사촌 간 협력 단계

3세대 또는 그 이후 세대에 속하는 가족이 경영하는 기업의 경우 가족체계의 책임은 더욱 복잡해진다. 일부 가족 구성원이 경영 일선에서 멀어지게 됨에 따라, 가족의 관심사는 주식의 유동화 등 주주 관련 사안에 보다 초점을 맞추는 경향이 있다. 이 단계에서 가족의 역할은 계속해서 가족의 정체성을 확고하게 함과 동시에 가족기업에 대한 헌신을 장려하는 데 있다. 가족들은 자연스럽게 가족의 전통 및 역사에 관심을 갖게 되고 가족 및 기업의 문화를 강화해야 하는 귀중한 자원으로 인식하게 된다. 이 단계에서는 가족 구성원들은 가족협의회나 가족 정례모임의 형태로 만날 수 있다.

사촌 간 협력단계에 이른 성숙한 기업은 대체로 지주회사 구조 또는 회사 포트폴리오를 갖출 정도로 진화를 한다. 이 단계에서는 여러 사업 단위들의 실적을 감독하는 자회사 이사회들을 총괄하기 위해 지주회사 이사회가 필요하다. 일부 가족들은 가족 구성원과 이사들로 구성된 지주회사 이사회를 조직해 가족 및 여러 자회사들의 이사회를 연계하는 시스템으로 활용한다. 한편 자회사 이사회는 해당 기업의 리더십과 운영 전략을 개선하고 최고 경영진을 지원하는 데 필요한 자격을 갖춘 사외이사들로 구성한다.

4) 주니어 보드

사촌 간 협력단계에서 주니어 보드는 가족기업의 장래를 책임질 인재를 육성·개발하는 효과적인 도구로 활용할 수 있다. 주니어 보드는 기업의 정식 이사회가 회의를 개최하기 직전이나 직후에 회의를 진행하는 것이 일반적이다. 주니어 보드 구성원들은 정식 이사회와 동일한 의제를 다루며 동일한 경영 관련 보고를 받는다. 이사회 의장, 컨설턴트 또는 다른 가족의 지도를 받아 주요 사안에 대하여 듣고 논의하며 의사결정 과정에서 어떠한 기준을 적용해야 할지에 대하여 협의한다. 대다수 주니어 보드는 상정된 의제에 대하여 의결권을 행사하지는 않지만, 논의 및 발표 내용과 과정이 다음세대를 위한 효과적인 교육 수단으로 활용된다. 젊은 가족 구성원들은 주니어 보드와 같은 모의회의에 참여함으로써 기업 리더에게 필요한 판단, 절충과 균형, 의사결정 과정 등을 경험하게 된다. 주니어 보드 운영은 젊은 세대 가족 구성원들을 거버넌스 과정에 포함시키고 권한을 갖는 것이 어떤 의미인지를 깨닫게 해주는 유용한 도구로 활용될 수 있다.

제3장 가족기업 연구에 활용되는 주요 이론

가족기업의 특성을 이해하고 가족기업을 구성하는 가족과 기업 및 소유권 영역에서 나타나는 구성원의 행동, 가족기업의 성과, 가족기업의 강약점 등을 파악하기 위해 활용되고 있는 이론으로는 체계이론, 자원기반이론, 대리인이론 등이 있다.

체계이론은 연구하려는 대상을 하나의 시스템으로 보고 그 시스템을 구성하는 요소들을 하위 시스템으로 보며, 시스템을 구성하는 요소들 사이의 상호작용을 분석하는 이론이다. 체계이론 관점에서 본 가족기업이라는 체계는 가족, 기업, 그리고 소유권이라는 세 가지의 하위체계로 구성되는데, 이들 각각의 체계는 독자적으로 존재하면서도 상호 밀접한 연관성을 유지하면서 존립한다. 체계이론에 바탕을 둔 가족기업 연구 모델 가운데 가장 일반적으로 활용되고 있는 모델은 '쓰리서클 모델'이다. 이 모델에서는 가족기업을 구성하는 핵심되는 체계인 가족체계와 기업체계에 더하여 소유권을 하나의 독립된 구성체계로 취급한다. 가족기업인지의 여부를 판단하는 주요 변수 가운데 하나가 소유권, 즉 기업의 주식 및 지분을 누가 얼마나 소유하고 있는가 하는 것인데, 소유권은 기업에 대한 경영권의 원천에 해당함과 동시에 가족기업의 핵심 관심사에 해당하는 승계 문제와도 밀접한 관련성이 있기 때문이다. 가족기업과 관련이 있는 사람이라면 누구나 이들 세 가지 체계를 포함해서 각 체계들이 서로 중첩되는 부문에 해당하는 여러 영역들 가운데 하나 이상의 영역에 속하게 된다.

대리인 이론은 '주인이 대리인으로 하여금 자신의 이익과 부합하는 주인-대리인 관계에서 나타나는 여러 문제를 다루는 이론'이다. 주인과 대리인의 관계에서는 대리인이 주인의 이익을 충실하게 대변하거나 확보하지 못하는 데서 비롯되는 대리인 문제가 발생한다. 가족기업 경영과 관련한 대리인 이론의 전통적 관점에 따르면, 가족기업의 소유주가 경영자를 겸할 때 소유권에 대한 대리인 비용이 감소한다고 보았다. 최근의 연구들은 소유 경영자의 이타적 사고와 행동, 가족 갈등을 관리하는 역량의 부족 등이 오히려 대리인 비용을 증가시키는 요인으로 작용한다고 주장하기도 한다.

자원기반 이론 관점에서 가족기업을 연구하는 경우, 가족기업이 갖는 특성 가운데 어떠한 것들이 '가족기업의 지속적인 경쟁우위'를 가져오는 원천에 해당하는지를 밝혀내는 데 중점을 두고 있다. 자원기반 이론 관점에서 본 가족기업의 강점으로는 먼저, 가치관과 신념의 공유를 통한 가족 구성원 간의 결속 강화, 고유한 기업문화 유지, 경영의 정체성 확립 등이 거론되고 있다. 이러한 특성들은 가족기업이 추구하는 목적의 달성을 용이하게 함과 동시에 위기극복 역량을 강화하는 데 도움을 준다. 소유와 경영의 미분리도 가족기업이 갖고 있는 강점 가운데 하나다. 기업의 소유권자가 경영을 책임지고 있는 관계로, 환경 변동에 대응한 신속한 의사결정이 가능하고 단기 성과보다는 중장기적인 관점에서 생존 및 발전전략을 추구하는 것이 가능하며, 세대 간 기술 및 경영노하우 이전이 용이하다. 가족 구성원들의 공통적인 목표와 강한 사명감도 가족기업의 강점 가운데 하나에 해당한다.

1. 체계이론

체계이론은 연구하려는 대상을 하나의 시스템으로 보고 그 시스템을 구성하는 요소들을 하위 시스템으로 보며, 시스템을 구성하는 요소들 사이의 상호작용을 분석하는 이론이다. 이 이론은 분석대상을 조직적으로 체계화하고 체계를 구성하는 요소인 하위체계, 체계에 영향을 미치는 환경, 그리고 체계와 하위체계 및 환경 간의 상호관계를 구체적으로 파악하는데 유용한 관계로 가족기업을 연구하는 이론적인 틀로 널리 활용되고 있다. 체계이론 관점에서 본 가족기업이라는 체계는 가족, 기업, 그리고 소유권이라는 3개의 하위체계로 구성되는데, 이들 각각의 하위체계는 독자적으로 존재하면서도 상호 밀접한 연관성을 유지하면서 존립한다.[1)]

체계이론을 가족기업 연구 분야에 적용하는 이유는 '가족기업을 구성하

1) P. Davis, Realizing the Potential of the Family Business, Organizational Dynamics, II, Summer 1983, pp.47~56; Kansberg. I., Managing Human Resources in Family Firms, Organizational Dynamics, II, Summer 1983, pp.5, 39~46.

고 있는 하위체계인 가족체계와 기업체계, 그리고 소유체계가 갖는 특성을 파악하고 이들 영역 간의 상호작용을 분석함으로써, 가족과 기업 및 소유권이 가족기업이라는 하나의 전체 시스템에 미치는 영향과 이들 하위체계 상호간의 관계를 정밀하게 판단하는 데 유용하기 때문'이다.

(1) 체계이론에 바탕을 둔 전통적인 가족기업 연구모델

가족기업에 대한 연구에서 전통적으로 활용되어 온 모델(2차원 모델)은 체계이론에 바탕을 두고 있다. 전통적인 연구들은 가족과 기업이라는 두 개의 체계를 만족시킬 수 있는 방안 및 전략을 찾아내는 것을 모든 가족기업들이 직면하는 핵심 도전으로 여긴다. 가족기업에 관한 초기의 연구들은 주로 가족기업이 안고 있는 전통적인 문제들인 네포티즘(nepotism), 브모세대와 자녀세대 간의 갈등, 형제자매 간의 갈등과 경쟁, 비전문적인 경영 등에 주안점을 두고 있다.[2)]

이 모델에서 가족체계와 기업체계는 각각 해당 체계에 적용되는 고유의 규범과 구성원들이 지켜야 할 규칙, 추구하는 가치, 그리고 상이한 조직구조 등을 갖고 있다. 동일한 사람이 가족과 기업이라는 두 개의 체계에 속하여 자신에게 주어진 임무를 수행하는 과정에서 이해가 충돌하기 때문에 다양한 문제들이 발생한다.

이러한 개념과 연구의 방향은 상당기간 가족기업 연구의 기본틀로 작용해 왔으며, 가족기업을 둘러싼 이해관계인의 행동 및 의사결정의 원천을 명확하게 판단하는 데 유용한 도구로 활용되었다.

(2) 쓰리서클 모델

가족기업을 설명할 때 가장 일반적으로 활용되고 있는 모델은 쓰리서클 모델(The 3 Circle Model)이다. 이 모델에서는 가족기업을 구성하는 두 개의 핵

---

2) Kelin E. Gersick & Ivan Lansberg, Generation to Generation: Life Cycles of the Family Business, 1977, p.5.

심되는 체계인 가족체계와 기업체계에 더하여 소유권을 하나의 독립된 구성체계로 취급한다. 가족기업인지의 여부를 판단하는 주요 변수 가운데 하나가 소유권, 즉 기업의 주식 및 지분을 누가 얼마나 소유하고 있는가 하는 것인데, 소유권은 가족기업에 대한 경영권의 원천에 해당함과 동시에 가족기업의 핵심 관심사에 해당하는 승계 문제와도 밀접한 관련성이 있기 때문이다. 가족기업과 관련이 있는 사람이라면 누구나 이들 3가지 체계를 포함해서 각 체계들이 서로 중첩되는 부문에 해당하는 여러 영역들 가운데 하나 이상의 영역에 속하게 된다고 설명한다.

쓰리서클 모델에 대한 이해를 돕기 위해서 모델 개발자들이 정리한 내용을 구체적으로 살펴보면 각각 아래와 같다.[3]

1) 개 요

가족기업 체계는 가족, 기업, 그리고 소유권이라 세 개의 독립된 하위체계로 구성되어 있으며, 이들 각 체계들은 서로 중첩되는 부분이 존재한다. 가족기업과 관련이 있는 개인은 누구나 이 모델의 어느 한 곳 이상에 위치한다. 즉, 가족기업을 구성하는 세 개의 하위체계 가운데 어느 한 부문에만 관련이 되는 사람은 3개 원형의 외곽에 위치하고<모델 그림의 1, 2, 3>, 두 가지 부문

그림 3-1 쓰리서클 모델 개요

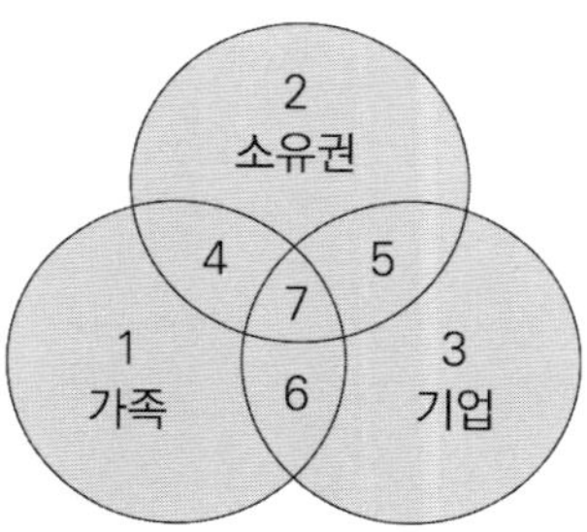

범례: 1. 단순 가족 구성원(소유권이 없고 기업에도 참여하지 않음)
2. 비가족 소유권자(기업의 주식을 보유한 비가족구성원으로서 기업경영에 참여하지 않음)
3. 비가족 임직원
4. 가족 구성원으로 주식 보유자(기업경영에는 참여하지 않음)
5. 주식을 소유한 비가족 임직원
6. 가족 구성원 종업원(소유자는 아님)
7. 가족 구성원으로 주식을 소유함과 동시에 기업경영에도 참여

자료: Kelin E. Gersick & Ivan Lansberg, Generation to Generation, 1977.

3) Kelin E. Gersick & Ivan Lansberg, 상게서, pp.4~24.

에 관련을 갖는 사람은 두개의 원들이 서로 중첩되는 부분인 모델 그림의 4, 5, 6 가운데 어느 한 곳에 위치하게 된다. 그리고 가족 구성원으로서 소유권을 보유하는 동시에 기업경영에도 참여하는 사람의 경우에는 가족기업을 구성하는 세 개의 체계가 서로 중첩하고 있는 핵심영역에 해당하는 7의 자리에 위치한다.

이 모델은 가족기업과 관계를 맺고 있는 구성원 상호간의 갈등 및 충돌, 역할 딜레마, 우선순위 등에 관한 속성과 근본 원인을 이해함과 동시에 가족기업 내에서의 범위 및 경계를 이해하는 데 유용한 도구로 활용되고 있다. 그리고 이 모델은 가족기업을 구성하는 각 체계의 서로 다른 입장 및 역할을 명확하게 구분함으로써 가족기업 내의 복잡한 상호작용을 이해하고 실제로 일어나고 있는 사안들과 그 원인을 용이하게 파악하는 데 유익하다.[4)]

2) 쓰리서클 발전모델

쓰리서클 모델은 특정한 시점에서 가족기업의 구조와 특성을 명확하게 파악할 수 있는 도구로 작용하기 때문에 가족기업을 이해하는 첫 단계로 유용하게 사용된다. 하지만 가족기업이 당면한 문제들은 시간의 경과와 함께 늘 새롭게 발생하고 확대된다. 전통적인 쓰리서클 모델에 시간의 경과에 따라 변화하는 가족기업 구성요소들을 감안하여 고안된 모델이 바로 쓰리서클 발전모델(The three-demensional developmental model)이다.[5)] 이 모델은 가족기업을 구성하는 하위체계인 가족, 소유권, 그리고 기업이라는 각각의 체계가 시간이 경과

4) 예를 들면, 이 모델에서 각 구성원의 입장을 고려한다면 배당정책이나 승계계획 등에 관한 가족 구성원의 갈등을 새로운 시각에서 이해할 수 있다. 4번 영역에 속한 구성원(가족 구성원/주주/기업에 참여하지 않은 자)은 가능한 더 많은 배당금을 받기를 원할 것이다. 이들은 가족기업의 지분을 소유한 자로서 배당금을 투자에 대한 합리적인 대가나 가족 구성원에 대한 보상으로 여기기 때문이다. 반면에 6번 영역에 속한 구성원(가족 구성원/가족기업 근무자/주식을 보유하지 않은 자)은 배당금 지급을 유예하고 그 재원을 활용하여 사업을 확장함으로써 자신의 경력발전을 도모하고 싶어 할 것이다. 두 구성원은 성격과 스타일이 비슷하고 밀접한 유대관계를 가진 형제자매일 수 있지만, 배당과 관련한 문제에 있어서는 이해관계가 서로 달라 의견이 충돌하는 경우가 발생할 수 있다(조병선 외, 가족기업 경영과 승계 전략, 경제법륜사, 2012. 3, 33쪽).

5) 쓰리서클 발전모델에 관한 구체적인 내용에 대해서는 Kelin E. Gersick 외, 상게서, 1977, pp.15~24, 26~132 참조.

그림 3-2 시간흐름을 감안한 3차원 발전 모델

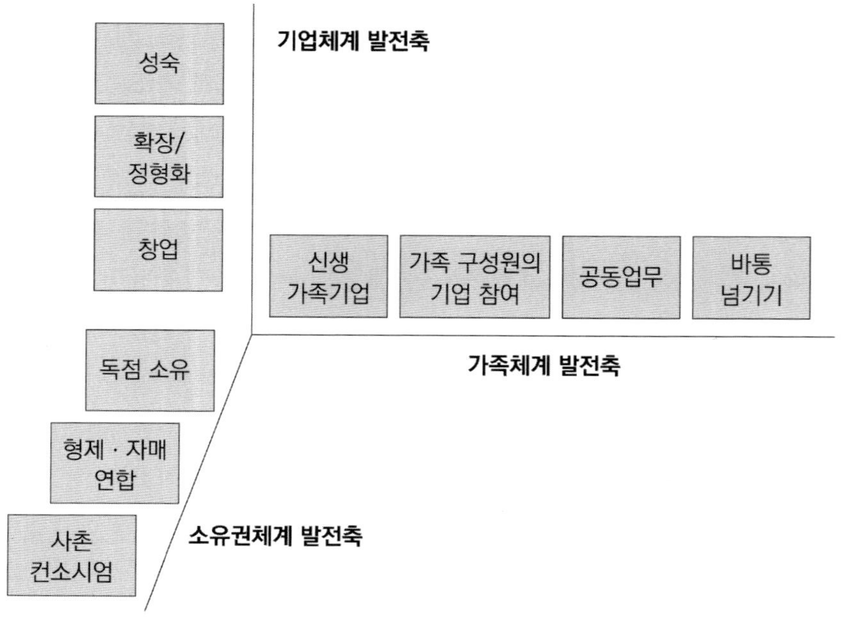

자료: Kelin E. Gersick & Ivan Lansberg, Generation to Generation, 1977.

함에 따라 변화하면서 발생하는 역동성을 이해하고 설명하는 데 유용하다.

• **소유권체계 발전축**

첫 번째 영역은 시간이 경과함에 따라 가족기업의 소유권이 변화해가는 과정을 나타낸다. 대부분의 경우에 있어서 창업 초기의 기업은 창업자 한 사람이 기업조직을 지배하고 중요한 경영의사를 결정하는 독점소유 형태를 취한다. 이 단계에서 이사회는 가족 구성원, 창업주의 친구, 사업동료 등으로 구성되는 것이 일반적이다. 이사회는 법률에서 정하는 요건에 따라 형식적으로는 존재하지만 경영과 관련한 자문이나 주요 의사결정 등과 같은 이사회 고유의 역할을 수행하기보다는 소유경영자가 결정한 사항을 승인하는 거수기형 이사회에 지나지 않는다.

시간이 흘러 기업에 대한 소유권이 자녀세대로 이전되면 가족기업의 소유구조는 형제·자매 파트너십을 형성하게 된다. 이 단계에서는 두 명 혹은 그 이상의 형제·자매가 이사회 구성원으로 참여하면서 경영권을 행사하게 된다. 형제·자매는 그들이 갖는 이사회 구성원으로서의 지위가 주주를 보호하고 기업의 원활한 경영을 도모하는 역할을 수행하는 자리라고 생각하기 보다는, 자신이 기업으로부터 향유할 수 있는 태생적 권리 가운데 하나로 간주하는 경향이 있다.[6]

이들 가족기업을 지배하는 형제·자매들은 은퇴 시점이 다가오면 기업의 지분 및 소유구조를 어떠한 형태로 유지해 나갈 것인지를 결정해야 한다. 형제·자매의 갑작스런 사망이나 주식의 매입 등을 통해 독점소유 형태로 되돌아가기도 하고, 자신이 보유한 지분을 가족들에게 이전하여 새로운 형제·자매연합의 지배구조를 형성하는 경우도 있다. 그러나 가장 일반적인 형태는 보유 지분을 자녀들에게 분산하여 이전함으로써 더욱 복잡한 소유구조를 형성하는 사촌 컨소시엄의 단계로 발전하는 경우이다.

사촌 컨소시엄 단계에서는 대체로 여러 명의 사촌들이 공동으로 기업을 소유·지배한다. 구성원 가운데 어느 누구도 단독으로 경영의사를 결정하기에 충분한 주식을 소유하고 있지 않다. 사촌 컨소시엄 단계에서는 복수의 가족 구성원들이 소액의 주식을 분할 소유하기 때문에 앞의 형제·자매파트너십 단계의 경우와 유사한 특성을 보이기도 한다. 사촌 컨소시엄 단계에서는 기업의 규모가 커지고 사업영역이 확대되면서, 기업의 자금수요가 현금흐름이나 부채 형태의 외부자금 조달 규모를 초과하는 경우가 발생하게 된다. 이때 가족기업은 외부로부터 대규모의 투자를 유치하거나 주식공개를 통하여 필요자금을 충당하기도 한다. 이를 위해 구성원이 갖는 기업의 주식 및 지분의 일부를 포기할 필요성도 있다. 주식공개를 통해 지분을 다수의 주주들에게 분산하게 되면 가족 구성원은 기업으로부터 소원한 느낌을 받기도 하고 기업지

6) 이러한 이유로 형제자매가 공동으로 참여하는 이사회가 원활하게 성공적으로 운영되는 것은 쉬운 일이 아니다. 이들은 서로에게 지나치게 민감하게 반응하는 경향이 있고 서로의 생각이 다를 경우 자칫하면 대결로 치닫는 상황이 발생하게 된다.

그림 3-3 가족기업의 소유 발전 단계

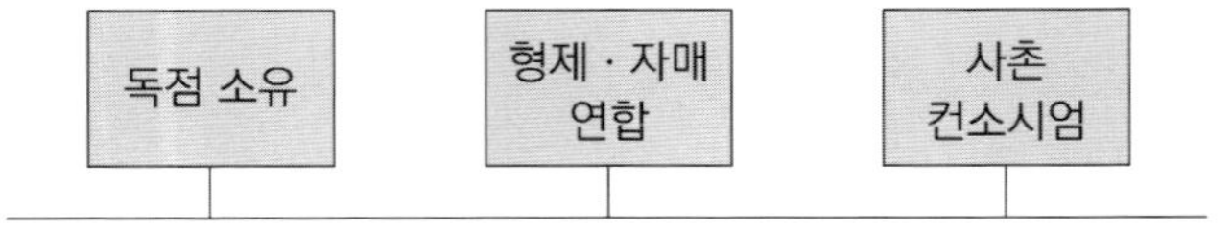

배에 대한 관심이 멀어지기도 한다.

이 단계에서는 확대된 가족의 수가 많기 때문에 가족, 오너경영자, 주주 등의 기대를 충족시킬 수 있는 적절한 거버넌스를 구축하는 것이 필요하다. 가족위원회를 운영함으로써 가족 및 가족주주의 공동 관심사를 협의하고, 복잡해진 기업의 효과적인 의사결정 및 경영활동을 위해 외부인사가 참여하는 독립이사회를 구성하고 필요한 경우 외부전문가의 자문을 구할 수도 있다.

• 가족체계 발전축

쓰리서클 발전 모델의 두 번째 축은 시간의 경과에 따른 가족 영역의 발전과정을 설명한다. 이 모델의 가족축은 언제나 신생 가족기업 단계에서 가족 구성원의 기업 참여→공동업무 수행→바통 넘기기 단계로 이동하게 된다. 각 단계별 소요기간은 가족에 따라 차이가 있으며, 가족 구성원은 창업 초기의 신생 가족기업 단계에서 시작하여 결혼을 해서 자녀들이 태어나는 단계 등 순환과정을 거치게 된다.

신생 가족기업 단계에 있는 가족기업은 창업자의 나이가 대체로 30대 중후반이고 자녀들은 아직 어리다. 신생 가족기업 단계에서는 자녀출산, 자녀교육 등의 일련의 과정을 거친다. 자녀들이 가족기업에 참여하는 단계에서는 창업자 및 배우자가 중년의 나이에 접어들면서 사업전략을 조정하고 자신의 삶을 돌아보게 된다. 자녀는 성인으로 성장하면서 가족기업에 참여를 할 것인지의 여부를 결정하게 된다. 이 시기가 지나면 2세대 이상이 가족기업에서 함께 일하는 공동 업무수행 단계를 맞는다. 창업자의 나이가 60세 전후이고 자녀들은 20대 후반에서 30대 중반 정도에 해당되는 시기이다. 사업이 자리

그림 3-4 가족기업의 가족 발전 단계

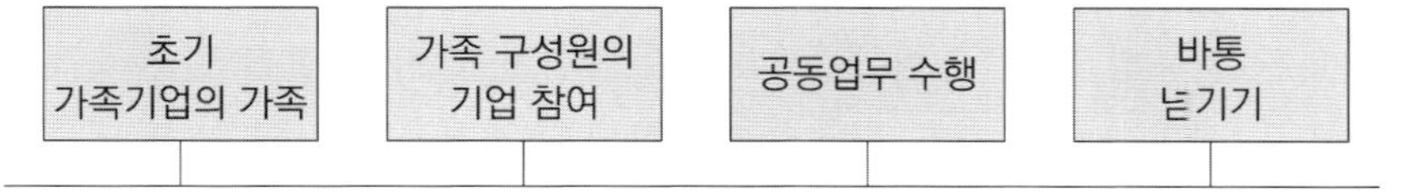

를 잡고 전망이 양호하면 가족기업 리더는 사업을 확장하거나 기업을 안정적으로 관리하면서 풍요롭고 안락한 삶을 추구할 수 있다. 이 단계에서는 가족기업에 참여한 자녀는 부모로부터 독립적인 유능한 성인으로 대접을 받고 싶어 한다. 이 과정에서는 세대간 협력, 갈등의 조정, 유대강화 등이 무엇보다 필요하다.

이 단계를 지나면 가족기업의 리더십을 자녀세대에 속한 후계자에게 이전할 준비를 하게 된다. 이 시기에 가족기업 리더는 승계를 구체화하면서 기업에 대한 소유권 및 경영권에 관한 실제적인 변화를 모색한다. 이 단계에서는 자녀세대 이외에도 그 다음 세대에 해당하는 사촌세대가 가족기업에 함께 참여하는 경우가 일반적이다. 창업주는 사업에서 은퇴를 하고 자녀세대의 새로운 리더가 실질적인 리더십을 발휘하게 된다.

• **기업체계 발전축**

쓰리서클 발전모델의 세 번째 영역에 해당하는 기업체계는 시간이 경과함에 따라 사업이 성장·발전해 나가는 것과 관련된다. 기업조직은 시간이 경과함에 따라 복잡하게 변모한다. 기업조직의 발전을 단계별로 분석하기 위해 사용되는 지표로 크게 성장과 복잡성이라는 두 가지 개념이 사용된다.

가족기업의 성장과 관련된 지표로는 매출액, 종업원 수, 자산 가치, 시장 점유율 등을 사용하는 것이 일반적이다. 이들 요소는 상대적으로 쉽게 계량화할 수 있는 장점이 있다. 시간의 흐름과 함께 기업체계의 복잡성도 증가한다. 복잡성은 성장과 상관관계가 높지만 변화의 다른 측면을 나타내기 때문에 의미가 있다. 기업이 성장·발전하면서 조직 간의 구분이 명확해지기 때문에 복잡성은 유용한 지표로 활용될 수 있다.

사업 초기에는 창업자 한 사람이 중심이 된 조직의 통제, 의사소통, 친숙한 개인관리 등의 형태를 취한다. 기업이 창업기를 지나 점점 발전하면서 독특한 생산라인, 두터운 중간관리층, 정형화된 통제와 인적자원 관리 등이 이루어진다. 기업은 성장과 더불어 사업을 다각화하고 생산, 영업, 전략, 인사, 재무, 판매, 마케팅, R&D 등의 다양한 부서를 신설하여 복잡한 구조를 갖게 된다.

기업은 먼저 창업단계를 거친다. 창업초기의 기업은 아이디어 차원에서 시작되고 기업의 생존이 가장 주된 관건이다. 사업의 영역은 다양하지만 대부분의 창업기업들은 대체로 다음과 같은 두 가지 특징을 보인다.

첫째는 경영자인 동시에 소유자인 창업자는 기업에 절대적 시간을 투자하고, 필요한 재원을 조달하는 데 중추적 역할을 담당한다. 이 단계에서는 비공식적이고 최소한의 조직형태를 갖는 것이 일반적이다. 의사소통도 오너 경영자를 통해서 이루어지는 경우가 대부분이다. 둘째는 제한적인 재원으로 인해 기업의 모든 역량을 한두 개의 상품이나 용역에 집중하는 경향이 있다. 창업기의 불확실성을 극복한 기업은 사업의 확장 및 정형화 단계로 발전하게 된다. 기업이 성장함에 따라 판매량이 증가하고 제품 종류가 다양해지며 종업원 수는 증가한다. 인적자원 정책 마련, 마케팅과 판매조직의 차별화 등을 통해 조직구조를 정형화한다. 하지만 이 단계에서도 창업주가 사업의 확장을 위해 자금유치와 홍보 및 마케팅에 열중하는 등 창업기의 이슈가 혼재할 수 있다.

사업이 성숙단계에 도달하면 다수의 경쟁자가 시장에 출현한다. 그 결과 그동안 우수한 상품과 서비스로 성공을 거둔 기업조차도 고전을 면치 못하는 상황이 발생한다. 성숙단계에서도 상당기간 높은 시장점유율을 유지하는 기업이 있지만 대부분은 사업을 재조정하거나 혁신을 통해 새로운 출발을 도모하지 않으면 퇴출 위기에 직면하게 된다. 대부분의 조직전문가는 혁신과 R&D, 사내벤처 활성화, 기업분할 등이 성숙단계에 있는 기업의 퇴출을 막는 데 필수적인 요소라고 생각한다. 그러나 다수의 가족기업들은 조직의 현대화를 추구하지만 새로운 기회와 성장동력을 찾기 위한 노력에 그다지 적극적이

그림 3-5 가족기업의 사업 발전 단계

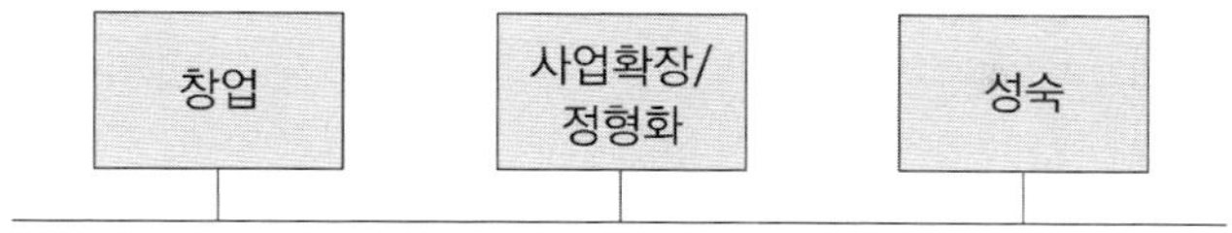

지 않는 경향을 보인다.

2. 대리인이론

(1) 이론의 개요

대리인이론(Agency Theory)은 '주인이 대리인으로 하여금 자신의 이익과 부합하는 주인-대리인 관계에서 나타나는 여러 문제를 다루는 이론'이다. 대리인 관계에서는 대리인이 선호하는 또는 관심을 갖는 사항과 주인의 그것이 일치하지 않거나, 주인이 대리인보다 전문지식과 정보가 부족한 관계로 대리인이 주인의 이익을 충실하게 대변하거나 확보하지 못하는 대리인 문제가 발생한다.

이 이론에서는 주인과 대리인 사이의 정보 불균형, 감시의 불완전성 등으로 도덕적 해이나 무임승차 문제, 역선택의 문제가 발생할 소지가 있다. 이러한 문제를 최소화하기 위해서는 비용이 수반되는데 이를 대리인 비용이라고 한다. 기업의 경우에 대리인 비용이란, 소유주(주주)와 대리인(경영자)의 상충된 이해관계 때문에 발생하는 비용을 말한다. 여기에는 감시비용과 확증비용, 잔여손실 등이 포함된다. 감시비용이란 대리인의 행위가 주인의 이익으로부터 이탈되는 것을 제한하기 위하여 주인이 부담하는 비용을 말한다. 확증비용은 대리인이 주인에게 해가 되는 행위를 하고 있지 않음을 확증하기 위해 대리인이 부담하는 비용이다. 그리고 잔여손실은 대리인의 의사결정과 주인의 입장에서 본 최적 의사결정 사이에는 차이가 발생하는데, 이러한 간극 때문에 주인이 감수하게 되는 부의 감소 등이 여기에 해당한다.

(2) 대리인이론과 가족기업 경영

가족기업 경영과 관련해서 논의되는 대리인이론의 관점은 연구자에 따라 차이가 존재한다. 전통적 이론에 따르면, 가족기업의 소유주가 경영자를 겸할 때 소유권에 대한 대리인 비용이 감소한다고 보았다. 최근의 연구들은 소유 경영자의 이타적 사고와 행동, 가족 갈등을 관리하는 역량의 부족 등이 오히려 대리인 비용을 증가시키는 요인으로 작용한다고 주장하기도 한다.[7)]

가족기업에 있어서 대리인 비용은 특정한 경영방식과 효과적인 지배구조 구축을 통해 통제·관리 및 회피가 어느 정도 가능하다. 이사회는 비용 통제와 경영 관련 행위들을 모니터링 하는 데 있어 중요한 기능과 역할을 수행한다. 대리인 비용의 최소화를 위해서는 주인인 주주의 이익과 대리인에 해당하는 경영자의 이익이 일치하도록 하는 데 필요한 인센티브 제도의 도입도 필요하다.

3. 자원기반이론

(1) 이론의 개요

자원기반이론(Resource-Based Theory)에서는 기업이 보유하고 있는 자원의 이질성(heterogeneity)과 부동성(immobility)을 바탕으로, 기업의 핵심이 되는 자본에 해당하는 물적자본(토지, 건물, 설비, 자금 등), 인적자본, 조직자본 가운데 인적자본과 조직자본(특히 인사시스템, 조직역량 등)이 기업의 지속적인 경쟁우위의 원천이 된다고 주장한다. 인적자본과 조직자본에 속한 자원은 가치가 있고 희귀성이 있으며, 모방하기 어렵고 대체가 불가능한 자원이기 때문이다. 자원기반이론은 가족기업이 갖는 고유한 경쟁상 우위를 효과적으로 설명해준다.[8)]

---

7) W. Schulze, M. Lubatkin, R. Dino & A. Buchholtz, Agency Relationship in Family Firms. Organization Science, 12(2), 2001, pp.99~116.

8) E. J. Poza & M. S. Daugherty, Family Business 4e., 2014, p.15.

(2) 자원기반이론과 가족기업 경영

자원기반이론 관점에서 가족기업을 연구하는 경우, 가족기업이 갖는 특성 가운데 어떠한 것들이 '가족기업의 일시적이 아닌 지속적인 경쟁우위'를 가져오는 원천에 해당하는지를 밝혀내는 데 중점을 두고 있다.

여기에서는 주로 가족기업이 갖는 독특한 역량 또는 자원이 가족기업의 경쟁상 우위로 작용하며, 이들은 주로 조직의 경쟁력과 관련하여 언급되고 있다. 가족기업이 갖는 이와 같은 차별화된 이점들을 자본화하고 효과적으로 활용할 수 있는지의 여부는, 가족체계와 기업체계 상호간의 관계의 질에 따라 크게 달라지는 경향이 있다.

자원기반이론 관점에서 바라본 가족기업의 장점들로는 가치관과 신념의 공유를 통한 가족 구성원간의 결속 강화, 독특한 기업문화 유지, 기업경영의 정체성 확립 등이 거론되고 있다. 이러한 특성들은 가족기업이 추구하는 목적의 달성을 용이하게 함과 동시에 위기극복 역량을 강화하는 데 도움을 준다. 소유와 경영의 미분리도 가족기업이 갖고 있는 강점 가운데 하나다. 기업의 소유권자가 경영을 책임지고 있는 관계로, 환경변동에 대응한 신속한 의사결정이 가능하고 단기 성과보다는 중장기적인 관점에서 생존 및 발전전략을 추구하는 것이 가능하며, 세대 간 기술 및 경영노하우 이전이 용이하다.[9]

가족기업을 소유·경영하는 가족 구성원들의 공통적인 목표와 강한 사명감도 가족기업이 갖는 강점 가운데 하나에 해당한다. 이러한 특성에서 유래하는 장기간의 근무와 낮은 이직률은 기업의 기술수준을 제고하고 위기상황에 대한 대처역량을 높이는 등 기업의 경쟁력 제고에 기여하게 된다. 대부분의 장수 가족기업에서 찾아볼 수 있는 바와 같이 가족기업은 가족과 기업의 명예를 중시하는 경향이 강하다. 그 결과 이들 가족기업은 고객에 대한 독특한 가치를 제공함과 동시에 신뢰 및 품질을 중시하는 경향을 보인다. 양질의 고객서비스를 중시하는 조직문화에 의해 뒷받침되는 고객과의 친밀성 유지도 가족기업이 갖는 독특한 자원에 해당한다.

---

9) E. J. Poza 외, 전게서, pp.15~16.

제 4 장 가족기업의 소유권

가족기업의 소유주 그룹에 해당하는 가족은 주주로서의 권한 행사를 통해 기업을 통제하면서 경영 전반에 걸쳐 영향력을 행사한다. 가족기업의 소유권은 시간이 경과하고 세대를 거치면서 점점 복잡해지는 경향이 있다. 창업세대의 소유구조는 대체로 단순하지만 기업이 자녀세대, 사촌세대 등으로 진화하게 되면 상황이 달라진다. 주주 수가 증가하면서 경영목표와 전략, 주주에 대한 보상, 주식 유동화, 후계자 선정과 경영권 승계, 소유권 승계 등과 관련하여 주주들 간에 의견이 갈리고, 경영에 참여하는 주주와 그렇지 않는 소유주들 간의 갈등 및 분쟁에 직면하는 경우가 허다하다. 가족기업이 갖는 경쟁상 이점을 활용하면서 안정적으로 존립해 나가기 위해서는 소유권의 적절한 구성과 통제, 가족과 주주에 대한 교육, 효과적인 지배구조 구축 등 소유권 부문에 대한 지속적인 관심과 투자가 필요하다.

좋은 소유주가 되기 위해서는 무엇보다도 가업에 대한 애정과 함께 투철한 청지기정신으로 무장할 필요가 있다. 좋은 소유주는 기업을 효과적으로 관리하고 더 나은 기업으로 만들어 다음 세대에게 물려줄 책임이 있다는 생각으로 경영에 참여한다. 자기 자신은 물론 주주, 종업원, 지역사회 등을 위해 장기적으로 올바른 일을 하려는 의지를 갖고 이를 실천해 나간다.

가족기업을 경영함에 있어서 가족 및 주주의 화합과 협력은 매우 중요하다. 이들이 목표와 비전을 공유하면서 협력해 나갈 때 가족기업이 갖는 강점을 효과적으로 활용할 수 있고 자본비용이 감소한다. 안정적인 경영을 가능케 함으로써 주주가치 상승으로 이어지는 결과를 가져온다. 반면에 이들이 서로 갈등하고 분쟁하는 경우에는 가족의 화목을 해치고 기업의 성과와 존립에 커다란 위협으로 작용한다.

가족기업이 경쟁력을 유지하고 주주가치를 키워 나가기 위해서는 가족 주주들이 위험을 감수하고 미래를 준비하는 사업을 구축하기에 충분한 응집력과 헌신적인 태도를 발휘해야 하는데, 이와 같이 가족 주주들이 단결된 팀으로서 보여주는 응집력과 헌신을 가족효과라고 한다. 화합하고 협력하는 주주들은 가족효과를 창출하고 인내자본을 형성·유지해 나가게 함으로써, 기업의 성과를 높이고 가문의 유산을 창조할 수 있는 기회를 제공하는 등 가족과 기업에게 많은 혜택을 제공한다.

가족효과를 창출하고 인내자본을 유지해나가기 위해서는 소유권을 다음세대로 이전하는 과정에서 가족기업 리더의 역할이 중요하다. 승계를 앞둔 가족기업 리더가 소유권 승계와 관련하여 관심을 기울여야 하는 분야는 단순히 상속세나 증여세 등 승계비용을 줄이는 것에 그쳐서는 안된다. 오히려 가족기업의 소유권에 대한 올바른 이해를 바탕으로 가족 주주들이 서로 화합하고 협력하는 가운데 가족효과를 창출하고 인내자본을 유지해 나갈 유능한 차세대 리더 겸 소유주를 육성하는 것이 중요하다. 자녀들에게 단순한 재산으로서의 사업체를 물려주기에 앞서, 창업정신과 경영철학, 소유권에 수반되는 책임과 의무, 종업원을 소중하게 생각하는 마음, 가족의 화목과 기업의 장래를 중시하는 자세 등을 교육하는 것이 필요하다.

1. 가족기업 소유권 일반

가족기업이 비가족기업과 구별되는 대표적인 특성 가운데 하나는 기업의 주식 등 소유권을 가족이 보유하고 있다는 점이다. 가족은 주주로서의 권한 행사를 통해서 기업을 통제하면서 경영 전반에 걸쳐 지대한 영향을 미친다.

창업세대에 속한 가족기업의 소유구조는 대체로 단순하다. 창업주가 주식 및 지분의 대부분을 소유하면서 기업의 오너 겸 최고경영자로서 경영 전반을 통제한다. 배우자나 자녀 등 가족들이 주식의 일부를 갖고 있다 하더라도 실질적인 소유주는 당해 기업의 리더인 경우가 대부분인 관계로 소유권을 관리하는데 별 어려움이 없다. 하지만 창업세대를 지나 다음 세대로 넘어가면 상황은 달라진다. 복수의 가족 구성원들이 주식을 소유하게 되고, 가족 주주의 일부는 경영에 참여하지만 일부는 참여하지 않는 경우가 생겨나게 된다.

이 경우 가족 주주들을 단합하게 하는 일, 이들에게 직무를 부여하거나 직책을 맡기는 일, 이들의 경력을 관리하는 일 등이 어려워지게 된다.[1)]

가족기업이 3대 경영 혹은 그 이상으로 존속하게 되면 이러한 도전들은 더 많아지고 복잡해지는 경향이 있다. 보상, 배당, 주식 유동화, 경영전략, 재산분배, 승계 등과 같은 소유권 관련 주요 이슈들에 대한 주주들의 의견 통합이 어려워진다. 특히 경영에 참여하는 가족주주와 그렇지 않는 가족주주들 간의 소통 및 이해 부족, 배당 및 보상에 관한 입장 차이 등과 같은 소위 '내부자와 외부자 사이의 갈등' 문제로 어려움에 직면할 가능성이 커진다. 소유권과 관련한 이러한 문제들은 가족의 역동성과 함께 가족기업을 경영하는 과정에서 관리하기가 매우 어려운 과제에 해당한다.

가족기업이 갖는 경쟁상 이점을 잘 보존하고 장기 안정적으로 존립해 나가기 위해서는 소유권 부문에 대한 지속적인 관심과 투자가 필요하다. 소유체계와 경영 체계 간에 조화 및 균형이 유지될 때라야 가족기업이 갖는 강점을 활용하는데 유리하고 대리인 비용 문제도 원만하게 관리하는 것이 가능하기 때문이다. 오너십의 적절한 설계와 통제, 가족 주주들에 대한 직무 부여와 교육 및 정보에 대한 접근, 효과적인 지배구조 구축 등이 여기에 해당한다. 가족기업 리더가 이 부문에 대한 관심과 투자를 제대로 하지 않는 경우, 주주 및 가족 구성원간의 갈등이 생겨나고 이는 기업의 성과는 물론 가족의 화목을 해치는 요인으로 작용한다.

가족기업을 효과적으로 관리하는데 필요한 지배구조로는 이사회, 주주총회, 주주 협의회, 가족회의, 가족위원회, 경영팀 등을 들 수 있다. 이 가운데 소유체계에 속하는 지배구조는 이사회와 주주총회 및 주주 협의회 등이다. 가족 주주의 수가 많은 확장된 가족의 경우, 주주 협의회 운영을 통해 소유주로서 갖추어야 하는 사항(가족 주주의 책임과 권리·의무, 필요한 지식 및 역량 등)을 교육하고 가족기업에 대한 가족주주 상호간의 기대와 생각들을 나누고 공유한다. 기업의 경영상태와 재무성과, 직면하고 있는 주요 이슈, 목표 및 전략

1) 조병선 외, 100년 기업으로 가는 길, 2017. 6, 27쪽 이하.

등을 정기적으로 투명하게 공유하는 장으로 활용되기도 한다.

가족 주주들이 기업의 재무 상황에 대한 이해와 식견을 갖는 것은 가족기업을 안정적으로 경영하는데 있어서 아주 중요하다. 가족 주주들이 재무제표에 대한 경영진의 설명 등을 통해서 기업의 재무 상태를 정확하게 이해할 때, 주주의 이익과 경영목표 간의 조화를 추구하는 것이 가능하고 가족기업을 구성하는 소유체계와 경영체계 간의 균형을 유지하는 것이 가능하기 때문이다. 소유체계와 경영체계가 조화를 이루지 못하는 경우에는 주주는 단기적인 투자수익만을 추구하려고 할 것이고, 기업의 경쟁력을 높이거나 영속성을 유지하는데 필요한 중장기적인 투자를 소홀히 함으로써 가족기업은 커다란 리스크에 직면하게 된다. 가족 주주 가운데 일부라도 가업(家業)의 영속성에 대한 생각을 갖고 있지 않거나 단기의 과도한 투자수익을 추구하는 경우에는 적지 않은 경영 위험에 봉착을 하게 되는 것이다.

좋은 오너십이 무엇이고 그것이 어떠한 의미를 갖는 것인지를 가르치고 이에 대한 지식을 전달하는 것은 가족기업 리더의 가장 중요한 책임 중 하나다. 장기간 존속해 온 가족기업들은 대체로 좋은 소유주들로 구성된 새로운 세대가 뒤를 이어주었으며, 이 같은 세대의 출현은 결코 우연이 아니라 이전 세대 소유주들이 면밀하게 준비했기 때문에 가능한 일이었다.

승계를 앞둔 가족기업 리더가 소유권 승계와 관련하여 관심을 기울여야 하는 분야는 단순히 상속세나 증여세 등 조세부담을 줄이는 것에 그쳐서는 안된다. 오히려 가족기업의 소유권에 대한 올바른 이해를 바탕으로 가족 주주들이 서로 화합하고 협력하는 가운데 가족효과를 창출해 나갈 유능한 차세대 리더 겸 소유주를 육성하는 것이 더 중요하다. 자녀들에게 창업정신과 경영철학, 소유권에 수반되는 책임과 의무, 종업원을 소중하게 생각하는 마음, 가족의 화목과 기업의 장래를 중시하는 자세 등을 바르게 교육하는 것이 필요하다. 이러한 교육을 받지 못한 소유주 및 소유주 그룹은 사업을 파괴하고 다른 가족 구성원에게 치유하기 어려운 상처를 입히기도 한다.

2. 가족기업 소유주의 권리와 책임

가족기업의 소유주가 된다는 것은 축복이고 흥미로운 도전이며, 부를 창출하고 정신적인 풍요로움을 경험할 수 있는 특별한 기회에 해당한다. 기업의 주식 및 재산을 소유하고 경영에 참여하면서 그에 따른 금전적 보상을 얻는 것이 가능하고 일에 대한 보람과 자부심 및 명성을 누릴 수가 있으며, 자아를 실현하면서 다양한 분야의 리더들과 교류하는 기회를 갖게 된다.

하지만 가족기업 소유주 또는 소유주의 일원이 된다는 것은 사회와 다양한 이해관계자에 대한 무거운 책임을 떠맡는 것을 의미하기도 한다. 가문, 가족 구성원, 다음 세대, 직원, 고객, 협력업체, 지역사회 등 가족기업을 둘러싼 이해관계자들에게 보다 나은 가치를 제공하면서 기업을 보호하고 키워나갈 책임을 감당해야 한다는 것이다.[2] 그렇기 때문에 가족기업 소유주는 주어진 축복과 특권에 대하여 감사하고, 청지기적 사명을 잘 감당하면서 자신의 역할과 권한 및 책임을 행사하는데 주의를 기울이지 않으면 안된다.[3]

좋은 소유주가 되기 위해서 지녀야 할 바람직한 자세는 청지기정신(Stewardship)이다. 청지기정신에서 강조되는 개념은 도덕적 책임, 지역사회 또는 집단의 요구, 타인의 권리 등으로 기업시민에 해당하는 기업의 소유주로서 지켜야 할 가치 및 태도와의 관련성이 크다.[4]

청지기정신을 갖는 소유주들에게서 발견되는 특성은 다양하다. 가업을 가문의 유산이라고 생각하고, 자신은 이를 잘 관리해서 더 좋은 기업으로 만들어 다음 세대에게 물려줄 책임이 있다는 생각으로 기업을 경영한다. 자기 자신은 물론 회사의 임직원, 가족 및 다른 주주들을 비롯한 타인의 복지를 고려한다. 소유권에 대하여 스스로를 교육하고 창업자의 뜻과 가족가치의 실현을 위해 노력한다. 가족의 화목과 협력을 위해 노력하고 소유권이 큰 혜택임

---

2) 가족기업 소유주의 권리와 책임, 소유주의 유형 등에 대한 구체적인 사항은 Craig E. Aronoff & John L. Ward, Family Business Ownership－How to be an Effective Shareholder－, 2011, pp.5~19. 참조.

3) 조병선 외, 전게서, 30쪽.

4) 조병선 외, 전게서, 31쪽.

을 이해하며, 자신에게 주어진 역할을 충실하게 수행하면서 사업 및 조직에 새로운 가치를 추가하려고 노력한다.

가족기업의 소유권은 소수의 가족 구성원에게 집중되어 있는 경우가 대부분이지만, 다수의 주주에게 분산되어 있는 경우도 있다. 소유권이 소수에게 집중된 경우에는 경영의사를 결정하는 과정이 단순하고 권한이 집중되어 있는 반면에 더 큰 책임 및 부담을 수반한다. 소유주 그룹에 속하는 주주의 수가 많을 경우에는 소유권과 권한 및 책임이 분산되어 있는 관계로 개별 소유주에 대한 의존도가 감소하게 된다. 소유주의 수가 많을수록 가족기업 리더는 주주들과 원활한 소통을 통하여 유대를 강화하면서 스스로 좋은 소유주가 될 수 있도록 환경을 만들어 갈 필요가 있다.

훌륭한 소유주는 가족기업이 추구해야 하는 가치, 비전, 목표 등을 정하고 기업의 이해관계자에 해당하는 주주, 고객, 가족, 직원, 지역사회 등을 위해 장기적으로 올바른 일을 하려는 의지를 갖고 이를 실천해 나가야 한다. 비전과 목표가 수립되면, 이의 달성에 필요한 전략을 추진하기 위한 파트너 역할을 성실하게 수행해야 한다. 경영진과 이사회가 사업전략을 개발하기 위한 토대가 되는 '주주 목표'를 이해하도록 돕는 한편 경영진이 제시하고 이사회가 승인한 전략을 수용하고 지원해야 한다. 효과적인 지배구조를 구축하는 것도 소유주가 담당해야 하는 중요한 역할에 해당한다.

오랜 역사를 갖고 있어 소유주가 다수인 대규모 가족기업의 경우에는 가족주주 협의회를 통해 소유권 관련 사안 및 책임에 관한 사안들을 해결하기도 한다. 가족주주 협의회는 의결권의 대다수를 구성하는 주요 소유주들을 대표하는 그룹으로 구성한다. 가족주주 협의회를 운영하는 주된 이유는 가족 문제, 소유권 문제 및 경영 문제를 구분하여 사업을 전개하는데 도움이 되기 때문이다.

3. 서로 화합하고 협력하는 소유권의 힘

가족기업을 경영함에 있어서 가족 및 주주의 화합과 협력은 매우 중요하다. 기업을 소유한 가족 및 주주들이 같은 목표와 비전을 공유하면서 서로 협력할 때 가족기업이 갖는 강점을 효과적으로 활용할 수 있고 자본비용이 감소한다.[5] 이는 곧 기업의 안정적인 경영을 가능케 함으로써 주주가치 상승으로 이어지는 결과를 가져온다. 반면에 가족기업을 소유한 가족과 주주들의 갈등 및 분쟁은 가족의 화목을 해치고 기업의 생존 및 경영에 커다란 위협으로 작용한다. 현실적으로 적지 않은 가족기업에서 소유주의 심리적 압박, 가족 구성원들이 추구하는 다양한 진로와 재정적 보상, 보유주식의 처분에 대한 개인적 필요 등과 같은 다양한 사안들이 가족 주주 및 구성원을 결집시키지 못하고 분열하게 만드는 요인이 되고 있다.

헌신적인 소유주 팀이 갖는 힘과 화합된 모습은 가족기업의 안정적인 경영과 영속성 유지에 있어서 중요하다. 서로 얼굴도 모르는 수많은 주주들이 투자하는 자본을 기초로 이루어진 상장기업 등과 비교할 때, 공통의 가치와 목표를 공유하면서 화합하는 소수의 가족 구성원들로 이루어진 '헌신적인 소유주 팀'이 갖는 잠재력은 크고 소중한 자산이기 때문이다. 단결된 가족 소유권의 지원을 받은 경영진은 단기적 성과에만 치중하지 않고 가문의 유산을 지키고 키워갈 수 있는 장기적 관점에서 사업을 추진하고 투자하며, 그에 맞는 전략을 추구함으로써 기업의 경쟁력을 강화시켜 나갈 수 있다.[6]

(1) 가족효과

가족기업이 경쟁력을 유지하고 주주 가치를 제고해 나가기 위해서는 사업부문에 대한 지속적인 재투자(R&D, 인재 확보, 설비투자, 새로운 사업부문 및 시장 개척 등)가 요청되고, 이를 위해서는 필요한 자본의 결집이 필수적이다. 가족기업의 주주들은 위험을 감수하고 미래를 준비하는 사업을 구축하기에 충분한 응집력과 동기부여는 물론 헌신적인 태도를 겸비해야 하는데, 이와 같이 가족주주들이 단결된 팀으로서 보여주는 응집력과 헌신을 가족효과

---

5) Craig E. Aronoff & John L. Ward, 전게서, pp.21~26.
6) 조병선 외, 전게서, 33쪽.

(family effect)라고 한다. 응집력 있는 가족의 소유권은 가족효과를 창출해 냄으로써 기업의 성과를 높이고 가문의 유산을 창조할 수 있는 기회를 제공하는 등 가족과 기업에게 많은 혜택을 제공한다.[7)]

이와 같은 가족효과는 가족 측면에서, 가족을 한데 모으는 동력으로 작용하고 가족 구성원이 공유하는 가치를 제공하며 서로의 책임을 수행하도록 하는데 기여한다. 가족이 갖는 자부심의 원천으로 작용하고 가족이 소중하게 여기는 가치들을 가족기업이라는 조직에 통합시킴으로써 가족가치를 실현하는데 도움을 준다. 그리고 가족 구성원의 리더십과 역량을 개발할 수 있는 기회와 보람되고 흥미로운 삶을 영위할 수 있는 기회 및 재정적 풍요로움을 제공한다.

기업 측면에서는 보다 나은 성과를 시현하고 지속 가능성을 높이며, 장기적인 비전과 후손들에게 사업을 계승하려는 가족의 바램을 통해 기업의 영속성이 증대된다. 그리고 가족가치에 기초한 기업문화 형성을 가능케 함으로써 '가족과의 동일시'를 통해 지역사회로부터 신뢰를 얻게 된다. 재무적 측면에서는 자본조달 비용을 낮추는 역할을 한다. 단기성과를 중시하는 금융자본에 의존하지 않고 필요한 경우에 가족이 보유한 자원을 사업에 기꺼이 투자하는 등 인내자본을 형성하는 것이 가능하기 때문이다.

이와는 달리 주주들이 화합하지 못하고 서로 반목하는 경우, 일부 주주는 기업의 장래를 걱정하기 시작할 것이고 반대자들은 불신의 씨앗을 뿌리게 된다. 어느 한 사람이 과반이 넘는 지분을 보유하고 통제권을 행사하는 경우라도 다른 가족 주주들은 경영을 방해하기에 충분한 문제를 일으킬 수 있다. 이들은 경영권을 행사하는 대주주를 '무너뜨리기 위해' 감정적인 수단을 동원하기도 하고, 소액주주들이 자신의 이해를 관철시키기 위해 법적 조치를 취하거나 소송을 제기하겠다고 위협할 수도 있다.

---

7) 조병선 외, 전게서, 33쪽 이하.

(2) 가족효과를 창출하고 유지하는 방안들

가족효과를 창출하고 유지해나가기 위해서는, 소유권이 다음 세대로 이전되는 과정에서 가족 구성원 간의 원활한 소통, 공통의 이익과 가치를 추구하고자 하는 의식 함양, 자녀세대 등 예비 주주에 대한 체계적인 교육 등이 필요하다.

1) 원활한 소통

가족 구성원의 원활한 의사소통은 중요하다. 가족회의는 가족 구성원의 의사소통에 있어서 아주 유익한 수단이다. 가족회의, 정기적인 세미나 등을 통한 가족 구성원 간의 소통은 가족 주주들을 하나로 묶고 가족기업에 대한 이해와 관심 및 애정을 높이는데 긍정적으로 작용한다. 가족들이 함께 즐거운 시간을 보내면서 가족이 경영하는 사업에 관하여 배울 수 있는 기회를 제공하는 친교모임 역시 여러 세대에 걸친 가족효과를 강화하는데 기여한다.

2) 공통의 이익 및 가치 추구

공통의 이익과 가치를 추구하는 노력 역시 가족효과를 높이는데 있어서 중요하다. 가족 주주들이 가족기업을 둘러싼 이해관계자들에 대한 책임 및 청지기정신에 대해 자부심을 느낀다면 이는 주주들을 통합하는 강력한 힘으로 작용할 것이다. 가족헌장이나 사명선언문도 단기적인 성과를 뛰어넘어 가족의 목표와 장기적인 비전을 확립하는데 도움이 된다.

3) 가족 구성원과 가족주주에 대한 교육

가족기업 리더는 가족 구성원과 가족 주주들을 교육하고 이들의 역량을 강화하는데 더 많은 관심을 가질 필요가 있다. 가족기업에 직접 참여하고 있든 그렇지 않든 상관없이 미래의 소유주를 교육하고 개발하는 것 역시 중요한 과제에 해당한다. 가족기업이 영위하는 사업에 대하여 주주들을 교육하는 것은 주주 스스로 자신의 지분이 장기적인 성과를 거두기 위해 다른 주주들의 지분과 공동으로 투자된 것이라는 점을 이해하는데 도움이 된다. 교육을 받지 못한 소유주 및 소유주 그룹은 사업을 파괴하고 다른 가족 구성원에게 상처를 입히기도 한다. 이들은 사업을 존속시키고 번창하게 만드는데 필요한 것이 무엇인지를 이해하지 못하고 배당금을 받고 자신의 생활방식을 유지하는 것에만 관심을 두는 등 가족기업의 번영과 영속성 유지에 지장을 초래할 가능성이 적지 않다.[8)]

다음 세대를 효과적인 소유주로 교육해 나가기 위해서는 무엇보다도 가족기업 리더 자신 스스로 좋은 소유주가 되어야 한다. 가족의 의미와 가치를 소중하게 여기고 소유주로서 모범적인 태도를 유지하면서, 장래의 소유주에 해당하는 자녀들에게 훌륭한 가치와 정신을 가르치고 윤리의식을 함양하는

표 4-1 가족효과를 증진하기 위한 제언

• 정기적으로 가족회의를 실시한다.
• 주주를 대상으로 교육 프로그램을 개발한다.
• 가족 구성원들과 함께 사업실적을 검토한다.
• 사업동향 및 전략에 대해 가족 구성원들과 함께 생각해보는 기회를 갖는다.
• 가족들과 함께 주주가치의 동향에 대해 검토한다.
• 주주, 고객, 직원, 공급업체, 지역사회 등 이해관계자에 대한 기업의 책임에 관해 논의한다.
• 가족헌장이나 사명선언문을 작성한다.
• 가족사를 연구하고 집필한다.
• 창업자 기념일에 온 가족이 함께하는 가족 행사를 마련한다.
• 가족재단 또는 패밀리오피스를 설립한다.
• 가족의 의미 있는 전통이나 의례를 개발하고 존중한다.
• 가족가치를 확립하고 이러한 가치들이 경영현장에서 어떻게 실현되는지를 논의한다.

8) 좋은 소유주 육성 및 교육의 효과와 교육 방법 등에 관한 구체적인 사항은 Craig E. Aronoff & John L. Ward, 전게서, pp.47~64 참조.

일에 집중하는 것이 중요하다. 소유권에 대하여 투명하고 개방적인 태도를 취하고, 경영 과정에서 발생하는 위기나 중대한 일들에 대하여 함께 소통하면서 교육하는 기회로 활용하는 지혜가 필요하다. 가족기업의 소유권에 관하여 현재와 미래 주주를 교육하는데 활용할 수 있는 기회로는 가족회의, 가족위원회, 형제자매 및 사촌들 모임, 함께하는 식사 자리나 여행 등 다양하다.

(2) 인내자본

가족기업이 대를 이어 존속하는 과정에서 주주의 수가 많아지면서 주식이 다수의 주주에게 분산되는 경향이 있다. 때로는 주주들 가운데 누구도 기업을 통제하고 전략적인 의사결정을 할 수 있을 정도의 주식을 보유하고 있지 않을 경우도 발생한다. 이러한 상황에서 주주들의 요구가 서로 다른 경우에 기업의 존속 및 성장을 위한 투자와 점차로 증가하는 주주들의 유동성 요구를 어떻게 조화시켜 나갈 것인가 하는 문제는, 여러 세대를 거쳐 존속해 온 가족기업들이 직면하는 가장 중요한 도전과제 가운데 하나다.

이러한 도전과제에 대응하는 효과적인 방안의 일환으로 가족 주주의 인내자본(Patient Capital) 형성 및 유지를 들 수 있다. 인내자본은 가족기업이 갖는 핵심적인 경쟁력 가운데 하나로서, 가족 및 소유주들이 기업 활동을 통해서 창출된 가치와 수익을 기업의 장기 전략과 목표 달성, 가족가치 실현, 가업의 영속성 유지 등을 위해 기꺼이 제공하는 자본을 말한다. 인내자본은 여러 세대에 걸쳐 가족들이 기업에 투자한 모든 자본을 통합한 것으로, 여러 세대에 걸쳐 보존해온 가족의 유산, 가족기업과의 유대, 인적 자본, 가족가치, 가족기업에 대한 애정과 헌신 등을 포함한다. 이러한 인내자본은 가족 주주들이 기업의 미래를 위해 장기적인 투자를 결정하고 종업원 및 지역사회와의 건전한 관계를 촉진한다. 그리고 장기적으로 지속 가능한 보상을 기대하면서, 눈앞에 보이는 단기적인 수익과 보유 주식의 유동화를 기꺼이 희생하는 요인으로 작용한다.

가족 주주의 이러한 태도는 가족기업의 장기적이고 안정적인 경영을 가능하게 하고, 상대적으로 낮은 자본비용으로 효과적인 경쟁을 펼칠 수 있게 해주는 든든한 버팀목 역할을 한다. 그리고 이러한 태도를 취하는 가족 주주들은 서로 원만한 관계를 유지하고 가족가치와 공동의 목표를 공유하면서, 이의 달성을 위해 협력하고 화합한다.

4. 소유권의 이전과 주주 관리

기업의 주식 및 재산을 소유한 가족 구성원들이 소유권자로서의 역할을 충실하게 수행하여 준다면 가족기업의 가치를 높이는데 유익하다. 반면에 그렇지 못하는 경우에는 큰 장애요인으로 작용하게 된다. 따라서 가족기업 리더는 주식이나 기업재산을 자녀 등 상속권자 등에게 배분 또는 이전하는 과정에서 이들을 현재 혹은 장래의 비즈니스 파트너로 보고 세밀한 주의를 기울일 필요가 있다. 보다 장기적인 관점에서는 자녀들에게 올바른 물질관과 상대방을 배려하는 마음, 자신의 이익보다는 가족의 화목과 기업의 장래를 중시하는 자세, 가족기업에 있어서 소유권이 갖는 진정한 의미 등을 바로 교육하는 것이 중요하다. 소유권 및 재산을 분배하는 과정에서 가족기업 리더가 가슴을 열고 가족 구성원들과 충분한 소통과 대화를 통해 서로의 입장을 배려하는 자세를 견지할 때 가족 구성원 간의 갈등 및 분쟁은 크게 감소하게 된다.

가족기업의 소유권을 이전하는 방안은 다양한 시나리오가 가능하다. 모든 자녀들에게 소유권을 균등하게 분배하는 방안, 자녀들에게 소유권을 분배하되 경영을 맡을 자녀에게는 경영권을 안정적으로 행사할 수 있도록 과반 이상의 주식을 이전하고 나머지 자녀들은 소액주주로 남도록 하는 방안, 기업에 근무하는 자녀들에게만 소유권을 이전하여 주는 방안, 자녀들에게 지분을 동일하게 이전하되 아무도 기업경영에는 참여하지 못하게 하면서 전문경영인을 영입하는 방안, 자녀 세대를 뛰어넘어 그 다음 세대에게 소유권을 이전하는 방안 등을 들 수 있다.

가족기업 리더가 소유권 이전과 관련하여 직면하게 되는 문제는 다양하지만, 주식의 보유 및 유동성과 관련하여 주로 논의되는 문제로는 다음과 같은 것을 들 수 있다.

- 자녀들의 배우자인 인척에게도 주식을 소유하게 할 것인가?
- 가족이 소유하는 주식을 비가족 구성원에게 매각 또는 양도할 수 있도록 할 것인가?
- 가족이 아닌 고위 경영진에게도 주식을 소유하게 할 것인가?
- 보유 주식의 양도와 관련하여 어떠한 제한을 둘 것인가?
- 주식가치는 어떻게 평가할 것인가?
- 주주의 사망, 무능력, 이혼 등의 사유가 발생한 경우에 그들이 소유하고 있는 기업의 주식은 어떻게 할 것인가?
- 주식에 대한 소유권을 가족기업에 참여하는 가족 구성원으로 제한할 것인가?

주식의 소유 및 이전이나 주주 수의 증가 등은 중장기적으로 가족기업 경영에 많은 영향을 미치게 된다. 예컨대, 기업에서 일하지 않는 가족주주의 수가 많아질수록 배당압력이 증가하고 주식에 대한 매수청구 계획 등에 대한 요구가 커진다. 그리고 재산세나 상속 및 증여세를 절감할 목적으로 주식을 상속 또는 증여하게 되면 주주의 수가 늘어나 배당압력이 커지고 주식에 대한 유동성 확대 압력도 증가하게 된다. 이와 같은 상황에서 '가족기업의 영속성과 가족 구성원의 화목이 지속적으로 유지될 수 있을 것인가'라는 문제에 대하여는 장기적인 관점에서 깊게 생각을 해 보고 다양한 상황들의 발생을 사전적으로 관리하는 것이 중요하다.

제 5 장 가족기업의 경영과 가족

가족기업에 있어서 가족은 기업을 소유하는 구성원의 집단임과 동시에 기업을 경영하는 구성원의 집단에 해당한다. 가족 구성원들이 가치관과 목표를 공유하고 서로 협력하는 경우에는 가족기업이 갖는 장점을 최대화할 수 있다. 건강하고 화목한 가족은 서로 협력하고 자신이 보유한 자원을 기업에 기꺼이 투자하면서 인내자본을 형성하고 가족효과를 창출해냄으로써 가족기업의 성장발전에 기여한다. 반면에 가족 구성원들이 서로를 신뢰하지 못하고 갈등하거나 기업 이미지를 훼손하는 행동을 하는 경우에는 기업의 안정적인 경영과 성장·발전을 저해하고 생존을 위협하는 요인으로 작용한다.

가족이 기업에 긍정적인 영향을 미치고 가족 구성원 개개인이 기업과 생산적인 관계를 유지하기 위해서는 가족을 효과적으로 관리하는 것이 중요하다. 서구의 명문 장수기업들 중에는 기업을 소유한 가족의 일원으로서 지켜야 하는 가치와 행동규범을 명문화함과 동시에 가족과 기업 간의 관계를 규율하는 기준 및 원칙을 정하고 이를 지켜가는 기업을 흔히 볼 수 있다. 이러한 노력들은 가족헌장이나 가족 사명선언문 채택, 가족정책 수립, 가족회의와 가족포럼 운영 등으로 구체화된다.

가족의 화목을 유지하고 가족기업의 장점을 효과적으로 활용해나가기 위해서는 기업의 리더십을 이전하는 과정에서 가족가치와 철학 및 가족정책을 확립하고, 자녀세대와 가족주주를 책임 있는 소유주 및 경영자로 육성해나가는 등 세심한 노력을 기울여야 한다. 명문화된 가족가치와 행동규범은 가족들로 하여금 책임 있는 행동을 하도록 하는 지침서 역할을 함과 동시에, 가문의 일원으로서 자긍심을 갖게 하고 서로 화합하고 협력하는 동기를 제공한다. 가족 갈등 및 분쟁을 예방하고 갈등이 발생할 경우에 가족의 화목을 덜 해치면서 보다 원만하게 해결할 수 있는 길을 제시해 주는 효과도 있다.

가족 사명선언문은 가족과 기업 그리고 후손들이 지켜나갈 소중한 가치와 가업을 통해서 이루고자 하는 목적 등을 규정한 헌장에 해당한다. 가족정책은 가업의 경영 및 승계와 관련한 주요 이슈들에 대하여 가족 구성원이 어떻게 행동하고 문제를 해결해 나갈 것인지에 관한 보다 구체적인 기준과 방안을 제시한다. 가족정책에는 가족 구성원에 대한 고용정책과 성과평가, 배당정책, 후계자 선정, 주주계약 등 다양한 것들이 있다.

가족회의는 가족들이 한 자리에 모여서 교육하고 가족 및 기업에 관한 주요 사항을 논의하고 정보를 공유하는 정례적인 모임이다. 정례적으로 개최되는 가족회의는 가족과 기업의 조화를 위해 서로 소통하고 주요 현안 문제를 협의할 수 있는 기회를 제공한다. 가족의 가치와 전통을 공유하고 기업의 목표와 성과에 대한 정보를 제공하며, 자녀들과 배우자를 대상으로 기업을 이해하는데 필요한 기초적인 교육을 하는 기회로도 활용된다.

현명한 가족기업 리더는 가문의 유산에 해당하는 가업을 바르게 이해하고 경영에 효과적으로 참여할 수 있도록 가족과 다음 세대를 교육한다. 가족교육은 가족 구성원들로 하여금 기업과 가족 내에서 자신이 맡게 될 역할과 책임을 준비하도록 이끌고 서로에 대한 관심과 헌신을 표현하고 실천하는 방법을 체험하게 한다. 그리고 가족 구성원 및 후계자 그룹의 가업에 대한 애정과 충성심을 높임과 동시에 가족의 유대를 강화하는 등 소중한 가치를 창출해 낸다. 가족기업이 창업세대를 지나 2~3대 혹은 4세대 경영에 도달한 경우에 가족교육은, 가족 구성원 사이의 해묵은 갈등과 불화를 해소하고 새로운 친분관계를 쌓아가는데 촉매제가 될 수 있다.

자신이 일구어 놓은 기업이 고객과 지역사회의 사랑을 받으면서 대를 이은 명문기업으로 성장해 나가기를 바란다면, 가족을 효과적으로 관리하고 자녀들을 역량 있는 리더로 육성하면서 후손들이 창업정신, 가족가치, 기업 소유주로서 지켜야 할 책임과 의무를 포함한 청지기정신 등을 지켜갈 수 있는 토대를 구축하는 일에 보다 많은 투자를 할 필요가 있다.

1. 가족기업 경영에 있어서 가족

가족은 가족기업을 소유하는 구성원의 집단임과 동시에 가족기업을 경영하는 구성원의 집단에 해당한다. 가족들이 가치관과 신념을 공유하면서 서로 협력하고 자신들이 보유한 자원을 기업에 제공하는 경우에는 가족기업이 갖는 장점을 최대화할 수 있게 된다. 반면에 가족 구성원들이 서로 갈등하고 분쟁하는 경우에는 가족기업의 안정적인 경영과 발전을 저해할 뿐만 아니라,

경우에 따라서는 기업의 생존을 위협하는 요인으로 작용하기도 한다.

가족이 기업에 긍정적인 영향을 미치고 가족 구성원들 개개인이 기업과 보다 생산적인 관계를 유지하기 위해서 가족을 어떻게 관리할 것인지에 관한 문제는 어려운 과제이면서 동시에 가족기업 리더들의 주요 관심 분야에 해당한다. 건강하고 화목한 가족은 서로 협력하고 자신이 보유한 자원을 기업에 기꺼이 투자하면서 인내자본을 형성하고 가족효과를 창출해냄으로써 가족기업의 성장발전에 기여한다.

가족기업에 있어서 가족과 기업은 끊임없는 변화하는 역동적인 조직이다. 가족 영역은 구성원들이 나이가 들어감에 따라 상급학교 진학, 취업, 결혼, 자녀출산, 주택구입, 늙고 병들고 죽어가는 등의 과정을 겪게 된다. 이와 마찬가지로 기업 영역도 규모의 확대, 새로운 경쟁자의 출현, 고객의 변화, 흥망과 성쇠 등 변화의 연속이다. 이러한 끊임없는 변화의 과정에서 가족기업의 생존 가능성과 가족 부문에 영향을 미치는 과제들이 지속적으로 발생한다. 가족기업 전문 컨설턴트인 헤세(Edward D. Hesse)는 "당신의 가족이 기업을 파괴하지 않도록 하고, 당신의 기업이 가족을 파괴하는 일이 없도록 하라"는 말로 가족기업 경영에 있어서 가족과 기업의 생산적인 관계의 중요성을 강조하고 있다.[1)]

가족기업의 리더가 된다는 것은 기업의 경영을 책임지는 것뿐만 아니라 가족의 역동성을 효과적으로 관리해야 하는 책임도 담당하는 것을 의미한다. 가족을 효과적으로 관리하는 방안으로는 가족가치와 가족 사명선언문 채택, 가족헌장 및 행동지침서 수립, 가족회의 운영 등을 들 수 있다. 자녀 등 가족 구성원에 대한 교육도 효과적인 가족관리 방안에 해당한다.

2. 가족기업의 경영과 가족 관리

(1) 가족 사명선언문 채택

가족 사명선언문(Family Values(Mission) Statement)은 기업을 소유·경영하

1) Edward D. Hesse, The Successful Family Business, 2006, p.23.

는 가족이 추구하고자 하는 가치 및 사명을 규정하는 것으로, 이는 가족 구성원과 기업 그리고 후손들이 지켜가야 할 가장 우선되는 기본 철학 및 가치에 해당한다.2)

가족 사명선언문을 창조하는 것은 모든 관계자들에게 놀라운 의미와 경험을 제공한다. 확립된 가족가치와 사명은 가족과 가족 구성원이 의사를 결정하고 행동을 함에 있어서 준수해야 하는 기준 및 원칙으로 작용하기 때문이다. 모든 가족기업들은 언젠가는 어렵고도 힘든 결정을 해야 하는 경우에 직면하기 마련이다. 주로 가족 구성원에 대한 재무적 성과의 배분, 기업에 참여하고 있는 가족 구성원에 대한 역할과 기회, 경영에 참여하지 않은 가족 구성원에 대한 적정한 대우, 경영권과 소유권 승계 등이 여기에 해당된다. 이러한 사안에 대하여 가족 구성원들의 입장과 생각이 달라 논쟁을 하는 등 어려운 상황에 직면하게 되는 경우가 있을 수 있다. 가족 사명선언문은 이와 같은 어려운 이슈들이 어떻게 처리되어야 하고 왜 특정한 결과들이 도출되어야 하는지를 발견해 나가는 과정에서 적용되어야 하는 근본 원칙임과 동시에 가족의 행위를 규율하는 기본원리에 해당한다.

가족들이 함께 모여 가족의 가치 및 사명을 만들어 낸다는 것은, 가족들로 하여금 언젠가는 가족 간 논쟁을 불러일으킬 수 있는 상황을 포함한 다양한 시나리오를 미리 생각해 보도록 하고, 이러한 상황이 발생하는 경우에 따르거나 적용해야 하는 중요한 가치들에 관하여 미리 협의를 해 보도록 하는 기회를 제공한다. 같은 가족이라 하더라도 사람마다 가치의 중요성에 관한 인식의 정도가 다르고, 동의하거나 공감대를 형성한 가치들에 대하여 갖고 있는 의미가 다를 수 있다. 따라서 가족가치와 사명을 정하는 과정에서는 가족 구성원들이 모여 충분한 토의와 열린 의사소통, 그리고 충분한 시간을 갖고 합의를 이끌어 내는 것이 중요하다.

---

2) Edward D. Hesse, 상게서, p.25.

A 기업의 가족 사명선언문

A 가족기업의 주주이자 A 가족 구성원인 우리 모두는 이 선언문에서 규정하는 가치를 준수할 것이고, 각 개인의 삶과 기업을 운영함에 있어 이들 가치와 조화를 이루어 가도록 최선을 다할 것이다.

그리고 우리는 모든 거래 과정에서 이러한 가치들을 증진시키고 우리 후손들에게도 그것을 가르칠 것이며, 가문의 일원으로서 누리게 되는 놀라운 혜택과 더불어 감당해야 할 책임 또한 성실하게 지켜나갈 것이다. 이 책임 가운데는 가족의 명예와 평판을 해칠 그 어떠한 개인적인 그리고 사업상의 행동을 하지 않을 것과 우리의 물질적인 축복을 자랑하거나 과시하거나 사치스러운 행동을 하지 않을 책임을 포함한다.

- 우리는 청지기정신을 소중하게 여기고 이를 지켜나갈 것이다. 우리의 의무는 우리 기업에서 일하는 직원들과 우리의 가족에게 더 많은 기회와 재정적인 이익을 제공할 수 있는 더 좋은 기업을 다음 세대에 넘겨주는 것이다.
- 우리는 기업과 가족의 모든 거래에서 정직과 공정을 실천해 나갈 것이다.
- 우리는 우리의 고객과 직원, 그리고 가족 구성원을 존중하고 고귀하게 대할 것이다.
- 우리는 우리가 속해 있는 지역사회와 구성원을 섬겨나갈 것이다.
- 우리는 질 좋은 제품을 생산하고 좋은 기업시민(Corporate Citizen)으로서의 역할을 준수해 나갈 것이다.
- 우리는 서로에게 충실할 것이며 힘든 시간에는 서로를 위해 함께 있어줄 것이다.
- 우리는 자족할 줄 알고 우리 스스로를 지켜갈 책임을 소중하게 여길 것이다.
- 우리는 어려운 상황에서도 옳은 일을 하고 바른 길을 갈 수 있는 용기를 소중하게 여길 것이다.
- 우리는 서로를 존중하고 가족기업 이외의 문제에 대해서는 각 개인의 프라이버시를 존중할 것이다.
- 우리는 진심으로 서로의 의견을 경청하고 서로의 다른 관점을 이해하려고 힘쓰며, 가족의 화목과 조화를 유지하기 위해 양보하고 타협해 나갈 것이다.
- 우리가 기업을 경영하는 목적은 우리 가족과 직원들이 의미 있는 삶을 영위해 갈 수 있도록 도움을 주는 것이다.

- 우리는 우리의 경제적 성공을 과시하거나 자랑하지 않고 겸손하게 행동하며, 기업을 성실하게 경영해 나갈 것이다.
- 우리의 가족과 우리가 경영하는 기업의 주된 관심과 이익은 다른 어떠한 개인의 경제적 이익이나 관심에 비하여 훨씬 중요하다.
- 우리 모든 주주들은 이 가족가치 선언문에 서명한다. 이 서명은 이상에서 제시한 가치들을 지켜나가겠다는 우리 모두의 확고한 약속의 표현이다.

자료: Edward D. Hesse, The Successful Family Business, 2006, pp.28~29.

가족의 가치 및 사명은 장기적으로 가족이나 기업에게 있어서 최선의 이익이 무엇이냐에 대한 갈등이 일어났을 때 보다는, 단기적 성향을 갖는 이익들에 관한 갈등을 해소해 나가는데 있어서 더 효과적이다.

가족회의에서 서로 다른 가치가 충돌하거나 가족 구성원 간의 이해가 크게 상충되어 어떠한 의사를 결정하거나 행동방향을 정하기가 쉽지 않은 경우가 발생할 수 있다. 이 경우에 가족 구성원들은 "이러한 상황에서 창업자인 할아버지는 어떻게 하였을까? 아버지는 어떠한 결정을 내렸을까? 만일 어머니가 살아계셔서 이 자리에 함께하신다면 우리들이 어떻게 하기를 바라고 계실까?"라는 생각을 하게 된다. 가족 구성원들이 어려운 결정을 앞두고 서로 대립하고 있는 중요한 시점에서 가족 사명선언문이 존재하고 있다면, 이는 무엇이 중요한 것임을 알려주고 가족 구성원들로 하여금 거기에 집중할 수 있도록 도와주는 안내자 또는 등대 역할을 할 것이다. 뿐만 아니라 가족 구성원 사이에 존재하는 시기 및 질투와 라이벌의식, 그리고 파괴적이면서도 자기중심적이며 이기적인 행동을 완화 또는 해소하는 기능을 하게 될 것이다.[3)]

앞으로 발생할지도 모를 가족간 불화 및 의견 불일치 가능성에 관하여 가족 구성원들이 관계가 좋을 때 함께 모여 미리 예상을 해보고 대응해 나갈 기준과 원칙 및 방향을 마련해 놓는 것은, 감정적으로 행동하기 쉬운 가족 구성원들로 하여금 가족기업과 관련된 행동들을 어떻게 하여야 하는지를 교육하는 효과적인 방법에 해당한다.

3) Edward D. Hesse, 전게서, pp.26~28.

(2) 가족 행동지침서(Family Code of Conduct) 마련

가족 사명선언문이 기업을 경영하는 가족 또는 가문이 지향하고자 하는 가치 및 이상과 사명을 담고 있는 최상위 규범인 헌법과 같은 것이라면, 가족 행동지침은 가족의 일원으로서 어떤 것은 허락이 되고 어떤 것은 해서는 안 되는 것을 정해 놓은 10계명 또는 국회가 정한 법률이나 법규명령에 해당하는 것으로서, 게임이 어떻게 진행되어야 할 것인지에 관하여 규정한 것이다.[4]

가족 행동지침서는 가족 주주들이 늘어나고 가족 구성원 가운데 기업에 참여하지 않은 사람들이 많아지며, 세대간 또는 동일세대 간에 갈등이 발생할 가능성이 증대되는 경우에 더욱 유용하게 활용된다.

가족기업이 보다 성장하고 성공을 하게 되면

- 가족 구성원 개인의 재정적인 이익과 가족 또는 기업 운영 간의 조화
- 서로 다른 세대들 간의 부의 분배
- 자녀 또는 사촌들 간의 기회의 분배와 기업 내 직책
- 가족기업에 참여하는 가족 구성원과 참여하지 않는 가족 간의 부의 분배
- 후계자 선정
- 기업활동을 통해서 창출되는 경제적 가치의 분배

등과 관련한 다양한 문제들이 증대하기 마련이다.

이와 같은 사안들은 모두 갈등을 초래하고 뜨거운 논쟁을 일으키며, 서로의 감정을 상하게 하고 심지어는 가족의 분쟁이나 분열을 일으키는 원인을 제공한다.

가족 행동지침서는 이와 같은 다양한 상황에 직면하였을 때 가족 구성원들로 하여금 어떻게 문제를 해결해 나갈 것인지에 관한 보다 구체적인 기준과 방안 등을 제시해 주는 역할을 한다.

4) Edward D. Hesse, 전게서, p.31.

B 기업의 가족 행동지침서

우리 모두는 가족기업을 경영하는 B 가족의 구성원으로서 다른 사람의 존경과 신뢰를 얻을 수 있도록 행동함과 동시에 그렇게 될 것을 기대하면서 다음 사항들을 실천해 나갈 것에 동의한다.

- B 가족과 기업의 구성원은 우리가 정한 소중한 가족가치인 청지기정신, 성실, 겸손, 신뢰, 상호존중의 가치를 실천하고 서로를 그렇게 대하며, 나아가 기업의 임직원들과 고객을 소중하게 여기고 존경한다.
- 우리는 이 가족의 일원으로 태어난 것을 큰 축복으로 생각한다. 그리고 이러한 축복은 우리들 스스로 더욱 책임 있게 행동할 때에 계속적으로 향유될 수 있음을 인정한다.
- 우리는 서로 좋은 관계를 유지하고 서로를 존중할 것이다. 그리고 서로의 차이와 다른 점을 인정하고 반대의 견해를 경청하며 그것들을 고려할 것이다.
- 우리는 가족의 화목과 공정성이 개인의 경제적 이익보다 더 중요하다는 것에 동의한다.
- 우리는 서로를 믿고 신뢰하며 협력할 것이고 필요한 경우에 서로에게 충분한 정신적, 물질적 도움을 제공할 것이다.
- 우리는 B 가족기업의 주인으로서 고객과 직원이 우리에게 의존하고 있음을 인식하고, 우리 가족의 개인적인 문제들 때문에 그들에 대한 우리의 책무를 소홀히 하지 않을 것이다.
- 가족기업의 모든 주요 현안들을 상정하고 논의하며, 앞에서 제시된 규칙들과 가족 가치선언문에서 정한 가치들에 따라 해결하게 될 것이다.
- 가족 구성원의 가족기업에 대한 희망사항이나 질문 및 이슈들에 관해서는
  - CEO나 이사회 의장과 직접적으로 대화하고
  - CEO나 이사회 의장은 필요하다고 인정되는 경우에는 즉각적으로 응해야 하며
  - CEO나 이사회 의장은 제기된 사안을 차기로 예정된 임원회의에 상정할 수 있고, 시급하다고 인정되는 긴급현안인 경우에는 이 문제를 다룰 긴급 임원회를 소집할 수 있다.
  - 제기된 현안 또는 질문의 성격에 따라 CEO와 이사회 의장은 바로 협의할 것을 정하거나 다음으로 예정된 분기별 주주회의 혹은 연례 가족회의에서

모든 주주들의 관심사항으로 상정할 수 있다.

- 이 모든 경우에 CEO나 이사회 의장은 의제를 상정한 해당 가족 구성원에게 가능한 한 신속하게 진행과정 및 해결방안을 알려주어야 한다.

- 다른 대안으로 가족 구성원은 차기 정기 임원회 및 연례 가족회의에서 논의될 현안들에 관한 질문을 통하여 임원회의나 가족회의에 상정할 이슈를 제기할 수 있다.
- 어떠한 방법으로 질문이나 이슈들이 제기되는지 가족기업의 리더, CEO, 이사회 의장은 제기된 현안들이 협의되고 토론되며, 시의 적절하게 해결될 수 있도록 노력해야 하고, 그 진행과정들에 대해서 직접 본인에게 알려줄 책임을 진다. 만일 이러한 내용이 교육목적에 적합하고 경영의 투명성을 높이는데 유익하다고 판단되는 경우에는, 개인의 프라이버시를 침해하지 않는 범위에서 모든 가족 구성원에게 제공되어질 것이다.
- 모든 회의나 포럼에서 가족의 현안을 논의할 때에는 상호 존중과 정중함을 유지하면서 예의바르게 다루어질 것이다. 언성을 높이거나 인신공격성 발언을 하거나 상대방의 의견청취를 거절해서는 안되며, 각자의 관점들에 대하여 동일한 시간 동안 이야기할 기회를 박탈하는 것은 용납되지 않는다. 회의를 진행하는 의장은 적절한 질서와 예의를 유지할 책임이 있다.
- 가족기업에 관한 모든 이슈들은 투표에 의해 결정된다. 각자는 보유주식의 수에 따라 공정하게 투표권을 행사하며 투표결과는 문서로 기록된다.
- 각 가족 구성원은 개인적인 그리고 가족기업과 관련한 행동들이 마치 내일 아침 지역신문의 머릿기사로 다루어질 것이라는 자세로 행동하여야 할 것이다.
- 모든 가족 구성원들을 가족 내의 이슈들을 해결하기 위해 최선의 노력을 기울이며 선의를 베풀 것이다. 만약 이것이 가능하지 않을 경우에는 위원회 임원들은 객관적인 조언 및 조정자로서 독립적이고 경험이 풍부하고 진솔하며, 기업의 재무적 성과와는 무관한 3인의 배심원을 선임하여 중재하도록 하여야 한다. 여기에서의 결정은 최종적 구속력을 가지며 세상 법정이나 주주총회 등에 항소할 수 없다. 이는 가족 내 이슈들을 공식적인 법정이 아닌 사적인 방법으로 해결하려는 가족의 의지이다. 이러한 방안에 동의하는 것은 가족기업의 주식을 소유할 수 있는 선제조건에 해당한다.
- 모든 가족 주주는 분기별 및 연간 재무성과와 기업의 재무상태에 대하여

검토하고 질의하며 이해할 자격을 갖는다.

- 우리 각 개인은 신중하고 겸손하며 절제있는 행동을 할 것이며, 우리는 사치와 허례허식을 배제하고 우리 가족의 부와 성공을 자랑하거나 과시하지 않을 것이다.
- 공정함과 상호존중, 품위와 진실함은 우리가 우리의 문제를 논의함에 있어 지켜야 할 기본원리에 해당한다.
- 모든 가족 구성원은 가족의 주요 현안들을 적절한 방법으로 그리고 적절한 모임과 회의에 제기 또는 상정하는 것에 동의한다. 그리고 가족간 파벌을 조장하거나 쿠데타, 분열 등을 공모하는 것은 온당하지 못하다는 것에 동의한다.
- 모든 가족 구성원은 각자의 개인적인 판단, 의견 등이 문제 해결의 답이 될 수 없다는 것을 이해하고 동의한다. 그리고 가족기업의 리더, CEO, 이사회 의장은 가족 구성원들에 의해 제기된 의제와 질의사항 등을 논의함에 있어 가족의 참여, 가족간 커뮤니케이션과 정보제공의 일을 돕는 전문가의 의견 청취 등을 보장하여야 한다.

자료: Edward D. Hesse, 전게서, pp.32~35.

(3) 가족회의와 가족 정례모임 운영[5)]

1) 가족회의

가족기업 경영의 관점에서 가족모임은 가족 구성원들로 하여금 가족기업을 보다 잘 이해하도록 하는 이외에도 가족기업이 추구하는 목표와 노력에 대한 가족 구성원의 이해와 협조를 얻어낼 수 있어서 유리하다. 가족회의는 가족들에게 기업의 경영 목표와 성과, 사업전망, 중요한 전략계획 등에 관한 기본적인 정보를 제공할 수 있는 효과적인 수단임과 동시에 온 가족이 공유할 수 있는 주요 사안들을 논의할 수 있는 좋은 기회다.[6)] 가족회의에서 논의

---

5) 가족회의 및 가족 정례모임 운영과 관련한 보다 구체적인 내용에 관하여는 Craig E. Aronoff & John L. Ward, “Family Meeting: How to Build a Strong Family and a Stronger Business”, 2011 참조.

6) Stephanie Brun de Pontet & Craig E. Aronoff et al., Siblings and the Family Business, 2012, pp.72~74.

할 수 있는 주요 사안으로는 가족과 기업의 미래, 자선사업, 승계, 상속계획, 교육, 가족사, 가족가치 등을 들 수 있다.

가족회의를 통해서 배우자는 기업이 처해 있는 상황들을 알게 됨으로써 가족기업에 대한 이해의 폭을 넓힐 수 있다. 자녀들은 앞으로 언젠가 자신들이 참여하게 될 기업에 관한 내용과 향후에 받게 될 재산상태 등에 관한 정보를 접할 수 있어서 유익하다. 젊은 세대들은 가족들이 서로를 사랑하고 존중하면서 생각이나 입장의 차이들을 조화롭게 관리해 나가는 방법을 터득함과 동시에, 앞으로 기업의 주주나 리더가 되었을 때 어느 역할을 어떻게 감당할 것인지에 대하여 배울 수 있는 교육의 장이 되기도 한다.

가족이 성장하고 가족의 목표가 점차로 확대되면, 한 사람의 가족 리더에게 지나치게 많은 책임이 부과되지 않도록 가족협의회를 조직하기도 한다. 가족협의회는 통상적으로 가족회의를 조직하며 그 안에 교육, 자선사업, 가족 헌장 및 사명선언문 작성 등 가족이 원하는 사업이나 과제를 진행하는 소위원회를 둔다. 이러한 여러 가지 과제와 활동들을 수행함으로써 형제자매 파트너십이 발휘하는 가족 리더십은 미래 세대들을 위한 기틀을 마련하게 된다.

2) 가족 연례모임 운영

가족기업이 직면하는 주요 과제들을 논의하고 해결방안을 강구하는 효과적인 가족모임의 한 형태로 가족 연례모임(Annual Family Meetings)을 들 수 있다. 이 가족 연례모임은 모든 가족 구성원들이 매년 1~2회 정도 정례적으로 모여 우의를 다지면서 가족과 기업에 관한 사안들을 협의하고 가족 구성원을 교육하며, 함께 소통하는 전통적인 모임으로 볼 수 있다.

대다수의 가족기업에서는 법에서 정한 주주총회의 형태로 매년 모임을 갖고 있지만, 이러한 모임은 한두 시간에 걸쳐 회사법 등에서 정한 내용을 처리하는 공식적인 회의 성격을 갖는다. 이러한 유형의 가족회의는 주주의 대다수가 사업에 참여하고 경영 전반에 걸쳐 내용을 잘 파악하고 있는 경우에 적합하다. 그러나 여러 세대에 걸친 다수의 가족 주주들이 있거나 경영에 참여하지 않는 가족 구성원이 상당수에 달하는 경우라면, 이러한 가족회의만으로는 적절하다고 보기 어렵다. 이와 같은 공식적인 회의 형태의 가족모임의 한계를 보완하면서 대규모 가족 구성원 간의 소통 및 화합과 가족기업에 대한 이해의 폭을 넓히기 위한 방안의 하나로 가족 연례모임과 같은 모임이 필요한 것이다.

가족 연례모임은 다음과 같은 경우에 효과적이다.

- 가족기업의 경영에 참여하고 있지 않은 어린이나 노인 및 배우자 등 가족 구성원에 대한 가족기업의 현황과 직면하고 있는 도전 및 기회 등에 관한 교육 및 소통
- 가족에 속한 젊은 세대와 배우자들에 대해 가족가치를 가르치고 재확인 하는 것
- 주주에 대한 배당압력, 보유주식의 유동화, 은퇴, 승계 등과 같은 예상되는 장래의 이슈들에 관한 토의
- 가족 구성원을 교육하기 위한 외부 전문가 초빙
- 가족 및 사업과 관련한 축하행사의 진행 등

시간이 흐름에 따라 가족기업이 성장·발전하면서 주주의 수가 늘어나고 가족 구성원들이 집에서 떠나 멀리 이사해 살게 되는데, 정례적으로 개최되는 가족모임은 가족과 기업의 조화를 위해 가족 구성원 전원이 함께 모여 서로 소통하고 주요 현안에 대하여 협의할 수 있는 기회를 제공한다.

가족기업을 성공적으로 경영해 온 서구의 가족들, 특히 여러 세대에 걸친 가족들과 다수의 주주가 있는 장수 가족기업을 소유한 가문들은 매년 일정한 날을 정하여 온 가족들이 2~3일 정도의 일정으로 편안한 장소에서 모임을 갖는다. 그들은 이러한 모임 형태의 가족회의 기간 중 휴식과 오락, 친교, 가족과 사업에 관한 협의를 진행하고 함께 소통한다. 점점 더 많은 기업들이 이러한 정례 가족모임을 통하여 가족 구성원들에게 가족의 가치와 전통, 그리고 젊은 자녀들과 배우자를 대상으로 한 기본적인 경영기법 등을 교육하는 기회로 활용한다.[7] 가족 연례모임에서는 외부전문가를 초청하여 가족 구성원

7) Edward D. Hesse, 전게서, pp.39~40.

들을 대상으로 관심 있는 주제와 관련한 특강의 기회를 가짐으로써 견문과 지식을 넓히는 기회를 제공하는 경우가 많다.

3. 가족기업 정책의 수립과 실천[8)]

가족기업을 소유한 가족들은 기업경영 과정에서 가족 구성원 간에 발생하는 다양한 사안들을 처리하는데 지침으로 작용하는 합의된 기준 및 원칙의 필요성에 대하여 공감한다. 가족 구성원들이 필요한 정책을 마련하고 이를 준수하는 것이야말로 '가족기업이 파국으로 치닫지 않고 갈등을 최소화할 수 있는 방편'이기 때문이다.

현명한 가족기업 리더는 가족과 기업이 긴장관계에 직면할 수 있다는 점을 인정하고, 위기가 발생하기에 앞서 가족과 기업의 공동선을 추구하는데 필요한 정책을 마련한다. 가족들이 기업을 경영하는 과정에서 불가피하게 발생하게 되는 문제들을 미리 예상해보고 "이러한 문제가 발생하면 이렇게 해결한다"는 것을 미리 정해놓은 기준 및 원칙에 해당하는 가족기업 정책을 수립하는 것은 아주 유익하다.

(1) 가족기업 정책의 수립

가족기업 정책(Family Business Policies)은 현실적인 문제가 발생하기 전에 수립하는 것이 좋다. 지금 당장의 현안 과제에만 집중하지 말고 다음 세대를 위해 필요한 다양한 정책들을 예측해서 미리 준비를 해 놓아야 하는 것이다. 가족기업 정책을 개발하는 방법은 기업이 처해있는 환경이나 기업문화 등 다양한 요인들에 따라 달라지는 복잡성을 갖고 있다. 따라서 가족기업 정책은 반드시 개별 가족 및 기업이 갖는 특성과 필요에 맞도록 조정되어야 한다. 정책의 실효성을 높이기 위해서는 가족 구성원의 충분한 소통과 합리적인 절차

8) Craig E. Aronoff, Joseph H. Astrachan & John L. Ward, "Developing Family Business Policies," 2011.

를 통해서 정책을 마련하는 것이 좋다. 정책의 내용도 중요하지만 그러한 내용에 대해 가족 구성원들의 합의를 이끌어내는 과정이야말로 훨씬 더 가치 있는 일이기 때문이다.

가족기업 정책은 가족의 가치, 신념, 철학 및 원칙에서 비롯되어야 한다. 가족의 가치와 사명에 대해 논의하고 이를 정의한 가족, 가족 가치 및 사명선언문을 명문화한 가족은 가족의 의사결정 방법과 거버넌스, 가족 구성원에 대한 보수 및 성과 평가, 가족 구성원의 고용, 주주 간 계약, 배당과 이익 배분, 혼전계약 등과 같은 구체적인 정책을 수립할 때 유리한 입장에 놓이게 된다. 이러한 가족의 구성원들은 자신의 주장을 고집하거나 자신의 입장만 고수할 가능성은 그리 크지 않고 보다 폭넓은 관점에서 정책에 접근하는 것이 가능하기 때문이다.

(2) 가족기업 정책 수립의 효과

가족기업 정책을 수립하는 과정에 참여한 가족 구성원들이 얻게 되는 보상과 혜택은 다양하다.[9] 우선, 합리적인 절차를 거쳐 수립된 정책은 가족이 기업을 운영하는 과정에서 직면하고 있거나 앞으로 발생하게 될 다양한 문제들을 해결하는데 큰 도움을 제공한다. 가족기업 정책은 해당 사안을 개인적인 문제로 치부하지 않고 객관성을 유지하면서 원만하게 해결하는데 도움을 제공함과 동시에, 문제와 갈등의 발생을 사전에 방지하는데 도움을 주고 미래의 긴장을 제거하거나 완화하는 효과를 제공한다.

가족기업 정책 수립은 가족관계를 강화하고 가족의 응집력을 높이는 기회를 제공한다. 정책 개발을 위해 함께 협력하는 과정에서 어려운 사안에 대해 서로 의견을 나누고 한 팀으로서 문제를 처리하고 이견을 좁히는 법을 배우게 되기 때문이다. 정책을 수립하는 과정에서 장래에 발생 가능한 다양하고도 민감한 과제들에 대하여 미리 생각해보는 기회를 갖게 되고, 동시에 이러한 문제들에 대한 대응력을 키우는데 도움을 준다.

9) Craig E. Aronoff 외, 상게서, pp.7~14.

또한 가족기업 정책의 수립은 주어진 상황을 보다 명확하게 정의하는데도 유용하다. 가족 내에서 선례나 전통으로 내려 온 여러 결정들이나 암묵적인 정책들은 가족 구성원 각자의 생각에 따라 해석함으로써 오해나 잘못된 소통을 초래할 가능성이 높다. 하지만 이러한 선례나 전통에 대하여 공식적인 정책수립 과정을 거쳐 문서화한 가족은 정책의 명확성을 높이고, 가족 구성원들이 갖고 있는 의문을 해소하는데 도움이 될 뿐만 아니라, 가족들이 '같은 방향'을 지향할 가능성이 한층 높아진다.

> 전통적으로 가족이 경영하는 회사에 들어와 일하기를 원하는 모든 가족 구성원에게 개방적인 자세를 유지해 온 한 가족기업의 사례이다. 시간의 흐름과 함께 해당 분야의 경쟁이 심화됨에 따라 관리비용과 생산성이 새로운 이슈로 떠올랐다. 이 기업은 더 이상 가족 구성원을 수용할 수 없는 상황에 처하게 된 것이다. 곧 대학을 졸업할 예정인 막내딸은 이러한 회사의 어려움은 알지 못한 채 5년 전 자신의 언니나 3년 전 사촌 오빠가 입사한 것처럼 자신도 회사에 들어와 일하고 싶다는 뜻을 밝혔다.
>
> 자신의 아버지와 삼촌이 그녀를 채용할 수 없다며 외부에서 사회경험을 쌓는 것이 좋겠다고 제안하자, 막내딸은 크게 마음이 상했고 화도 많이 났다. "언니와 사촌 오빠는 회사에 들어와 근무하는데 왜 나는 안되는 거죠?"라고 아버지에게 반문했다. "아버지가 언니만 예뻐한다는 것을 진작에 알았어야 했는데." 막내딸은 자신에 대한 채용불가 결정이 "아버지가 언니를 더 사랑한다거나 어쩌면 자신을 전혀 사랑하지 않는다"는 의미로 받아들였다.
>
> 만약 창업주인 할아버지의 대를 이어 가족기업을 경영하는 아버지와 삼촌이 보다 일찍, 자녀들이 장성해 회사에 입사할 준비가 되기 훨씬 전부터 한 자리에 모여 가족 구성원에 대한 입사 기준 및 자격 등에 관한 원칙을 마련하고 이를 문서화한 정책을 자녀들과 공유했더라면, 막내딸이 지금처럼 아버지의 사랑을 의심하는 상황은 벌어지지 않았을 것이다.[10)]

가족기업 정책을 수립하는 과정에서 가족 구성원들은 많은 것을 배우고 문제해결 방안을 찾는 효과를 얻게 된다. 가족기업 정책의 개발은 가족이 소유한 기업의 영속성 유지를 위해 가족을 교육하고 준비시키는데 있어 효과적인 방안에 해당한다. 정책을 수립하는 가족은 기업의 영속성과 연관된 주된

---

10) Craig E. Aronoff 외, 상게서, p.12 사례 재정리.

요소, 즉 가족의 사명과 비전, 가치와 신념, 원칙과 철학, 서약과 약속(가족이 회사에서 기대하는 것과 회사가 가족에게 기대하는 것) 및 회사의 전략, 문화, 실적, 지배구조 및 의사결정 구조 등을 점검해볼 수 있기 때문이다.

(3) 가족기업 정책의 유형

가족기업 정책은 다양하지만, 핵심적인 것으로는 가족의 의사결정 및 거버넌스 관련 정책, 보수와 성과평가에 관한 정책, 고용정책, 가족 행동강령, 주주계약 등을 들 수 있다.11)

1) 가족의 의사결정 방법과 지배구조(거버넌스)

거버넌스는 본질적으로 가족기업에서 의사결정이 이루어지는 방식을 의미한다. 다른 모든 정책을 수립하기에 앞서 의사결정 방법을 명확하게 해두는 것이 필요하다. 합의를 이끌어 내는 방법과 절차 등에 대한 합의가 없이는 다른 어떠한 정책도 진전시키기 어렵기 때문이다.

창업세대에 속한 가족들은 다소 비공식적인 방식으로 한 자리에 모여 의사를 결정할 수 있다. 시간이 흘러 2세대 구성원들이 사업에 합류하게 되면 형제자매 협력관계가 형성된다. 이후 3세대나 4세대에 이르러 가족의 규모가 보다 확대되면 거버넌스 구조에 가족협의회, 이사회 및 회사 내외부의 가족 구성원들을 포함하는 가족위원회와 소위원회가 포함된다.

2) 가족 구성원에 대한 보수와 성과평가

보수와 성과평가에 관한 문제는 가족기업을 경영하는 가족 구성원의 질투와 분노를 일으키기 쉬운 과제에 해당한다. 보수 및 성과평가에 관한 정책은 기업 내에서 활동하는 가족 구성원이든 아니든 상관없이 모든 형태의 보수에 대해 가족이 합의한 사항을 명확하게 밝히는 수단이다.

가족 구성원에 대한 공개적이고 명확한 보상제도를 갖추는 것은 매우 유

---

11) Craig E. Aronoff, Joseph H. Astrachan, & John L. Ward, "Developing Family Business Policies," 2011, pp.35~65.

용하다. 보상에 관한 합의된 원칙은 가족들이 기업으로부터 무엇을 기대할 수 있고, 기업은 가족에게 무엇을 요구하는지를 명확하게 알려주기 때문이다. 성과 목표를 달성하지 못한 가족 구성원에 대한 조치 등 가족 구성원들에게 영향을 미치는 보수 및 성과평가에 대해 가족이 보다 객관적이고 공정한 태도를 견지하도록 하는데 도움을 제공한다. 늦어도 2세대 가족 구성들이 사업에 합류할 시점에는 보수 및 성과평가에 대한 정책을 수립해야 한다.

3) 가족 구성원의 고용

고용정책은 가족 구성원이 가족기업에 들어가 일을 하거나 경영에 참여할 수 있는 자격 기준과 조건, 승진 기준과 절차, 해고, 은퇴 등에 대한 기준을 정하는 정책이다. 가족 구성원의 이사회 참여와 관련한 기준과 원칙을 마련하는 것도 중요하다. 가족 구성원 스스로가 교육과 경험을 통해 기업에 실질적으로 기여할 수 있는 준비를 해야 한다는 사실을 강조하는 가족은 그렇지 않은 가족에 비해 보다 큰 화합과 성공을 거둘 수 있다. 고용정책은 형제자매 세대의 자녀들인 사촌세대가 가족기업에 합류할 것인지 말 것인지를 고민할 정도로 성장하게 되면 그 중요성이 더욱 커진다.

4) 주주계약

주주 간 계약(이하 주주계약)은 기업의 소유권을 보유한 주주들이 합의하여 기업의 지배구조, 의결권 행사, 주식의 처분과 이전 및 양도, 가족기업의 운영, 배당과 이익의 배분 등에 관한 사항을 정하는 계약이다. 주주계약은 소유권과 관련이 있는 여러 정책들을 포괄하는 복합적인 내용을 담은 법률문서에 해당한다. 주주들이 협의를 통해 체결하는 주주계약은 주주의 이해를 조정하는 수단이 되기도 하고, 회사의 지배구조와 운영에 관한 사항을 정함으로써 회사경영에 참여할 수 있는 근거가 되기도 한다.

주주계약은 '누가 주식을 소유할 것인가', '누구에게 의결권 있는 주식을 부여할 것인가', '언제 어떠한 방법으로 주식을 양도할 것인가', '주식의 매매 조건은 어떠해야 하는가' 등과 같은 내용을 포함한다. 잘 설계된 주주계약은 가장 능력 있는 후보자가 경영을 해 나가도록 함으로써 가족기업을 보호하는 기능을 수행한다. 동시에 가족이 아닌 외부인의 손에 주식 및 지분이 넘어가는 것을 방지함으로써 기업에 대한 가족의 이익도 보호한다.

주주계약은 다양한 가족기업 정책들을 포괄하는 복합적인 사안에 해당한다는 점에서 주주계약을 마련하는 것은 사업체를 소유한 가족들에게 큰 도전 과제이며, 가족 구성원들이 준비해야 할 가장 어렵고도 복잡한 문서 중 하나다. 주주계약 작성을 추진하고 있는 가족이라면, 소유권과 관계되는 여러 가지 사안들에 대해 최대한 많은 것을 배울 수 있도록 특별한 주의를 기울일 필요가 있다. 이 경우 가족은 변호사와 가족기업 컨설턴트 등으로부터 가족기업의 소유권과 주주계약, 경영 등에 관한 전문적인 자문을 받는 것이 좋다.

5) 투자금 회수 및 주식의 상환

가족 주주들은 때때로 자신이 보유하는 가족기업의 주식을 매각하고 더 이상 기업에 참여하지 않기를 바라기도 한다. 하지만 이와 같은 투자금 회수와 주식의 상환 등 유동성 요구는 가족 간의 오해와 심각한 문제를 야기할 가능성이 있다. 따라서 가족 주주들이 자신의 선택에 따라 주식을 보유하고, 설사 주식을 매각하는 경우라도 가족과 멀어진다는 느낌을 갖지 않고 편안한 마음으로 소유권을 내놓을 수 있도록 하는 것이 바람직하다. 기업이 필요로 하는 자본 측면에서의 요구와, 보유 주식의 매각·이전 등 개인의 재정적 필요 사이에 균형을 맞추는 것은 가족 주주들이 언제든 직면할 수 있는 도전 과제 중 하나이기 때문에, 이에 대한 사전 준비로서 주식의 유동성에 관한 정책을 수립하는 것이 필요하다.

6) 기타 고려할 필요가 있는 정책들

앞에서 살펴본 가족기업 정책들 외에도 가족기업이 수립할 수 있는 정책 분야는 다양하다. 이해상충 및 자기거래에 관한 정책, 사회공헌 및 자선사업에 관한 정책, 은퇴와 관련한 정책, 혼인계약 및 혼전합의서, 주주 대출, 패밀리오피스 운영에 관한 정책 등이 여기에 해당한다.

① 이해의 상충 및 자기거래

가족들이 여러 사안들을 고려해서 결정해야 할 가족기업 정책 가운데 하나는 "과연 가족 구성원들이 가족기업을 상대로 사업 또는 거래를 할 수 있는가?"라는 문제다. 이러한 사업 관계를 장려하는 기업의 경우에는 이로 인해 많은 문제가 발생하기도 한다. 이 경우 다음과 같은 사안에 대한 논의를 통해 이해의 상충 및 자기거래에 관한 정책을 마련하는 것이 효과적이다.

가족 구성원을 공급업체로 활용하는 경우 결제에 관해 어떤 기준을 마련해야 하는가? 공급업체의 실적은 어떤 식으로 평가해야 하는가? 공과 사를 구분하는 선은 어디까지인가?

② 사회공헌 및 자선사업

자선사업은 가족기업 내에서 근무하는 가족보다는 그렇지 않은 가족 구성원에게 더 많은 기회가 제공될 때 전체 가족을 결속시키는 절호의 기회가 될 수 있다. 이는 소위 '외부인'에 속한 가족들이 전체 가족에서 보다 의미 있고 중심적인 역할을 할 수 있는 기회를 제공하게 된다. 이와 반대되는 경우는 역효과를 가져올 수도 있다. 가족기업에 근무하는 가족 구성원이 자선사업과 관련된 모든 결정을 내린다면, 기업에 참여하지 않는 가족들은 한층 소외된 느낌을 갖게 될 것이다. 가족기업에서 근무하는 가족 구성원은 그렇지 않은 가족들에게 자선사업에 관한 결정권을 행사하도록 배려하는 등 사려 깊은 행동을 할 필요가 있다.

③ 혼인계약 및 혼전합의서

가족기업의 미래 세대가 기업에 대한 소유권을 보존해 나갈 수 있도록 하는 방안의 일환으로 자녀들에 대하여 혼전합의서 또는 혼인계약을 체결하도록 요청할 수 있다. 혼전합의서 및 혼인계약 작성과 관련해서는 유의해야 할 다음 몇 가지 사항들이 있다.

- 혼전합의서 및 혼인계약 작성의 주된 목적은 기업의 소유권을 창업주 등 가족기업 리더의 친족으로 한정하여 보존하는 데 있다. 혼전합의서

는 가족기업의 주식 및 지분과 가족이 공유하는 자산의 소유권에 관하여 중점을 두어야 한다. 이것을 제외한 나머지 개인소유 자산과 관련된 문제는 당사자인 부부가 스스로 결정하도록 맡기는 것이 좋다.

- 자녀가 결혼을 전제로 서로의 관계를 발전시키기에 앞서 혼전합의서에 대해 신중하게 생각하고 이야기하는 것이 바람직하다. 약혼 발표나 결혼 이후에 합의서에 대해 거론하는 것은 전혀 다른 차원의 복잡성을 초래한다. 약혼이나 결혼 이전부터 혼전합의서나 혼인계약이 가족기업 정책의 일부라고 받아들이는 인식과 합의를 이끌어낼 때라야 불필요한 갈등을 예방할 수 있다.
- 모든 가족들에게 공통적으로 혼전합의서나 혼인계약을 요구해야 한다. 적어도 특정 자녀가 결혼하고 싶어 하는 상대가 마음에 들지 않는다는 이유로 이를 요구하는 일은 없어야 한다. 가족 전체를 대상으로 이 정책을 적용한다는 사실과 그 이유에 대해 장래의 며느리나 사위에게 설명하는 것은 선의와 호의를 형성하고 유지할 수 있는 좋은 기회이기도 하다.

④ 대출 프로그램 및 창업자금

대출정책은 회사와 가족 구성원 및 제3자가 자금을 제공하고 제공받는 행위와 관련된 일련의 사안들을 정하는 정책이다. 대출정책을 통하여 가족 구성원이 자신의 보유주식을 담보로 자금을 빌릴 수 있는지, 어떤 조건에서 가족이 주식을 저당잡힐 수 있고, 회사에서 대출을 확보할 수 있는지 등에 대하여 정할 수 있다. 대출 관련 사안은 법적 구속력이 있는 주주계약의 일부로 포함시키는 것이 좋다. 가족 구성원들에게 회사 주식을 담보로 외부에서 대출을 받는 것을 허용함으로써 발생할 수 있는 결과 및 상황에 대한 신중한 고려가 필요하다.

일부 가족들은 특히 가족기업과 무관한 사업 아이디어를 지닌 가족 구성원들의 창업을 지원할 프로그램의 설계를 결정하기도 한다. 이 경우 가족은 대출을 통해 창업자금을 제공할 것인지, 아니면 가족기업이 직접 자금을 제공할 수 있는지 결정해야 한다. 또한 언제 대출을 받을 것인지, 어떤 이자율을 적용할 것인지도 결정해야 한다.

⑤ 패밀리 오피스

사업체를 보유한 부유한 가족들은 신탁과 투자를 통해 가족의 재산을 관리하고 항공권 예약에서 음악회 관람권 예매에 이르기까지 가족 구성원들의 편의를 위한 각종 대행서비스를 제공하는 패밀리 오피스를 설립·운영한다. 일부 패밀리 오피스들은 가족 구성원들을 위한 법률 및 회계 서비스를 제공하기도 한다. 패밀리 오피스는 승계계획 및 기타 관련 사안을 조정하는 업무를 담당할 수 있다.

(4) 가족기업 정책의 실행

가족기업 정책은 실행과정에서 종종 잘못된 방향으로 흘러가기도 한다. 일부 가족 구성원들이 정책의 일부 또는 전체를 의도적으로 무시하는 경우도 발생한다. 정책에 대한 합의가 제대로 이루어지지 않았거나 신뢰가 무너진 경우에는 가족 구성원들이 정책의 시행과 관련해 불만을 갖고 저항하기도 한다. 정책 내용에는 문제가 없지만 가족 구성원들이 정책의 해석을 두고 서로 논쟁을 벌일 수도 있다. 가족 내에 뿌리 깊은 분노가 자리를 잡고 있는 경우에는 그 문제를 해결하기 전에는 정책의 실천이 어려울 수 있다. 이 경우에 가족은 가족 구성원 간 결속을 저해하는 불화의 원인이 무엇인지 명확하게 파악할 수 있도록 전문가의 도움을 받을 필요가 있다.

때때로 정책의 해석을 두고 제기된 가족 구성원 간 이견이 정당한 경우도 있다. 정책수립과 관련된 논의 과정과 내용을 기록해 기본정책 설명서에 포함시키는 것이 매우 가치 있는 일인 이유도 바로 여기에 있다. 가족은 이같은 배경 논의들을 검토함으로써 당시 어떤 대화를 나누었고 무엇을 추구했는지 확인할 수 있다. 경우에 따라서는 정책을 보다 명확하게 하기 위해 문안을 다시 작성할 필요도 있다. 가족기업 정책 수립 후 시간이 경과함에 따라 상황이 많이 달라진 경우에는 변화된 환경에 부합하는 정책으로 수정해야 하는 경우가 있을 수 있다.

법률상 계약에 해당하는 주주계약을 제외한 어떤 가족기업 정책도 (특별히 법적 구속력을 부여하는 방식으로 구성한 경우라 아니라면) 법적 구속력이 없으며, 정책에 대한 가족의 지지보다 강력한 힘을 발휘하는 것은 없다. 따라서 정책을 준수해 나갈 수 있는 최상의 소통 기술을 활용하는 것은 중요하다. 이를 달성하는 가장 효과적 방법은 정책이 시행되기 훨씬 이전부터 시작해 대다수 구성원의 합의를 도출할 수 있는 정책수립 과정을 거치는 것이다.

4. 가족 구성원에 대한 교육

(1) 가족교육의 필요성

가족기업이 가족효과를 유지하고 인내자본을 형성해 나가는 것은 가족기업의 안정적이고 지속 가능한 경영에 있어서 매우 중요하다. 이를 위해서 가족기업 리더는 리더십이 다음 세대로 이전되는 과정에서 가족가치와 철학 및 가족행동강령 등을 확립하고, 가족기업 정책을 수립하는 이외에도 자녀세대와 가족주주를 책임 있는 소유주 및 경영자로 교육하는 등 세심한 노력을 기울여야 한다. 이 가운데 자녀세대와 가족주주에 대한 교육은 특히 중요하다. 이와 같은 교육을 제대로 받지 못한 가족 및 소유주 그룹은 사업을 파괴하고 다른 가족들에게 치유하기 어려운 상처를 입히기도 한다.

가족 구성원에 대한 교육이 효과적으로 이루어지는 경우에는 한층 건강한 가족으로 거듭나는 기회를 제공한다. 가족들이 기업과 가족의 영역에서 자신들이 장래에 감당해야 하는 역할과 책임을 준비해 나가는데 도움을 주고, 가업에 대한 헌신과 올바른 소유권 행사 및 청지기정신 발휘를 가능케 한다. 함께 배우고 서로의 경험과 관심을 공유하는 과정에서 가족 간 유대가 돈독해지고, 가족과 가족가치에 대한 자긍심도 커진다. 특히 가족기업이 창업세대를 지나 자녀세대를 거쳐 3세대 또는 4세대 경영에 도달한 경우에 가족교육은 가족 구성원들 간의 해묵은 갈등과 불화를 해소하고 새로운 친분관계를 쌓아가는 촉매제 역할을 한다. 이와 같은 긍정적인 관계 형성은 가족은 물론 사업과 관련하여 발생하는 문제들을 쉽게 해결하는데 도움을 준다.[12)]

어떤 단계에 속하든 가족교육을 실시할 수 있지만, 가족기업이 특히 3세대의 사촌 간 협력 단계에 도달한 경우라면 가족교육이 필수적이다. 형제자매 세대에서는 창업자 자녀들 모두가 가족기업에서 일할 수 있었으나, 사촌 세대는 가족 구성원 가운데 일부만이 경영에 참여할 수 있다. 가족을 단합시키는 것은 물론이고, 가족과 사업의 연속성을 뒷받침하는 친밀감과 단결을 담보할 무언가가 필요해진 이 시기에 현명한 가족은 가족교육을 적극적으로 활용한다.

가족교육의 필요성이 증대되는 또 다른 계기의 하나는 다름 아닌 세대교체 시기다. 자신의 다음 세대가 부상하는 것을 지켜보는 가족기업 리더는 후손들이 다방면에서 잘 준비되어야 하고, 이를 위해서는 교육이 필요함을 절감하게 된다. 또 다른 계기는 가족 구성원들이 한 팀으로서 협력하고 효율적으로 소통하며 단일 그룹으로서 경영의사를 결정할 수 있도록 하는데 유용한 교육이 중요하다는 사실을 깨닫는 것이다.[13)]

장수 가족기업 중에는 가문의 특성을 살린 교육을 실시하는 경우를 흔히 볼 수가 있다. 독일의 의약품 및 화학제품 제조 명문 장수기업인 Merck(머크)사를 13대째 경영해오고 있는 머크家는 자녀세대를 대상으로 체계적이고도 엄격한 가업교육 프로그램 운영한다. 가족 전용 인트라넷을 설치하고 가족잡지를 발행하며, 매년 여름과 겨울에는 휴양지에서 휴식 및 친교를 겸한 가족캠프를 운영함으로써 가족 간 유대를 증진시킨다. 후손들이 어려서부터 가문이 하는 일에 대하여 이해하고 자긍심을 가질 수 있도록 교육하는데, 20세가 된 자녀들은 대학병원의 암센터에서 환자들을 만나 의약품을 제조하는 그들 가문의 사업이 제공하는 가치와 의미에 대해 배우고 확인한다. 자녀세대를 연령별로 구분하여 기업 전반을 이해할 수 있도록 하는 교육프로그램을 운영

12) Amy M. Schuman & John L. Ward, "Family education for the Business Owning Families," 2011, pp.3~7.

13) Amy M. Schuman & John L. Ward, 상게서, pp.12~13.

하면서 세대 간 토론 모임도 갖는다. 이와 같은 전통을 이어가는 자녀교육의 결과 머크가문의 후손들과 가족 주주들은 자신을 투자자(Investor)가 아닌 창업자(Founder)로 간주하며, 필요시 자신의 보유자원을 기업에 기꺼이 투자하면서 세대를 아우르는 경영을 하고 있다.[14)]

(2) 가족교육의 주제와 프로그램

가족을 대상으로 하는 교육에 적합한 주제는 다양하다. 일반적으로 생각할 수 있는 분야로는, 가족에 대한 이해를 높이는데 필요한 교육(대인관계 기술, 가족 및 기업의 역사, 가족가치, 건강관리 등), 가족 구성원의 경력개발에 도움이 되는 교육(진로에 관한 교육 및 코칭, 차세대 경영자 개발), 소유권과 관련한 지식(가족기업 역사, 기업 재무제표 이해, 소유주의 책임과 역할, 자금 및 투자 관리, 자선사업 등), 효과적인 거버넌스 구축에 필요한 교육(이사회 등 기업 지배구조에 대한 이해, 이사회 참여 준비, 사업전략과 기업문화 이해, 가족회의와 가족협의회 등 가족 거버넌스, 가족헌장과 가족정책 이해, 가족 리더십 이해) 등 4가지 범주로 들 수 있다.[15)]

가장 효과적인 가족교육은 가족 구성원들이 자신의 고유한 필요에 맞도록 설계한 교육이다. 가족교육 프로그램을 설계함에 있어서는 고려해야 하는 요소들이 다양하다. 가족을 대상으로 하는 교육과정을 설계하는 과정에서 고려해야 하는 것들로는 교육 대상, 가족기업 및 업계의 성격, 가족이 소중하게 생각하는 가치, 가족 구성원들의 기대 등을 들 수 있다.

가족교육을 설계하고 강좌를 선택하는 일은 가족들로 구성된 팀이 담당하는 것이 이상적이다. 가족교육을 계획하는 책임자는 먼저 가족들이 배우기를 원하고 배울 필요가 있는 것이 무엇인지를 파악해야 한다. 가족들로부터

---

14) 조병선, 독일 히든챔피언의 경영특성과 지속가능 성장요인 –독일 장수기업에 대한 사례연구를 중심으로–, 중소기업연구 第35권 第3호, 2013, 96~100쪽; 박용 외, 머크웨이, 2012, 33~35쪽.

15) 이들 교육 주제의 상세 내용에 관해서는 Amy M. Schuman & John L. Ward의 전게서, pp.19~34 참조.

아이디어를 얻은 후 교육의 효과성에 대해 당해 교육에 참여한 사람들의 피드백을 받는 것이 좋다. 전문가의 도움을 받는 것이 현명하지만, 교육 프로그램의 설계를 일임하기 위해서가 아니라 가족교육에 관한 아이디어를 얻고 가족 스스로 교육 목표를 달성하는데 도움이 되는 전문가를 초빙해야 한다. 가족의 요구를 가장 효과적으로 충족시키는 프로그램을 구성하는데 도움을 줄 수 있는 전문 컨설턴트를 찾는 것이 좋다.[16)]

(3) 가족교육의 기회와 효과

가족기업의 경영과 소유권에 관하여 가족주주 및 자녀세대를 교육하는데 활용할 수 있는 기회로는 가족회의, 형제자매 및 사촌들 모임, 함께하는 식사자리나 여행 등 다양하다. 가족 대상 특별교육 프로그램 운영, 사업전략과 동향 및 실적 검토, 기업의 사회적 책임에 관한 논의, 가족 사명선언문과 가족정책 협의 등도 효과적인 교육기회로 활용할 수 있다. 가족교육의 가장 일반적인 형태는 가족회의에 가족기업 전문가, 컨설팅 책임자, 경영고문, 해당 분야 전문가 등을 초빙하는 워크숍이다.[17)]

가족교육이 제공하는 혜택은 다양하다. 가족교육은 가족의 유산과 가치를 보존하고 효과적인 경영, 거버넌스 및 소유권을 수행할 수 있도록 가족들을 준비시킨다. 그리고 가족 구성원들이 하나의 팀으로서 올바른 결정을 내리는데 기여하며, 가족의 화목을 증진하는 등 화합하고 건강한 가족과 기업을 만들어가는 데 기여한다.

---

16) Amy M. Schuman & John L. Ward, 전게서, pp.15~17.

17) 이 밖에도 가족교육의 장으로 활용할 수 있는 기회로는 자신의 가족기업 또는 다른 가족이 소유한 회사에서 진행하는 인턴십, 가족기업의 웹사이트, 가족 구성원들을 위한 가족 웹사이트, 전문가협회의 회원 활동 및 이 협회에서 제공하는 강좌 수강, 대학 등이 제공하는 교육 및 세미나 참여, 현장 방문, 이사회나 가족 협의회 회의 참관, 회사 내부 또는 외부의 개인 멘토 및 코치, 차세대경영자 단체 참여 등 다양하다.

가족교육의 혜택

1. 더불어 배우는 기회는 확대된 가족 구성원들을 보다 가깝게 만든다.
2. 사촌들이 서로에 대해 알게 되고 상대를 신뢰하며 사업 소유주 및 가족 협의회의 구성원으로서 함께 일하는 방법을 배운다.
3. 한층 강하고 건강한 가족기업으로 거듭난다. 가족교육을 잘 받은 가족 구성원일수록 가업에 대해 보다 현명한 결정을 내릴 가능성이 높다.
4. 가족기업에서 일하지 않는 가족 구성원도 가업에 대한 연대감을 갖게 된다.
5. 사촌들이 해묵은 가족 갈등을 떨쳐버리고 실제로는 서로를 아낀다는 사실을 발견할 수 있다.
6. 가족 구성원들이 새로운 경험을 함께 즐기는 가운데 삶이 보다 풍요로워진다.
7. 가족 구성원들이 교육 행사를 계획하거나 참여하는 과정에서 자신이 성장해 온 지역사회와의 유대를 새롭게 발견하게 된다.
8. 젊은 가족 구성원들의 경우 직원들이 얼마나 열심히 일하고 얼마만큼 많은 것을 알고 있는지 직접 지켜봄으로써 직원을 존중하는 마음을 키우게 된다.
9. 교육은 가족기업뿐만 아니라 가족과 가족의 가치에 대한 자긍심을 심어준다.

자료: Amy M. Schuman & John L. Ward, "Family education for the Business Owning Families," 2011, p.7.

제6장 가족기업의 경영과 갈등관리

가족기업을 경영하는 과정에서 발생하는 갈등은 정도의 차이는 있으나 대부분의 가족들이 직면하는 문제다. 가족기업에서 발생하는 갈등의 대부분은 가족기업을 구성하는 가족체계와 기업체계 간에 서로 추구하는 바가 다르고 적용되는 기준 및 원칙이 상이하기 때문에 일어난다. 가족 구성원이 기업에서 수행해야 하는 역할이 모호하고 지켜야 할 행동규범이 명확하지 않는 것도 갈등을 유발하는 원인이다. 창업자 후손들 사이의 경쟁, 가족 구성원의 채용·보수·해고 등에 관한 명확하고도 일관성 있는 정책의 부재, 성급하고 공정하지 않은 승계과정 등은 갈등을 증폭시키는 요인에 해당한다.

가족기업 경영에 적극적으로 참여하는 주주 임원과 경영에 참여하지 않은 단순 주주 사이에 발생하는 갈등도 경영을 어렵게 하는 요인의 하나다. 가족기업이 창업세대를 지나 2~3대에 걸쳐 운영되는 경우에는 다수의 주주 그룹이 형성되는데, 이들은 크게 경영에 적극적으로 참여하는 주주그룹과 소극적인 주주그룹으로 구분할 수 있다. 소극적인 주주그룹은 가족기업을 상속재산의 하나로 보기 시작하면서 경영에 적극적으로 참여하고 있는 주주 임원에 대한 과다한 급여 및 보상에 대하여 문제를 제기한다. 반면에 경영에 참여하는 주주들은 소극적 주주들의 무리한 배당요구와 보유주식의 현금화 요구 등에 대하여 불만을 갖게 된다.

가족기업의 갈등 가운데 가장 일반적인 유형에 해당하는 형제자매 사이의 갈등은 인간의 물질에 대한 탐욕이 작용한 결과이기도 하지만, 기업을 설립하고 일구어 온 부모세대가 '가족 간에 서로를 사랑하고 존중하는 문화를 만들지 못한 데서 기인'하는 경우도 많다. 자녀들에 대한 부모의 편애도 갈등과 분쟁을 초래하는 요인으로 작용한다.

창업세대의 가족기업에서는 창업주 한 사람이 거의 모든 역할을 수행한다는 점에서

'복잡성'은 그리 크지 않고 갈등의 정도 역시 상대적으로 덜하다. 그러나 기업이 창업세대를 지나 자녀세대와 사촌세대 등으로 확장되는 과정에서 복잡성이 크게 증가하고, 그 결과 갈등이 발생할 가능성도 커진다.

가족기업 경영 과정에서 발생하는 갈등을 어떻게 볼 것인가에 관하여는 서로 다른 시각이 존재한다. '갈등은 기업경영에 부정적인 영향을 미치기 때문에 피해야만 하는 것'으로 보는 전통적 관점과, '가족기업에서의 갈등은 피할 수 없는 것으로서 오히려 가족기업의 효율성을 높이는 기회로 작용할 수 있다'는 행동적 관점이다.

갈등이 반드시 부정적인 결과를 초래한다고 볼 수는 없다. 가족과 가족기업의 속성상 필연적으로 일어날 수밖에 없는 갈등에 대하여 관련 당사자들이 어떻게 대응하고 관리해 나가느냐에 따라서 부정적인 영향을 미치기도 하고 긍정적으로 작용할 수도 있을 것이기 때문이다. 갈등관리는 가족기업 경영에 있어 중요한 분야임과 동시에, 기업을 경영하는 가족의 구성원들이 열린 마음으로 해결해 나가야 하는 과제에 해당한다.

1. 가족기업의 경영과 갈등

가족기업에 있어서 갈등은 거의 일상적으로 일어나는 현상이다. 가족기업을 경영하는 과정에서 발생하는 갈등, 특히 가족 구성원 사이의 갈등 및 분쟁은 정도의 차이는 있으나, 대부분의 가족이 직면하는 문제에 해당한다. 가족기업에서 발생하는 갈등의 대부분은 가족기업을 구성하는 가족체계와 기업체계 간에 서로 추구하는 바가 다르고 적용되는 기준 및 원칙이 상이하기 때문에 생겨나는 결과다.

가족 갈등을 포함하여 가족기업이 안고 있는 경영상의 어려움들을 종합적으로 나타내주고 있는 것의 하나로 '가족기업의 딜레마'를 들 수 있다. 가족기업이 직면하는 애로의 상당부분은 가족기업 고유의 딜레마에서 기인한 것들이다.

가족기업은 가족과 기업이라는 서로 다른 목적과 요구 및 기회를 추구하는 상호 이질적인 조직의 결합체다. 따라서 가족기업의 경영 과정에서는 이들 상이한 것들이 조화 및 균형을 이루어가면서 '가족은 기업에 대하여, 기업

그림 6-1 가족기업의 딜레마

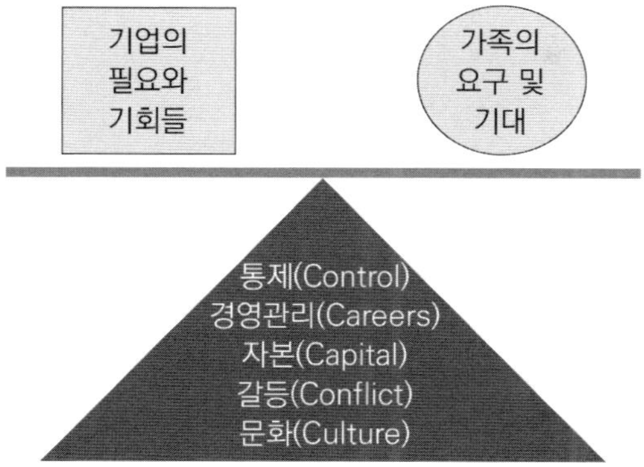

은 가족에 대하여' 긍정적으로 작용하며 성장·발전해가는 방안을 찾아가는 것이 중요하다. 이와 같은 균형상태 유지를 위한 방안으로서 가족기업에서는 5C(Control, Careers, Capital, Conflict, Culture)의 중요성이 강조되고 있다. 즉 대부분의 성공한 가족기업의 경우에는 가족과 기업의 관계를 적절하게 통제(Control)하고 가족 구성원의 경력(Careers)과 가족기업의 자본(Capital) 및 가족과 기업 그리고 가족 구성원 상호간의 갈등(Conflict)을 잘 관리하며, 가족의 가치와 문화(Culture)를 기업에 효과적으로 적용하기 위한 노력들을 경주하고 있는 것이다.

2. 가족기업의 갈등에 대한 이해

(1) 갈등을 유발하는 원인

가족기업에서 발생하는 갈등의 원인은 대체로 가족기업의 '이중기능 체계'에서 비롯된다. 가족기업을 구성하는 가족체계와 기업체계 간에 서로 추구하는 바가 다르고 적용되는 기준 및 원칙에 차이가 있는데, 많은 갈등이 서로 다른 두 가지 체계가 중첩되는 부분에서 발생한다. 기업 내에서 가족 구성원이 수행하는 역할과 준수해야 할 규범의 모호성도 갈등을 유발하는 주된 원인이다. 성급하고 공정하지 않은 승계 과정, 창업자 후손들의 경쟁, 가족의 채용 및 해고와 보상 등에 관한 명확하고도 일관성 있는 정책의 부재, 가족 구성원에게 적용되는 행동규범 부재 등은 갈등을 증폭시키는 요인으로 작용한다. 이해관계자들 간의 가족기업에 대한 서로 다른 관심, 예컨대 경영에 참여하는 가족과 그렇지 않는 가족 주주 간의 서로 다른 관심 등도 갈등을 초래하는 요인에 해당된다. 가족 갈등을 유발하는 또 다른 요인들로는 아버지와 아들 사이의 라이벌 의식, 부모세대와 자녀세대 간 가치체계의 상이성, 부모의 자녀에 대한 편애, 의사소통 미숙 등을 들 수 있다.

창업 CEO가 경영하는 가족기업에서는 창업주 한 사람이 거의 모든 역할을 수행한다는 점에서 '복잡성'은 그리 크지 않고 갈등 또한 상대적으로 덜하다. 그러나 기업이 창업세대를 지나 자녀세대와 사촌세대 등으로 확장되는 과정에서 복잡성이 기하급수적으로 증가하고, 그 결과 갈등이 발생할 가능성도 커진다. 가족기업을 구성하는 하위체계에 해당하는 가족, 기업, 소유권 등 3개 영역은 시간의 흐름과 함께 변화하는데, 이와 같은 역동성으로 인하여 각 영역 간 관계에서 복잡성이 추가되기 때문이다.

기업을 경영하는 가족에서 흔히 발생하는 갈등은 인간의 물질에 대한 탐욕이 작용한 결과이기도 하지만, 또 다른 근본적인 원인이 존재한다. 하버드 대학의 심리학 교수 겸 컨설턴트인 스티븐 베글라스(Steven Berglas)는 기업을 설립하고 일구어 온 부모세대가 '가족간에 서로를 사랑하고 서로를 존중하는 문화를 만들지 못한 데 따른 결과'라고 말한다. 창업세대가 사업을 일으키는 데 너무 바쁘고 대부분의 시간과 열정을 기업경영에 쏟아부은 나머지 '자신의 가족 특히 자녀들과 충분한 시간을 갖지 못했으며 부모로서 자녀들에게 관심을 기울이는 것 보다 더 많은 관심과 역량을 사업에 집중하였기 때문에 발생한다'는 것이다.

스티븐 베글라스는 후계자 선정이나 승계 과정에서 발생하는 이러한 갈등과 분쟁을 최소화하기 위한 방안의 일환으로 다음과 같은 제안을 하고 있다.

첫째, 가족기업의 리더인 부모들은 한 인간으로서의 자녀에 대한 사랑과 기업인으로서의 그들에 대한 관점이 차이가 있다는 것을 알도록 하여야 한다. 다시 말해서 자녀들 가운데 누군가가 사업가로서의 역량을 갖추고 있지 않다고 하더라도 그 자녀 역시 정말로 사랑스럽고 소중한 존재이며, 부모로부터 많은 사랑과 가치를 인정받고 있다는 사실을 깨닫고 느낄 수 있도록 하여야 한다.

둘째, 가족기업 리더인 부모는 자녀들에 대하여 각자가 다양한 지식과 역량 그리고 매우 소중한 재능을 갖고 있다는 사실을 알게 하고, 동시에 가족기업과 사회에 공헌할 수 있는 길 또한 여러 가지가 있음을 알도록 교육하는 것이 필요하다. 그리고 그들에게 모든 사람은 다양한 분야에서 소중한 역할을 담당할 잠재적인 리더십을 보유하고 있으며, 가족기업을 경영하는 것만이 자신의 역량을 최대한으로 발휘할 수 있는 길이 아님을 알도록 가르쳐야 한다. 자녀들이 가족기업에 합류하고 싶어 하는 경우에는 자신의 역량에 맞는 자리를 찾도록 하고 충분한 보상을 제공함으로써, 그들이 자신의 직업과 인생을 즐길 수 있도록 해 주어야 한다. 부모가 이러한 관점에서 자녀들의 장래 문제에 대하여 접근하였다면, 가족기업 경영에 가장 적합한 사람을 후계자로 선정하는 것이야말로 각 자녀들로 하여금 진정으로 가치 있는 삶을 열어가게 하는 계기로 작용한다는 것을 가르쳐 주어야 한다.

이와 함께 가족기업 리더인 부모는, 자녀들이 창업자인 자신만큼 기업을 사랑하지 않는다고 하더라도 그들은 결코 이질적인 존재가 아니라는 것을 알도록 가르쳐주어야 한다. 만일 어떤 자녀들이 기업경영에 참여하지 않고 자신이 가치가 있다고 여기는 다른 길을 선택하였다면, 자신이 선택한 길을 잘 갈 수 있도록 그들에게 용기와 희망을 불어넣어주어야 한다. 그리고 그들이 어느 길을 선택하던 그 선택과는 무관하게 부모가 그 자녀를 여전히 사랑하고 있음을 알도록 인식시켜 주는 것이 중요하다.

가족기업 구성원 특히 이해관계가 얽혀있는 가족 구성원들은 승계계획을 수립하거나 이행해 나가는 과정에서 감정적으로 행동하기가 쉽다. 이 경우 가족이 아닌 전문가나 덕망 있는 자문역 및 이사진이 객관적이고 합리적인 시각에서 가족기업의 영속성을 유지하고 가족의 화목을 도모할 수 있는 방안을 제시함으로써, 가족 구성원 간의 갈등을 완화할 수 있다.

(2) 갈등을 바라보는 시각

가족기업을 경영하는 과정에서 일상적으로 발생하는 갈등을 어떻게 볼 것인가에 관하여는 서로 다른 시각이 존재한다. '갈등은 기업경영에 부정적인 영향을 미치기 때문에 피해야만 하는 것'으로 보는 전통적 관점과, '가족기업에서의 갈등은 피할 수 없는 것으로서 오히려 가족기업의 효율성을 높이는 기회로 작용할 수 있다'는 행동적 관점이다.

갈등이 반드시 부정적인 결과를 초래한다고 볼 수는 없다. 가족과 가족기업의 속성상 필연적으로 일어날 수밖에 없는 갈등 및 분쟁에 대하여 관련 당사자들이 어떻게 대응하고 관리해 나가느냐에 따라서 부정적인 영향을 미치기도 하고 긍정적으로 작용할 수도 있을 것이기 때문이다. 그로테(C. Jim Grote)는 심리학 관점에서 왜 그렇게 많은 가족기업들이 승계 과정에서 실패하는지를 연구한 논문에서 형제간의 갈등은 늘 존재하기 마련인데, 이러한 갈등을 부정적으로만 볼 것은 아니며 건전한 방법으로 해결하는 경우 오히려 긍정적으로 작용한다는 사실을 밝히고 있다.[1)]

사업체를 경영하는 가족들이 직면하는 갈등의 대부분은 예측이 가능하지만 그렇다고 항상 피할 수 있는 것은 아니다. 따라서 가족 구성원 등 이해당사자가 예측 가능한 문제들을 인식하도록 함으로써, 갈등을 예방하거나 해결책을 모색하고 장기적인 관점에서 관리를 하도록 하는 것이 중요한 것이다.

대부분의 가족기업은 기업경영과 관련하여 다양한 갈등에 직면하게 되는데, 가족기업에서 일하는 사람이라면 갈등이 균형을 맞추는 과정의 일환이며 갈등을 통해 함께 일하는 법을 배우는 것이야말로 단순히 갈등 자체를 해결하거나 제거하려고 노력하는 것보다 훨씬 중요하다는 사실을 인식할 필요가 있다.

사업을 성공적으로 일구어 온 가족들의 경우, 최적의 사업관행에 맞춰

---

1) C. Jim Grote, Conflicting Generations: A New Theory of Family Business Rivalry.

자신의 사업을 운영하는 한편, 가족의 화목을 위해 노력하는 동시에 가족 구성원의 이해관계가 사업에 미치는 영향을 최소화하려고 노력한다. 가정에서는 사업과 무관한 시간과 공간을 성공적으로 만들어내고, 기업을 위한 최선의 이익을 추구하는 주주 및 이해당사자로서 책임 있게 행동한다.

갈등을 효과적으로 관리하는 것은 가족기업 관련 모든 당사자에게 있어서 중요한 과제에 해당한다. 갈등관리는 가업을 승계하려는 창업주이든, 부모, 형제자매들과 함께 일하며 잘 지내려고 노력하는 2세대이든, 이전 세대의 유산을 유지하면서 앞으로 계속 확장되어 나갈 가족관계의 틀 안에서 사업을 경영하려고 노력하는 3세대 혹은 이후 세대이든 가족기업과 관계된 모든 사람에게 중요하다.

3. 가족기업 갈등의 유형

(1) 갈등의 일반 유형

가족기업 경영 과정에서 나타나는 갈등의 유형은 다양하다. 갈등 당사자에 따라 부모와 자녀 사이의 갈등(세대 간 갈등), 형제자매들 사이의 갈등(동일 세대 간 갈등), 다른 가족 및 친척들 간의 갈등, 가족 구성원과 비가족 구성원 간의 갈등 등이 있다. 갈등을 유발하는 원인에 따라 목표 갈등(수행되어야 하는 목표에 대한 갈등), 과정 갈등(활용되어야 할 방법에 대한 의견 불일치), 관계 갈등(개인적 감정이나 적대감 또는 성격의 차이로 인한 불일치)으로 구분하기도 한다. 가족기업이 직면하는 다양한 형태의 갈등 가운데 가장 빈번하게 발생하는 갈등은 기업의 경영권과 소유권을 승계하는 과정에서 발생하는 형제자매 사이의 갈등이다. 외부적으로 잘 나타나지는 않지만 기업을 승계하는 과정에서 가족기업의 리더와 후계자 사이의 갈등도 상당한 수준이다.

(2) 형제자매의 경쟁과 갈등

가족기업이 창업세대를 지나 자녀세대에 해당하는 형제자매의 협력 단계에 이르게 되면, 이 시기는 대체로 가족기업의 생명주기에서 가장 어렵고도 도전적인 시기로 간주된다. 이 단계에서 함께 일하는 형제자매들이 직면하게 되는 가장 어려운 문제는 감정 혹은 형제 간의 관계와 관련이 있는 것들로써 사업상 분쟁에 비해 해결하기가 더 어려운 특성을 보인다.

형제자매 간 경쟁 및 갈등은 종종 부모의 관심을 끌기 위해 서로 경쟁하는 어린 시절의 경쟁관계로부터 시작된다. 어떤 부모들은 끊임없이 자녀들을 비교하며 서로 겨루도록 만들거나 의도적인 경쟁구도를 설정한 후 '패자'를 비하하도록 만드는 경우도 존재한다.

어떤 가정에서는 공정성과 동등성의 문제가 형제 갈등의 원인으로 작용한다. 이런 가정의 부모는 자녀들을 동등하게 대우하는 문제에 지나치게 신경을 쓰게 되고, 공정한 부모가 되려면 모든 자녀를 동일하게 대우해야 한다고 생각한다. 부모와 자녀가 동등성에 대해 지나치게 신경을 쓰는 나머지 서로가 무엇을 받는지 주시하는 상황이 벌어지게 되고, 그 결과 자기 지향성이 커지며 가정에서 경쟁심이 격화된다.

자녀들에 대한 부모의 편애도 형제자매 간 갈등과 분쟁을 초래하는 요인으로 작용한다. 부모가 자녀들 가운데 어느 한 사람을 다른 자녀보다 더 좋아하게 되면, 그렇지 않은 자녀는 서운한 감정과 함께 부모가 더 좋아하는 상대방에 대한 질투와 시기를 하게 되고, 이러한 감정은 나중에 성인이 되어 가족 간 갈등으로 이어지는 것이 일반적이다.

부모는 자녀들이 서로 돈독한 관계를 만들어 갈 환경을 조성하고 이를 토대로 일을 제대로 해 나갈 수 있는 기회를 제공해야 할 책임이 있다. 가능한 어린 나이에 부모의 간섭 없이 서로에 대한 관계를 스스로 정립하면 할수록 형제자매 간 유대는 강해진다. 이러한 접근 방식은 성인이 된 자녀를 대할 때도 역시 중요하다.

(3) 내부자와 외부자 간의 딜레마

가족 구성원, 특히 형제자매 팀은 '내부자와 외부자 간 딜레마'를 어떻게 관리할 것인지에 대하여 관심을 가질 필요가 있다. 가족이 경영하는 기업에 들어와 근무하는 형제들(내부자)과 그렇지 않은 형제들(외부자) 사이에 존재하는 딜레마를 효과적으로 관리하지 못할 경우, 이들 사이에 갈등이 생겨나고 이는 기업 경영에는 물론 가족관계에도 부정적인 결과를 가져오게 된다.[2)]

가족기업이 창업세대를 지나 2~3대 이상의 경영에 이르면 다수의 주주그룹이 형성되는데, 이들은 대체로 기업경영에 적극적으로 참여하는 주주그룹과 소극적인 주주그룹으로 구분이 된다. 소극적인 주주그룹은 가족기업을 상속재산의 하나로 보기 시작하면서, 경영과정에 적극적으로 참여하고 있는 주주 임원의 과다한 급여 및 보상에 대하여 불만을 갖게 된다. 한편 경영에 참여하는 주주 임원들은 소극적 주주들의 배당 또는 현금화 요구에 대하여 불만을 갖게 된다.

이에 가족기업에 대한 소유권을 보유한 주주들 가운데, 기업 경영에 직접적으로 참여하는 주주와 그렇지 않은 주주들 사이에 적절한 균형을 유지할 필요가 있다. 하지만 가족기업에서 근무하는 형제자매들과 그렇지 않은 형제들 사이에 적절한 균형을 유지한다는 것은 쉬운 일이 아니다. 부당한 대우를 받는다고 느끼는 형제자매가 있다면 분노와 불신이 생길 수 있다. 예컨대, 가족기업 소유주의 일원이지만 다른 전문직에 종사하고 있는 동생은 경영에 참여하고 있는 형과 누나에게 지급되는 급여 및 상여금이 너무 과다하다는 문제를 제기하며, 자신이 받고 있는 배당금에 보다 많은 재원을 할당해야 한다고 생각한다. 반면에 형과 누나는 사업에는 참여하지 않으면서 많은 배당을 요구하는 동생에 대해 서운한 감정을 느끼거나, 가족기업 경영이라는 막중한 책임을 지고 있는 자신들에게 전혀 감사할 줄 모르는 사람들에게 배당금을 챙겨주려고 녹초가 되도록 고생하는 자신의 처지에 의구심을 가질 수 있다.

대부분의 가족기업에는 내부자와 외부자가 존재한다. 이들 사이에는 상대방에 대하여 서로 다른 생각을 품고 있는 경우가 많다. 다른 그룹에 대하여

---

2) 내부자와 외부자 간 딜레마와 그 관리에 관한 구체적인 내용에 관하여는 Craig E. Aronoff & John L. Ward, Family Business Ownership, 2011, pp.71~81 참조.

품고 있는 생각은 소유주 그룹 전체의 효율성을 저해하거나 가족 관계에 해를 입히는 분노를 야기할 수가 있기 때문에, 상황을 감지한 가족기업 리더와 소유주 그룹은 내외부자 간의 오해 및 갈등을 예방하거나 완화하는 조치를 취할 필요가 있다.[3)]

따라서 가족기업에서 일하는 주주와 그렇지 않은 주주 간에 원만하게 소통하고 협력하는 체계를 구축하는 것은 매우 중요하다. 그리고 모든 소유주는 항상 소유권과 관련 한 사안을 논의하는 자리에 함께 참여하는 것이 바람직하다. 가족기업에서 근무하지 않는 가족주주는 기업에 대한 관심과 헌신을 보여주기 위해 보다 많은 노력을 기울이면서 기업을 경영하는 형제자매의 수고와 노력들에 대하여 고맙게 생각하고 있다는 점도 인식시켜야 한다.

이러한 점에서 형제자매 팀의 경우 다음과 같은 사안들에 유의할 필요가 있다.[4)]

- 모든 가족 주주와 사업에 대해 소통하고 이들을 교육한다.
- 모든 가족주주가 핵심적인 소유권 관련 결정 특히 사업전략, 승계, 주요 재정 관련 사안에 관여하도록 보장한다.
- 가족기업 경영에 참여하는 자는 다른 형제자매들도 가족회의, 자선사업, 가족사 기록, 기타 다른 책임 분야를 맡아 추진하도록 격려한다.
- 분가한 개별 가족의 입장에서 생각하고 행동하는 대신 "우리 모두 한 가족으로 함께한다"는 태도를 유지한다.
- 가족기업에서 일하는 형제자매를 대할 때와 마찬가지로 사업에 참여하지 않는 형제자매도 똑같이 지원하고 격려한다.
- 가족정책은 물론 기업의 주요 정책을 정하는 경우에도 가족기업에 근무하지 않는 형제자매 등 주요 이해관계자를 폭넓게 참여시킨다.

---

3) Stephanie Brun de Pontet, Craig E. Aronoff, Drew S. Mendoza, & John L. Ward, "Siblings and the Family Business," 2012, pp.66~63, 82~83.

4) Stephanie Brun de Pontet & Craig E. Aronoff 외, 상게서. pp.62~63.

4. 갈등관리 방안

가족기업을 경영하는 과정에서 갈등의 발생을 줄이고 발생된 갈등을 효과적으로 해결하기 위해서는 가족회의, 가족가치 및 사명선언문 채택, 가족행동지침서와 가족정책 마련 등 가족 구성원들이 공동으로 추구해야 하는 비전 및 목표를 설정하고 지켜가야 할 행동규범을 마련해 놓는 것이 필요하다. 정기적인 의사소통 기회를 마련하고 기업의 건실한 성장을 통한 가용자원을 확대하는 것도 가족기업의 효과적인 갈등관리 전략에 해당한다.

갈등 해결자로서 가족기업 리더의 역할도 중요하다. 가족기업 리더는 발생한 갈등의 해소를 위해 적극적이고 생산적인 역할을 수행하되, 객관적 중립적인 입장에서 접근하는 것이 바람직하다. 건전한 기업문화 조성 및 갈등해결을 위한 기재를 개발하는 것도 갈등 해결자인 리더가 감당해야 하는 역할에 해당한다. 가족 중재자(현명한 배우자, 어머니) 또는 제3자의 역할도 갈등을 해결하는데 있어서 중요하다. 갈등의 효과적인 관리를 위해서는 외부 전문가나 덕망 있는 자문역, 이사진, 전문컨설턴트 등이 객관적이고 합리적인 시각에서 기업의 영속성 유지와 가족의 화목을 도모할 수 있는 방안을 제시하는 것도 효과적인 방안이다.

(1) 갈등을 관리하는 효과적인 방안들

1) 적극적인 경청

가족기업에서 발생하는 갈등은 종종 소통의 부족이나 잘못된 소통에서 기인한다. 갈등 해결의 주된 열쇠는 원활한 의사소통과 함께 서로 합의할 수 있는 행동방침을 도출하는 것이다. 원활한 의사소통은 경청하는 것을 의미함에도 보통 사람들은 타인의 말을 경청하는 태도와 거리가 먼 행동을 취하는 경우가 많다.[5] 갈등을 겪고 있는 사람들은 대체로 각기 상대의 말이 이치에

---

5) 서로 상대방의 말을 끊거나, 상대편이 하고자 하는 말을 채 끝맺기도 전에 그에 대한 대답을 준비하거나, 서로 오해하고 있으면서도 서로 상대방을 제대로 이해하고 있다는 잘못된 생각을 하는 것 등이 대표적인 것들이다.

맞지 않거나 비이성적이라 생각하는 경향이 있다. 상대의 감정이 이치에 맞지 않는다고 하더라도 경청을 통해서 상대가 어떤 이유에서 그런 감정을 갖게 되었는지를 어느 정도 이해하고 나면, 서로를 위한 해결책을 보다 용이하게 모색하는 것이 가능하다.

2) 명확하고 공정한 과정

갈등을 관리하는 또 다른 방안의 하나는, 의사결정 과정에서 폭넓은 합의를 도출해 낼 수 있는 적절한 과정을 보장하는 것이다. 합의를 도출하는 과정이 공정한 것으로 인정된다면, 이 과정을 통해서 도출된 결정은 지속력을 얻게 되고 원만한 가족관계를 유지하는데 도움을 준다.

3) 효과적인 시스템 활용[6)]

① 적절한 가족 거버넌스 구축

갈등을 잘 관리하는 또 다른 방안은 가족 구성원들의 뜻이 수용되도록 지원하고(가족기업에서 일하든 그렇지 않든 무관하게) 모든 가족 구성원에게 기회를 제공하는 체계 및 거버넌스를 구축하는 것이다. 가족협의회, 가족주주모임 등 가족기업의 특성을 고려한 지배구조를 구축하는 것과 가족 구성원에게 적용되는 정책에 해당하는 행동규약, 보상정책 및 가족고용 정책 등을 수립하는 것이 여기에 해당한다.

사업체를 운영하는 가족은 보통 공식적인 방식이 아닌 즉흥적 혹은 대응적인 방식으로 일을 처리하는 경향이 있는데, 이러한 방식은 가족 갈등의 원인을 제공한다. 하지만 적절한 거버넌스를 갖추게 되면 주요 사안을 결정하는 경우에 보다 사려 깊은 판단을 가능하게 하고 구성원들의 기대를 관리하는데 도움이 된다. 가족들의 뜻이 반영된 성공적인 합의를 도출하기 위해 서로 협력한다면, 가족 구성원들의 성취감이 고취되는 것은 물론이고 그들 자신과 기업에게 필요한 명확한 비전을 수립하고 공유하게 될 것이다.

---

6) Kent Rhodes & David Lansky, "Managing Conflict in the Family Business. 2013. pp.63~68.

② 가족기업 정책 수립

가족기업 정책은 간명한 로드맵 역할을 함으로써 향후 어떤 문제들이 제기되었을 때 가족 구성원들이 어떤 방식으로 그 문제를 해결할지 알 수 있는 출발점 역할을 한다. 가족기업 정책 수립의 가장 큰 가치는 정책 자체가 아니라 긍정적인 결과를 만들어내기 위해 가족이 함께 노력하는 경험이다. 가족기업 정책은 반드시 광범위할 필요는 없다. 가장 효과적이면서도 품격 있는 정책은 대체로 단순하다. 정책은 나중에 상황이 발생했을 때 준거자료로 활용할 수 있도록 문서로 작성을 해 놓아야 한다.

4) 차이를 만들어내는 작은 변화들[7)]

① 흥분하지 말라

때때로 특정 사안에 대해 장기간 갈등을 겪어온 가족은 그 문제가 거론될 때마다 쉽게 흥분을 하게 되고, 그 결과 가족 구성원들이 더 이상 차분한 대화를 나누지 못하는 상황에 직면한다. 이 경우 대화의 초점을 부정적인 사안에서 긍정적인 주제로 전환함으로써 격해진 감정의 열기를 식히고 보다 부드러운 대화를 재개할 수 있도록 유도함으로써, 긍정적인 존중과 관심을 회복시켜줄 필요가 있다.

② 자신의 긴장을 조절하라

긴장이 조성되는 관계를 조절하는 방법 중 하나는 본인 스스로가 침착성을 유지하는 것이며, 이는 상대방이 냉정을 유지하는데도 도움을 준다. 갈등을 해결하거나 관리하기 위한 첫 단계는 본인의 감정을 조절하는 것이다. 감정적인 분위기를 조성하지 않으려고 노력할 때 다른 가족 구성원들도 감정적인 반응을 적절히 조절할 수 있으며, 보다 덜 불안하고 상대를 존중하는 분위기를 만드는데 효과적이다.

③ 포용하려고 노력하라

중요한 사안에 대해 목소리를 내지 못하는 가족 구성원은 건설적이지 못

---

7) Kent Rhodes 외, 상게서, pp.70~77.

한 방식으로 자신의 감정과 의견을 피력하거나 아예 가족 관계를 끊는 쪽을 택할 가능성이 있다. 이러한 상황은 가족정책을 수립하거나 중요한 의사를 결정하는 자리, 그리고 가족회의 등에 인척을 배제할 때 자주 발생한다. 이 경우 인척관계에 있는 구성원들은 기업과 가족에 대해 부정적인 의견을 갖게 되고, 이 때문에 해당 세대는 물론 다음 세대까지도 영향을 미칠 수 있는 갈등으로 비화될 가능성이 커진다. 따라서 다양한 가족 사안에 대해 어느 선까지 가족으로 포함할 것인지, 그 이유는 무엇인지 등을 명확하게 밝히는 합의된 처리 원칙을 마련하는 것이 유익하다.

④ 차이와 다양성을 이해하고 수용하라

같은 가족의 구성원이라 할지라도 부모, 형제자매 및 사촌들의 성격과 관점에는 많은 차이들이 존재한다. 구성원들의 기본적인 생각과 인식의 차이를 이해하지 못하거나 이러한 차이를 잘못된 혹은 '비정상적인' 것으로 여기는 태도는 긴장을 증폭시키고 갈등을 부풀리는 결과를 초래한다. 자신과 다른 상대방의 시각을 이해하고 존중함으로써 모든 당사자가 의사결정 과정에서 자신의 목소리를 내고 공정한 과정이 보장되도록 노력을 기울인다면, 이러한 차이들로 인해서 발생하는 분열 및 파괴적인 결과를 예방할 수가 있다.

⑤ 효과적인 회의를 도모하라

가족회의를 위한 기본규칙을 마련함으로써 회의가 정상적으로 운영되고 모두에게 생산적이고 보람된 시간이 되도록 만드는 것이 가능하다. 회의시간과 장소, 논의해야 할 주제나 사안을 명시한 구체적인 의제를 정하고, 회의가 열리기 전 모든 참여자에게 이를 알리고 회의 시간을 준수할 필요가 있다. 편안하고 적절한 장소에서 가족회의를 개최하고 회의 중에는 아무도 방해하지 못하도록 조치하며, 모든 참여자가 휴대폰을 끄고 참석하도록 요청하는 등 모두가 회의의 목적에 집중할 수 있는 환경을 조성하여야 한다.

건전한 소통 행위와 습관을 기르는 것은 장기적으로 딜레마의 영향을 줄이고 갈등을 억제하는 방편으로 작용한다는 점을 인식하고, 가족회의에서는 다음 사항들을 고려할 필요가 있다.

- 서로의 말을 경청하는 법을 배우고 상대의 말을 중간에서 끊지 말라.
- 각자 자신의 입장을 제시할 수 있는 시간을 부여하고 모두가 말할 기회를 갖도록 조정한다.
- 모든 사람이 적어도 한 차례씩 이야기할 때까지 상대를 비판하거나 특정 견해에 대해 의견을 피력하지 못하도록 한다.
- 플립 차트에 다양한 의견을 기록함으로써 최종 결정을 나리기에 앞서 참석자들이 갖고 있는 모든 생각들을 검토할 수 있게 한다.

이견이 있더라도 회의에 참석한 구성원만의 비밀로 하여 다른 사람들에게 알리지 않는다는 목표를 세우는 것도 도움이 된다. 회의가 논쟁으로 격화될 것으로 생각되면 가족회의를 주재한 경험이 많은 조정자를 활용하는 것도 효과적인 방안이다.

제 2 편

가족기업 승계론

제7장 가족기업의 승계 일반

기업승계란 가족기업이 동질성을 유지하면서 지속적으로 존립·성장해 나갈 수 있도록 기업의 경영권 및 소유권을 다음 세대에게 물려주는 것을 말한다. 넓은 의미에서는 '가족기업이 대를 이어 지속적으로 생존해 갈 수 있도록 계획하고 관리하는 평생의 과정'으로 정의하기도 한다. 기업승계는 가족기업 리더가 땀 흘려 일구어 온 기업을 후계자에게 넘겨주고, 이를 이어 받은 자녀 등 후계자는 가문의 유산에 해당하는 기업을 잘 보존하고 발전시켜 다음 세대에게 계승하는 릴레이 경주에 해당한다. 가족기업 승계의 진정한 의미는 기업 경영을 책임질 리더 한 사람을 바꾸는 것에 그치지 않고, 가업의 영속성을 유지하면서 새로운 도약을 위한 제2의 창업 및 변화와 혁신의 기회로 활용하는데 있다.

가족기업의 승계과정에서 영향을 미치는 요소는 다양하다. 이 가운데 가족기업 리더의 승계 의지, 후계자 선정과 육성, 가족 구성원의 합의와 협력, 승계자금 마련, 상속세를 포함한 승계비용 관리 등이 핵심을 이룬다. 이러한 것들은 단기간에 해결하기가 어려운 과제들로서 장기간에 걸친 준비를 필요로 한다. 가족기업 리더는 승계에 관한 확고한 의지와 시간적 여유를 갖고 '가족과 기업 및 소유권'이라는 3개의 축을 잘 아우르면서 준비해 나가야 한다. 가업이 오래 동안 존속하면서 번영해 나갈 수 있도록 필요한 기업 및 가족 차원의 조치들을 강구하여야 하고, 적합한 후계자를 선정·육성하면서 다른 가족 구성원들의 기업 내에서의 역할과 위상도 적절하게 관리해야 하는 등 체계적인 준비를 해 나가는 것이 중요하다.

승계과정에서는 가족기업 리더와 후계자를 포함한 가족 구성원과 주주 등 주요 당사자들의 이해와 감정상 문제들이 얽힌 복잡하고도 어려운 과제들이 수시로 발생한다. 성공적인 승계를 위해서는 가족기업 리더와 후계자, 가족 구성원을 비롯한 다양한 이해관계자들이 서로 인내하고 배려하며 사랑을 나누는 장기간의 숙성과정을 거쳐야 한다.

성공적인 승계는 당해 기업이 지속적으로 존속하면서 양질의 일자리를 창출하고 보다 나은 제품과 서비스를 제공하는 등 국민경제 발전에도 기여한다. 반면에 승계가 원활하지 못해 경영상 어려움에 직면하거나 폐업으로 이어지는 경우, 기업 차원의 손실과 어려움은 말할 것도 없고 소중한 일자리가 없어지고 축적된 기술과 노하우, 경영비법, 생산설비 등 중요한 사회적 자산이 소멸되는 결과를 초래한다.

명문 장수기업으로 가는 관문에 해당하는 승계의 성공은 개별 기업과 가족 차원의 노력만으로 되는 것이 아니다. 기업승계를 단순한 '부의 대물림'이 아닌 '제2의 창업'이나 '책임과 기업가정신의 대물림'으로 인식하고 국가경쟁력 제고 차원에서 효과적인 지원방안을 강구해 나갈 필요가 있다. 기업의 승계를 어렵게 하는 걸림돌을 제거하는 한편 승계를 바라보는 인식의 전환이 필요하다.

1. 승계의 개념과 유형

(1) 승계의 정의

가족기업의 승계(이하 기업승계)란 가족기업이 동질성을 유지하면서 지속적으로 존립·성장해 나갈 수 있도록 경영권 및 소유권을 자녀 등 다음 세대 경영자에게 물려주는 것을 말한다. 넓은 의미에서는 '가족기업이 대를 이어 지속적으로 생존해 갈 수 있도록 계획하고 관리하는 평생의 과정'으로 정의하기도 한다. 여기에는 차세대 경영자가 될 자녀들의 가치 및 능력 개발, 후계자 선정과 육성, 승계계획 수립, 경영권 승계, 소유권 승계, 재산의 분배, 은퇴 이후 삶에 대한 준비 등 다양한 분야를 포함한다.[1)]

(2) 승계의 종류 및 유형

1) 무엇을 승계하느냐에 따른 유형

승계는 크게 경영권 승계와 소유권 승계로 나눌 수 있다. 경영권 승계는

1) 승계의 개념에 관하여 외국에서는 Business Succession, Leadership Succession, Corporate Succession, Succession 등 의미를 약간씩 다르게 하여 여러 가지 명칭을 사용하고 있고, 우리나라에서도 가업승계, 기업승계, 사업승계, 경영승계 등으로 칭하기도 한다. 이 책에서는 가족기업의 승계를 '기업승계'라는 용어로 사용하기로 함.

가족기업의 경영에 관한 권한과 책임을 후계자에게 계승하는 것을 말한다. 경영권 승계에 있어서는 누구에게, 언제, 어떠한 방법으로 리더십을 이전할 것인지가 주된 관심의 대상이다. 소유권 승계는 경영권의 근원이 되는 기업의 소유권을 다음 세대에게 이전하는 것으로, 여기에는 기업의 주식 및 지분, 재산과 기타 경영자원의 이전을 포함한다.

기업 현장에서는 경영권 승계가 먼저 이루어진 다음에 소유권 승계가 진행되는 것이 일반적이다. 그 이유는 가족기업 리더가 경영권을 점진적으로 이전하여 후계자의 경영리더십을 확립한 다음에 소유권을 이전하는 것이 승계과정에서 발생할 수 있는 위험요인을 효과적으로 관리해 나갈 수 있는 방안이기 때문이다.

2) 누구에게 승계하느냐에 따른 구별

① 승계 유형

승계는 기업을 이어받는 사람이 누구인가에 따라 가족 내 승계와 가족 이외의 자에 대한 승계로 구분할 수 있다. 가족 내 승계는 다시 직계가족에 대한 승계와 친인척 등 혈연에 대한 승계로 나눈다. 가족 내 승계는 전통적으로 장남에 대한 승계가 많았지만 최근 들어서는 출생순서나 성별에 관계없이 가업을 운영해 나갈 의지와 역량이 있는 자녀에게 승계하는 경우도 적지 않은 실정이다. 가족 내 승계는 기업에 대한 소유권과 경영권을 가족 구성원이 보유함에 따라 가족 및 가문이 기업을 통제하는 것이 가능하고 가족기업으로서의 영속성을 유지할 수 있는 장점이 있다.

가족 외 승계는 가족 구성원이 아닌 전문경영인이나 임직원 등에게 경영권을 넘겨주는 형태의 승계를 말한다. 이는 자녀 등 가족 구성원 가운데 적절한 후계자가 없는 경우에 행해지는 경우가 일반적이다. 이 방법은 주로 기업의 임직원 가운데서 경영능력, 충성심, 인품, 리더십 등을 갖춘 인물을 선택하여 승계하거나 전문경영인을 영입하는 방법을 활용한다. 오늘날 기업 현장에서 이루어지고 있는 가족 외 승계는 대체로 두 가지 이유에서 이루어지고 있다. 첫째는 자녀 등 가족 구성원에게 기업을 승계하려고 하는데 지금 당장 실행하기가 곤란한 경우이다. 후계자가 경영권을 물려받을 준비가 될 때까지 일정기간 동안 기업의 임직원이나 전문경영인에게 경영을 맡긴 후에, 준비가 완료되는 시점에서 다시 자녀 등 가족 구성원에게 기업을 승계하는 과도기적인 승계이다. 다른 하나는 가족 구성원 가운데 가업을 이을 후계자가 없거나 기타 다른 이유로 계속해서 가족기업 형태를 유지해 나가기가 어렵다고 판단되는 경우에, 역량을 갖춘 임직원이나 전문경영인에게 기업을 승계하는 경우이다. 이러한 형태로의 승계가 어려운 경우에는 기업을 타인에게 매각하기도 한다.

② 승계 유형별 장단점

승계는 기업을 이어 받을 대상자가 누구냐에 따라 서로 다른 장단점이 존재한다. 먼저 가족 내 승계의 경우에는 승계와 관련한 의사결정과 승계 진행과정이 다양한 이해관계자들에게 비교적 용이하게 받아들여질 수 있다. 그리고 후계자를 조기에 선정하여 가족기업 리더로서 갖추어야 할 역량을 배양할 기회를 가질 수 있을 뿐만 아니라, 소유와 경영이 분리되는 것을 방지할 수 있는 장점이 있다. 반면에 자녀 등 가족 구성원 가운데 경영역량과 의지를 겸비한 적절한 대상자가 없는 경우에는 후계자를 선정하는 것이 어려울 수가 있다. 가족 구성원의 역학관계에 따라서는 후계자 선정이나 경영권 집중 과정에서 갈등 및 분쟁과 같은 어려움이 발생하기도 한다.

외부에서 전문경영인을 영입하거나 임직원에게 기업을 승계하는 경우에는 역량을 갖춘 인재를 폭넓게 고를 수 있는 이점이 있다. 특히 유능한 장기근속 직원에게 승계를 하는 경우에는 경영의 연속성 및 일체성을 유지할 수 있는 장점을 갖는다. 반면에 이해관계자들이 심정적으로 받아들이기 힘든 상황이 발생할 수 있다. 그리고 기업을 계승할 사람이 주식 등 소유권을 인수하는데 필요한 자금을 준비해야 하고, 가족기업 리더가 기업의 채무와 관련하여 부담하고 있는 개인 채무 및 보증을 승계해야 하는 등 어려움이 있을 수 있다.

3) 어떤 방법으로 승계하느냐에 따른 유형

승계는 특히 기업의 소유권을 이전하는 방식에 따라 증여방식에 의한 승계와 상속방식에 의한 승계로 구분한다. 증여방식을 활용한 승계는 가족기업 리더가 생존해 있는 동안에 주식 등 소유권을 증여의 형태로 후계자에게 이전하는 방식이다. 상속에 의한 승계는 기업의 소유주가 사망한 다음에 상속권자인 후계자가 기업의 주식 등 소유권을 상속받는 방식이다.

우리의 현실에서는 증여와 상속 방식을 혼합한 형태의 승계가 가장 많이 이루어지고 있다. 이는 가족기업 리더가 생존하는 동안에 경영권과 함께 소유권의 일부를 후계자에게 넘겨주어 경영을 안정시킨 다음, 사망 이후에 소유권 상속을 완료하는 형태의 승계이다. 이 방법은 승계과정어서 발생할 수 있는 리스크를 관리하면서 점진적으로 경영권과 소유권을 이전하는 것이 가능한 관계로 비교적 성공률이 높은 승계방법이라고 할 수 있다. 그러나 후계자에게 경영권을 이양한 가족기업 리더가 자신이 보유한 소유권을 근거로 승계 이후에도 경영에 과도하게 간섭하는 경우에는 부작용이 따를 수 있다. 이 경우에 발생 가능한 부작용으로는 부모와 자녀세대 간에 존재하는 갈등과 리더십의 불안정성을 들 수 있는데, 이는 가족기업의 성과에는 물론 은퇴한 부모세대와 후계자와의 관계에도 부정적인 영향을 초래한다.

2. 승계의 중요성

가족기업에 있어서 승계는 기업의 소유권과 경영권을 다음 세대에게 이전하는 것 이상의 의미를 지닌다. 승계는 단순히 최고경영자 한 사람을 바꾸는 것에 그치지 않고, 기업의 새로운 도약을 위한 제2의 창업에 해당한다. 승계를 계기로 새로운 발전의 기회를 만들어갈 수 있도록 기업의 조직과 문화, 전략 등 경영 전반에 걸친 근본적인 변화와 혁신의 계기로 활용하는 지혜를 발휘할 필요가 있다.

독일과 미국을 비롯한 구미 선진국과 일본에는 여러 세대에 걸쳐 성장·

발전해 온 장수기업들이 다수 존재하면서 양질의 일자리를 제공하고 국민경제 발전과 삶의 질 향상에 큰 기여를 하고 있다. 그러나 우리나라의 경우 100년 기업이 소수에 불과할 뿐만 아니라 대부분의 기업들이 창업 당대에서 문을 닫는 비중이 높은 실정이다. 기업을 승계하는 과정에서 많은 어려움을 겪고 있으며 이로 인한 기업의 경쟁력과 이미지가 크게 손상되는 경우를 자주 접하게 된다. 이러한 점에 비추어 볼 때 국민경제에서 큰 비중을 차지하고 있는 가족기업의 경영 안정성을 확보하고 글로벌 경쟁력을 갖춘 장수기업의 탄생을 촉진한다는 의미에서도 기업승계의 중요성은 매우 크다고 할 수 있다.

최근 들어 기업승계가 주요 현안으로 등장하고 있으며 그 중요성 또한 새롭게 인식되기 시작하였다. 그 이유를 개별 기업의 경영이라는 관점과 가족기업을 경영하는 가족, 그리고 경제·사회적 측면으로 구분해서 살펴보면 각각 다음과 같다.2)

(1) 개별 기업의 경영 측면

기업승계는 성공한 가족기업 리더라면 누구나 직면하는 중요하면서도 어려운 과제에 해당한다. 피터 드러커(Peter Drucker)는 “위대한 영웅인 성공한 CEO라면 누구나 통과해야 하는 마지막 시험이 하나 있다. 그 시험은 얼마나 적합한 후계자를 선택하는가 하는 문제와, 그 후계자가 기업을 잘 경영할 수 있도록 적기에 자리를 양도하고 물러설 수 있는가 하는 문제다”라고 했다. 그리고 다수의 가족기업 컨설턴트들은 “가족기업에게는 오직 세 가지의 어렵고도 중요한 문제가 있는데 그 첫째가 승계이고, 둘째도 승계이며, 마지막 셋째도 승계다”라고 말하면서 승계의 중요성을 강조한다.

승계는 가족기업의 흥망성쇠를 좌우하는 가족기업 리더의 자리를 넘겨주고 받는 장기간에 걸쳐 진행되는 전략과제에 해당한다. 가족기업의 리더가 바뀌는 승계 과정에서는 경영 전반에 걸쳐 많은 기회와 위험을 동반하는 변

---

2) 조병선 외, 가족기업 승계 지원정책의 현황과 발전 방안, 중소기업연구 제33권 제3호, 2011.9, 55~59쪽.

화가 불가피하다. 이와 같은 승계가 가족기업에 미치는 영향을 살펴보면 다음과 같다.

1) 성공적인 승계는 기업의 경영성과를 높인다

가족기업의 성공적인 승계는 당해 기업의 경영성과에 긍정적인 영향을 미친다. 2014~2016년 기간에 승계를 완료한 중소·중견기업을 대상으로 승계 전 3년과 승계 완료 이후 3년의 재무성과를 분석한 연구[3)]에 의하면, 기업승계는 기업의 성장과 수익에 긍정적인 효과를 가져온 것으로 나타났다. 특히 유형자산증가율과 매출액증가율 등 성장성을 평가하는 지표에서 승계기업이 양호한 성과를 시현하였으며, 매출액영업이익률과 자기자본수익률 등 수익성 지표에서도 승계기업이 대조군에 비해 양호한 것으로 분석되었다. 자기자본회전율과 같은 활동성 지표도 양호한 것으로 나타났다. 하지만 유동비율, 자기자본비율, 부채비율 등 유동성과 안정성을 나타내는 지표에서는 승계가 이루어진 후 승계기업이 대조군보다 부진한 성과를 보인 것으로 조사되었다.승계기업이 유동성과 안정성 지표면에서 부진한 성과를 보인 것은, 부모세대로부터 사업을 물려받은 후계자가 승계를 진행하는 동안에 미루어두었던 투자를 실행하고 매출을 확대하는 등 적극적인 경영활동을 전개하는 과정에서 외부 차입을 늘리고 설비투자 등을 확대한 결과로 판단된다.

2) 기업승계는 명문 장수기업 탄생의 기반이다

산업화의 역사가 길고 가업 계승의 전통이 유지되어 온 선진국의 경우에는 명문 장수기업들이 다수 존재한다. 여러 대에 걸친 승계를 통해서 후손들이 부모세대보다 더 좋은 기업으로 만들어가는 문화와 환경이 조성되어 있기 때문이다. 오랜 기간 살아남아 번영하는 기업은 대대로 훌륭한 기업인들이 더 나은 기업을 다음 세대에게 물려준 특징을 보이고 있다. 가족기업 소유주인 리더가 기업을 직접 경영하면서 창의적 발상과 신속한 의사결정, 과감한

---

3) 중견기업연구원이 IBK 경제연구소와 공동으로 분석한 "창업자의 고령화가 기업경영 성과에 미치는 영향", 중견기업연구원 내부자료, 2019.11.

투자활동 등으로 대변되는 기업가정신 발휘를 통하여 좋은 기업을 일구고, 가업을 이어받은 후손들이 자랑스러운 심정으로 창의적이고 시대에 맞는 리더십을 발휘하여 사업체를 운영해 나갈 때 명문 장수기업의 탄생이 가능한 것이다.

(2) 기업을 경영하는 가족 측면

1) 승계에 대한 기대는 인간 본성의 발로에 해당한다

가업의 안정적인 승계는 대부분의 가족기업 리더들이 추구하는 인간의 본성 및 기본가치에 해당한다. 성공한 가족기업 리더라면 누구나 자신이 일구어 온 기업을 다음 세대에게 물려주는 것을 큰 보람으로 생각한다. 승계가 성공적으로 이루어지는 경우에는 기업을 소유·경영하는 가족 및 가문의 명성과 자부심을 키워주고 장수기업으로 성장할 가능성을 높여줄 뿐만 아니라 국민경제와 사회 발전에도 기여할 수 있기 때문이다.

기업가정신을 소유한 다수의 기업인들은 단순히 자신과 가족의 생존문제 해결만을 목적으로 기업활동을 하는 것은 아니다. 그들은 무엇인가 가치 있는 것을 창조하고 보존하며, 자신이 세상을 떠난 이후에도 그러한 것들이 지속되기를 바라는 영속성을 추구하는 경향이 강하다. 많은 가족기업 리더들은 승계과정이 이러한 영속성을 추구하면서 가문의 유산을 창조하는 길로 들어서는 관문이라는 사실을 잘 알고 있다.

2) 승계는 가족에 대한 보상의 기회로 작용한다.

승계는 가족의 재산을 늘릴 수 있는 기회일 뿐만 아니라, 후손들에게 기업을 경영할 수 있는 특권과 함께 소유권을 지속적으로 이어가도록 기회를 부여하는 방안에 해당한다. 승계는 창업자가 세상을 떠난 뒤에도 후손들이 가문의 이상과 목표를 실현해 나갈 수 있는 지속적인 조직체를 창조할 기회로도 작용한다. 자신이 일구어 온 기업을 자녀들에게 물려주고, 후손들이 대를 이어 더 나은 사업을 일으키고 사회 발전에 공헌하면서 부를 창출해 나갈 것이라는 기대만으로도 기업을 설립해서 운영해 온 결과에 대한 보상을 얻을 수 있게 되는 것이다.

기업을 경영하는 가족의 구성원들은 함께 중요한 의사를 결정하고 공통적인 목표 달성을 위하여 서로 협력할 수 있는 가치를 배우게 되는데, 특히 가족들이 참여하는 원만한 승계과정은 가족의 단합과 팀워크를 형성하는데 기여한다. 가족 구성원의 원활한 소통을 통한 승계계획 수립과 승계과정 관리는 역량 있는 후보자 확보 및 육성을 가능하게 함과 동시에 가족 구성원의 협력 및 지원을 이끌어냄으로써 기업가치와 가업의 영속성을 높이는데 기여한다.

(3) 경제·사회적 관점

1) 승계는 국민경제에도 영향을 미친다

가족기업의 승계는 해당 기업이나 가족의 문제만이 아니라 기업과 관련한 다수의 이해관계자와 국민경제에 영향을 미친다. 승계가 적기에 성공적으로 이루어지는 경우에는 기업가치 향상은 물론 양질의 상품 및 서비스와 일자리를 제공하는 명문 장수기업의 탄생을 촉진하는 등 국민경제에도 이바지하는 바가 크다. 그러나 승계가 제때에 이루어지지 못하고, 승계에 대한 준비가 부족한 상태에서 경영자가 고령화 되는 경우에는 기업가정신을 적극적으로 발휘하기보다는 현상유지 차원의 보수 안정적인 경영을 선호하게 된다. 그렇게 되면 창의적 발상과 신속한 의사결정, 과감한 투자활등으로 기업의 성장을 도모하기가 쉽지 않기 때문에 신규투자 및 고용 위축, 신제품·신기술 개발 활동 부진, 기업가치 하락 등 부정적인 결과를 초래할 가능성이 커진다.

국내 중소·중견기업을 대상으로 분석한 “창업자의 고령화가 기업경영성과에 미치는 영향”을 분석한 연구[4]에 따르면, 창업자의 고령화로 승계시점

4) 중견기업연구원이 IBK경제연구소와 공동으로 한국기업데이터(KED)에 등재된 재무제표 및 고용 관련 정보 활용이 가능한 5,126개 중소·중견기업을 대상으로 잠재적 승계기업군(CEO가 창업자이고 60세 이상인 988개사)과, 이들 실험군과 유사한 특성을 갖는 대조군(998개사)을 선정하여, 최근 5년간(2014~2018년)의 경영성과를 연평균으로 환산하여 CEO

이 다가올수록 설비투자와 매출액 등 기업의 외형성장, 영업이익과 자본수익률(ROE) 등 영업 효율 개선에 소극적인 경향을 보인 반면, 건전성과 재무구조, 현금성자산 보유 등 안정성을 추구하는 것으로 확인되었다.

승계가 적기에 이루어지지 않거나 승계의 실패로 인하여 해당 기업이 잘못되거나 폐업으로 이어질 경우에는, 기업에 축적된 기술과 암묵지 등 소중한 유형·무형의 자산이 소멸되고 생산설비가 상실되며 소중한 일자리도 없어지는 등 국가경제에 적지 않은 손실을 초래하게 된다. 기업을 경영하는 가족의 입장에서는 소득원의 상실과 가족 구성원의 일자리 상실로 인해 가족의 생존 및 복지에 부정적인 영향을 가져온다.

2) 승계는 창업에 준하는 비중을 두고 추진해야 할 정책과제에 해당한다

고용의 유지 및 창출과 경제활력 제고를 위해서는 창업을 촉진함과 동시에 기업승계의 원활화를 통하여 기존 기업의 존속 및 발전과 장수기업화를 도모하는 것이 중요하다. 이러한 이유에서 선진국들은 기업승계의 중요성을 인식하고 이를 촉진하는 시책을 일찍부터 강구해 오고 있다. 독일을 비롯한 EU에서는 승계의 중요성을 강조하면서 중소·중견기업의 승계 원활화를 위해 다양한 지원책을 강구해 왔다. 장수기업이 많은 나라로 알려진 일본에서도 중소기업의 원활한 승계를 지원하기 위한 다양한 시책들을 추진해 오고 있다.

독일을 비롯한 EU와 일본 등에서 기업의 승계를 국가 경쟁력 차원에서 중시하는 이유는, 가족기업이 국민경제에서 차지하는 비중이 크고 수행하는 경제·사회적 역할이 중요하다는 점과 함께 승계가 개별 기업 및 가족 차원의 노력만으로는 원만하게 추진하는데 어려움이 있다는 점에 바탕을 두고 있다. 유럽 중소기업법(Small Business Act for Europe)에서는 신규 창업보다도 승계를 통한 제2창업이 생존율이 높고 양질의 일자리 보존 및 창출 효과가 더 크다

의 고령화가 경영성과에 미치는 영향을 분석한 결과, 잠재적 승계기업군은 대조군에 비해 유동성, 안정성에서는 양호한 성과를 보인 반면, 성장성, 수익성, 연구개발 투자, 종업원 증가율 등에서 상대적으로 부진한 성과를 시현한 것으로 나타났다(중견기업연구원, 상게자료).

는 사실에 주목하고 이의 활성화를 위한 정책적 지원을 강조하고 있으며, 특히 조세 문제로 인하여 기업의 승계가 어려움을 겪지 않도록 배려할 것을 요구하고 있다.[5)]

(4) 창업세대 고령화 등 외부환경 변화

최근 들어 기업의 승계가 주요 현안으로 대두되는 배경에는 무엇보다도 창업세대의 고령화 현상과 관련이 크다고 할 수 있다. 우리나라 중소기업 CEO의 평균연령이 90년대 중반에는 48세였으나, 2004년 기준으로는 53세로 10년간 5세가 더 늘어났으며, 2019년 기준 업력 30년 이상인 중소기업 CEO의 평균연령은 제조업 63.2세, 비제조업 57.1세에 달하는 등 기업인의 고령화가 빠르게 진행되고 있다.[6)] 중소기업 대표자 가운데 60세 이상이 69.2%(60~69세 44.5%, 70세 이상 24.7%)를 차지하고 있다. 1970~80년대의 산업화 단계에서 많은 젊은이들이 기업가정신을 발휘하여 창업을 하였는데, 이들 창업세대가 고령화로 인하여 기업을 계속해서 경영하기가 힘든 관계로 자녀 등에게 사업을 넘겨주려는 기업인들이 빠르게 증가하고 있는 실정이다.

독일과 일본 등에서는 경영자의 고령화와 저출산이라는 구조적인 변화로 인하여 기업승계의 중요성이 최근 들어 더욱 강조되고 있다. 저출산의 결과로 신규창업이 가능한 인구의 수가 감소하는 가운데, 기존 기업들의 승계가 원활하게 진행되지 않는다면 기업수의 감소를 피할 수 없을 것이다. 그동안 경제발전 과정에서 활발한 창업과 경영활동의 주역을 담당해 왔던 베이비붐 세대의 세대교체 문제가 이슈화되고 있는 가운데, 기업체 수에서는 물론

---

5) 2008년 6월에 제정된 유럽 중소기업법(Small Business Act for Europe)과 EU 집행위원회의 유럽 중소기업법 검토안(Review of the "Small Business Act for Europe: 23.2.2011 Com (2011) 78 final)에서는 "향후 10년 간 600만 명으로 추산되는 중소기업인들의 은퇴를 대비하여 기업의 승계 및 양도가 원활하게 이루어질 수 있도록 하는 조치들을 마련해 나간다. 성공적인 승계는 신규 창업이 만들어내는 일자리보다 더 많은 일자리를 유지·보존한다. 이러한 점을 중시하고, 기업의 승계 및 양도에 대하여는 창업과 동일한 수준의 정책적 지원과 배려가 요구된다. 특히 조세 문제로 인하여 기업의 승계가 어려움을 겪지 않도록 배려해야 한다"라고 선언하고 있다.

6) 중소기업중앙회, 중소기업실태조사, 2019.

생산 활동이나 고용 등에서 지대한 비중을 차지하고 있는 중소·중견기업의 승계가 중요한 과제로 등장하고 있는 것이다.

3. 승계의 과정과 대상

(1) 승계 과정

기업의 승계는 특정시점에서 이루어지는 이벤트성 행사가 아니라 장기간에 걸쳐 준비되고 진행되는 일련의 과정이다. 가족기업의 승계는 가족과 소유권 및 기업경영 전반에 걸쳐 진행되는 장기간의 과정에 해당하는 관계로 다양한 변동성을 내포하고 있다. 따라서 승계가 실제로 행해지기 이전의 단계에서부터 미리 계획을 세워 체계적으로 준비해 가는 것이 바람직하다. 구체적으로는 승계 전 단계, 리더십 이전 단계, 승계 후 단계로 구분되는 승계의 전 과정을 감안하여 승계계획을 수립하고 이를 안정적으로 실천해 나갈 때 성공 가능성이 높아지는 것이다.

승계 전 단계에서는 승계와 관련한 대략적인 구상과 방향성을 바탕으로 승계 후보자들과의 커뮤니케이션을 통하여 기업에 관한 정보를 공유하면서 신뢰를 구축해 나가는 것이 중요하다. 리더십 이전 단계에서는 후계자 선정 및 육성, 가족 구성원의 협력과 지원, 사업에 대한 비전과 발전전략 등을 포함한 명문화된 승계계획을 수립하고 실행해 나간다. 그리고 승계 후 단계에서는 가족기업 리더의 은퇴 후 역할, 이해관계자 관리 등을 포함한 계획이 무리 없이 실행되어, 주요 이해관계자에 의해 후계자와 가족기업 리더의 새로운 역할이 승인됨으로써 승계는 완료된다. 승계의 최종단계는 가족기업 리더가 기업에 대한 경영권과 소유권을 후계자에게 물려주고 은퇴하는 단계다. 이 단계에서 기업경영에 대한 권한과 책임이라는 바통을 넘겨받은 후계자는 자신의 리더십을 활용하여 새로이 구성된 경영팀과 함께 기업의 새로운 도약을 시작하게 된다.

(2) 승계 시기 및 준비 기간

승계의 시기와 관련해서는, 정상적인 상황 하에서 적절한 승계시점이 언제인가를 판단하는 것이 중요하다. 승계시점을 판단함에 있어서는 가족기업 리더의 연령과 건강상태, 후계자의 경영참여 의지와 준비 정도, 기업 차원에서의 준비 상황 등이 주된 고려 사항으로 작용한다. 갑작스러운 질병이나 사고 또는 사망 등 예상하지 못한 비상사태 발생까지도 염두에 두면서 이에 대한 대비를 하는 것이 바람직하다. 긴급사태를 포함한 다양한 변수들을 고려한 사전준비가 충분하지 않을 경우에는 후계자에게 경영노하우, 네트워크 역량, 기술·지식 등의 이전이 곤란한 경우가 발생할 수 있다.

승계 작업이 순조롭게 진행되어 가족기업에 대한 권한과 통제가 제대로 이전되기 위해서는, 개별 기업의 상황에 따라 차이가 있기는 하지만 적어도 10년 이상의 본격적인 준비기간이 필요하다고 할 수 있다. 10여 년에 걸쳐 승계를 준비해 가면 승계 후보자의 역량을 테스트해 볼 기간이 존재할 뿐만 아니라, 동원 가능한 자원들을 최대한 활용할 수 있는 장점도 있다. 유능한 임원을 승계 후보자의 멘토로 활용할 수 있고 이사회 구성원들과 협력하여 잠재 후계자들을 다양한 관점에서 평가를 해 보는 것도 가능하다. 승계계획을 수립하고 승계와 관련한 주요 의사결정을 지원할 수 있는 팀을 구성하여 운영하는 것도 가능하다. 이러한 과정을 거쳐 후계자가 결정되던 5~7년 정도 기간에 걸쳐 후계자를 집중적으로 교육시키고 가족기업 경영을 책임져야 하는 리더에게 필요한 역량을 갖추고 있는지를 테스트하면서 경영에 관한 노하우를 포함한 리더십을 무리 없이 이전하는 것이 가능하다.

후계자가 확정되기 전에 또는 후계자가 선정은 되었으나 필요한 역량을 갖추지 못한 상태에서 가족기업 리더에게 예기치 않은 불행한 일이 생기는 등 긴급한 비상사태가 발생하는 경우도 예상할 수 있다. 이러한 비상사태 발생 시 침착하게 대응하면서 다른 대안들을 모색할 수 있는 여유를 제공한다는 점에서도 충분한 시간을 갖고 승계를 준비하는 것은 중요하다. 이러한 점들을 고려할 때, 현명한 가족기업 리더라면 60대 후반 정도에 승계를 마무리하고 늦어도 70대 초반에는 은퇴할 생각을 하면서 50대 후반부터는 승계를 체계적으로 준비해 가는 것이 바람직하다.

(3) 승계의 대상

가족기업에 있어서 승계의 대상은 경영권 승계, 소유권 승계, 그리고 가족 리더십 승계라는 세 가지로 구분하는 것이 일반적이다. 승계를 준비하는 가족기업 리더는 이와 같은 경영권, 소유권, 가족 리더십이라는 승계 대상을 어떻게 조화롭고 효과적인 방법으로 이전할 것인지에 관한 것과, 승계 이후에 가족기업을 구성하는 3가지 축인 가족, 기업, 소유권 등을 어떠한 구도로 가져갈 것인지에 관하여 종합적으로 계획하고 준비해 나가야한다.

경영권 승계에 있어서 주로 요구되는 것은 경영권의 안정적인 승계와 이를 위해 필요한 가족기업 리더의 명확한 승계의지, 후계자의 경영자로서의 자질 및 능력이다. 이러한 점에서 본다면 후계자가 잘 선정되고 선정된 후계자를 역량 있는 리더로 육성하는 것이 중요하다. 소유권 승계에 있어서는 후계자 등 가족 주주를 기업가정신이 투철한 소유주로 육성해가면서 재산 분배 및 상속을 둘러싼 분쟁 발생 가능성을 염두에 두고 승계계획을 수립하고 이를 실행에 옮겨 갈 필요가 있다. 승계자금 마련과 상속세 등 승계비용 관리도 중요하다. 그리고 가족 리더십 승계에서는 가족의 건강성과 화목 유지, 가족효과 창출, 인내자본 형성 및 유지 등에 관심을 갖고 보다 장기간에 걸쳐 세심하게 준비해 나갈 필요가 있다.

4. 승계에 영향을 미치는 요소들

(1) 승계에 영향을 미치는 일반 요소

1) 가족기업 리더의 승계의지

가족기업을 경영함에 있어서 최종적인 권한을 갖고 의사결정을 주도하는 사람은 바로 당해 기업의 소유주인 가족기업 리더다. 승계계획을 수립하고 승계과정을 진행함에 있어서는 물론 승계를 마무리하는 단계에서도 가족기업 리더의 승계의지는 가장 중요한 결정요소에 해당한다. 적합한 후계자를 선정하고 가족 구성원들의 갈등과 이해관계를 조정하며 승계시기와 방법 등에 관한 최종 결정권자는 바로 가족기업 리더 자신이기 때문이다.

기업의 승계는 언젠가 한번은 직면해야 하는 문제이고 준비하는데 시간이 많이 걸리는 중대한 사안인 관계로 가족기업 리더는 승계의지를 확고히 함과 동시에 시간적 여유를 갖고 이를 주도적으로 준비해나가야 한다. 그렇지 않을 경우 승계는 오랜 침묵상태에 머물게 되고, 이러한 상황에서 가족기업 리더의 갑작스러운 사망 및 질병이나 무능력화 등으로 기업을 제대로 경영할 수 없게 되는 경우에는 큰 어려움에 직면하게 된다.

2) 승계 후보자의 의지와 자세 및 역량

승계 후보자는 차세대 경영자로서의 확고한 자기 정체성을 확립함과 동시에 가족기업의 앞날을 책임지게 될 리더로서 갖추어야 할 덕목과 역량을 착실하게 배양해 나가야 한다. 가업에 대한 애정과 헌신하고자 하는 의지도 분명해야 한다. 가족기업 리더인 부모는 물론 형제자매를 포함한 가족 구성원, 임직원, 주요 거래처 등으로부터의 신뢰를 구축해 가는 노력도 중요하다.

3) 다양한 이해관계자와의 소통

승계란 가족기업 리더와 후계자 사이에 경영권과 소유권을 주고받는 것이 핵심 내용이지만, 동시에 가족 구성원, 주주, 임직원, 주요 고객 및 거래처를 포함한 다수의 이해관계자들에게 영향을 미치는 사안이다.

기업의 안정적인 승계를 위해서는 후계자를 적기에 선정하고 후계자에게 경영노하우나 지식을 체계적으로 전수하면서 경영이념과 창업정신을 공유할 뿐만 아니라, 주요 이해관계자들과 신뢰관계를 구축해 나가는 것이 중요하다. 이러한 기반을 구축하기 위해서 가족기업 리더는 승계계획을 수립하고 승계절차를 진행하는 과정에서 이해관계자들과 지속적인 소통을 하여야 한다. 특히 후계자 후보나 가족, 핵심 간부 등 이해관계자들에게 자신의 생각을 사전에 알려 이해를 구하고 그들의 의견을 청취하는 등 충분한 공감대를 형성해 나갈 필요가 있다. 이를 게을리 하는 경우에는 후계자와 관련한 갈등 및 분쟁이 발생하기 쉽고, 소유권 이전과 재산의 분배를 둘러싼 가족 구성원 간의 불화가 초래되는 등 기업 경영은 물론 가족의 화합에도 지장을 초래할 가능성이 크다.

(2) 승계 과정에서 만나는 어려움과 예상치 못한 충돌

가족기업의 성공적인 승계를 위해서는 다양한 이해관계자의 참여와 협력, 노력과 인내 등이 필요하다. 승계를 준비하고 실행에 옮기는 과정에서 여러 가지 충돌과 장애물이 존재하기 때문이다. 가족기업의 세대간 이전 과정에서 직면하게 되는 가장 일반적이면서도 심각한 장애물로는 아래와 같은 몇 가지가 존재한다.

1) 승계음모

① 승계음모의 개념

기업승계는 충분한 시간을 갖고 일찍부터 계획을 세워 추진하는 것이 유리하다. 승계에 관한 사전적인 계획과 승계과정의 원활한 관리를 통한 안정적인 승계가 가져다주는 다양한 보상이 존재하기 때문이다. 그럼에도 불구하고 많은 가족기업 리더들은 승계와 관련하여 모호한 입장을 취하면서 이를 최대한 지연시키려는 경향을 보이고 있다.

가족기업의 주요 이해관계자 가운데 어느 누구도 승계 문제를 적극적으로 제기하지 않는 것이 자신에게 이익이 된다고 생각하는 경향이 있다. 가족기업 리더의 대부분은 자신의 죽음이나 경영능력 상실 등을 전제로 하여 논의되는 승계 문제를 공개적으로 다루는 것을 좋아하지 않을 뿐만 아니라, 자녀들 가운데 누군가를 후계자로 지정함으로써 자신이 누려왔던 특권과 안정된 자리를 버리고 불확실한 미래로 나가는 것을 즐겨하지 않기 때문이다. 가족기업 연구자인 랜스버그(Ivan Lansberg)는 이것을 승계의 음모(Succession

Conspiracy)라고 말한다.[7)]

② 가족기업 리더가 승계에 소극적인 이유

창업CEO 등 가족기업 리더들은 승계의 중요성을 인식하면서도 구체적인 대책을 마련하고 있지 않은 경향이 있다. 이러한 현상은 대부분의 가족기업 리더들은 건강이 유지되는 한 경영활동을 지속할 수가 있다고 생각할 뿐만 아니라, 승계가 당장 해결해야 하는 시급한 과제가 아닌 장래의 문제라고 생각한 나머지 사전적으로 대책을 강구하는 일에 소극적인 입장을 취하는 데서 비롯된다. 기업을 승계한 이후에 기업과 가족 내에서 자신의 영향력이 축소될 것을 우려한 나머지 승계 및 재산배분에 관한 방침의 결정을 최대한 늦추는 경우도 적지 않다. 가족기업 리더는 승계가 이슈화되는 것을 회피함으로써 승계과정에서 발생하는 머리 아픈 결정들로부터 보호를 받게 됨과 동시에 여전히 기업과 가족 내의 핵심인물로 남아있게 되었다고 스스로를 위로하는 경향이 있다. 자신의 은퇴문제를 조기에 결정하고 구체적인 승계계획을 수립하여 추진할 인센티브가 없기 때문에 이를 뒤로 미루게 되는 것이다.

③ 가족 구성원들이 적극적으로 나서지 못하는 이유

주위의 이해관계자들 또한 승계 문제를 공론화하고 이의 추진을 촉구하기가 어려운데 여기에는 그럴 만한 이유가 존재한다. 가족기업에 있어서 승계는 부모세대의 후선퇴진이나 사망을 전제로 진행되는 것이기 때문에 자녀들이 적극적으로 논의하기가 쉬운 일이 아니다. 경우에 따라서는 가족간 분쟁이 발생할 소지도 안고 있어 공개적으로 거론하는데 어려움이 있는 금기시되어 온 문제에 속한다. 대부분의 자녀들은 탐욕스럽거나 뻔뻔스러운 인간으로 취급받기를 원하지 않는다. 부모의 사망으로 인하여 발생하게 될 어려움에 대하여 생각하는 것 또한 결코 즐거운 일이 아니다.

이러한 이유로 자녀들은 승계에 관하여 적극 나서서 거론하기를 꺼린다. 배우자도 가족기업 리더의 은퇴나 죽음과 관련되어 있는 승계둔제에 관하여

---

7) 이하 승계 음모와 관련한 내용들은 주로 Ivan Lansberg, “The Succession Conspiracy” in Family Business Source Book II, 1996, pp.70~84 참조.

적극적으로 논의하고 싶어 하지 않은 경향이 있다.

④ 기타 이해관계자의 입장

승계와 관련하여 중요한 이해관계자에 해당하는 비가족 임원 등이 승계 문제를 언급할 수 있는 성질은 아니다. 기업에서 핵심 역할을 수행해 온 임원들도 승계 문제가 표면화됨으로써, 별 문제 없이 순항해 오고 있는 기업이 풍랑을 만나 흔들리게 되는 것에 대한 경계심을 갖고 있다. 그동안 원만하게 유지해 온 창업자 등 가족기업 리더와의 관계를 훼손하면서까지, 역량이 검증되지 않은 후계자의 편을 든다는 것은 그다지 매력적인 일이 아니기 때문이다.

주변에 있는 친구나 조언자 등 자문그룹도 가족기업 리더의 감정을 상하게 할지도 모른다는 우려 때문에 당사자의 요청이 없는 상태에서 이 문제에 관하여 언급하는 것을 망설이는 경향이 있다. 주거래은행 등 채권자도 기업 소유주의 요청이나 상담의뢰가 있는 경우에 한하여 자문하는 정도의 수동적 대응에 그치는 것이 일반적이다. 가족기업의 승계는 당해 가족의 사적인 문제들이 복합적으로 작용하는 과제에 해당하기 때문에 제3자인 이해관계자들이 적극적으로 나서서 언급하기가 어려운 것이다.

⑤ 승계음모 현상이 초래하는 결과

기업의 승계에 관한 논의를 회피한다고 해서 승계가 결코 현실화되지 않는 것은 아니다. 승계에 대한 사전준비가 부족하게 되면 기업의 핵심 인물들은 기업과 자신의 장래에 불안을 느끼게 되고, 그 결과 장래에 대한 계획 및 준비가 잘 되어있고 보다 안정적인 기업으로 자리를 옮기는 경향이 있다.

승계계획이 구체적으로 확정되지 않은 상태에서 가족기업 리더와 후계자 간의 관계가 너무 오래 지속되는 경우에는 기업의 장래에 대한 방향을 설정하거나 다음 세대 경영을 준비하는데 부정적인 영향을 가져올 수도 있다. 특히 승계와 관련하여 두 당사자 사이에 소통이 제대로 이루어지지 않을 경우에는 심각한 불안요인으로 작용할 가능성이 크다.

승계와 관련된 논의를 구체화하지 않고 끝까지 뒤로 미루거나 회피한다고 해서 가족 구성원들로 하여금 재산의 분배, 경영 참여에 대한 보상, 그리고 재산 및 소유권에 대한 개별적인 기대 등을 억누를 수는 없는 것이다. 최악의 경우 변호사를 고용하여 부모세대가 일구어 놓은 모든 것들을 파괴할지도 모르는 법적 소송을 제기할 수도 있다. 가족기업 컨설턴트인 레온 단코(Leon Danco)는 이와 같은 리스크에 대하여 "만일 가족기업 리더가 승계에 관한 구체적인 계획을 수립하여 관리해 나가지 않는다면, 그는 자신이 일구어 놓은 기업과 자신의 가족에 대한 장래가 고급 리무진 승용차를 타고 대기하는 변호사에 의해 결정된 사실을 깨닫는 것으로 만족하게 될 것이다"라고 평가를 하였다.

제대로 계획되지 않고 준비되지 않는 승계는 많은 비용을 지불하게 된다. 가족 갈등이 발생할 것이고 기업의 핵심인재는 새로운 리더에 대한 신뢰 부족으로 회사를 떠날 것이다. 소유권 승계에 수반되는 상속세·증여세로 대표되는 과중한 승계비용은 기업의 자본을 고갈시킬 것이다. 기업체를 매각한다 하더라도 가격의 하락이 불가피함으로써 평생 동안 일구어 온 기업의 가치를 제대로 보상받기가 어려워진다.

2) 권한을 내려놓지 않는 창업주

가족기업의 리더십을 이전하는 과정에서 창업주 등 가족기업 리더가 겪게 되는 어려움은 적지 않다. 모든 이해관계자가 은퇴에 수반되는 어려움을 이해하고 창업주의 머뭇거림 등에 대하여 공감하지만 창업주 자신도 스스로에게 정직해야 한다. 다른 이해관계자들도 이 과정에 대한 자신의 의도에 솔직해져야 한다. 죽는 날까지 경영권을 유지할 생각을 갖고 있는 창업주라면 자신의 생각을 자녀들에게 알려서 다음세대가 그에 따른 선택을 할 수 있도록 해야 한다. 일부 자녀는 가업과는 다른 길을 선택할 것이고, 또 다른 자녀는 가족기업에 남아 부모와 협력할 것이다. 어떤 경우에 해당하든 자녀들이 한 가족, 미래의 소유주 및 기업 리더로서 한 자리에 모여 논의하는 과정에서 자신들의 미래와 관련된 공통 요소를 고려하는 것이 바람직하다.[8)]

---

8) Ernesto J. Poza & Mary S. Daugherty, Family Business, 4e., 2014, pp.168~169.

어떤 면에서는 권한을 내려놓지 않는 창업주보다 은퇴 이후에도 부메랑처럼 되돌아오는 창업주 등이 가족기업 경영에 훨씬 더 좋지 않은 영향을 미친다. 은퇴한 가족기업 리더의 잦은 복귀는 기업의 임직원을 포함해서 모든 이해관계자에게 과연 누가 경영의사 결정권을 갖는 사람인지에 대해 혼란을 야기한다. 은퇴한 리더가 빈번하게 경영의사 결정에 관여하거나 직원들의 업무에 개입한다면, 가족기업의 성공적인 승계는 한층 더 어려워진다. 이 같은 행동은 새로운 리더에 대한 신뢰를 손상시키고 자녀세대의 파트너십을 약화시키는 결과를 초래한다.[9)]

3) 준비되지 않은 후계자

준비가 되어 있지 않은 후계자에게 기업을 물려주는 것만큼 큰 리스크는 없다. 가문의 유산에 해당하는 기업을 적기에 안정적으로 승계하기 위해서는 적합한 후계자를 선정하고, 선정된 후계자가 필요한 역량을 개발할 수 있도록 체계적으로 관리하면서 집중적인 투자를 해 나가는 것이 바람직하다. 후계자가 필요한 역량을 갖추지 못하거나 갖추는데 필요한 노력을 게을리 하는 경우에는 승계 작업이 지연될 뿐만 아니라, 가족기업 리더와 후계자 사이의 갈등이 커지게 되는 등 승계를 어렵게 하는 요인으로 작용한다.

4) 가족기업 리더의 급작스러운 사망 및 무능력

승계계획이 수립되어 있지 않거나 거의 없다시피한 상황에서 가족기업 리더가 사망하거나 중대한 장애가 발생한 경우, 이해관계자들은 기업의 영속성이 유지되고 리더십 이전이 순조롭게 진행되도록 슬픔과 충격을 다스려야 한다. 리더십 이전과 관련하여 장기적인 관점에서 이루어져야 할 다양한 결정들과 같은 도전 과제와도 직면해야 한다.

이러한 위기에 대처하는 효과적인 방안의 하나로 이사회의 역할을 들 수 있다. 전문성을 갖는 외부 인사들이 참여하는 독립이사회는 공급업체, 주거래은행 등 주요 이해관계자에게 '사업의 영속성을 담보할 수 있다는 확신'을 심

---

9) Ernesto J. Poza & Mary S. Daugherty, 상게서, pp.169~170.

어줄 수 있다. 또 배우자와 형제자매 팀을 안내하는 역할도 수행할 수 있다. 경우에 따라서는 이사회 구성원 가운데 한 사람이 일정기간 동안 CEO 역할을 담당하면서 역량 있는 후계자를 차세대 리더로 선택할 수 있도록 발판을 마련하는 경우도 있다.

기업의 대표직을 임시로 수행할 리더가 없을 경우에는, 적극적인 가족 구성원과 주요 임원들로 구성된 비상경영팀을 꾸리는 것이 대안이 될 수 있다. 여기에는 배우자도 참여하는 것이 좋은데, 이는 많은 경우 가족기업 리더의 주식은 배우자에게 상속되기 때문이다. 비상경영팀은 매주 1회 이상 만나서 지속적으로 사업 관련 사안을 결정하는 한편, 장기적으로 기업과 소유주의 이익에 가장 잘 부합하는 리더십을 결정하고 필요한 전략을 조정해 나가야 한다. 즉각적인 대처가 필요한 현안 과제들은 경영팀이 처리하도록 하면서 다음 세대도 한 팀으로 모여 성공적인 파트너십 구축에 필요한 사안들과 정책 및 지침을 다루는 것이 바람직하다.

(3) 가족기업의 성공승계 비결

개별 기업의 입장에서 승계는 시간의 흐름에 따라 언젠가는 필연적으로 직면하게 되는 예측 가능하면서도 중요한 과제에 해당한다. 이러한 승계는 개별 기업과 가족이 처한 환경이나 특성에 따라 직면하는 문제 및 도전들이 서로 다르고 해결 방안 또한 상이한 특성을 갖기 때문에 성공비결을 일반적으로 말하는 것은 쉬운 일이 아니다. 그럼에도 불구하고 성공 가능성을 높이기 위해 승계를 준비하고 실행에 옮기는 과정에서 특히 유념해야 할 사항들이 존재한다.

승계가 안고 있는 어려움과 복잡성으로 인하여 좋은 기업들이 승계과정에서 잘못되는 경우가 허다하지만, 세계로 눈을 돌려 보면 여러 세대를 거쳐 가족경영을 해 오고 있는 업력 100년 이상인 기업은 수없이 많고 200년 혹은 300년이 넘는 장수기업들도 많이 있다. 승계를 준비하고 있는 가족기업 리더라면 오랜 기간 수많은 어려움들을 극복하고 명문 장수기업으로 우뚝 선 그들의 장수 노하우에 한번쯤 관심을 가져볼 만하다. 그들은 가족의 화목을 중시하고 가족 구성원 사이에 합의된 원칙과 가치, 창업철학 등에 입각해서 가족과 기업을 관리하면서 승계를 준비하고 실행에 옮겨나간다. 시간적 여유를 갖고 체계적으로 승계를 준비하고 있으며 후계자 선정 및 육성에도 남다른 공을 들인다. 가족기업을 지탱하는 두 기둥에 해당하는 가족과 기업 간에도 갈등요인을 최소화하면서 협력관계를 유지해 나간다.

가족기업의 성공적인 승계를 위해서는 가족기업 리더의 확고한 의지와 실천이 가장 중요하다. 승계를 준비하는 과정에서 가족기업 리더는 기업의 지배구조를 어떻게 가져갈 것이고 경영권과 소유권을 누구에게 언제 어떠한 방법으로 이전할 것인지에 관한 비전을 명확하게 설정하여야 한다. 그는 적합한 후계자를 선정하여 역량 있는 경영자로 육성해 나가야 하며, 자신의 은퇴 이후의 삶도 준비해 나가야 한다. 차세대 경영자에 해당하는 승계 후보자는 가족기업의 앞날을 책임지게 될 리더로서의 정체성을 확고히 함과 동시에 경영자로서 갖추어야 할 역량과 덕목을 착실하게 배양해 나가는 것이 중요하다.

가족기업 경영 및 승계에 대한 연구와 컨설팅 경험, 그리고 다양한 선행 연구 결과들을 통해서 발견한 기업승계 성공 요인으로는 아래와 같은 것들을 들 수 있다.

성공적인 기업승계를 위한 십계명

1. 시간적 여유를 갖고 충분하게 소통하면서 승계를 준비해 나가라. 기업승계는 일시적인 이벤트가 아니라 '사랑과 인내로 빚는 종합예술'이며 '장기적인 과정'이기 때문이다.
2. 후계자를 잘 선정하고 체계적으로 육성해나가라.
3. 승계계획을 수립하고 세심하게 관리해 나가라.
4. '단순한 재산으로서의 기업'이 아니라 '창업 이념과 가치, 철학, 기업 소유자로서의 책임과 청지기정신'도 함께 계승하라.

5. 승계과정에 잠재되어 있는 위험 요인과 분쟁 가능성을 인식하고 효과적으로 관리해 나가라.
6. 승계자금을 마련하고, 주식과 재산의 상속 및 증여에 따른 세금과 법률 문제를 사전적으로 관리해 나가라.
7. 경영권을 적기에 이양하라. 승계는 타이밍이 중요하다.
8. 주주와 자녀 등 가족 구성원을 포함한 핵심 이해관계자들과 효과적으로 소통하고, 이들을 잘 관리하는 것이 중요하다.
9. 가족기업 리더 자신의 은퇴 후 삶을 잘 준비하라.
10. 승계과정에서 전문가의 자문과 조언을 구하라.

제8장 후계자 선정

후계자는 가족기업의 존속 및 번영과 가족의 화합을 책임질 차세대 리더다. 후계자는 부모세대의 뒤를 이어 사업을 운영하면서 환경변화에 대응하고 새로운 사업 분야를 개척해 나가야 하는 과제를 수행하는 이외에도, 자신의 다음 세대에게 가업을 건강한 상태로 물려줄 책임을 감당해야 하는 사명자이기도 하다. 가족기업의 리더에게 요구되는 자질과 역량을 갖춘 인물을 후계자로 선정하고 체계적으로 육성해 나가는 것은 가족기업의 번영과 영속성 유지, 가족의 화목 등을 위해 중요한 일이다.

후계자 선정에 있어서 공통적으로 적용되는 기준은 찾아보기 어렵지만 경영능력과 리더십, 기술역량, 재무관리 역량, 윤리의식과 공감능력 등이 중시되고 있다, 성별과 출생순서보다는 인성과 태도, 가업에 대한 애정과 헌신, 승계의지 등이 더 중요한 기준으로 작용한다. 승계 후보자가 다수인 경우에는 후계자 선정과 관련한 갈등 및 분쟁의 최소화를 위하여 선정기준을 정하고 공정한 절차에 따라 후계자를 확정할 필요가 있다. 경영역량을 갖추고 가업에 대한 애정과 경영참여 의지가 확실한 자녀들이 여러 명이어서 어느 한 사람만을 후계자로 선정하기가 곤란한 경우에는, 공동으로 사업을 운영하거나 기업을 분할하여 각자가 독립적으로 경영을 하도록 하는 방안도 고려할 수 있다.

후계자 선정의 시기 및 방법은 기업이 처한 환경이나 가족기업 리더의 스타일에 따라 다양하다. 이상적인 후계자 선정 방법은 가족기업 리더와 가족 구성원, 임원과 이사회 구성원들로부터 폭넓은 공감을 얻은 사람을 후계자로 선정하는 것이다. 승계와 관련하여 발생하는 갈등 및 분쟁을 최소화할 수 있을 뿐만 아니라, 이들의 협조 아래 승계과정을 진행하고 리더십도 원만하게 확보할 수 있기 때문이다.

가족 내에 적합한 승계 후보자가 없는 경우에는 전문경영인을 활용하거나 임직원 가운데서 적임자를 선택하여 기업을 승계하기도 한다. 전문경영인을 영입하여 일정기간 경영을 담당하게 한 후에, 자녀들이나 그 다음 세대 후손 가운데 적임자가 나타나면 그들에게 기업경영을 맡기는 방법을 활용하는 경우도 있다.

가족기업 후계자는 기업 내에 축적된 지식과 기술을 전수받는 것이 용이하고, 가족기업에 대하여 이미 확립된 평판을 활용할 수 있는 이점을 갖는다. 그리고 승계과정을 거치면서 근무환경과 핵심적인 경영분야에 대한 지식을 상당부분 축적하게 된다. 반면에 후계자는 여러 가지의 도전에 직면하기도 한다. 그 가운데 하나가 '창업세대의 그늘'이다. 창업세대의 성공이 큰 경우에는 창업세대가 남겨준 그늘 또한 작지 않다. 후계자의 경영역량과 리더십에 관한 주변의 의문, 성과에 대한 부담, 변화에 대한 임직원들의 저항 등도 후계자에게는 적지 않은 도전으로 작용한다.

1. 가족기업의 후계자

(1) 후계자의 역할과 중요성

조상들이 일구어 놓은 가업을 후손들이 지켜나가기란 결코 쉬운 일이 아니다. 그럼에도 불구하고 대를 이어 부를 잘 보존하고 키워가면서 존경을 받고 있는 명문가(名門家)들이 적지 않고 가업을 수십대에 걸쳐 유지해 온 장수기업들도 상당수에 달한다. 300여 년 동안 부(富)를 지키면서 노블레스 오블리주를 실천해 왔던 경주 최부자집, 백제에서 일본으로 건너간 건축장인 유중광(金剛重光)이 578년에 설립하여 1,400년이 넘도록 장구한 기간 생존해 온 곤고구미(金剛組), 1,300년 동안 46대에 걸쳐 가업을 이어오고 있는 일본의 호시료칸, 약국으로 출발해 창업주의 13대 후손이 경영하고 있는 독일의 명문 장수기업 머크사(Merk), 26대에 걸쳐 700여 년을 가족기업으로 운영해 온 이탈리아의 와인 명가 안띠노리(Antinori Marchesi) 등이 여기에 해당한다. 이들에게서 찾을 수 있는 대표적인 공통점으로는 후계자를 잘 선정하고 철저하게 교육시킨다는 것과 대를 이어 지켜온 명확한 가족가치가 존재한다는 것을 들 수 있다.

가족기업에 있어서 후계자란, 가족기업 리더의 뒤를 이어 가문의 유산에 해당하는 기업의 존속 및 번영과 가족의 화합을 책임질 다음 세대 리더다. 역량 있는 후계자를 선정하고 길러내는 것은 매우 중요하다. 후계자는 가족기업 리더의 뒤를 이어 기업을 경영하면서 환경변화에 대응하고 새로운 기술과 사업 분야를 개척해 나가야 하는 과제를 수행하는 이외에도, 다음 세대에게 가족기업을 건강한 상태로 물려주어야 하는 무거운 책임을 감당해야 하는 '또 다른 한 사람의 영웅'이기 때문이다.[1)]

후계자가 직면하게 될 경영환경은 그리 녹녹하지가 않은 것이 현실이다. 막강한 경쟁자의 출현, 제품의 라이프사이클 단축, 글로벌화에 따른 과거에 경험해 보지 못한 경쟁 강도, 경영방식 및 전략의 복잡화, 소비자를 포함한 고객 니즈의 다양화 등도 후계자가 관리해야 하는 도전들이다. 후계자는 창업세대의 발자취를 따르고 부모세대가 일구어 놓은 기업의 비전을 재해석하여 조직에 새로운 활력을 불어넣어야 할 뿐만 아니라 부모세대와는 다른 리더십을 발휘해야 하는 과제를 안고 있다.

(2) 후계자가 갖추어야 할 역량

가족기업의 후계자에게 요구되는 역량은 다양하다. 후계자는 자신에게 주어진 역할을 효과적으로 수행하고 윤리의식과 임직원들을 존중하는 자세를 배우며, 의사결정을 잘할 수 있는 능력 등 가족기업 리더에게 필요한 역량을 갖추어 나가야 한다.[2)] 가족기업 리더들이 가장 중시하는 후계자의 역량으로는 성실성, 가업에 대한 애정과 헌신, 공감능력 등이다.[3)] 후계자에게 요구되는 역량은 가족기업 리더와의 관계, 가족 구성원과의 관계, 경영에 필요한 기술 및 능력, 인성, 가업에 대한 애정과 경영참여 정도 등으로 나누어 살펴볼 수 있다.

---

1) Craig E. Aronoff & John L. Ward, Preparing Successors for Leadership−Another Kind of Hero−, 2011, p.3.
2) E. J. Poza & M. S. Daugherty, Family Business, 4e., 2014, pp.147~148.
3) J. H. Chrismann, J. J. Chua, & P. Sharma, Important Attributes of Successors in Family Business, Family Business Review, 11(1), 1998, pp.19~34.

1) 가족기업 리더와의 관계

후계자와 가족기업 리더와의 관계는 승계과정, 승계방법, 승계시기 등을 결정하는 중요한 요소에 해당한다. 승계가 적기에 안정적으로 이루어지기 위해서는 승계의 핵심 당사자에 해당하는 이들 두 사람의 신뢰와 긴밀한 협력관계 유지가 필수적이다. 가족기업 리더와의 소통능력도 중요하다. 후계자와 가족기업 리더가 서로 신뢰하고 충분하게 소통하면서 원만한 관계를 유지할 때 후계자 육성, 승계 준비, 리더십 이전, 승계 후 관리 등 승계 과정이 원만하게 진행될 수 있다. 가족기업 리더와 후계자 두 사람의 관계가 좋으면 후계자는 자신이 지지와 인정을 받고 있다고 느끼게 되며, 그 결과 가족기업 리더와 후계자간 상호학습이 가능한 신뢰가 형성되고 피드백 및 능력개발이 용이하다. 가족 구성원과 임직원, 주요 거래처 등 이해관계자들도 승계과정에서 스트레스를 덜 받게 된다.

2) 가족 구성원과의 관계

후계자는 가족 구성원들로부터 가업을 성공적으로 영위해 나갈 수 있는 사람일 뿐만 아니라 가족의 화목도 이끌어 낼 수 있는 리더십과 덕망을 갖춘 사람이라는 믿음을 얻을 수 있어야 한다. 이러한 신뢰와 권위를 바탕으로 후계자는 가족 구성원들의 참여와 협조 및 헌신을 이끌어 낼 수 있게 된다. 그렇지 않을 경우, 승계 과정에서 형제자매 등 가족 간의 갈등이 발생하고 승계 이후에도 가족 주주들의 협력을 얻기가 어렵게 된다.

3) 경영능력과 인성

후계자는 가족기업의 장래와 경영을 책임지는 리더로서 필요한 경험과 지식, 문제해결 능력, 네트워킹 역량, 임직원과의 원활한 소통 및 공감 능력 등을 갖추어야 한다. 재무관리 및 마케팅 능력과 기술력, 전략적 사고 등 경영현장에서 필요한 역량도 보유하고 있어야 한다.

4) 가업에 대한 애정과 헌신의 정도

가족기업의 차세대 리더인 후계자는 가업에 대한 애정과 열정, 승계를 받으려는 의지, 그리고 충성심과 헌신된 자세를 갖추고 있어야 한다. 가족기업을 경영한다는 것은 어려운 일이고 책임 또한 크기 때문에 이러한 특별한 각오와 마음가짐 없이 가족기업에 본격적으로 참여한다는 것은 후계자 본인은 물론 가족기업 장래를 위해서도 바람직하지 않다. 이러한 자세를 토대로 가족기업 경영에 참여하여 가시적인 성과를 창출할 때, 후계자는 가족기업의 리더와 임직원들로부터 인정을 받게 되고 가족 구성원 및 주주들의 신뢰를 얻게 되는 것이다. 후계자에 대한 임직원의 인정 및 존경도와 가족 구성원과 주주의 신뢰수준은 가족기업 리더가 후계자에게 기업을 승계할 것인지의 여부와 승계시기를 결정하는 중요한 변수로 작용을 한다.

(3) 후계자가 갖는 이점과 직면하는 도전들

가족기업의 후계자는 기업을 승계하는 과정에서 유리한 입장과 불리한 점을 동시에 갖고 있다. 후계자는 기업 내에 축적된 지식과 기술을 전수받는 것이 용이하고, 가족기업에 대하여 이미 확립된 평판을 활용할 수 있는 이점을 갖는다. 그리고 승계준비 과정을 거치면서 근무환경과 핵심적인 경영분야에 대한 지식을 상당부분 축적하게 된다. 반면에 후계자는 다양한 도전에 직면하게 된다. 그 가운데 하나가 '창업세대의 그늘'이다. 창업세대의 성공이 큰 경우에는 창업세대가 남겨준 그늘 또한 작지 않은 것이 사실이다. 후계자의 경영역량과 리더십에 관한 주변의 의문, 성과에 대한 부담, 변화에 대한 임직원들의 저항 등도 후계자에게는 상당한 도전으로 작용한다.[4)]

---

4) E. J. Poza 외, 전게서, pp.144~147.

2. 후계자 선정 기준 및 방법

(1) 후계자 선정 기준

후계자 선정에 있어서 공통적으로 적용되는 기준은 찾아보기 어렵다. 하지만 후계자에게 필요한 교육, 기술역량, 경영능력과 리더십, 재무관리 역량 등이 중시되고 있으며, 성별과 출생순서보다는 인성과 태도, 가업에 대한 애정과 헌신, 성실성 등이 더 중요한 기준으로 작용하고 있다.[5] 가족기업 리더와 승계 후보자 간에 신뢰관계를 형성하고 가치관과 비전을 공유하면서 가업에 대한 충성도를 높여가는 것이 중요하다.

장수기업이 많은 독일 등 유럽이나 미국에서는 후계자 선정기준이 점차로 객관화·명문화되어가는 추세다. 가족 내에 자격을 갖춘 후계자를 찾기 어려울 때에는 전문경영인에게 경영을 맡기는 방법을 통해서 가업의 영속성을 유지해 나가는 사례가 허다하다. 일본의 호시료칸은 '장자계승 원칙'을 따르지만 가업을 계승할 아들이 없거나 경영능력을 갖추지 못한 경우에는 역량을 보유한 사위나 입양한 아들에게 창업자의 이름과 함께 가업을 물려주는 전통을 이어오고 있다. 바이오이유식 분야 히든챔피언인 독일 힙(HiPP)사의 경우, 가업에 대한 애정과 헌신하고자 하는 의지가 확고한 자로서 대학에서 가업 운영과 관련이 있는 교육을 받고 기업에 들어와 근무하는 자녀들 가운데, 종업원의 존경을 받고 경영능력과 가족 및 기업에 대한 리더십을 갖춘 자를 후계자로 선정한다. 맥주의 부자재인 홉(Hop) 시장의 히든챔피언인 독일의 Joh. Barth & Sohn사는 '4개 국어 이상의 언어에 능하고 대학에서 가업 운영과 관련이 있는 분야의 공부를 한 후 5년 동안 외부에서 경험을 쌓은 후에 입사하여, 해외지사 근무를 거쳐 본사에 들어와 현장경험을 쌓으면서 자신의 역량을 인정받은 자를 후계자로 선정한다'는 원칙이 존재한다.[6] 스웨덴의 존경받는 가족기업인 발렌베리그룹의 후계자가 되기 위해서는 혼자 힘으로 명문대

5) J. Chrisman, J. J. Chua, & P. Sharma(1998) "Important Attributes of Successors in Family Business." Family Business Review, XX(2), pp.19~34.

6) 조병선, 독일 히든챔피언의 지속가능 성장 요인, 중소기업연구 제35권 제2호, 2013, 88~89쪽.

학을 졸업하고 해군사관학교에 입학해 강인한 정신력을 길러야 하며, 부모의 도움 없이 세계의 금융 중심지에 진출해 실무경험을 쌓고 금융흐름을 파악하는 역량을 갖추어야 한다.

(2) 후계자를 선정할 때 고려해야 할 것들

가족기업 리더에게 요구되는 역량을 갖춘 적합한 인물을 후계자로 선정하는 것은 기업의 성장·발전과 영속성 유지를 위해 매우 중요한 일이다. 가업의 영속성 및 장래를 좌우하는 중요한 역할을 수행할 후계자를 선정함에 있어서 고려해야 하는 분야로는 기업경영 차원, 후계자 자신의 적합성 차원, 가족과 임직원의 인식 및 신뢰 차원 등을 들 수 있다.

기업경영 차원은 후계자가 기업을 효과적으로 경영해 나가는 데 필요한 기술이나 능력을 평가하는 차원이다. 여기에는 가족기업의 리더로서 기업 전체를 이끌어 나갈 수 있는 리더십, 가족기업을 위해 독립적으로 일할 수 있는 능력, 다양한 갈등을 관리하고 해결해 나갈 수 있는 능력 등이 포함된다. 후계자 자신의 적합성 측면은 후계자가 보유하고 있는 다양한 역량을 평가하는 차원이다. 후계자가 갖고 있는 경험 및 기술 수준, 그동안 받은 훈련의 정도와 기업 내 위치, 가족기업에 대한 애정과 헌신 및 충성도 등에 대한 평가가 여기에 속한다. 가족과 임직원의 인식과 신뢰 차원은 잠재적 후계자의 경영역량이나 지도력, 리더십, 인격과 성품 등에 관하여 이들이 어떻게 생각하고 있는지에 관한 평가이다. 후계자의 경영방식, 공정성, 적합성, 신뢰 수준 등에 대한 평가도 여기에 해당한다.[7)]

가족기업의 역사가 오래되고 이 분야의 연구 및 컨설팅이 활발하게 진행되어 온 미국이나 독일, 영국 등 유럽 국가의 경우를 보면, 시간이 흐를수록 후계자 선정기준이 객관화되어가고 있는 상황이다. 구체적으로는 교육, 기술적 역량, 경영기술, 재무관리 역량 등이 중시되고 나이, 성별, 출생순서 등에 관한 비중이 줄어드는 상황이다. 딸이나 막내아들이 가족기업의 후계자로 선

7) 김지희, 가족기업 창업 및 경영론, 2001, 344쪽 이하.

정되는 경우가 점증되고 있다는 연구 결과도 존재한다. 성별과 출생순서보다는 성실과 정직, 책임감, 열정 및 헌신 등이 후계자 선정시에 더 중요한 요인으로 작용하고 있다.[8)]

글로벌 경쟁력을 갖춘 독일의 히든챔피언 가운데는 장수 가족기업이 많다. 이들 기업의 대부분은 후계자 선정 기준이 엄격하고 자격요건을 갖춘 후계자를 찾기 어려울 때는 전문경영인을 과감하게 영입하는 등 '열린 가족자본주의'를 채택하는 경향이 강하다. 가족 구성원이 CEO로서 가업을 직접 경영하고 있는 기업의 비중이 독일은 40%(장남이 CEO인 가족기업 비중은 10%)에 지나지 않지만, 프랑스는 69%(장남 CEO 44%), 미국 70%(장남 CEO 30%), 영국 77%(장남 CEO 50%) 등으로 높은 비중을 차지하고 있다. 이와 같이 가족 구성원 가운데 자격을 갖춘 후계자를 찾기 어려운 경우, 소유와 경영을 분리하여 가족이 소유권을 보유하면서 전문경영인에게 경영을 맡기는 방법을 통해서 가족기업의 성장·발전을 도모하면서 영속성을 유지해 나가고 있는 것이다.[9)]

(3) 효과적인 후계자 선정 방법

1) 후계자 선정의 방법

후계자를 선정하는 방법은 가족기업이 처해있는 환경이나 가족기업 리더의 스타일에 따라 다양하다. 어떤 리더는 고통을 감수하면서 후계자를 정하기도 하고 어떤 사람은 후계자를 조기에 확정해 놓기도 하며, 후보자들 간에 일정기간의 경쟁을 거친 이후에 후계자를 선정하기도 한다. 사외이사와 가족 구성원이 참여하는 경영위원회 등에 후계자 선정권을 위임하는 경우도 있다. 어떤 경우에는 가족 구성원이나 주주 및 임원, 승계 후보자 등으로 부터 폭넓은 공감대를 얻은 사람을 후계자로 선정하기도 한다.

자녀들 가운데 누구를 후계자로 선정하고 재산을 어떻게 분배할 것인가

---

8) Chrisman, Chua, & Sharma, 전게논문, 1998.

9) Bernd Venohr & Klaus E. Meyer, The German Miracle Keeps Running: How Germany's Hidden Champions Stay Ahead in the Global Economy, Fachhochschule fuer Wirtschaft Berlin Working Paper(No. 30.05/2007).

등에 관하여 유언제도를 활용하는 것도 한 방법이다. 유언장을 작성한다 하더라도, 생전에 본인의 생각을 주위 사람들에게 제대로 전달하지 않은 상태에서 상속이 개시되고 예상하지 못했던 내용이 유언장에 담겨있을 경우가 있을 수 있다. 이 경우 상속인들 간에 유언의 유효성, 유류분에 대한 권리 등을 둘러싼 분쟁 발생 가능성이 적지 않다. 따라서 유언장을 작성하는 경우에도 사전에 자신의 생각을 상속과 관련한 이해관계자들에게 충분히 이해시키려는 노력을 함과 동시에, 유언장의 효력 발생에 문제가 없도록 법적 요건을 지켜 제대로 작성해 놓을 필요가 있다.

2) 후계자 선정 방법별 장단점

후계자를 선정하는 방법은 다양하고 각 방법들마다 장단점을 갖고 있다. 선정 방법별 장단점을 살펴보면 각각 다음과 같다.[10)]

① 후계자를 일찍 확정해 놓는 경우

후계자를 조기에 선정해 놓는 방법은 자녀들의 나이 차이가 크거나 역량 면에서 현저한 격차가 존재하는 경우에 효과적이다. 후계자를 일찍 확정해 놓은 경우, 가족기업 리더 입장에서는 아직 젊기 때문에, 나중에 이러한 선택이 상처를 입거나 계획한 대로 잘 추진되지 않는 경우에 이를 보완할 수 있는 시간적 여유를 갖고 대안을 모색하는 것이 가능하다. 그리고 후계자로 선정되지 않은 자녀 등 다른 가족 구성원에 대하여는 자신에게 적합한 길을 선택할 수 있는 충분한 시간과 기회를 갖게 하는 장점을 기대할 수 있다. 후계자를 일찍 선정하는 것은 가족기업 리더가 예기치 않은 사고로 사망하거나 업무를 정상적으로 수행하기 어려운 상황에 직면한 경우에 리더십 부재로 경영이 어려움에 처하게 되는 위험을 방지할 수 있다. 또한 자녀들이 장성했을 경우에 자녀들 가운데 누구를 후계자로 선정할 것인지를 놓고 곤란한 상황에 직면할 가능성을 사전에 방지할 수가 있다.

하지만 이 방법은 역량이 탁월한 다른 자녀가 후계자 선발과정에서 제외

---

10) Craig E. Aronoff 외, Family Business Succession, 2003, p.30 이하.

되는 단점이 있을 수 있다. 부모가 너무 일찍 어려운 결정을 해 놓음으로써 가족 구성원들 간에 좋지 않은 서운한 감정이 장기간 유지되는 부담요인으로 작용하기도 한다.

② 오랜 경쟁을 통한 선정

어떤 경우에는 복수의 승계 후보자들로 하여금 장기간 경쟁을 하게 한 후에 적합하다고 판단되는 후계자를 확정하기도 한다. 이 방법은 후계자를 잘못 선정함으로써 발생할 리스크를 줄임과 동시에, 후계자 선정과 가족기업이 추진해 나가고자 하는 중장기 전략 방향과의 조화를 모색할 수 있는 충분한 시간을 갖게 함으로써 선택의 오류를 최소화할 수 있는 장점이 있다. 그러나 이 방안은 때때로 후계자를 적기에 선정하지 못하는 원인을 제공하기도 한다. 가족기업 리더가 사망하거나 무능력 상태에 이르기까지 후계자를 확정하지 못하는 상황을 초래할 수도 있다. 그리고 자녀들이 성장해 갈수록 후계자를 선정하기가 어려운 경우가 발생하기도 하며, 경우에 따라서는 후계자 결정이 늦어짐에 따라 역량 있는 예비 후보자들이 그 때까지 기다리지 못하고 기업을 떠나는 상황이 발생하기도 한다.

③ 사외이사 등을 활용한 후계자 선정

많은 가족기업 리더들은 후계자 선정 과정에서 외부의 지원을 요청하기도 한다. 독립적인 이사회로 하여금 후계자 선정 과정을 디자인하고 승계계획을 작성하도록 하면서 진행 상황을 지켜보기도 한다. 승계 과정에서 어려움에 처하게 되는 경우에 유능한 사외이사나 주요 임원들은 사업의 안정과 가족의 결속을 유지하는데 중요한 역할을 담당할 수 있다.

④ 이상적인 후계자 선정 방법

후계자를 선정하는 방안들 가운데 가장 이상적인 방안은 가족기업 리더와 가족 구성원, 임원 및 이사회 구성원들로부터 폭넓은 공감을 얻은 승계 후보자를 후계자로 확정하는 것이다. 이 방법은 승계와 관련하여 발생할 수 있는 갈등 및 분쟁 요인을 최소화할 뿐만 아니라, 이들의 협조 아래 승계과정을 원만하게 진행하고 경영의 리더십도 무리 없이 확보할 수 있기 때문이다. 규모가 큰 가족기업의 경우에는 승계 업무를 담당하는 전담팀을 구성하고, 이 팀으로 하여금 승계계획 수립, 후계자 선정절차 진행, 승계과정에서 제외된 승계 후보자에 대한 보상 등 관련 업무를 담당하도록 하는 것도 추천할 만한 방안 가운데 하나다.

3) 가족 구성원 가운데 적절한 승계 후보자가 없는 경우

가족 구성원 가운데 승계 후보자가 없는 경우가 있을 수 있다. 자녀들 가운데 어느 누구도 가족기업 경영에 관심을 갖고 있지 않거나, 승계의지는 있으나 준비가 되어 있지 않은 경우, 가업을 이을 자녀가 없는 경우 등을 생각해 볼 수가 있는 것이다. 이 경우에는 기업에서 근무하고 있는 종업원 가운데서 적임자를 선정하여 사업을 승계하기도 하고 외부에서 전문경영인을 영입하는 방법을 활용하기도 한다. 외부에서 전문경영인을 영입하여 일정기간 기업을 경영하게 한 후에, 자녀들 가운데 혹은 그 다음 세대 구성원 가운데 적임자가 나타나면 그들이 경영권을 회복하도록 하는 소위 '가교승계(Bridge Succession)' 방법을 채택하는 경우도 있다.

3. 후계자 선정 과정에서의 유의사항

(1) 후계자 결정과 관련한 커뮤니케이션

후계자를 선정함에 있어서 이해 당사자들과 폭넓은 공감대를 형성하는 것이 바람직하다. 특히 가족기업의 리더, 가족 구성원, 중역과 이사회 등이 후계자 선정 과정에서 서로 원만하게 소통하고 최종결정 단계에서 협력하는 것이 중요하다. 어떠한 방법을 채택하던 간에 승계 후보자들 가운데 가장 적합한 인물을 후계자로 선정하는 노력을 기울여야 한다. 선정된 후계자에 대해서는 그가 새로운 리더십을 발휘해서 기업을 발전시켜 나갈 수 있도록 이해 당사자들 모두가 협력하고 지원하는 것이 중요하다.

가족기업의 다음 세대를 이어갈 후계자가 선정되면 가족들과 기업의 주요 간부들에게 그 결과를 신중한 방법으로 알리는 것이 좋다. 후계자로 선정되지 않은 자녀에 대한 배려와 함께, 후계자로 선정된 자녀에 대하여는 그가 능력이 있고 충분한 가능성과 경영역량을 갖추고 있으며, 존중을 받고 있다는 확신을 심어줄 필요가 있다.

가족 구성원이나 기업의 주요 간부들 중에서 '여러 승계 후보자 가운데 가족기업 리더인 아버지 또는 어머니가 그를 좋아한다는 이유 때문에 후계자로 선정되었다'라는 생각을 한다면, 그 후계자는 신뢰와 권위를 확보하기가 어렵다. 하지만 객관적인 평가 기준에 바탕을 둔 선정 절차와 계획에 따라 다양한 이해관계자들이 뜻을 모아 후계자를 선정한 경우라면, 이들 관계인들로부터 인정을 받게 되고 그 결과 훨씬 더 원활한 승계가 가능하게 된다.

(2) 자녀들과의 일상대화 과정에서 유의사항

가족기업 리더가 자녀들을 역량 있는 후계자로 준비해 나가는 것은 새로운 사업을 시작하는 것보다 더 어려운 일이다. 사려가 깊은 부모는 자녀들이 어렸을 때부터 승계를 위한 기초 작업을 진행한다. 어린 시절에 형성된 가치관은 기업의 원활한 승계를 가능하게 할 뿐만 아니라 화목한 가족관계를 유지하는 데도 도움이 된다.

가족기업의 리더가 집안에서 나누는 대화를 통해서 보내는 여러 가지 신호들은 자녀들의 사고 및 행동발달과 가족기업에 대한 인식에 큰 영향을 미치게 된다. 그런데 많은 가족기업 리더의 자녀들은 사업장에서 귀가한 부모로부터 기업경영에 관한 불평과 불만사항을 수시로 듣고 자라는 경향이 있다. 때로는 자녀들과의 일상적인 대화 가운데 "언젠가는 사업을 접겠다." "지금 같은 고생은 부모인 내 세대로 족하고 너희들에게까지 힘든 일을 물려주고 싶지 않다." 등과 같은 불만을 토로하기도 한다. 그러면서도 자녀들에게는 "언젠가는 너희들도 사업을 하면서 이러한 일들을 경험하게 될 것이다"라고 말하는 경우가 허다하다. 자녀들은 이러한 불만과 기업에 대한 부정적인 인식들로 인하여 가업을 이어받아 경영을 해 보겠다는 생각이 움츠려들기 마련이다.

자신이 일구어 온 기업을 자녀들에게 계승하고 싶은 마음이 있다면, 일찍부터 일상적인 대화를 통하여 자녀들에게 기업 경영에 관한 밝은 면과 어두운 면에 대한 객관적인 관점을 균형 있게 제시해 주는 것이 필요하다. 사업을 운영하면서 직면하는 어렵고 골치 아픈 일들과 보람 및 즐거움을 함께 알려줌으로써 자녀들로 하여금 가족기업의 가치, 기업가정신과 기업가적 활동 과정의 양면성을 바르게 이해하도록 도와주는 것이 바람직하다.

자녀들이 가업에 본격적으로 참여하는 것은 의무사항이 아니라 각자의 자유로운 의사에 따라 선택을 할 수 있다는 것을 이해하도록 하는 것도 중요하다. 자녀된 입장에서 가업을 이어받는 것은 도덕적인 의무가 아니고, 사회의 일원으로서 자신의 인생을 의미 있게 살아가는 방안의 하나라는 것을 자각할 수 있도록 말해주어야 한다. “만일 네가 가업에 관심을 갖고 경영에 참여한다면 환영할 만한 일이다. 하지만 우리는 네가 어느 길을 선택하든지 너의 선택과 용기를 존중하고 그것을 지원할 수 있다”라고 자녀들에게 확실하게 말할 수 있어야 한다.

부모와 가족들의 기대 및 희망 때문에 자녀로서의 마땅한 의무감에서 가업을 이을 생각을 하는 경우를 흔히 볼 수 있는데, 이것은 바람직한 선택이라고 보기 어렵다. 자녀들 가운데 누군가가 자신의 뜻이나 희망에 따라서가 아니라 부모의 꿈을 이루어드리기 위해서 가업을 계승하게 된다면, 그들은 늘 갈등을 하게 될 것이고 앞으로의 인생 또한 불행하게 될 가능성이 높다. 이는 가족기업 리더인 부모로서 원하는 바가 아니며, 더욱이 그것은 기업의 장래를 위해서도 바람직한 것이라고 할 수 없다.

(3) 후계자 선정을 어렵게 하는 요인들

가족기업에 있어서 유능한 후계자를 적기에 선정하고 이들을 역량 있는 기업가로 육성해 나가는 것은 중요한 일임에도 불구하고, 많은 경우에 이러한 과제를 효과적으로 수행하지 못하고 어려움에 직면하고 있음을 볼 수 있다. 미국의 가족기업 CEO 겸 컨설턴트인 피쉬만(Allen E. Fishman)이 정리한

'적합한 후계자를 선정하는데 있어서 장애가 되는 요인'들을 살펴보면 다음과 같다.[11)]

1) 가족기업 리더 측면

① 뒤로 미룸

대부분의 가족기업 리더들은 자신이 앞으로도 오랜 기간 기업을 잘 경영할 수 있을 것으로 생각하면서 후계자를 확정하는 것을 뒤로 미루는 경향이 있다. 이는 주로 자신이 경영 일선에서 물러나는데 대한 두려움에서 비롯된다. 일부 CEO들은 자신이 일상적으로 전개되는 바쁜 일들을 처리하느라고 후계자 선정이라는 중요한 일에 신경을 쓰지 못하고 있다는 말을 하기도 한다.

② 객관성 결여

가족기업의 미래를 책임질 후계자는 무엇보다도 여러 후보자들 가운데서도 가장 적합한 자격과 역량을 갖춘 사람을 선정하여야 한다. 제대로 된 역량을 갖추지 못한 후계자에게 경영책임을 맡기는 것보다 더 빨리 기업을 망하게 하는 것은 없기 때문이다. 그럼에도 불구하고 적지 않은 후계자들이 가족 내의 주관적인 이유에 근거하여 후계자로 선정되는 경향이 있다. 그 결과 많은 차세대 경영자들이 가족기업에 대한 애정 및 열정 부족, 경영역량 미흡, 리더십 부족 등으로 경영 실패에 직면한다.

가족기업 리더가 기억해야 할 또 하나의 과제로는, 후계자가 성공적으로 기업을 경영하기 위해서는 그동안 기업을 성공적으로 일구어 온 자신의 복사판이 아니어야 함을 기억해야 한다는 사실이다. 대다수의 후계자들은 부모세대가 경험한 지난날과는 다른 관점에서 사업을 바라보고 변화된 환경에 적합한 새로운 경영스타일을 도입하려는 속성을 갖는다. 그럼에도 불구하고 가족기업 리더들은 종종 자기를 닮은 후보자를 후계자로 선택하는 경향이 있는데, 이는 바람직한 것이 아니다. 오히려 기업을 효과적으로 통제·운영할 수 있는 객관적인 역량을 갖춘 후계자를 선택하는 것이 좋다. 가족기업 리더는 자신

11) Allen E. Fishman, 9 Elements of Family Business Success, 2009, pp.87~112.

이 아들이나 딸을 얼마나 깊이 사랑하는지 하는 문제와는 별도로, 감정상의 이유에 근거하여 자질이 부족한 인물을 후계자로 선정하는 실수를 범하여서는 안된다.

③ 소통 부족

가족기업을 승계함에 있어서 리더가 염두에 두어야 할 불변의 황금률이 있다. 가족기업 리더는 선정된 후보자와 가능한 일찍부터 승계에 관한 자신의 계획에 관하여 명확하고 충분한 소통을 하여야 하고, 다른 가족 구성원들이 어떻게 반응하는지에 관하여도 세심한 주의를 기울여야 한다는 것이다. 자신이 승계 후보자로 생각하고 있는 자녀들과 긴밀하게 소통하면서 경영에 참여하고 있거나 경영과 관련성이 큰 친족들과도 원활한 소통을 하여야 한다. 이러한 소통이 원활하게 이루어지지 않는 경우에는 가족 구성원 간에 불화를 일으켜 기업 경영에 타격을 초래하며, 결과적으로 승계의 실패로 이어질 가능성이 커진다.

2) 후계자 측면

① 열정 부족

승계 후보자가 성공의 길로 가기 위해서는 무엇보다도 가업에 대한 애정과 사업에 대한 열정을 갖고 있어야 한다. 사업을 성공적으로 운영해 나가기 위해서는 가족기업에 대한 희생과 헌신이 중요한데, 이러한 것들은 사업에 대한 애정과 열정이 있을 때에라야 가능하기 때문이다.

따라서 가족기업 리더는 후계자를 선정하기에 앞서 자신이 생각하고 있는 승계 후보자가 사업에 대한 열정을 갖고 있는지의 여부에 관하여 정확하게 의견을 교환하고 이를 확인할 필요가 있다. 거의 모든 성공한 가족기업들은 열정을 갖고 그 기업을 일구어 온 리더가 존재하기 마련이다. 승계 후계자 또한 창업세대 CEO와 마찬가지로 사업에 대한 열정과 애정을 갖고 있어야 함은 물론이다.

가업에 대한 애정과 사업에 대한 열정이 없는 후계자는 자신의 능력이 어떠하든지를 불문하고 기대에 미치지 못하는 성과를 내거나 실패할 가능성이 크다. 따라서 열정을 갖는 인물이 가족기업의 리더가 될 수 있도록 미리 준비해 가는 것이 중요하며, 그러한 경우에라야 모두에게 더 유익한 결과를 창출하는 것이 가능하다. 현명한 가족기업 리더는 승계를 계획하고 관리해 나가는 과정에서 후계자 후보가 열정을 갖고 있지 않다는 것을 알면서도 이를 강요하는 것은 언제나 잘못된 결정이라는 사실을 깨닫게 된다.

② 요구되는 자질과 역량을 갖춘 승계 후보자 부족

승계 후보자에게 필요한 덕목 가운데 두 번째로 요구되는 것은 가족기업 리더로서의 소질 및 적성이다. 가족기업의 CEO가 수행하는 역할은 매우 독특함과 동시에 기업 내에서 다른 역할을 담당하는 사람들과는 차별화된 기술과 행동 및 자질 등을 필요로 한다. 이러한 점에서 승계 후보자가 능력이 탁월하다고 하더라도 가족기업 리더로서 갖추어야 할 소질이나 적성이 부족하다면 훌륭한 리더로 성장하기가 어렵게 된다.

③ 큰 그림을 그릴 수 있는 안목과 비전의 결여

후계자는 승계 과정이나 승계 이후에 가족기업의 활력 회복과 재도약을 이끌어 낼 수 있는 비전을 제시할 수 있는 역량을 갖추고 있어야 한다. 그리고 기업이 보유하고 있는 경쟁력을 유지하거나 더 확충하는 데 필요한 변화와 혁신을 추구하고, 격변하는 대내외 환경에 적응해 나가기 위한 전략적인 사고를 갖추어야 한다. 이러한 것들이 가능하기 위해서는 승계 후보자는 창업자 또는 가족기업 리더의 경영철학과 가업을 통해서 이루어 나가고자 하는 장기적인 목표, 그리고 사업전반에 걸친 큰 그림을 이해하고 이를 발전시켜 나가는데 필요한 안목과 비전을 간직하고 있는 것이 중요하다. 이러한 것들은 가족기업의 리더와 승계 후보자가 사업현장에서 함께 일하면서 기업의 전략과 미션 및 비전을 수립하는 작업에 참여하거나, 상호 신뢰를 바탕으로 원활하고도 솔직한 대화를 통하여 체득하고 배워나갈 수 있다.

④ 감성이입 역량 부족

기업의 성공경영을 위해서는 임직원을 포함한 주요 이해 관계자들을 설득하고 그들의 마음을 얻어가면서 함께 공동의 목표를 달성해 가는 환경을 조성하는 것이 필요하며, 이를 위해서는 리더의 역할이 중요하다. 그런데 많은 후계자들이 가족기업이라는 조직을 관리하고 리드해 나가는데 있어서 매우 중요한 요소에 해당하는 감성이입 역량이 부족한 것을 볼 수가 있다. 임직원 등 이해 관계자들과 원활하게 소통하면서 그들에게 조직의 목표와 전략 및 비전을 전파하고 그들의 자발적인 협력을 이끌어 내는데 필요한 자질을 갖추고 있는 후보자가 없다는 점 또한 후계자를 선정하는데 있어서 어려움을 겪는 요인으로 작용한다.

3) 기 타

① 장자 상속권

많은 경우에 자녀들 가운데 나이가 더 많거나 장남이라는 이유로 가족기업의 차세대 리더가 될 당연한 권리를 갖고 있는 것으로 생각하는 경향이 있다. 이는 유능한 경영자와 애정이 많은 부모라는 서로 다른 역할 사이에서 갈등하는 가족기업 리더에게 상당한 압력으로 작용할 수 있다. 실제로 이러한 압력으로 인하여 가족기업 리더는 자신의 더 좋은 판단과는 달리, 기업을 잘 경영할 수 있는 가능성과 역량을 갖춘 자녀를 후계자로 선정하는 대신에 가족 구성원의 화목을 원만하게 유지해 나갈 후계자를 선정하는 경향이 있다.

기업의 지속적인 발전과 존속을 위해서는 사업 전반을 효과적으로 통제할 역량과 기업경영에 관한 비전과 확고한 의지 및 정체성을 갖고 있는 후계자가 필요하다. 따라서 가업의 경영을 책임질 후계자가 반드시 장남일 필요는 없는 것이다. 후계자를 잘못 선정한 결과 나중에 기업이 어려워졌을 경우에 겪게 될 아픔을 생각한다면, 후계자 본인은 물론 가족 전체에 경제적·심리적으로 미치는 고통이 너무 크다고 할 수 있다. 따라서 최적의 후보자를 후계자로 선정하고 후계자로 선정되지 못한 자녀들에 대하여는 다른 방법으로 보상을 해 주는 것이 더 현명한 방법이다.

② 객관적인 평가 자원 및 수단 활용의 실패

가족기업의 리더가 승계계획을 확정하고 후계자를 선정해서 발표하는 경우에 종종 직면하는 어려움 가운데 하나는 가족 구성원의 질투, 분노, 불신, 자포자기 감정 등이다. 이와 같은 부정적인 반응을 최소화하면서 후계자 결정의 정당성을 확보하기 위한 효과적인 방안으로는, 독립적인 후계자 선정기구와 객관적인 평가기준을 활용하는 방안을 들 수 있다. 이러한 방법으로 후계자를 결정하여 발표하는 경우, 가족기업 리더는 자녀들이나 가족 구성원들을 동일하게 대하는 것이 아니라 공정하게 대하는 노력을 기울이고 있다는 것을 확인시켜 줄 수 있는 장점을 갖는다. 그리고 이러한 방법은 최적의 후계자를 선정함에 있어서 가족기업 리더의 결정을 돕는 동시에 승계 후보자들 사이의 갈등을 줄이는데 있어서도 긍정적으로 작용한다.

독립된 추천위원회가 객관적인 기준과 평가를 통하여 추천한 결과를 토대로 하여 후계자를 선정하는 경우에는, 부모의 주관적인 판단에 의해 후계자를 선정했다는 의심을 줄일 수 있을 뿐만 아니라 선정 결과에 대한 후보자들의 불만을 최소화할 수 있는 장점이 있다.

③ 다른 후계자 후보들이 가족기업을 떠나거나 흥미를 상실할 것이라는 염려

다수의 가족기업 리더들은 종종 '후계자로 선정되지 못해 마음에 상처를 받게 될 자녀들 때문에 후계자 확정을 늦추고 있다'는 말을 한다. 후계자 선정을 뒤로 미룸으로 인하여 당장에 발생할지도 모르는 가족 구성원의 갈등을 피할 수는 있겠지만, 이 경우 가족 내 갈등은 더 크고 깊어가는 것이 일반적인 현상이다.

이러한 상황은 주로 복수의 승계 후보자들이 존재하고 이들 모두가 후계자로서 갖추어야 할 역량을 충분하면서도 비슷한 수준으로 갖추고 있는 경우에 발생한다. 특히 비슷한 자격을 갖춘 이들 승계 후보자들 모두가 가족기업의 새로운 리더가 되려는 노력을 하고 있고, 부모가 평소에 그들을 평등하게 대해 온 경우에는, 이들 가운데 어느 한 자녀를 후계자로 확정하는데 어려움이 더 클 수가 있다. 이 경우에 고려할 수 있는 방법의 하나로 공동대표제의

도입을 들 수 있다. 각자에게는 자신의 강점을 잘 발휘할 수 있는 분야의 일을 담당하도록 배려함으로써, 승계 후보자들 간의 갈등 및 분쟁 가능성을 줄이고 상호간의 협력 및 보완을 통한 시너지 창출을 도모하는 것도 가능하다.

4. 후계자 후보들 간의 경쟁 관리

가족기업의 후계계자를 선정하는 과정에서 후계자 후보들 사이의 경쟁은 자연스러운 현상이다. 복수의 형제자매와 사촌들이 가족기업에 참여하게 되면 이들 사이의 경쟁은 복잡한 양상을 보이게 된다. 대부분의 가족기업에 있어서 기업에 참여하는 여러 명의 가족 구성원에게 돌아갈 수 있는 최고경영자 자리는 하나이기 때문에 이 자리를 차지하기 위한 형제자매 또는 사촌 간의 경쟁은 피하기 어려운 일이라고 할 수 있다.

가족기업 리더는 이러한 경우에 자신의 자녀들을 어떻게 관리하고 기업 조직을 어떻게 운용하느냐에 따라, 이들 사이의 경쟁이 초래할 부정적이거나 파괴적인 결과를 최소화할 수 있다.

(1) 후계자 후보가 다수인 경우의 후계자 선정

친족 내 후계자 후보가 다수인 상황에서 후계자를 선정하는 경우에는 시간적 여유를 갖고 가장 적합한 인물을 후계자로 선정하고 리더십을 확보할 수 있도록 세심하게 배려하는 것이 필요하다. 이 경우에는 CEO의 의지, 승계 후보자 자질과 마음가짐, 가족 구성원의 생각, 주식 및 자산 현황 등을 파악한 다음에 이를 바탕으로 하여 종합적인 관점에서 후계자 선정 방침을 마련하는 것이 중요하다. 잠재적인 승계 후보자가 다수인 경우에는 후계자 선정과 관련한 분쟁 방지를 위하여 사전에 선정기준을 제시하고 공정한 절차에 따라 후계자를 선정할 필요가 있다.

여러 자녀들 가운데 한 사람을 후계자로 선정한 경우에는 후계자 이외의 다른 자녀들에 대하여 충분한 배려를 할 필요가 있다. 이 경우 후계자에게는 경영권을 안정적으로 확보할 수 있는 수준으로 기업의 주식을 이전하고, 다른 자녀들에게는 그에 상응하는 자산을 배분하는 것이 바람직하다. 분배할 자산이 충분하지 않은 경우에는 의결권 제한부 주식을 활용하는 방법을 고려할 수 있다. 자녀들의 사이가 좋다면 이들이 서로 보완적인 위치에서 경영에 참여하는 방안을 강구하는 것도 생각해 볼 수 있다.

(2) 여러 명의 적합한 후보자가 있는 경우

여러 명의 자녀들이 자신이야말로 후계자의 자격을 충분히 갖추고 있고 기업의 발전에도 상당한 공헌을 해 왔다고 생각하면서, 가족기업의 다음 리더는 다른 사람이 아닌 자기 자신이어야 한다는 입장을 굽히지 않는 경우가 있을 수 있다. 이러한 상황에서 가족기업 리더가 서둘러서 후계자를 정하는 경우에는 상당한 리스크가 뒤따르게 된다. 이 경우에는 가족기업 리더와 부모로서의 고충을 자녀들에게 이야기하고 그들과 솔직한 대화를 더 많이 나누는 것이 필요하다. 가능하다면 충분한 기간을 주면서 그들로 하여금 누가 후계자로 되는 것이 좋겠는지, 그리고 가족기업 내에서의 각자의 역할은 어떠해야 할 것인지 등을 협의해서 결정해 오도록 하는 것도 좋은 해결방안 가운데 하나다. 이러한 과정을 거치지 않고 부모가 일방적으로 후계자를 선정해서 발표를 해 버리는 경우에는, 형제간의 갈등은 물론 가족의 화목이 깨지는 결과를 초래한다.

실제로 기업가로서의 재능을 보유한 여러 명의 자녀들이 있고, 이들이 가족기업에 대한 애정과 열의를 갖고 있으면서 경영자로서의 역량을 갖추고 있는 경우가 있을 수 있다. 이 경우에 한 자녀만을 후계자로 선정하게 되면 적지 않은 어려움에 직면하게 될 가능성이 크다. 오히려 공동경영 형태로 사업을 운영하거나 분사의 방법을 활용하여 각각 독립적으로 사업을 운영하도록 하는 방안도 생각해볼 수 있다.[12)]

적지 않은 경우에 이러한 문제를 해결하는 방안으로 공동경영체제를 채

---

12) Marshall B. Paisner, Who Should Name the Next CEO?, 1999, p.135 이하.

택하여 권한과 책임을 분할하고 있으며, 이러한 방법이 효과적이라는 연구 결과들을 종종 접하기도 한다.[13] 가족기업 전문 컨설턴트인 헤세(Edward D. Hesse)는 자신의 컨설팅 경험을 토대로, 대부분의 경우에 가족 구성원들은 궁극적으로 자신만의 그리고 독립된 영역에서 자신의 책임 하에 독자적으로 권한을 행사하면서 가족기업 경영에 참여하기를 원한다고 보았다. 그리고 부모로부터의 관리 및 통제도 달갑지 않게 생각하기 때문에, 가능하다면 각자에게 자신의 역량에 맞는 영역을 맡아서 독립적으로 경영할 수 있는 권한을 부여하는 방안이 효과적이라고 한다.[14]

13) 가족기업 가운데 창업세대를 지나 자녀들 또는 사촌들이 공동으로 소유하거나 경영하는 형태의 지배구조를 유지하는 기업들이 늘어나고 있다. 따라서 이들 차세대 승계 후보자들이 일찍부터 팀을 이루어 서로를 도와 문제를 해결해 나갈 수 있는 환경을 조성하고, 이들 상호간의 원활한 소통과 협상능력, 갈등해결 역량 등을 갖추어 나가는 것의 중요성이 커지고 있다. 물론 가족기업을 공동으로 경영함에 있어서는 각자의 영역에서 서로의 역할을 명확하게 하면서 독자적으로 경영의사를 결정하고 활동하는 것이 중요하지만, 필요한 경우에는 기업 전체의 입장에서 서로 양보하고 협력하면서 공통된 목표를 향해 나아가는 것이 중요하기 때문이다.

14) Edward D. Hesse, The Successful Family Business, 2006, p.57.

제 9 장 후계자 육성과 리더십 개발

한 가문이 500년 이상 나라를 통치한 경우는 인류 역사에서 조선의 이씨왕조 외에는 찾아보기가 어렵다. 당시 "왕은 하늘이 내린다"고 했지만 실제로는 신중한 후계자 선정과 함께 왕의 역할을 제대로 감당할 수 있는 인물로 키우기 위한 왕실의 관심과 노력이라는 숨은 비결이 존재한다. 조선시대의 왕세자 교육에 대한 왕실의 관심은 대단했다. 유아기의 정서교육에서 원자(元子)의 영재교육, 세자의 지도자교육까지 전담기관을 설치하여 맞춤형 교육을 실시했다. 왕 또한 나랏일로 바쁜 가운데 시간을 내어 왕자를 가르치는 일을 담당했다. 심신단련 역시 왕세자를 왕의 재목으로 다듬기 위해 반드시 통과해야 하는 절차였다. 목표의식이 뚜렷하지 않고 학문에 열의가 없으며 시강원(侍講院)의 학습도 게을리 하면서 허송세월을 보내는 등 지도자로서의 역량을 갖추지 못한 왕자는 왕위 계승권을 얻지 못했다.

장수기업을 꿈꾸는 가족기업의 경우도 이와 별로 다를 바가 없다. 후계자를 육성하는 일은 가문의 유산에 해당하는 가업을 지키고 대를 이은 명문 장수기업으로 가는 핵심 과제에 해당한다. 좋은 후계자를 육성하는 일은 가족기업 리더로서 갖추어야 하는 인성, 가업에 대한 애정과 헌신, 경영능력 및 기술, 리더십, 업(業)에 대한 이해와 전문성, 소유주로서의 책임과 권한 등을 포함한 종합적인 역량을 배양하는 장기적인 과정에 해당한다.

후계자를 육성하는 방법은 기업의 규모와 역량, 업종의 특성 등에 따라 차이가 있고 리더의 교육 철학과 기업이 처해 있는 환경에 따라 달라지는 경향이 있지만 크게 내부육성, 외부경험, 자주독립형 등 세 가지 유형으로 분류할 수 있다.

가족기업의 차세대 리더를 효과적으로 육성해 나가기 위해서는 후계자 육성계획을 수립하고 관리해 나가야 한다. 후계자는 자신의 역량을 발휘하여 양호한 실적을 거둘 수 있는 분야에서 일하거나, 새로운 프로젝트의 책임을 맡아 운영하면서 가시적인 성과를 창출하는 기회를 가질 필요가 있다. 영업 및 마케팅 업무와 재무관리를 총괄해 보는 등 점점 더 책임이 큰일을 경험해 볼 수 있는 기회를 가지는 것이 좋다. 기업 외부에서 자신의 역량을 개발하고 자신의 가치를 평가하고 확인해 볼 수 있는 기회를 갖는 것도 필요하다. 덕망 있고 유능한 기업가나 전문가를 활용한 멘토링과 코칭을 활용하는 것도 후계자 육성에 많은 도움을 준다.

명문 장수기업을 꿈꾸는 가족기업의 리더라면, 후계자에게 단순한 재산으로서의 사업체와 경영에 필요한 지식 및 기술을 넘겨주는 것으로 만족해서는 안된다. 창업정신과 경영철학, 가족가치, 왕성한 기업가정신, 기업 소유주로서의 책임과 청지기정신 등 눈에 보이지는 않지만 가업의 영속성 유지와 좋은 기업을 일구어 가는데 필요한 가치와 정신 및 철학도 함께 계승할 수 있도록 관심을 기울여야 한다. '후계자에 대한 투자는 기업의 미래를 위한 최고의 투자'라는 사실을 인식하고, 후계자를 유능하고 존경받는 기업가로 육성해 나가는 일에 보다 적극적인 관심과 기업 차원의 배려가 요망된다.

1. 후계자 육성의 중요성

(1) 후계자 육성의 개요

후계자 육성은 가문의 유산에 해당하는 기업의 번영과 가족의 화목을 도모하고 명문 장수기업으로 가는데 있어서 매우 중요한 과제에 속한다. 기업의 안정적인 승계와 영속성 확보를 위해서는 후계자를 잘 육성하고 그 후계자로 하여금 기업을 효과적으로 경영하도록 해야 한다는 것은 너무나 당연하다.

좋은 후계자 육성 프로그램은 차세대 경영자가 보유하고 있는 잠재역량을 극대화할 수 있는 기회를 제공한다. 오랜 기간 대를 이어 기업을 경영해 오고 있는 가문들은 보다 체계적이고 합리적인 방법으로 적합한 후계자를 선정하고, 후계자의 역량을 개발할 수 있는 다양한 방안들을 찾아 적극 활용하고 있다. 이로써 후계자들은 자신에게 주어진 역할을 효과적으로 수행하고 윤리의식과 다른 임직원들을 존중하는 자세를 배우며, 사업의 다양한 영역에서 올바른 의사결정을 할 수 있는 역량을 배양하게 된다. 가족기업의 리더들은 후계자 육성의 중요성을 인식하고 상당한 노력을 기울이고 있다. 그럼에도 불구하고 이 과제를 효과적으로 수행하지 못하는 경우가 허다한데, 그 주된 원인으로는 다음과 같은 것들을 들 수 있다.

적지 않은 가족기업 리더들은 자신이 축적해 온 소중한 지혜를 제대로 전수하지 않는 경향이 있다. 가족기업 리더들 가운데 고령 등으로 은퇴를 해야 하는 상황임에도 불구하고 기업에 대한 통제권을 포기하거나 후계자에게 이양하지 않고 지속적으로 행사하는 경우를 흔히 볼 수 있는데, 이러한 행태는 효과적인 후계자 육성을 어렵게 하는 원인이 되고 있다. 체계적인 후계자 역량개발 프로그램의 부재, 후계자에 대하여 실패를 허용하지 않는 것, 가족기업의 중장기 발전전략 및 계획을 수립하는 과정에 후계자를 참여시키지 않는 것 등도 역량 있는 후계자 육성을 저해하는 요소다. 후계자 본인의 역량개발 의지 부족이나 실패, 가족기업 리더와 후계자 사이의 갈등과 신뢰 부족 등도 후계자 육성을 어렵게 하는 요인에 해당한다.

500년 이상 조선을 통치했던 이씨왕조의 후계자 교육은 가족기업의 후계자 육성에 적지 않은 시사점을 제공해준다. 당시 "왕은 하늘이 내린다"고 했지만 실제로는 신중한 후계자 선정과 함께 왕의 역할을 제대로 감당할 수 있는 인물로 키우기 위한 왕실의 관심과 노력이라는 숨은 비결이 존재한다. 조선시대의 왕세자 교육에 대한 왕실의 관심은 대단했다. 유아기의 정서교육에서 원자의 영재교육, 세자의 지도자교육까지 전담기관을 설치하여 그에 맞는 특수교육을 실시했다. 왕 또한 나랏일로 바쁜 가운데 시간을 내어 왕자를 가르치는 일을 담당했다. 심신 단련 역시 왕세자를 왕의 재목으로 다듬기 위해 반드시 통과해야 하는 절차였다. 목표의식이 뚜렷하지 않고 학문에 열의가 없으며 시강원(侍講院)의 학습도 게을리 하면서 허송세월을 보내는 등 나라를 통치할 지도자로서의 역량을 갖추지 못한 왕자는 왕위 계승권을 얻지 못했다.

(2) 가족기업 리더가 기대하는 후계자 역량과 육성 실태

중견 가족기업을 대상으로 실시한 조사에 의하면, 가족기업 리더들은 후계자들이 갖추어야 할 가장 중요한 자질로는 경영철학 및 기업가정신이며, 리더십 및 조직관리 역량, 전문적인 지식과 기술, 글로벌 경영능력, 도전정신과 창의성 등도 후계자가 배양해야 하는 덕목으로 들고 있다.[1)]

후계자의 역량 및 요건에 대한 기대가 이처럼 높은 것과는 달리 후계자를 길러내는 일을 효과적으로 수행하지 못하고 있는 실정이다. 후계자를 육성하는 일은 단기간에 걸쳐 완성되는 것이 아니라 오랜 기간에 걸쳐 진행되는 과정으로써 복잡하고도 도전적인 이슈들을 동반한다. 가족기업 리더들이 범하기 쉬운 오류 가운데 하나는, 후계자는 일상적이고도 우연한 접촉이나 기회를 통하여 그들이 필요로 하는 역량을 자동적으로 습득한다고 여기는 것이다. 체계적이고 장기적인 육성프로그램을 수립하여 대응하기보다는 단순한 현장교육 방식을 활용하거나 대학이나 MBA 등 일반 교육과정에 의존하는 경향이 강하다.

최근 들어서는 역량 있는 차세대 경영자 육성의 필요성이 새롭게 인식되면서 관련 프로그램들이 시행되기 시작하였다. 중소기업중앙회, 중견기업연합회 등 업계 단체들이 차세대 경영자 역량 강화를 위한 교육을 실시하고 있고, 일부 대학이 패밀리비즈니스 전공 MBA 과정 등 정규교육 프로그램을 개발하여 운영하고 있다.

2. 후계자 육성의 유형

후계자를 육성하는 방법은 가족기업 리더의 후계자 육성 철학, 기업의 규모와 역량, 업종 등에 따라 차이가 있지만 대체로 외부경험, 내부육성, 자주독립형 등의 세 가지 유형으로 분류할 수 있다.

---

1) 중견 가족기업의 리더들이 기대하고 있는 후계자가 갖추어야 할 가장 중요한 자질로는 경영철학 및 기업가정신이 50.4%로 가장 많았고, 그 다음으로 리더십 및 조직관리 역량(32.8%), 전문적 지식 및 기술(7.2%), 글로벌 경영 능력(6.4%), 도정정신과 창의성(3.2%) 등으로 나타났다(중견기업연합회, 2017 중견기업 가업승계 실태조사, 53~55쪽).

(1) 외부경험

외부경험을 통한 교육은 승계 후보자를 신뢰할 수 있는 기업인이 경영하는 사업체나 관련 대기업 및 기관 등에서 일정기간 근무를 하게 함으로써 조직운영, 생산, 마케팅 등에 관한 수업이나 네트워킹 역량을 쌓아 가도록 하는 방법이다. 대부분의 가족기업 전문가들은 후계자에 대하여 대체로 5년 정도의 외부경험을 쌓을 것을 권장하고 있다.

외부에서의 경험은 승계 후보자로 하여금 자신의 부모 등 가족이 아닌 다른 사람의 영역에서, 그리고 한 기업의 후계자가 아닌 피고용자 신분을 유지한 상태에서 젊은 시절의 실수를 경험하는 기회를 제공한다. 이러한 경험을 통하여 후계자는 객관적이고 정확한 피드백을 받을 수 있을 뿐만 아니라 자신의 역량과 장단점을 파악하게 된다. 자신의 노동시장에서의 가치를 확인할 수 있으며, 새로운 아이디어와 자신감도 습득할 수 있다. 그리고 자신의 부모가 경영하는 기업과는 다른 경영방식과 기업문화를 경험함과 동시에 모든 경영자들이 자신의 부모와 동일하지가 않다는 사실도 발견하게 된다. 이러한 외부에서의 경험과 깨달음은 후계자로 하여금 가족기업에 합류하여 일을 하는 과정에서 어려운 상황에 직면하더라도, 후계자로서 자신의 역할과 임무를 헌신적으로 수행하게 하는 데 있어서 매우 값진 경험으로 작용한다.[2)]

모두가 다 그런 것은 아니지만 가족기업의 후계자들은 대체로 끈기와 경쟁심, 자율성, 도전정신, 적극성 등이 상대적으로 부족한 것으로 인식되고 있다. 심리학자들이 말하는 가족기업 후계자가 직면하는 가장 일반적인 문제점 가운데 하나가 도전정신의 부족과 무기력감이다. 그들은 외부세계에 대한 모험을 주저하거나 두려워하는 경향이 있으며, 본인의 경력관리에 관해서도 자신이 주도적으로 선택권을 행사하기가 어렵다고 생각하는 경향이 있다는 것이다. 그들은 외부세계에서 경쟁하는데 필요한 능력이나 자유가 자신들에게 결여되어 있다고 느끼기도 한다. 이러한 감정들은 장래에 대한 두려움을 유발시키기고 나약함이나 무기력함으로 이어질 가능성이 있다. 기업 외부에서

---

2) Craig E. Aronoff & John S. Ward, Prepairing Successors for Leadership, 2011, p.13.

의 업무경험은 가족기업 후계자에게서 나타나는 이와 같은 약점을 보완할 수 있는 좋은 기회로 작용한다.

다양한 연구와 사례들을 종합해 볼 때 승계 후보자가 기업에 본격적으로 참여하기 이전에 외부에서 경험을 쌓은 것에 대하여 후회를 하는 경우는 별로 없다. 오히려 외부에서의 근무를 경험해보지 않은 사람들 가운데 다수가 그렇게 하지 못한 것에 대하여 많이 아쉬워하고 있는 실정이다.

(2) 내부육성

외부경험이 갖는 다양한 장점에도 불구하고 다수의 후계자들은 일찍부터 부모가 경영하는 기업에 합류하여 실무경험을 쌓아간다. 가족기업 리더의 질병이나 예기치 못한 사고 등과 같은 사유로 인하여 기업 외부에서 경험을 쌓을 기회를 갖지 못하는 경우도 있다. 내부육성 방법은 승계 후보자가 가족기업에 들어와 근무하면서 일상적인 업무, 경영철학이나 관리방법 및 지식, 사내에 축적된 암묵지 등을 습득해나가는 방법이다. 기업규모가 상당한 경우에는 여러 사업부문에 대한 순환근무를 통하여 기업 내 간부들로부터 다양한 훈련을 받을 기회를 갖고, 그 결과 외부에서 훈련받은 것과 유사한 경험을 쌓도록 하는 것이 가능하다.[3)]

내부육성 방안을 활용하는 경우에는 후계자와 종업원의 유대강화 등 기업 내의 관계를 증진시키고 기업문화와 사업의 복잡성을 이해하는데 유리한 측면이 있다. 후계자가 처음부터 가족기업에 참여하여 일을 하는 경우에는, 그로 하여금 리더십이나 다른 사람들과 공동으로 일하는데 필요한 공감능력, 관리자로서 받게 되는 스트레스에 대한 이해 등에 관한 특별한 관심과 배려가 필요하다. 후계자는 다른 사업 분야의 사람들을 만나고 지속적인 교육을 받으며, 차세대 경영자 모임에 참여하여 서로의 경험을 공유하거나 기타 전문가 그룹들과 어울려 활동하는 기회를 가짐으로써, 내부육성 방법이 갖는 제약을 극복해 나가는 노력을 병행할 필요가 있다.

---

3) Craig E. Aronoff & John S. Ward, 상게서, pp.13~14.

(3) 자주독립형

자주독립형 교육은 후계자로 하여금 처음부터 경영 전반에 대한 실천적 경험을 통해 기업 경영의 어려움과 보람을 체험하고 노하우를 습득하도록 할 목적으로, 창업이나 자회사 등 별도의 사업체를 경영할 수 있는 기회를 제공하는 방법이다. 이 방법은 후계자에게 처음부터 짧은 기간에 기업경영 전반에 걸친 경험을 할 수 있는 기회를 가질 수 있는 장점이 있지만, 후계자 가운데 이러한 기회가 일부에게만 주어지는 한계가 있다.

3. 후계자 교육 및 육성의 단계

가족기업의 후계자를 육성하는 일은 단기간에 완성되는 것이 아니고 오랜 기간에 걸쳐 진행되는 하나의 과정이다. 미국의 가족기업협희에서 발행한 자료에 따르면, 가족기업의 후계자 육성에 관하여 다음 몇 단계로 나누어 설명하고 있다.[4)]

- 기본소양 개발 단계: 가족기업에 대한 기본적인 자세 및 태도를 함양하고 교육 및 외부 경험을 통한 준비 단계
- 가족기업에 합류하는 단계: 훈련 및 오리엔테이션을 포함한 가족기업 활동에 참여하는 단계
- 직무개발 단계: 사업과 관련한 기술 및 지식을 습득하고 다양한 사업부문에서 경험을 쌓는 단계
- 리더십 함양 단계: 리더로서 갖추어야 할 역량과 경험을 본격적으로 배양하는 단계
- 후계자 확정 단계: 복수 후보자가 있는 경우 후계자를 확정하는 단계
- 경영권 이전 단계: 기업의 경영권과 책임을 이양하는 단계
- 승계 이후 관리: 승계 이후를 계획하고 다음을 준비하는 단계

---

4) Craig E. Aronoff & John S. Ward, 상게서, pp.5~7.

이러한 구분을 바탕으로 하여 후계자의 성장 단계별 중점 교육 및 육성 내용을 아래와 같이 정리해 볼 수 있다.

(1) 기본소양 개발 단계

가족기업의 다음 세대를 책임질 후계자로서의 준비는 자녀들이 어린 시절 어른들 주변에서 일어나는 일들을 인식하는 때부터 시작되는 평생에 걸친 과정에 해당한다. 일하는 습관, 사업을 대하는 자세, 가업에 대한 인식, 가치관, 인간관계 등은 유년시절의 토양에 뿌리를 두고 장기간에 걸쳐 형성이 되는데, 이러한 것들은 후계자 교육을 본격적으로 시작하기 이전에 오랜 기간 다양한 형태로 진행된다.

자녀가 어렸을 때는 승계에 필요한 기초를 준비하는 시기에 해당한다. 이 시기에 힘든 일, 저축, 투자, 성실과 정직, 인내, 주변과 이웃에 대한 섬김 및 배려 등에 대한 가치를 가르치는 것은 가업의 원활한 승계는 물론 원만한 가족관계를 형성하는데도 유익하다. 이러한 것들을 통해서 자녀들은 소통, 협상, 갈등 및 분쟁의 평화적인 해결, 계획의 수립 등 기업 경영에 필요한 기본적인 소양들을 학습하게 되는 것이다.[5]

1) 청소년 시절의 다양한 경험이 중요하다

청소년 시절에 가정의 분위기를 통해서 경험한 안정감과 서로를 아끼고 존경하는 마음은 자신의 개성 및 성품을 형성하는데 결정적인 영향을 미친다. 이 시기에 자연스럽게 체화된 가족가치 또한 후계자로서 앞날을 준비해 나가는데 있어 많은 작용을 한다. 이 단계에서 경험한 활동, 친구 관계 등도 후계자의 인격, 습관, 리더십, 가치관 등을 형성하는데 영향을 미친다. 부모의 일상적인 생활태도나 생각 또한 자녀들에게 지대한 영향을 준다. 가족기업 리더인 부모가 가정에서 가족들을 대하는 태도와 언행, 가족관 등에 따라 자녀들의 기업에 대한 애정과 관심, 열정, 시각 등이 좌우되기 때문이다.

---

5) Craig E. Aronoff & John S. Ward, 상게서, pp.11~14.

어린 시절 사업장에서 시간을 보내거나 청소년기 방학기간에 부모가 운영하는 사업체에서 아르바이트를 하는 것 등은 후계자로 하여금 일에 대한 경험은 물론, 기업의 문화나 가족기업 근무자들에 대한 이해의 폭을 넓힐 수 있는 기회를 제공한다.

2) 가족기업 내에서의 장래 역할과 관련한 커뮤니케이션도 중요하다

자녀들이 앞으로 가족기업 경영에 참여할 것인지 또는 다른 길을 선택할 것인지 하는 문제는 당사자들에게 아주 중요한 일이다. 이와 관련해서는 자녀들의 자율적인 결정을 존중하는 환경을 마련해 줌과 동시에 균형적인 생각을 바탕으로 자녀들 스스로가 자신의 장래를 선택할 수 있도록 배려하는 것이 좋다. 자녀들이 적어도 대학생이 되기 전까지는 "네가 언젠가는 이 기업을 이어받아 사장이 될 것이다"는 말은 하지 않는 것이 좋다. 오히려 기업의 가치와 사명, 가족기업 리더로서 감당해야 하는 책임과 역할, 헌신과 수고로움, 고뇌와 보람 등에 관하여 충분하고도 솔직한 대화를 나누는 것이 중요하다.

3) 외부에서 경험을 쌓는 것도 가치 있는 일이다

잠재적 후계자에 해당하는 청년기의 자녀들에 대하여는 그의 능력과 차세대 경영자로서 갖추어야 할 인격 등을 계발하는 프로그램을 일찍부터 수립하여 실행에 옮기는 것이 좋다. 가능하다면 잠재 후계자가 20대 후반에서 30대 초반인 시기에 5~7년 정도를 관련 업종의 기업 및 단체 등 외부에서 근무경험을 쌓도록 하는 것이 바람직하다. 이 과정에서 후계자 후보는 참신한 아이디어와 자신감을 배양할 수 있을 뿐 아니라 자신이 앞으로 가족기업에 공헌을 할 수 있다는 생각을 갖게 되는 기회로 작용한다. 외부에서의 근무경험은 후계자로 하여금 고용시장에서의 자신의 가치를 객관적으로 파악하는데 도움을 준다. 동시에 자신의 부모세대가 경영하는 기업을 떠나서는 세상이 그리 녹록하지 않다는 현실을 깨닫는 기회를 제공하기도 한다.

(2) 가족기업에 합류하는 단계

승계 후보자가 청년기를 지나 사회인으로 성장하면 자신이 가족기업에 합류할 것인지의 여부를 결정해야 하는 선택의 시점을 맞게 된다.

승계 후보자가 가업에 본격적으로 합류하는 단계에서 고려해야 하는 사항들로는 다음 몇 가지를 들 수 있다.[6)]

1) 공식적인 제안

잠재적 후계자는 '가족기업의 효과적인 경영을 위하여 자신의 역할이 필요하다'는 내용의 공식적이고도 특별한 요청이 있을 경우에 가족기업에 합류하는 것이 바람직하다. 이 경우 후계자 자신에 대한 급여 및 보상이나 성과평가 기준 등을 명확하게 해 두는 것이 필요하다. 이 단계에서 관련 내용 및 기준을 명확하게 해 놓는 것은 가족기업 리더와 후계자와의 관계에서는 물론, 후계자와 기업 내 임직원들이 서로를 이해하고 존중하는 관계를 형성하는데 있어 긍정적으로 작용한다.

2) 자율적인 결정

가족기업에 합류해 줄 것을 공식적으로 요청받은 경우에, 이를 받아들일 것인지의 여부를 결정하는 것은 승계 후보자 개인에게는 매우 중요한 선택에 해당한다. 따라서 선택을 강요하거나 압력을 가해서는 안되고 본인 스스로가 자율적으로 결정하도록 배려하는 것이 바람직하다. 선택에 대한 자율적인 결정권이 없는 상태에서 가족기업에 대한 본격적인 참여를 결정하게 되는 경우에는 승계 후보자의 강력한 헌신과 열정을 기대하기가 어렵다.

승계 후보자가 가족기업에 본격적으로 참여하기로 결정을 한다는 것은 자신의 인생에 있어 하나의 커다란 전환점이라고 할 수 있다. 가족기업에서 일하는 것이 쉬운 길처럼 보일 수 있지만 장기적으로 보면 다른 곳에서 근무하는 것보다 오히려 더 힘들고 어려운 과정일 수 있다. 실제로 가족기업을 경영한다는 것은 보람된 일이기는 하지만 어려운 일이며, 특히 가족의 감정이

---

6) Craig E. Aronoff & John S. Ward, 상게서, pp.15~19.

나 전통이 기업경영과 충돌하는 경우에는 더욱 어려운 상황에 놓이게 되는 경우가 적지 않다. 가족기업 리더로서 성공하기 위해서 후계자는 가족의 그늘로부터 벗어나야 하고 사업과 관련이 있는 여러 사람들로부터 존경을 받아야 할 뿐만 아니라, 기업과 경영에 관한 중요한 지식과 기술을 습득하지 않으면 안되기 때문이다. 만일 후계자가 기업의 성장 및 발전에 별다른 성과를 시현하지 못하는 경우에는 기업 내의 다른 사람들로부터 비난을 받게 된다. 가족 구성원들과의 관계가 원만하지 못하고 긴장 및 갈등이 유지되는 상태에서 가족기업에 참여하게 되는 경우에는 새로운 스트레스를 더하는 결과를 초래하게 된다.

3) 가족기업 리더인 부모의 배려

가족기업 리더인 부모는 잠재 후계자인 자녀가 가업에 합류할 것인지의 여부를 결정함에 있어서는 적정한 시간과 공간적인 여유가 필요하다는 사실을 인식하고, 이에 관한 배려를 할 필요가 있다. 부모 입장에서는 후계자를 신속하고도 확실하게 선정하기를 바라겠지만, 다양한 가능성을 갖는 젊은 후계자로서는 그것이 많은 고뇌와 자기성찰을 필요로 하는 중요한 선택이라는 사실을 인식하는 것이 중요하다. 후계자 후보에게 가족기업에의 참여를 공식적으로 제안한 부모로서 취할 수 있는 현명한 자세는, 그 제안에 대하여 전적으로 승계 후보자 자신이 결정을 할 수 있도록 배려하면서 기다리는 것이라고 할 수 있다.

가족기업을 대를 이어 성공적으로 운영하고 있는 구미 선진국의 가족들 중에는 사전에 가족 구성원들의 경영참여 시기 및 방법과 원칙, 후계자로서 갖추어야 하는 자격조건 등을 포함한 가족기업 정책을 충분한 소통을 거쳐 명문으로 규정해 놓음으로써, 이와 관련한 불필요한 갈등의 소지를 최소화하는 경향이 있다.

4) 기업에 합류하는 단계에서의 직책

승계 후보자가 가족기업에 합류하는 단계에서, 어느 직책에서부터 근무를 시작할 것인가 하는 것도 중요하다. 이는 기업에 합류하는 단계에서 후계자가 어느 정도 준비가 되어 있는가에 따라 다르다. 후계자가 사회 초년생이라면 신입직원과 마찬가지로 초기 단계부터 일을 시작하도록 하고, 외부에서 경험을 쌓은 경우라면 후계자의 경험과 역량에 적합한 직책으로 근무를 시작하는 것이 일반적이다. 어느 방법을 택하든 각각의 방법에는 장점과 단점이 동시에 존재한다.[7)]

승계 후보자가 사회생활을 시작하는 초기 단계에서 가족기업에 합류하는 경우에는 다양한 사업 분야에 익숙해지고 종업원들과 친근한 관계를 유지하면서, 업무와 관련한 전문기술을 습득할 수 있는 장점이 있다. 이러한 것들은 승계 후보자로 하여금 기업 내 임직원들로부터 폭넓은 신뢰를 얻게 하는 기회로 작용한다. 그러나 이와 같이 기초단계 또는 신입직원부터 일을 시작한 경우의 단점 가운데 하나로, 후계자의 능력이 미흡한 경우에는 종업원이나 타인들로부터 부정적인 평가를 받게 될 가능성을 들 수 있다. 그리고 후계자는 기업내부의 세부적이고 사소한 일은 잘 수행할 수 있을지 모르지만, 기업경영 환경이나 관련 정책, 전략 등을 넓은 시야로 바라보고 판단하기보다는 너무 좁게 단편적으로 이해하는 방향에서 성장해 갈 가능성이 크다. 부모 입장에서 볼 때 후계자가 너무 어리게 여겨지는 나머지 후계자를 가르치거나 경영권을 이양하는 과정에서 어려움을 겪게 될 가능성도 존재한다.

한편 후계자가 외부경험을 통한 훈련 및 교육과정을 거친 후에 간부로 합류하게 되는 경우에는, 후계자로 하여금 당해 가족기업으로부터 독립해서 필요한 경험을 쌓고 자신감을 고양하며 성장할 수 있는 기회를 제공할 수 있다. 이는 후계자로 하여금 기업을 둘러싼 환경을 보다 넓은 시야로 바라볼 수 있도록 함과 동시에, 가족기업 내부 사람들이 후계자의 역량을 객관적으로 판단할 수 있는 기회를 제공하는 이점이 있다. 반면에 외부에서 경험을 쌓은 후계자가 처음부터 중간 또는 고위간부로 경영에 참여하는 경우의 단점도 존재한다. 후계자가 가족기업의 내부사정에 어둡고 경영에 필요한 전문적인 역

---

7) Jeffrey A. Barach, Journal of small Business Management, 1988. 4.

량과 기술의 부족으로 인한 애로를 겪게 될 가능성이 있다. 그렇게 되면 후계자가 기업 내에서 장기간 근무해 온 임직원들로부터 존경을 받지 못하고 무시를 당하거나 비난의 대상이 될 수 있다. 그리고 후계자가 외부에서 익힌 경영방식과 문화 및 관행 등이 부모가 경영하는 기업의 그것과 다르기 때문에 발생하는 어려움과 갈등을 겪게 되는 경우가 발생한다.

일단 승계 후보자가 가족기업에 본격적으로 참여하기로 결정을 했다면, 그는 후계자로서 특별한 혜택만을 누리려고 하지 말고 가족기업의 성장과 발전을 위해 최선을 다하겠다는 생각으로 미래를 구상하여야 한다. 잠재적인 승계 후보자들은 가족기업의 성장과 발전에 최대한의 공헌을 할 수 있을지에 관하여 고민하고 노력을 해야지, 어떻게 하면 가장 많은 과실을 취할 것인지를 생각하여서는 안된다.

본격적인 참여에 앞서 후계자 스스로 다짐해 보아야 할 것들

가족기업에 대한 본격적인 참여를 결정하기에 앞서 승계 후보자는 자신의 진로와 정체성을 확고하게 정립할 필요가 있다. 이 과정에서 스스로에게 질문하고 확인해야 할 사항들로는 대체로 다음과 같은 것들이 있다. 이러한 내용들에 대한 진지한 고민과 입장을 확고하게 정리한 후에 자신의 진로를 정하는 것이 바람직하다.

- 가족기업에 대한 마음속에서 우러나오는 관심과 열정이 있는가?
- 가족기업을 통해 평생 동안 즐기며 일을 해 나갈 수 있는가?
- 가족기업 경영이라는 과업을 맡아서 수행해 가는 과정에서 직면하게 될 수많은 어려움들을 극복하면서 감당해 나갈 확고한 의지가 있는가?
- 후계자로서의 특권과 혜택을 누리기에 앞서 가족기업과 근로자 등에 대한 청지기정신을 갖추고 있는가?

(3) 비즈니스 역량개발 단계

승계 후보자의 20대 후반에서 30대 중반까지는 유능한 경영자가 되는데 필요한 기본적인 비즈니스 역량을 본격적으로 개발해야 하는 단계에 속한다. 가족기업의 차세대 리더가 갖추어야 할 역량을 집중적으로 배양해 나가야 하는 이 기간 동안에는 후계자 육성계획을 수립하고 이를 실행해가면서 후계자가 필요한 역량을 효과적으로 배양해 나갈 수 있도록 기업 차원의 지원을 강화해야 한다.[8)]

4. 후계자 육성계획의 수립과 실행

(1) 후계자 육성계획의 수립

역량 있는 후계자 육성을 위해서는 가업과 관련이 있는 분야의 학위 취득과 같은 정규교육 프로그램에만 의존해서는 안된다. 오히려 가족기업 리더의 역할을 수행하는데 필요한 인성, 가업에 대한 애정과 헌신, 경영능력 및 기술, 리더십, 관련 산업에 대한 지식, 네트워킹, 기업 소유주로서의 책임과 권한 등을 포함한 종합적인 역량을 배양할 수 있도록 기회와 경험을 제공해야 한다.

이러한 교육 기회들은 기업 내에서 자연스럽게 얻어지는 것이 아니고 구체적으로 계획되어질 때라야 가능하다. 후계자의 경력관리가 종합적이고 체계적인 계획에 의해서가 아니라 일상적인 업무를 수행하는 과정에서 직면하는 우연한 기회에 의존하게 된다면, 훌륭한 리더가 되기 위해서 필요한 다양한 역량을 습득하거나 도전적인 경험을 할 수 있는 기회가 줄어들기 마련이다. 후계자 육성계획은 후계자로 하여금 기업을 경영하는데 필요한 폭넓은 도전과 기회 및 경험을 제공하고, 자녀들이 보유하고 있는 잠재역량을 극대화 할 수 있는 내용으로 설계하는 것이 효과적이다.

승계계획을 수립하는 경우에는 후계자 육성과 관련하여 생산, 마케팅, 전

8) Craig E. Aronoff & John S. Ward, 상게서, p.25 이하.

략, 재무 등 부문별 순환보직 기회와 함께 후계자에 대한 평가기준을 마련하고 이를 실행해 나가는 것이 바람직하다. 후계자들에 대하여는 기업 경영에 직결되는 것 이외에도 의미 있는 인생을 영위해 나가는데 필요한 기술과 가치들도 습득할 수 있도록 배려하는 것이 좋다.

(2) 후계자 육성계획의 내용

후계자 육성계획은 후계자로서 갖추어야 할 역량과 특질을 규정하고 이를 함양해 가는데 필요한 프로그램을 구상하며, 그 실행과정을 측정하는 데 필요한 수단 등을 규정하는 장기적이고 종합적인 청사진이라고 할 수 있다. 여기에는 기업경영에 필요한 부문별 역량과 리더십의 함양, 후계자의 역량개발을 지원할 기업의 역할, 역량 있는 후계자를 육성해 나가는 데 필요한 CEO의 역할 등이 기업의 중장기 전략계획과 조화를 이루면서 포함되어야 한다.

후계자 역량개발 계획은 후계자가 역량있는 기업가로 성장해 나가는데 있어서 필요한 자격을 갖추도록 하는데 목표를 두고 있다. 예컨대 가족기업 리더로서 갖추어야 할 성품이나 태도 등은 중요한 기본요소에 해당한다. 책임감, 고객을 최우선으로 하는 자세, 기업재산의 관리 및 운용상 책무, 가족기업에 대한 애정과 헌신 등은 가족기업 리더에게 필요한 핵심 덕목이다. 리더십을 포함한 커뮤니케이션 기술과 데이터 및 정보 분석 능력도 중요하다. 경영의 프로세스와 관련 산업의 동향에 대한 이해를 포함한 전문지식도 후계자가 습득해 나가야 하는 역량에 속한다.

이러한 계획들을 실행해가는 효과적인 방안으로는, 후계자로 하여금 이익을 창출해 내는 분야를 운영하도록 하거나 새로운 조직을 만들어 후계자에게 책임을 맡기거나 멘토와 함께 과제를 수행해 나가도록 하는 방법 등을 들 수 있다. 후계자로 하여금 가족기업 경영과 관련한 주요 정보를 접할 수 있도록 기회를 제공하거나 외부와의 네트워킹에 참여토록 하는 것도 후계자의 역량을 배양해 가는 데 있어서 중요하다.

(3) 보완적인 역량의 개발

후계자의 역량을 개발함에 있어서는 가족기업 리더가 보유하고 있지 않거나 상대적으로 부족한 역량들을 중점적으로 습득해 나갈 수 있도록 계획하는 것이 바람직하다. 이 경우에는 가족기업 리더와 후계자간 갈등 가능성을 줄일 수 있을 뿐만 아니라 서로 협력·보완하면서 기업을 경영해 나갈 수 있어 시너지가 창출되는 등 이점이 있다. 이와는 반대로 가족기업 리더가 강점을 갖고 있는 분야의 역량을 중점 배양하는 경우에는 시너지를 기대하기가 어렵고 오히려 업무수행 과정에서 불필요한 갈등을 유발할 가능성이 높다.

(4) 후계자의 리더십 개발

1) 리더십을 배양하고 발휘할 수 있는 기회 제공

부모세대가 할 수 있는 가장 중요한 일 가운데 하나는 자녀들로 하여금 리더가 되고 싶은 생각을 품을 수 있도록 환경을 조성하는 것이다. 가족 구성원들이 지닌 유능한 리더의 자질을 인정하고 칭찬하는 것은 이러한 분위기를 만들어가는 데 큰 도움이 된다. 젊은 가족 구성원들이 효과적인 리더십 발휘를 시도할 수 있는 효과적인 방법으로는 다음과 같은 것들이 있다.[9]

- 리더십을 발휘할 수 있는 소규모 과제를 위임함으로써 젊은 세대 스스로 역량을 개발할 기회를 제공하라. 리더십을 발휘할 수 있는 환경을 조성하되 실패하더라도 배움과 경험을 얻을 수 있도록 격려해야 한다.
- 젊은 세대가 학교, 지역사회, 종교단체 등에서 리더 역할을 수행할 수 있도록 격려하라. 청소년 단체, 각종 스포츠 활동, 기타 과외활동은 리더십을 연습하고 개발하기 위한 최상의 기회를 제공한다. 학생 시절에 교지를 편집하거나 연극을 연출하고 합창단을 이끌거나 토론 모임의 리더 등 다양한 활동을 펼칠 수 있다.

---

9) Craig E. Aronoff & Otis W. Baskin, Effective Leadership in the Family Business, 2011, pp.59~61.

- 기업과 가족 내에서 리더십을 배양할 수 있는 기회를 제공하라. 사업체를 소유한 일부 가족들은 자녀 세대로 구성된 '주니어 보드(Junior Board)'를 조직해서 성인연령에 가까운 청소년들이 주주를 위해 사업관련 의사결정을 내리는 사람들을 관찰하고 이들과 상호작용을 할 수 있는 기회를 제공한다.
- 자신은 물론 다른 사람들을 위한 목표를 설정하도록 도움을 제공하라. 부모세대는 자신의 경험을 토대로 어떻게 목표를 세우는지 보여주고, 자녀세대가 학교나 지역사회에서 다른 사람들을 위해 목표를 세우는 법을 연습하도록 격려해야 한다.

2) 후계자 스스로가 리더십을 기르는 방법

가족기업의 리더가 될 것인지의 여부는 본인의 판단에 달려있다. 부득이한 사정으로 가족기업 리더의 역할을 수행해야 하는 사람도 과연 자신이 이 역할을 담당할 것인지의 여부를 결정해야 한다. 가족기업 리더가 되기를 바라는 젊은 세대 구성원들 스스로가 리더십을 키워가기 위한 실제적인 지침으로는 다음 몇 가지를 들 수 있다.[10)]

① 축적되어 온 좋은 전통과 가치를 지켜가면서 새로운 변화를 추구하는 것이 최우선적인 리더십 과제임을 인정하고 실천해 나가라.

리더십을 준비한다는 것은 변화를 이끌어낼 수 있도록 준비한다는 의미다. 변화란 끊임없이 추구해야 할 대상이며, 변화에 적절히 대응하고 변화를 추구하는 사업만이 지속적인 성공을 거둘 수 있다. 훌륭한 리더십은 끊임없이 변화하는 환경에서 성공을 거둘 수 있는 기업 조직과 문화를 구축해나가는 문제다. 변화가 필요하고 불가피한 경우, 즉흥적으로 혹은 임의적으로 변화를 시도하는 것은 금물이다. 모든 변화는 사려 깊고 전략적인 계획을 토대로 이루어져야 한다.

② 부모세대가 기업을 일구어 온 과정에서 필요로 했던 것과는 다르거나

---

10) Craig E. Aronoff & Otis W. Baskin, 상게서, pp.63~75.

보다 나은 교육을 필요로 한다는 사실을 이해하라.

기업 규모가 커지고 복잡해졌을 뿐만 아니라 과거와는 다른 환경에서 운영되기 때문에, 오늘날 리더가 직면하는 도전들은 과거와 많이 다르다. 창업세대인 아버지 또는 어머니는 단독 소유주로서 경영 전반을 직접 총괄했지만 자녀 세대가 리더십을 발휘하는 시기에는 무엇보다도 형제자매를 포함한 주주들의 입장을 고려해야 한다. 또한 직원 및 관리자의 수가 증가한데다 '직접 실무를 총괄'할 기회도 적어진다. 사업규모가 작을 때는 필요치 않았던 정책과 체계를 개발하고 이를 감독할 필요성이 제기된다. 이 모든 상황은 가족기업을 한층 전문적인 조직, 빠르게 변화하는 시장에서 살아남고 번창할 수 있는 조직으로 변모시킬 역량을 갖추는데 필요한 교육을 받아야 한다.

③ 언제든 의지할 수 있는 부모와 자식의 관계를 잠시 제쳐두고 가능한 모든 경우에 가족기업 리더인 부모를 자신의 멘토로 삼으라. 부모의 사랑과 멘토의 충고를 구분할 줄 알아야 한다.

④ 당신이 속한 젊은 세대에게도 권한이 있다는 사실을 상기하라.

후계자는 주목 받는 다음세대 리더이지만, 부모세대가 여전히 주역으로 활동하고 있는 상황이기 때문에 리더십을 발휘할 기회가 많지 않다고 느낄 수 있다. 그렇다 하더라도 기회는 존재하며 단지 인식하기 어려운 형태를 띠고 있을 뿐이다. 후계자는 이 같은 기회들을 인식하고 자신만의 고유한 리더십 기술과 신뢰 구축, 기업의 문화 및 가치의 습득과 체화, 형제자매를 포함한 가족의 화합, 응집력 및 합의 등을 실천해 나갈 수 있는 기회로 적극 활용해 나갈 필요가 있다.

⑤ 적절한 태도를 익히고 유지하라.

후계자는 젊은 세대로서 자신이 처한 상황을 건설적이고 성숙한 방향으로 이끄는 것이 유익하다는 사실을 깨닫게 될 것이다. 지혜로운 후계자는 가족기업 리더인 부모의 권위를 함부로 훼손하지 않는다. 때때로 자신이 속한 기업에서 일종의 혁명을 주도하고 싶은 생각을 가질 수 있지만, 이는 대부분의 경우에 좋은 방법이 아니다. 오히려 지혜로운 방식으로 신뢰를 구축해 나가는 동시에, 언젠가 리더의 자리에 올랐을 때 변화를 이끌어낼 있도록 자신의 능력을 강화하는 것이 바람직하다. 혁명은 가족 구성원에게 나쁜 감정을 갖게 할 위험이 있으며, 기업이 나아가야 할 방향에서 벗어나 초점을 잃게 만드는 결과를 초래한다.

⑥ 리더를 따르는 것도 리더십이다.

훌륭한 추종자는 리더를 따르는 동시에 리더십을 발휘한다. 부모세대는 다른 자녀들로 하여금 새로운 가족기업 리더로 선정된 후계자를 받아들이도록 준비시키기 위해 많은 일을 할 수 있다. 형제자매 세대도 기업의 리더가 된 사촌을 수용할 수 있도록 다음 세대를 준비시켜야 한다.

3) 부분적인 리더십 이전 및 발휘

아무리 기술이 좋고 순발력이 뛰어난 운동선수일지라도 바통을 주고받는 연습을 하지 않고서는 계주경기에 참가할 수 없다. 기업을 승계함에 있어서도 마찬가지이다. 일단 후계자로 결정이 되면 그는 리더십에 관한 다양한 기술들을 연마해야 한다. 승계 과정에서 가족기업 리더와 후계자는 최고의 속력으로 달리면서 바통을 땅에 떨어트리지 않고 안전하게 주고받음으로써 승계가 성공적으로 마무리될 수 있도록 최선의 노력을 기울여야 한다. 그 결과로 가족기업의 영속성 유지와 새로운 도약을 위한 제2의 창업이라는 두 가지 커다란 성과를 기대할 수 있게 된다.

이를 위해서는 후계자가 기업경영 전반에 걸친 책임을 수행하기에 앞서 점진적으로 더 크고 중요한 책임을 담당하도록 기간계획을 수립하여 실천해 나감으로써, 리더십의 갑작스런 이전으로 인한 부작용들을 최소화하는 지혜가 필요하다.

리더십을 승계하는 과정에서 가족기업 리더는 사업에 관한 핵심 노하우와 자원들을 후계자인 자녀에게 전수할 필요가 있다. 그리고 자문역, 공급자, 핵심고객 및 거래처 등을 후계자에게 소개하여 이들과도 원활한 관계가 지속될 수 있도록 정성을 기울여 나가야 한다.[11)] 이 기간 동안 가족기업 리더는 의사결정 과정에 대한 참여를 점진적으로 줄여나가는 것이 이상적이다. 이 과정의 초기 단계에서는 후계자가 내린 결정에 대하여 부모의 관여나 승인이 필요하지만, 일정 기간이 경과하게 되면 후계자의 의사결정에 대한 사후적인 동의 정도로 가름할 수 있다. 그 다음부터는 결정 사실에 대한 사후통보만을 받는 단계로 발전을 하게 된다. 최종적으로 후계자가 지원을 요청하는 경우에 한하여 도움을 주는 컨설턴트처럼 생각을 하면서, 필요할 때만 조언을 구하게 되는 것이다.

가족기업의 리더십을 이전하는 단계에 이르게 되면, 적지 않은 후계자들은 종종 "내가 넘어야 할 마지막 한 단계가 있는 것 같은데 부모님께서 그것을 나에게 알려주지 않는다"라는 불만을 하기도 한다.

가족기업의 경영을 책임질 후계자에 대하여 가족기업의 리더인 부모는 어느 시점부터는 경영에 관한 구체적인 조언이나 제안을 하지 않는다. 승계과정의 막바지 단계에 이르러서는 후계자가 자신의 도움을 받지 않고도 스스로 경영의사를 결정할 수 있는 능력을 갖추고 있는지를 평가하고 싶어 한다. 만일 후계자가 이러한 도전을 슬기롭게 극복해 나간다면, 가족기업에 대한 리더십이 부모 세대로부터 자신에게 본격적으로 이전되고 있다고 보아도 무방할 것이다.

차세대 리더가 신뢰를 확보하는데 필요한 방법들

1. 주어진 업무를 수행하는데 필요한 충분한 지식을 쌓는다.
2. 본인에게 필요한 경험을 확보할 수 있는 경로를 개척하고 자신의 발전을 책임진다.
3. 인내하는 성숙한 태도, 부모님의 권위를 훼손하지 않는 태도를 취한다.
4. 작아 보일지라도 리더십을 발휘할 기회를 인식하고 주도권을 쥔다.

---

11) Craig E. Aronoff & John L. Ward, Family Business Succession: The Final Test of Greatness, 2003, pp.23~34; Preparing Successors for Leadership: Another Kind of Hero, 2011.

5. 스스로 신뢰할 수 있는 사람이 됨으로써 사람들의 신뢰를 얻는다.
6. '타인 지향적' 태도를 견지한다. 자기 자신이 아니라 시스템 전체의 최선을 도모하는데 관심이 있음을 입증한다.
7. 본인이 속한 세대의 가족 구성원 간 응집력과 합의를 구축하기 위해 적극적으로 노력한다.
8. 자신의 성격을 효과적으로 조절한다.

자료: Craig E. Aronoff & Otis W. Baskin, Effective Leadership in the Family Business, p.67.

제10장 승계계획

승계계획은 가족기업의 승계와 관련한 부문별 계획과 전략을 담은 중장기적인 청사진으로 '가족이 소유하는 기업의 경영권과 소유권을 한 세대에서 다음 세대로 이전하는데 필요한 종합적인 전략계획'을 말한다. 안정적인 승계를 위해서는 승계과정을 종합적으로 계획하고 관리해 나가는 것이 필요하다. 아무리 성공한 기업가라 하더라도 자신이 기업을 영속적으로 경영할 수가 없다는 것이 자명한 사실이다. 사려 깊은 가족기업 리더라면 적기에 은퇴를 대비한 승계계획을 수립하고 후계자를 육성하는 등 가족과 기업 차원에서 승계를 준비하는 것은 당연한 일이다.

많은 기업들은 승계계획이 없거나 있더라도 기대하는 결과를 얻기가 어려운 부적절한 계획을 갖고 있는 상태에서 가족기업 리더의 은퇴나 죽음을 맞고 있다. 승계계획이 없거나 제대로 이행되지 않은 경우에는 가족 구성원의 갈등 및 분쟁을 초래하고 조직의 불안정, 핵심인력 유출, 주요 고객 이탈 등과 같은 경영상 혼란을 초래할 가능성이 크다. 후계자 육성이 미흡하고 승계비용이 상승하며, 비상사태가 발생하는 경우에는 기업이 위기상황에 직면할 가능성이 커진다.

승계계획을 수립함에 있어서는 승계의 기본방향과 목표를 명확하게 설정한 다음, 이의 달성에 필요한 핵심과제와 실행방안을 제시하는 것이 중요하다. 승계계획에는 승계 시기 및 방법과 가족기업을 구성하는 하위 체계에 해당하는 가족, 소유권, 기업 등을 아우르는 주요 이슈들을 포함하는 것이 바람직하다. 가족 부문에서는 가족 구성원의 협력, 갈등관리, 가족가치 확립 등에 관한 내용이 중심을 이룬다. 소유권 부문에서는 기업의 주식과 재산을 언제 누구에게 어떤 방법으로 이전할 것인지에 대한 내용과 함께, 경영권의 안정적 승계, 소유권 이전에 따른 상속세 등 승계비용 절감, 승계자금 마련, 안정적인 소유 및 지배구조 구축 등이 중요하다. 기업 부문에서는 새로운 도약을 위한 사업구조와 경영조직 정비, 재무구조 개선, 기업문화 구축, 승계지원팀 구성 등에 관한 내용을 설계한다. 그리고 리더십과 관련해서는 후계자 선정과 육성, 리더십의 안정적 이전, CEO의 은퇴 준비와 은퇴 후 역할 등이 중심을 이룬다.

잘 입안된 승계계획은 승계의 핵심 당사자인 가족기업 리더와 후계자가 수행해야 할 과제들을 구체화하고 가족 구성원의 갈등 및 분쟁 가능성을 크게 줄이는 효과가 있다. 주주와 임직원을 포함한 이해관계자들이 승계와 관련하여 갖게 되는 막연한 불안감을 해소하는 등 승계과정에서 긍정적으로 작용한다. 승계계획은 대체로 기업의 중장기 비전과 전략 목표와 연계되어 있다. 따라서 후계자가 자신의 앞날에 대한 불확실성드로부터 탈피하여 장기적인 시각에서 다음 세대 리더에게 필요한 의식과 행동 및 역량을 함양해 나가데 유익하다. 가족기업 리더와 배우자에게는 은퇴 이후의 삶을 준비하는 계기를 제공한다. 주요 고객, 거래처, 거래은행 등과의 신뢰관계 형성에도 긍정적으로 작용한다.

1. 가족기업의 승계와 승계계획

가족기업의 승계는 가족기업 리더와 후계자 사이의 경영권 및 재산권에 대한 승계임과 동시에 가족 구성원, 주주, 기업의 임직원, 주요 거래처 등 다양한 관계자들의 생각과 이해가 얽힌 복합적인 과제에 해당한다. 따라서 가족기업 리더는 승계로 인하여 영향을 받는 핵심 이해관계자들에게 승계의지와 방향을 설명하고 이해를 구함과 동시에, 이들이 생각하고 있는 바를 수렴하여 승계계획 수립 및 이행 과정에 반영할 필요가 있다. 안정적인 승계를 위해서는 가족기업 리더 자신이 건강하고 경영 전반에 걸쳐 영향력을 행사할 수 있는 단계에서 승계를 계획하고 실행에 옮기는 것이 바람직하다.

가족기업 연구자들은 기업이 세대간 이전을 통해 지속적으로 생존할 수 있는지의 여부를 결정하는 가장 중요한 요소로 '승계과정이 잘 계획되어 있는지의 여부에 관한 것'이라고 주장한다.[1] 그 이유는 '승계계획의 수립과 관련

1) Ivan Lansberg, The Succession Conspracy, Family Business Sourcebook II. 1996, p.70; J. Ward, Keeping the Family Business Healthy: How to Plan for Continuing Growth, Profitability and Family Leadership, 1987.

된 행동들은 승계과정의 한 부분'에 해당하고, 승계계획은 '승계의 성공 가능성을 높이는 것'으로 인식되고 있기 때문이다.2)

가족기업 연구자 겸 전문 컨설턴트인 레온 단코(Leon Danco)는 "만일 가족기업 리더가 사업승계에 관한 구체적인 계획을 수립하여 관리해 나가지 않는다면, 그는 자신이 일구어 놓은 기업과 가족의 장래가 고급 리무진 승용차를 타고 대기하는 변호사에 의해 결정된다는 사실을 깨닫는 것으로 만족하게 될 것이다"라는 말로 승계계획 수립 및 관리의 중요성을 강조하였다.

"연매출액 750억원, 종업원 수 370명, 업력 70여 년의 중견 가족기업인 B사는 갑작스럽게 맞은 승계 문제로 큰 어려움을 겪고 있다. 동사의 '준비되지 않은 승계'가 가족의 화목을 파괴하고 가문의 유산인 기업의 존속을 위협하고 있다. 후계구도를 포함한 승계계획이 수립되어 있지 않고 재산상속에 대한 준비가 전혀 없는 상태에서 부친인 60대 후반의 창업 CEO가 예상치 못한 사고로 갑작스런 죽음을 맞이했기 때문이다. 양호한 성과를 내며 성장을 지속

그림 10-1 승계계획 수립 및 관리

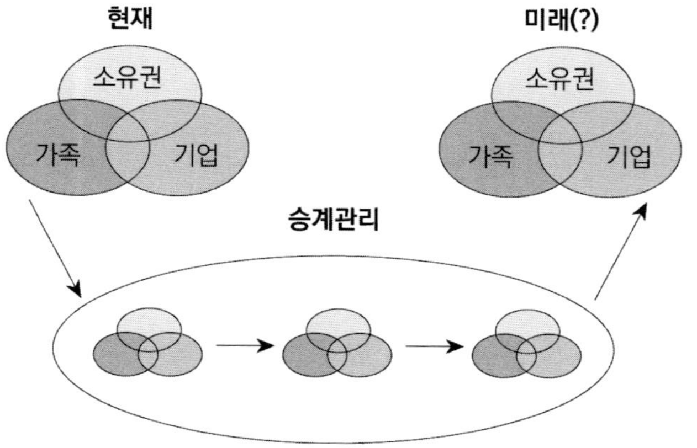

2) Paramodita Sharma, James J. Chrisman & Jess H. Chua, Succession Planning as Planned Behavior, 2003, Family Business Review, 2003.3, pp.1~14; Mike Fager & Dave Mckinney, Succession Planning, 2007.

해 온 이 기업은 준비되지 않은 리더십 교체로 인한 갈등과 부작용이 심각한 수준이고 형제들 사이에 재산상속 관련 소송이 진행 중이다. 원만했던 가족 관계는 긴장과 갈등의 연속이고 핵심인력은 장래에 대한 불안감 때문에 기업을 떠났으며 주요 거래처 일부도 떨어져 나갔다. 100억원에 달하는 상속세를 납부하는 일과 정리하지 않고 미루어두었던 차명주식 문제도 해결하기가 만만치 않은 실정이다."

이런 현상은 B사만의 문제는 아니다. 창업세대가 땀 흘려 일구어 온 다수의 기업들이 승계에 대한 준비가 제대로 되어있지 않은 상황에서 예상하지 못한 일들로 인하여 큰 어려움에 직면하거나 매각 또는 분할 위기를 맞는 사례가 곳곳에서 발견되고 있다. 시간적 여유를 갖고 제대로 된 승계계획을 수립하여 관리해 왔다면 충분히 예방이 가능한 사안들이다.

2. 승계계획의 개념과 중요성

(1) 승계계획의 개념

승계계획은 기업의 승계와 관련한 중장기적인 청사진으로 '가족기업의 경영권과 소유권을 한 세대에서 다음 세대로 이전하는데 필요한 종합적인 계획 및 전략'을 의미한다. 연구자에 따라서는 승계계획을 '다음 세대를 통하여 가족기업의 영속성과 가족의 화합을 보장하는데 필요한 준비를 하는 것' 또는 '가족기업이 대를 이어 지속적으로 생존할 수 있도록 계획하고 관리하는 평생의 과정' 등으로 정의하기도 한다.[3)]

---

3) 승계에 관한 초기단계 연구들은 승계계획을 1차원적인 과정으로 인식하거나 '그것들을 하나의 방안으로 조합하는 것'으로 인식하였다. 예컨대 Christensen(1953)은 승계계획은 승계 후계자 풀을 정하고 후계자를 디자인하며, 그에 관한 의사를 결정할 리더를 정하는 내용을 포함하는 하나의 과정으로 정의하였다. 근래에 들어서는 승계계획을 복수의 다양한 활동들을 포괄하는 장기간의 프로세스로 인식하기 시작하였다. 승계계획은 하루아침에 이루어지는 것이 아니라 승계가 완료될 때까지 상황 변화에 따라 지속적으로 변해가는 기나긴 과정에 해당한다고 보는 관점이다. Lansberg(1988)와 Ward(1987)는 승계계획에 후계자에 대한 훈련과 승계 이후의 기업 비전을 추가하였으며, Sharma와 Chrisman 등은 은퇴한 CEO의 역할을 추가하였다.

다수의 가족기업 연구자들이 승계계획과 관련한 모델을 제시해 왔는데, 그 내용은 후계자 선정 및 육성, 승계 이후 기업의 비전이나 전략계획, 가족기업 리더의 퇴임 이후 역할, 승계과정에서의 가족 구성원 관리, 주요 이해관계자와의 커뮤니케이션에 관한 계획 등이 주종을 이루고 있다. 승계자금을 마련하는 일과 소유권을 승계하는 과정에서 부담해야 하는 상속세와 증여세 등 승계비용을 효과적으로 관리하는 것도 승계계획의 중요한 분야에 해당한다.

이러한 점에서 승계계획은 장기간에 걸친 승계과정에서 표면화될 수 있는 아래와 같은 다양한 과제들에 대한 계획과 해결방안을 찾아가는 과정 및 청사진에 해당한다고 할 수 있다.

- 후계자 선정과 육성
- 경영권 이전
- 소유권 이전
- 승계자금 마련
- 상속세, 증여세 등 승계비용 관리
- 승계 이후 기업의 비전과 전략계획 수립
- 승계과정에서의 가족 구성원 관리
- 가족기업 리더의 퇴임 이후 역할

2) 승계계획 수립의 효과

승계계획을 수립하는 가족기업 리더가 창업CEO인 경우에는 보다 큰 어려움이 따른다. 그가 은퇴를 한다는 것은 자신이 평생을 거쳐 일구어 온 분신과도 같은 기업을 떠나는 것이기 때문에 혹독한 감정적인 고통이 따른다는 것도 감안을 하여야 한다. 무엇보다도 가장 어려운 것은, 위대한 승계는 어느 누구도 정확하게 알려줄 수 없는 그래서 각자가 처한 위치에서 최상의 해결방안을 찾아내야 한다는 것이다.

승계계획을 수립하는 것이 복잡하고도 어려운 과정임에 틀림이 없다. 하지만 승계계획을 수립하게 되면 승계를 준비하고 실행하는 과정에서 가족기업 리더와 후계자가 수행해야 할 과제들이 구체화된다. 잘 입안된 승계계획은 후계자로 하여금 기업경영 전반에 걸친 이해를 증진시키고 임직원들에게도 승계계획의 기본골격을 알림으로써 승계와 관련하여 갖게 되는 막연한 불안감을 해소하는 등 후계자 육성과 경영의 안정성 제고에 긍정적으로 작용하게 된다. 가족 구성원과 주주 등 핵심 이해관계자들을 효과적으로 관리해 나가는 방안을 강구할 수 있고, 주요 고객 및 거래처 등과의 신뢰관계를 형성해 나가는 데에도 유리하게 작용한다. 승계계획에는 대체로 가족기업의 중장기 비전이 포함되어 있기 때문에, 후계자로 하여금 자신의 앞날에 대한 불확실성에서 탈피하여 장기적인 시각에서 가족기업 리더로서 갖추어야 하는 의식과 행동 및 역량을 함양해 나가는 계기로 작용하게 된다.

잘 계획된 승계는 이어달리기 경주에서 잘 훈련된 선발주자와 후발주자 간에 이루어지는 바통터치와 같이 안정적이고 우아한 리더십 이전 가능성을 높인다. 반면에 승계계획이 없거나 수립되어 있더라도 제대로 이행되지 않은 경우에는 승계과정에서 갈등과 불안상태가 지속되고 경영 및 관리의 혼란을 초래할 가능성이 크다. 후계자 육성이 미흡하고, 가족 구성원의 분쟁 가능성이 증대된다. 승계비용이 상승하고 비상사태 발생 시 위기상황에 직면할 위험이 커진다.

3. 승계계획 수립에 앞서 고려해야 하는 요인들

(1) 승계계획에 영향을 미치는 요인

승계계획에 영향을 미치는 요소는 다양하다. 승계와 관련한 핵심 당사자인 가족기업의 리더와 후계자, 가족 주주 및 구성원 등 주요 이해관계인, 승계 대상인 기업이 처해있는 환경, 승계에 영향을 주는 정부 정책과 조세 및 법률 등이 여기에 해당한다.

이 가운데 승계계획 수립과 관련한 인적 요소를 살펴보면 아래와 같다.

먼저, 가족기업 리더의 승계에 관한 의지와 행동이다. 가족기업 리더의 승계에 관한 의지는 승계과정을 계획하고 진행함에 있어 가장 중요한 요소에 해당한다. 승계 대상이 되는 기업의 소유권과 경영권을 보유하면서 승계과정을 주도하는 사람은 바로 가족기업 리더이기 때문이다. 후계자를 결정하고 가족 구성원의 첨예한 이해관계를 조정하며, 승계 시기와 방법 등을 최종적으로 결정하는 것도 역시 가족기업 리더의 몫이다.

승계과정에서 또 다른 중심축에 해당하는 후계자의 생각과 의지, 가업에 대한 애정과 헌신의 정도, 차세대 경영자로서의 자세 및 역량, 가족기업 리더와의 관계 등도 승계계획의 수립 및 이행 과정에 지대한 영향을 미친다.

가족 구성원 등 승계와 관련한 주요 이해관계자 그룹의 참여와 원활한 소통도 중요하다. 실현 가능하고 성공적인 승계계획의 수립을 위해 가족기업 리더는 다양한 이해관계자들과 지속적이고도 원만한 소통을 하여야 한다. 특히 후계자 후보나 친족, 간부사원 등과 충분한 대화와 협의를 통하여 자신의 의도를 사전에 설명하여 이해를 구하고, 그들의 생각을 듣는 등 진솔한 소통을 할 필요가 있다. 이를 소홀히 하는 경우에는 후계자의 지위나 소유권 및 재산권을 둘러싼 분쟁이 발생하여 승계계획 자체가 무산될 수 있으며, 기업의 안정경영과 가족의 화목에도 부정적으로 작용한다.

(2) 승계계획 수립에 앞서 고려해야 할 것들

가족기업에 있어서 가족 구성원들의 사회적·정서적 관계는 승계과정에 지대한 영향을 미치는 관계로 승계를 효과적으로 추진하는 것은 복잡하면서도 어려운 일이다. 따라서 기업승계의 성공적이고도 원만한 추진을 위해서는 승계를 계획하고 관리하는 과정에서 진지하게 고려되어야 할 사항들이 존재한다. 이 가운데 핵심이 되는 과제로는 아래와 같은 것들을 들 수 있다.[4)]

1) 가족기업 형태로 계속 소유·경영할 것인지에 대한 결정

기업승계의 첫 출발점은 사업체를 가족기업 형태로 계속 유지해 나갈 것

4) 김지희, 가족기업 창업 및 경영론, 2001, 330~335쪽.

인가의 여부를 결정하는 일이다. 가족기업 리더가 창업주인 경우에는 자신이 일구어 온 기업에 대한 남다른 애정을 갖고 있는 경우가 많기 때문에 특별한 경우를 제외하고는 기업을 후손에게 물려주어 당해 기업이 대를 이어 가문의 유산으로 존속·발전해 나가기를 바라는 경향이 강하다. 그러나 가족기업은 소유 경영자 이외에도 가족들의 삶과 밀접한 관련성이 있기 때문에, 자녀를 포함한 가족 구성원들이 함께 협의하여 가족경영 형태를 지속적으로 유지해 나갈 것인지의 여부를 결정하는 것이 중요하다.

2) 승계과정에서 직면하게 될 위험과 스트레스에 대한 이해

승계는 고려해야 할 변수가 많고 변동 가능성이 큰 복잡하고도 장기간에 걸친 과정에 해당한다. 따라서 승계과정에 참여하는 가족 구성원들은 그것이 고통스럽고 지루한 과정이라는 사실과, 승계가 완료된 이후에도 자신의 생각과는 차이가 있고 만족스럽지 않을 수 있다는 사실을 이해할 필요가 있다. 원활한 승계를 위해서는 가족기업에의 참여를 결정하는 문제 이외에도 가족 구성원간의 소통, 기업의 성장과 쇠퇴, 기업 내에서 자신의 역할, 경력 관리, 경영권 이전, 소유권 이전, 재산의 분배 및 이전 등에 대한 충분한 이해가 필요하다. 특히 소유권과 재산의 분배 및 상속과 관련한 문제는 자칫하면 가족 갈등이나 분쟁으로 이어질 수 있는 중요하고도 예민한 문제에 해당하는 관계로 이에 관한 충분한 사전적 배려와 이해가 필요하다.

3) 가족기업 리더의 확고한 승계의지와 차세대 구성원의 참여

승계과정에서 가족기업 리더의 승계에 관한 생각과 의지는 매우 중요하다. 가족기업 리더는 자신의 승계에 관한 확고한 의지와 방향을 바탕으로 충성도가 높은 경영진을 포함하여 전문가 및 자문그룹들과 협의하여 구체적인 승계계획을 준비하여야 한다. 이 과정에서 후계자 후보를 포함한 가족들도 참여하여 승계와 관련한 자신들의 생각과 입장을 표현할 수 있는 기회를 가져야 한다.

승계계획의 입안은 가족기업 리더와 후계자, 가족 구성원, 주요 임원 등 가족기업을 둘러싼 핵심 이해관계인의 다음 세대를 향한 이상과 목표를 일치시키는 기회이기도 하다. 승계계획을 수립하기에 앞서 가족가치와 창업철학 등을 명문화하여 '무엇을 위하여 기업을 소유·경영하는지'를 후계자에게 충분히 이해시킴과 동시에, 승계시점에 맞추어 경영이념을 새롭게 확립하여 사내에 확산시키고 공유하는 것이 중요하다.

4) 후계자 선정 및 육성 프로그램 개발

승계 후보자들 가운데서 가장 적합한 사람을 후계자로 선정해서 역량 있는 리더로 육성해 나가는 것은 가족기업의 승계와 영속성 유지를 위한 핵심 과제에 해당한다. 선정된 후계자에 대해서는 가족기업 경영자로서 갖추어야 할 역량, 인품, 가족 구성원과 임직원들로부터의 존경과 신뢰 등을 포함하여 종합적인 리더십을 확보해 갈 수 있도록 기업차원에서의 지원 프로그램을 마련하여 실행에 옮겨가야 한다.

5) 가족기업 리더와 배우자의 은퇴 이후 삶에 대한 준비

가족기업 리더는 기업의 미래에 대한 전략적인 계획과 함께 자신과 배우자의 장래의 생활을 지탱해 줄 재정계획과 유산배분 계획을 수립해 놓아야 한다. 효과적인 재정계획과 유산계획은 과다한 세금으로부터 기업재산을 보호하고 은퇴 이후 자신과 배우자가 경제적으로 안정된 삶을 영위해 나가는 데 도움이 된다. 검증되지 않은 후계자의 손에 장기간에 걸쳐 일구어 온 기업과 자신의 장래를 맡긴다는 것은 안타까운 일이고 동시에 은퇴하는 자신을 무기력하게 만드는 일이다. 따라서 승계를 앞둔 리더는 자신과 배우자의 은퇴 후의 안정되고 보람 있는 삶을 가능하게 해 줄 확실한 기반을 준비하는 지혜가 필요하다.

6) 기업의 중장기 전략 및 경영계획과의 조화

승계계획과 기업의 중장기 전략이 서로 충돌되는 경우 안정적인 승계를 기대하기가 어렵다. 따라서 승계계획이 기업의 중장기 전략계획에 녹아들어

가도록 함으로써 승계계획과 기업의 비전 및 중장기 전략이 상호 충돌하지 않고 조화를 이루면서 시너지를 창출해 가도록 주의를 기울여야 한다.

4. 승계계획의 수립과 실효성 제고

(1) 승계계획 수립 시기

승계는 준비과정을 거쳐 실행에 이르기까지 오랜 기간이 소요되기 때문에 시간적 여유를 갖고 차분하게 준비해 나가는 것이 바람직하다. 이에 승계계획의 수립은 가능한 빠른 시기에 준비를 시작할 필요가 있다. 가족 구성원 가운데 사업을 계승할 사람이 없어 외부에서 전문경영인을 영입하거나 임직원 가운데서 후계자를 선정하려는 경우에는 더욱 충분한 기간을 두고 착실하게 준비를 해 나가야 한다. '인간은 누구나 영원히 살아서 기업을 경영한다는 것이 불가능하고 은퇴와 죽음 또한 피할 수 없는 것'이라는 사실을 염두에 두면서 50대 후반부터는 준비를 시작하는 것이 바람직하다. 질병이나 사고 등 예상치 못한 경영불능사태의 발생도 고려할 필요가 있다. 기업의 상황에 따라 차이는 있지만 승계계획을 마련하고 적어도 10년 정도의 본격적인 준비를 하여야 안정적인 승계가 가능하다.

(2) 수립절차

승계계획을 수립하기 위해서는 우선 기업의 내·외부 환경을 정확하게 파악할 필요가 있다. 현상을 정확하게 진단하고 강약점을 검토한 후에는 자사의 실정에 맞는 승계방법을 결정하고 적합한 후계자를 선정한다. 승계계획을 수립할 때에는 먼저 기업의 장래 비전을 구상하고, 그 비전 및 중장기 발전전략에 승계계획의 구체적인 내용들을 반영하는 것이 중요하다.

1) 현상 파악

① 현상 파악의 중요성

승계계획을 수립하는 과정에서 승계와 관련이 있는 부문들에 대한 정확한 현상 파악이 중요하다. 현상을 정확하게 파악하는 것은 원활한 승계의 첫 걸음이자 발생 가능한 다양한 분쟁의 소지를 미연에 방지하기 위한 중요한 단계에 해당한다.

현상 파악이 제대로 되지 않으면 승계와 관련한 핵심 당사자는 물론 주요 이해관계자와의 소통이 어렵고, 승계 방법을 확정하는데도 걸림돌로 작용하는 등 제대로 된 승계계획 수립에 지장을 초래하게 된다. 가족기업의 현상에 대한 파악이 제대로 이루어지지 않은 채 가족기업 리더가 사망하거나 의사표시 불능 상태에 이르러서 승계 절차가 시작되는 경우도 종종 발생하는데, 이 경우 사업의 안정적인 승계가 어렵고 가업의 존속 자체가 위험에 처할 우려가 있다.

② 현상 파악의 단계별 포인트

✔ 1단계 : 현상분석

승계대상 기업의 경영상황, 당면과제, 승계 관련 주요 당사자인 가족 및 후계자의 역학관계, 승계와 관련한 생각과 준비 정도, 예상되는 위험요인 등을 상세하게 파악하고 개선점이나 방향성을 검토한다. 현행의 사업이 어느 정도 성장할 것인지, 상품력·개발력의 수준은 어떠한지, 지속적으로 수익을 창출할 수 있는 체제가 구축되어 있는지 등도 검토해야 한다. 그리고 이러한 내용들을 바탕으로 기업의 강약점을 파악해서 강점을 얼마나 키우고 약점은 어떻게 개선해 나갈 것인가 하는 방향성을 도출해야 한다.

기업의 내·외부 환경 및 현상을 파악하는데 있어 중요한 분야와 요점은 다음과 같다.

〈현상 파악 포인트〉

- 기업의 경영자원(자산규모와 내용, 현금흐름, 근로자 수 및 연령구조 등)
- 경영리스크(부채현황, 기업의 경쟁력 수준 및 향후전망)
- 경영자 개인의 자산과 부채(보유주식, 개인명의 부동산, 개인보증, 부채)
- 후계자 후보(친족내 후계자 자격을 갖춘 사람이 있는지, 후계 후보자의 역량과 리더십은 어느 정도인지, 후계자의 기업경영에 관한 의지는 어느 정도인지)

- 승계와 관련한 가족 구성원의 기대와 생각
- 상속 시점에서 예상되는 문제점과 해결방법(법정상속인의 주식보유 현황, 이들 상호간의 인간관계, 상속재산의 내용, 상속세 예상규모와 납부 방법 등)

✔ 2단계 : 환경변화 예측 및 대응과제 검토

승계 이후에도 기업이 새로운 리더십을 중심으로 하여 지속적으로 성장·발전해 나가도록 하기 위하여 경영환경과 변화의 방향을 예측하고 이에 대한 적절한 대응책 및 과제를 검토한다.

✔ 3단계 : 승계 시기와 방법을 감안한 사업의 방향성 검토

기업에 대한 현상분석과 환경변화를 예측·검토하고 그 대응방침이 정해지면, 이를 토대로 중기적인 방향성(경영비전)을 설정한다. 현재의 사업을 지속해 나갈 것인가, 아니면 사업의 범위를 확대해 나갈 것인가 등 사업영역과 비즈니스 모델에 관한 방침을 명확히 한다. 나아가 그것을 실현시키기 위한 조직체제, 기업규모와 형태, 설비투자 등에 대해서도 구체적인 방안을 구상해 나간다. 승계 시기나 방법 등을 반영하여 사업의 선택과 집중을 어떻게 추진해 나갈 것인가에 관한 사항을 정한다.

✔ 4단계 : 중장기 목표 설정

기업의 전략 방향이 정해지면 여기에 맞는 중장기 목표를 구체적으로 설정한다. 예를 들어 승계 시점에서의 매출액, 이익규모, 시장점유율, 설비투자, 점포수 등에 관한 구체적인 정량목표를 설정하고 상품과 조직 체계 등에 대한 체질강화 목표, 신산업 진출이나 신시장 개척 등과 관련한 투자목표 등을 설정하는 것이 좋다. 이를 전제로 하여 각 부문별 실행방침을 수립하는 것도 유효하다.

✔ 5단계 : 원활한 승계를 위한 과제의 정리

후계자를 중심으로 한 새로운 경영체제로 이행하는 데 있어 필요한 과제를 정리한다. 특히 주의를 요하는 것은 승계 시점에서 후계자를 포함한 경영체제를 어떻게 재구축할 것인지에 관한 내용과 후계자교육 문제, 승계 후 후

계자의 안정적인 리더십 발휘에 필요한 소유 및 지배구조, 소유권 승계와 관련한 재무 및 세무 관련 대책 등이다.

2) 승계방법 및 예비 후보자 선정

현상 파악을 마친 후에는 승계 방법별 장단점을 검토하여 기업 실정에 적합한 승계방법을 결정하고 그 방법에 따라 적합한 예비 후보자를 선정한다.

3) 승계계획서 작성

기업 전반에 대한 현상을 파악하고 승계방법 및 예비 후보자가 정해지면 승계계획서를 작성하게 된다. 승계계획은 기업의 중장기 전략 및 경영계획과 조화를 이루는 것이 바람직하다. 따라서 기업의 구체적인 목표 및 비전 등을 담고 있는 중장기 경영계획에 승계시기와 부문별 대책 등을 포함한 승계계획을 수립한다.

(3) 승계계획에 포함할 내용

승계계획에는 승계의 시기와 방법을 포함해서 가족기업을 구성하는 세 가지 체계인 가족·기업·소유권과 더불어 리더십 부문에서 중점적으로 관리해야 하는 과제들에 대한 현황과 목표, 그리고 목표달성을 위한 구체적인 실행계획을 담아야 한다. 가족 부문에서는 가족 구성원의 협력, 가족갈등 관리, 가족가치 확립 등에 관한 내용이 중심을 이룬다. 소유권 부문에서는 주식과 재산을 언제 누구에게 어떤 방법으로 이전할 것인지에 대한 내용과, 소유권 이전에 따른 상속·증여세 등 승계비용 절감, 승계자금과 상속세 납부재원 마련, 안정적인 소유구조와 지배구조 구축 등이 중요하다. 기업 부문에서는 다음 세대를 위한 사업구조와 기업문화 구축, 경영체제 및 조직 정비방안, 승계 지원팀 구성, 승계 예상시점의 비전과 목표 등에 관한 내용을 설계한다. 그리고 리더십 부문에서는 후계자 선정과 육성, 리더십 이전 단계와 시기, CEO 은퇴준비와 은퇴 후 역할 등이 중심을 이룬다.

(4) 승계계획의 실효성 제고 방안

1) 사려 깊은 승계계획 수립

승계계획은 계획수립 이후에 변화되는 다양한 대내외의 환경적인 요소에 따라 조정이 불가피한 경우가 허다하다. 따라서 승계계획은 변화에 맞추어 수정 또는 보완되어지는 특성을 갖고 있다. 다른 한편으로 승계계획은 가족기업 리더 자신을 포함하여 후계자와 가족 구성원 등 다양한 이해 관계자들을 지속적으로 관리해 나아갈 때 실효성을 확보해 나가게 된다. 승계과정 전반을 주도해 나가야 하는 가족기업 리더는 특히 다음 사항을 염두에 두면서 실행해 나갈 때 승계계획의 실효성은 제고될 수 있다.

- 가족기업 리더와 후계자가 상당한 기간 동안 함께 근무하는 장을 만들어 쌍방의 공통체험 등을 통하여 사업 및 기업 운영에 대한 생각이나 방향성을 공유한다.
- CEO와 후계자, 간부사원 등이 원활한 소통을 통하여 승계와 관련한 공감대를 형성해 나간다.
- 승계는 오랜 시간을 요하는 과정이라는 점을 인식하여 시간적 여유를 갖고 착실하게 준비해 나간다.
- 후계자가 기업을 경영해 나가는데 유리한 환경의 정비를 우선으로 생각하여 계획을 입안한다.
- 후계자 이외의 상속인이나 창업 초기부터 근무해 온 주요 간부들에 대하여도 충분한 배려를 함으로써, 승계가 진행되는 과정이나 승계 이후에 문제가 발생될 소지를 최소화한다.
- 승계계획의 수립 및 실행 과정에서 승계를 효과적으로 지원할 팀을 구성하여 운영한다. 승계지원팀은 주로 가족 구성원, 덕망 있는 사외이사 및 자문역, 전문 컨설턴트, 충성도가 높은 임원 등 다양하게 구성하는 것이 객관적이면서도 합리적인 의사결정을 하는데 도움이 된다.

2) 비상사태 발생에 대비한 별도의 승계계획 준비

가족기업의 승계는 장기간에 걸친 힘든 과정의 연속이다. 승계계획이 잘 마무리 되었다고 생각할 즈음에 예상하지 못했던 사건들로 인해서 모든 것을 처음부터 다시 생각하도록 하는 상황이 발생하기도 한다. 그것은 예기치 않은 가족 갈등이나 불의의 사고일 수도 있으며, 때로는 선정해 놓은 후계자가 다른 길을 가겠다고 선언하거나 경영자로서의 자질과 역량이 부족하다는 사실을 사후적으로 발견하는 것 등을 들 수 있다. 가족기업 리더의 예기치 못한 사망이나 사고 및 질병으로 인한 무능력 상태가 될 가능성 등은 기업의 경영 및 생존을 위협하는 위험요소 가운데 하나다. 현명한 가족기업 리더는 이와 같은 장래 발생할지도 모르는 긴급사태에 대비하여 비상 승계계획을 예비적으로 수립한다. 비상 승계계획은 예기치 않은 상황이 발생하여 기업을 정상적으로 경영하기가 어렵게 된 경우에 기업이 매각 또는 해체되는 위기에 처하게 되는 등 심각한 위험에 직면하는 것을 방지하는 보호장치로서의 기능을 수행한다.

승계계획 수립 당시에 예상할 수 없었던 비상사태가 발생하는 경우에 후계자가 준비되어 있다면, 후계자가 중심이 되어 기업을 유지해 나가는데 필요한 조치를 취하고 경영자로서의 역할을 수행해야하는 상황이 전개될 수 있다. 이러한 경우에도 덕망 있고 신뢰할 수 있는 전문가나 외부 인사들로 구성된 이사회의 조언 및 지원은 매우 유용하다. 비상 승계계획은 선정된 후계자가 사망하거나 질병 및 사고 등으로 인하여 기업을 정상적으로 경영하기 어려운 상황이 발생하는 경우에 효과적으로 대처하는 방안이기도 하다.

제11장 승계과정 관리와 성공승계를 위한 가족 및 기업 차원의 준비

가족기업의 구성요소에 해당하는 가족, 기업, 소유권 등 각 부문은 정체되어있지 않고 시간의 흐름과 함께 역동성을 갖고 변화하는 특성을 갖는다. 승계를 준비하고 진행하는 동안에도 승계에 영향을 미치는 다양한 사안들이 수시로 발생하기 마련이다. 승계과정에서 이해관계자들이 직면하는 불확실성, 서로 다른 관심사, 예기치 못한 돌발사건과 경영환경 변화 등을 들 수 있으며, 이러한 이슈들이 효과적으로 관리될 때라야 안정적인 승계가 가능하게 된다.

많은 경우에 자녀들이 경영에 참여하는 과정에서 가족기업에 고유한 위험요인들이 현실화되는 경향이 있다. 승계와 관련한 주된 위험요인은 주로 가족기업 리더들이 승계과정에서 과도하게 승계의 기술적 요소(조세부담, 재산분배 등)에 집착하는 데서 비롯된다. 승계와 관련한 기술적 요소보다도 더 중요한 사람에 관한 문제나 비기술적 요소(가족 구성원 간의 소통, 가족가치, 가족들의 기대, 가족의 역동성 등)에 대해서는 소홀하게 생각하고 소극적으로 대응하는 경우가 적지 않다. 이러한 이유 때문에 많은 기업들이 승계과정에서 심각한 갈등을 경험하거나 돌이키기 어려운 위험에 직면하게 되는 것이다.

승계과정을 효과적으로 관리해 나가는 경우에는 '승계 음모'를 극복하고 안정적인 승계를 이루어 갈 수 있다. 가족기업의 번영과 영속성 유지, 가족의 화목 등을 도모하는데 도움을 준다. 유능한 후계자의 기업가적 에너지를 북돋아 조직에 활력을 제공하고, 생산적인 기업문화를 구축하는데도 기여한다.

승계과정에서 중점적으로 관리해야 하는 핵심 인물은 가족기업 리더 자신과 후계자, 가족주주 및 가족 구성원 등이다. 승계를 앞둔 창업CEO 등 가족기업 리더는 자신이 경영 일선에서 물러나지 않고 더 오래 머물러야 하는 여러 가지 '좋은 이유들'을 찾을 수 있을 것이지만, 결코 이러한 유혹에 넘어가서는 안된다. 승계에 관한 확고한 의지를 바탕으로 승계계획을 수립하고 관리해 나가는 한편, 적합한 후계자를 선정하여 역량 있는 리더로 육성해 가는데 많은 노력을 기울여야 한다. 은퇴 이후의 삶을 준비해가는 것 역시 중요하다.

후계자는 가족기업의 앞날과 가족의 화합을 책임지게 될 리더로서의 정체성을 확고히 함과 동시에 필요한 역량을 착실하게 배양해 나가야 한다. 가업에 대한 애정과 헌신, 공감능력, 적극적인 경영참여 의지 등도 중요하다. 가족기업 리더와의 관계에서 신뢰를 쌓아가면서, 다른 가족들로부터는 가문의 유산에 해당하는 기업을 잘 경영할 수 있을 것이라는 믿음과 함께 가족의 화목에도 공헌할 수 있는 리더십과 덕망을 갖춘 사람이라는 믿음을 얻을 수 있어야 한다. 필요한 지식 및 기술과 네트워킹 역량을 겸비하고 임직원들로부터 존경을 받을 만한 덕성과 인격도 갖추어 나가야 한다.

기업의 성공승계를 위한 가족 차원의 준비가 중요하다는 사실은 아무리 강조해도 지나침이 없다. 온 가족의 축복을 받으며 승계를 마무리하는 것은 가문의 자랑이지만, 승계과정에서 가족들 사이에 발생하는 도를 넘는 갈등이나 분쟁은 가족의 화목은 물론이고 가업의 영속성 확보에 큰 위협요인으로 작용하기 때문이다.

기업 차원의 승계준비도 소홀히 해서는 안된다. 승계를 앞둔 가족기업 리더는 자신이 경영 일선에서 물러나더라도 기업이 효과적으로 운영될 수 있도록 기반을 구축해 놓을 책임이 있다. 승계를 제2창업의 기회로 활용하기 위해서는 승계과정에서 기업의 조직과 문화, 기업의 중장기 목표와 전략 등에 대한 점검과 함께 경영권이라는 바통을 이어 받은 후계자를 중심으로 기업이 새롭게 도약해 나갈 수 있는 환경을 조성할 필요가 있다.

1. 승계과정 관리의 개념과 중요성

승계과정 관리는 승계가 진행되는 동안에 발생하는 다양한 상황들을 적절하게 관리함으로써 승계를 성공적으로 마무리하는 과정을 말한다. 오랜 기간에 걸쳐 진행되는 승계의 과정은 다양한 변동성을 내포하고 있다. 승계계획 수립 시점에서 예상하지 못했던 여러 돌발변수들로 인하여 승계계획이 후퇴 또는 원점화되는 등 승계과정이 계획대로 진행되지 않은 경우도 허다하다. 따라서 승계계획을 수립한 이후에도 이해당사자들의 심정 및 태도와 외부환경에 따라 많은 변동성을 갖는 승계과정에 대한 지속적인 관리가 필요하다.

승계과정에서 가족기업 리더와 관련한 돌발 사건으로는 갑작스런 사망, 질병, 무능력화, 변심 등을 들 수 있다. 승계 후보자와 관련해서는 후계자가 더 이상 승계를 희망하지 않거나 사망, 질병 등으로 승계가 불가능하게 된 경우가 있을 수 있다. 후계자는 가족기업의 경영을 책임질 새로운 리더로서 갖추어야 할 역량을 효과적으로 배양하면서 성장해 나가야 하는데, 이러한 노력을 게을리 하면서 허송세월을 보내는 경우도 큰 위험요인에 해당한다. 승계과정에서 발생하는 가족 구성원 간의 심각한 갈등 및 분쟁도 승계를 어렵게 하는 요인의 하나에 해당한다.

승계과정을 효과적으로 관리하는 경우에 얻을 수 있는 혜택은 다양하다. 먼저, 승계과정에서 창업CEO 등 가족기업의 리더가 직면하기 쉬운 '승계 음모'를 적절하게 극복하고 승계가 적기에 이루어지는데 기여한다. 우능한 후계자의 기업가적 에너지를 북돋아 활력이 넘치는 비즈니스를 창조하는데 긍정적인 영향을 미친다. 가족기업의 경영 안정과 가족의 화목을 도모하는데 긍정적으로 작용한다. 잘 관리된 승계과정은 경영 각 분야에 신선한 관점을 제공함으로써 기업조직 전반에 활력을 불어넣는 선순환 구조 형성에 기여한다.

2. 승계과정에서의 이해관계인 관리

승계과정을 관리함에 있어서는 가족기업의 경영 및 승계와 관련된 이해당사자 관리가 중심을 이룬다. 이 가운데 중점적인 관리를 요하는 대상은 다름 아닌 가족기업 리더 자신과 후계자, 그리고 가족 구성원이다. 승계가 안정적으로 이루어지기 위해서는 기업의 소유권과 가족기업 리더 개인이 보유하고 있는 재산을 자녀 등 가족 구성원에게 어떻게 넘겨주고 처분할 것인지에 대한 면밀한 계획과 준비도 필수적이다. 특히 재산권의 양도 및 처분과 관련한 사안들은 사전에 시간적 여유를 갖고 미리미리 준비해 가지 않으면 가족 구성원의 분쟁, 과중한 조세 부담 등 예기치 않은 어려움을 초래할 가능성이 크다.

(1) 가족기업 리더 자신에 대한 관리

승계를 앞둔 창업주 등 가족기업 리더는 자신이 경영 일선에서 물러나지 않고 더 오래 머물러야 하는 '좋은 이유들'을 많이 발견할 수 있을 것이지만, 이러한 유혹에 넘어가서는 안된다. 그 대신에 승계가 안정적으로 진행될 수 있도록 승계과정을 효과적으로 관리하면서, 자신의 은퇴 이후의 삶을 준비해 나가야 한다. 잘 계획되고 준비된 은퇴는 가업의 안정적인 승계는 물론 가족기업 리더 자신의 인생 후반을 복되고 아름답게 만들지만 준비되지 않은 은퇴는 재앙이 될 수도 있는 것이다.

1) 승계과정에서 가족기업 리더가 직면하는 도전

① 후계자와의 관계에서 오는 도전

승계과정에서 가족기업 리더는 예기하지 못했던 감정적인 문제와 개인적 장애물들로 인해서 승계절차의 진행이 지연되거나 일시 중단되는 경우가 적지 않음을 경험하게 된다. 승계를 앞두고 있는 가족기업 리더는 후계자인 자녀들과 라이벌 의식을 갖게 되는 경우에 직면하기도 한다. 후계자가 경영에 참여하기 이전에는 자신에게 중요한 결정권이 집중되어 있었지만, 점차로 상황이 달라져 가고 있는 것을 경험하면서 서운한 감정을 느끼게 되기 마련이다. 자신이 익숙해 있던 것과는 전혀 다른 새로운 경영시스템을 구축하여 활용하는 것을 보는 순간에도 동일한 갈등을 느낄 수 있다. 후계자가 중심이 되어 진행되는 혁신활동에 대해서도 거부감을 가질 수도 있을 것이다.[1)]

② 은퇴 이후에 대한 염려

다수의 가족기업 리더들은 승계를 마무리하고 경영 일선에서 은퇴하는 경우 초래될 자신의 삶과 관련한 변화들에 대한 불안감을 갖는다. 가족기업 리더의 배우자 역시 대체로 비슷한 입장에 처하게 된다. 은퇴 이후의 삶에 대한 준비가 제대로 되어 있지 않으면 가업을 적기에 승계하고 물러나기가 어

---

1) Craig E. Aronoff, Stephen L. McClure, & John L. Ward, Family Business Succession, 2011, pp.19~21.

려울 뿐만 아니라, 설령 은퇴를 한다 하더라도 은퇴 이후의 삶이 불안정할 것이라는 우려에서 벗어나기가 어렵다.

가족 내에서 자신이 누려온 영향력을 상실하게 될 것에 대한 염려도 승계를 지연시키는 이유 가운데 하나다. 가족기업 리더 입장에서는 '기업 내에서의 통제권을 보유하고 재정적 권한을 행사함으로써, 가족 부문에서 발생하는 여러 문제들을 해결하는데 있어서 계속적으로 영향력을 발휘'할 수 있기를 바라는 것이 일반적이다.

2) 직면하는 문제와 도전에 대한 현명한 리더의 자세

① 자신의 정체성을 새롭게 확립

승계를 앞두고 있는 가족기업 리더는 자신이 일구어 온 기업조직으로부터 분리되어 가고 있다는 사실을 인식하고 자신의 정체성을 새롭게 확립하는 작업을 시작하여야 한다. 승계는 가족기업 리더 자신이 세운 왕국에 해당하는 기업을 물려주고 떠나는 것이기에 자신의 정체성을 새롭게 확립한다는 것은 그리 쉬운 일이 아니다. 평생 동안 시간과 물질과 정열을 바쳐서 일구어 온, 그래서 자신의 분신이나 다름없는 존재로 생각하고 있는 기업을 떠나야 한다는 데서 오는 아쉬움과 갈등이 존재하기 때문이다.

가족기업의 리더는 자신이 경영 일선에서 물러나지 않아도 되는 것을 정당화 시켜 줄 여러 가지 '좋은 이유들'을 발견할 수 있을 것이다. 그럼에도 불구하고 '건실한 기업을 유능한 후계자에게 적기에 넘겨줌으로써 가족기업의 지속적인 성장 발전을 도모하는 것은 사업을 새롭게 일으키는 것 못지않게 위대하고 칭송받아야 할 일이라는 것'을 먼저 생각하여야 한다. 그리고 사람은 누구나 계속 그 자리에 머물러 있으면서 경영자로서의 역할을 수행할 수 없는 일이고, 언젠가는 세상을 떠날 수밖에 없는 존재라는 사실을 인정하는 것이 중요하다.[2)]

2) 가족기업 리더의 은퇴 관련 조사에 따르면, 개인의 정체성에서 사업이 차지하는 비중은 은퇴에 대한 기대(S. Gee & J. Baillie, "Happily Ever After? An Exploration of Retirement Expectation", 1999) 및 은퇴시기(G. H. Elder & E. K. Pavalko, "Work Careers in Men's Later Years: Transitions, trajectories, and Historical Change", 1993)에 반비례하는 경향이 있다.

승계과정에서 발생하기 쉬운 후계자와의 서운한 감정이나 갈등 요인도 자연스러운 것으로 받아들이고 승계를 안정적으로 추진해 나갈 수 있어야 한다. 자신이 유용하게 활용했던 과거 경영방식과 조직만으로는 더 이상 효과적인 경영활동을 수행하기가 어렵다는 사실을 인정해야 한다. 그리고 커지고 복잡해진 기업의 조직과 확대된 사업영역, 변화된 환경 등에 효과적으로 대응하기 위해서 후계자는 과거와는 다른 전략과 새로운 경영기법 및 시스템을 활용하면서 그들만의 길을 걸어가야 한다는 사실도 자연스러운 현상으로 수용할 수 있어야 한다.

② 새로운 목표의 설정

가족기업에 있어서 승계를 계획하고 실행에 옮긴다는 것은 창조적이고 신나는 일이며, 기업의 성장과 도약을 위한 새로운 도전의 기회에 해당한다. 승계를 앞둔 시점에서 가족기업 리더가 유념해야 할 목표는 '가족기업에 대한 리더십을 자녀세대에게 성공적으로 이양하고, 동시에 그동안 기업을 일구기 위해 수고한 자신의 미래를 보다 즐겁고 만족스러운 삶이 되도록 만들어 가는데 있는 것'이다. 사람마다 차이가 있지만, 평소에 자신이 꼭 해보고 싶었으나 여건이 허락하지 않아 미루어 두었던 일들을 새롭게 시작하는 것도 가치가 있는 일이다. 자신의 생각과 역량을 새로운 목표를 달성하는데 집중하기로 마음을 정한 사람은, 기업에 대한 통제권을 계속해서 행사하려는 생각을 갖고 머뭇거리는 사람들에 비해서 승계과정을 훨씬 더 가볍고 즐거운 마음으로 추진해 나갈 수가 있는 것이다.

취미생활, 재단 및 자선단체의 창설, 자문 및 저술 활동, 새로운 사업의 시작 등에 대한 준비도 은퇴 이후의 삶을 풍요롭게 하는 방법 가운데 하나다. 상당수의 성공한 창업세대 CEO들은 이러한 활동을 통하여 은퇴 이후의 삶을 행복하고 보람 있게 영위하고 있다. 자신의 또 다른 활동기회 및 능력을 발견한 가족기업 리더들은 후계자에게 '가족기업과의 건강하고도 깨끗한 단절'이라는 큰 선물을 제공하게 된다. 자신은 경영 일선에서 물러나 또 다른 의미 있는 삶을 시작하게 되고, 기업은 새로운 리더십을 중심으로 제2의 도약을 경험하게 되는 것이다.

③ 은퇴계획과 은퇴 이후 안정적인 삶을 위한 재정계획

은퇴계획은 가족기업 리더의 은퇴와 관련한 계획으로서, 자신은 물론 가족기업과 자녀세대의 성공적인 미래를 위해서도 필요하다. 대부분의 기업 소유주들은 일에 대한 열정과 가업에 대한 애정이 남다른 관계로 기업에 계속 남아 있으려는 경향이 있으며, 자신의 은퇴계획 수립에 소극적인 경향이 있다.[3] 그럼에도 불구하고 기업의 성공적인 승계를 위해서는 적절한 은퇴계획을 수립하여 관리해나가야 한다. 은퇴계획의 부재는 준비된 승계계획의 실현을 어렵게 하는 요인으로 작용하기 때문이다.

은퇴계획에는 승계 이후의 의미 있는 삶과 이를 뒷받침할 재정계획이 포함되어야 한다. 은퇴 이후의 삶을 안정적으로 꾸려 나가기 위해서는 안정적인 소득원이 필수적이다. 이 소득원은 가급적이면 기업의 성과와는 별도의 소득원으로 충당하는 것이 바람직하다.

④ 소유권과 보유재산의 정리

은퇴를 앞둔 가족기업 리더는 주식 등 기업의 소유권과 개인재산의 양도, 처분 등에 관한 계획을 세우고 이를 안정적으로 실행해 나가야 한다. 승계가 안정적으로 이루어지기 위해서는 기업의 소유권과 개인이 보유하고 있는 재산의 정리에 관한 계획과 준비가 필수적이기 때문이다. 재산권의 양도 및 처분과 관련해서는 시간적 여유를 갖고 전문가의 자문을 받아가면서 준비해 가는 것이 중요하다. 그렇지 않을 경우에는 재산의 상속 및 증여와 관련하여 가족 분쟁, 과중한 조세 부담 등 예기치 않은 어려움에 직면할 가능성이 크다.

(2) 후계자 관리

가족기업 리더는 후계자가 역량 있는 경영자로 성장해 가고 있는지에 관

3) Stephanie Brun de Pontet & Craig E. Aronoff et al., Siblings and the Family Business, 2012, p.30.

한 사항들을 확인하고 이의 성장을 체계적으로 지원할 책임이 있다. 가족기업 리더 자신이 이를 직접 관리하는 것이 효과적이지 않은 경우에는 멘토나 코치 등을 활용하는 방안을 고려할 수 있다. 이 과정에서 후계자에 대한 기업 차원의 배려와 관심이 중요하다. 후계자가 필요한 역량을 키워가면서 제대로 성장하고 있는지를 정기적으로 평가하면서 적절하게 대응해 나가는 것이 바람직하다.

1) 후계자 역량 강화 지원

가족기업의 후계자는 가문의 유산에 해당하는 기업의 번영과 영속성 유지, 그리고 가족의 화목이라는 중요한 과제를 달성해 나가야 한다. 좋은 후계자는 자연적으로 길러지는 것이 아니며, 가족기업 리더의 지속적인 관심과 기업 및 가족 차원의 지원을 바탕으로 한 체계적인 교육훈련 과정을 통해서 성장해가는 것이다.

역량을 갖춘 후계자를 육성하기 위해서는 후계자 육성계획을 수립하고 이를 지속적으로 관리해나가야 한다. 승계를 준비하는 과정에서 가족기업 리더는 후계자로 하여금 기업과 가족의 장래를 책임져야 하는 리더로서 갖추어야 할 덕목들을 포함하여 기업을 경영하는데 필요한 역량 및 자질을 배양할 수 있도록 관심을 갖고 지원해야 한다. 특히 가족기업 소유주로서 감당해야 하는 책임과 누리게 될 특권에 관하여 균형적인 시각을 가질 수 있도록 교육해 나가는 것이 필요하다.

2) 후계자의 정체성 확립

가족기업 후계자의 다수는 일반인들이 생각하는 것과는 달리 많은 고민과 갈등을 하면서 힘든 역할을 수행해 나간다. 부모세대와 후계자 사이에 존재하는 가치관과 인식의 차이 등 세대간 격차 또한 이들을 어렵게 만드는 원인으로 작용한다. 후계자들의 고민과 갈등은 특히 가족기업의 승계를 전후하여 자신의 정체성을 확립해 나가는 과정에서 표출되는 경향이 있다.

후계자들은 때때로 자신의 앞날에 대한 방향성을 잃고 크게 실망하거나 방황을 하게 되는 경우가 있다. 오랜 기간 후계자로서의 리더십과 역량을 획득하기 위해 힘든 과정을 잘 견뎌 왔지만, 어느 순간 자신의 통제력을 벗어나게 되는 경우가 찾아오기 때문이다. 이 경우에 자신의 정체성을 확립한 후계자는, 그렇지 않은 후계자 보다 승계과정에서 발생하는 다양한 어려움들을 상대적으로 잘 극복해 나갈 수가 있다. 후계자로서 상시적으로 직면하게 되는 중압감 및 스트레스, 승계 시점까지의 기다림에 대한 지루함 등도 효과적으로 관리하면서 슬기롭게 극복해 나갈 가능성이 높아진다.

따라서 가족기업의 리더와 멘토, 그리고 승계과정을 관리해 나가는 담당자들은 후계자가 기업 내에서 자신의 역할을 수행해 가는 과정에서 또는 자신의 정체성에 관한 고민을 하고 있을 때, 이 문제에 관하여 합리적으로 사고하고 판단을 할 수 있도록 도와주어야 한다. 이러한 노력들은 후계자가 승계과정에서 어려움에 직면하게 될 때마다 큰 도움으로 작용한다.

3) 체계적인 후계자 리더십 배양

후계자는 가족기업 경영에 필요한 리더십 배양을 위한 보다 공식적인 프로그램에 참여하여야 한다. 이상적인 시기는 대체로 후계자의 나이가 30대이고 가족기업 리더인 부모가 60대 초반에서 중반의 연령대에 해당하는 시기라고 볼 수 있다. 이 시점에서 승계계획을 수립·관리하는 사람은 후계자로서 경험을 쌓아야 할 분야 예컨대 조직, 마케팅, 생산, 재무, 전략 등의 분야에 대한 역량개발 계획을 구체적으로 마련하여야 한다. 후계자의 업적 및 성과를 객관적이고 규칙적으로 측정할 수 있는 기준도 명확하게 설정해 놓는 것이 좋다.

후계자는 자신이 역량을 발휘하거나 양호한 업적을 시현할 수 있는 영역에서 일을 하거나, 그 분야의 책임을 맡아 운영하면서 가시적인 성과를 창출하는 기회를 가질 필요가 있다. 승계 후보자로서 그는 영업 및 마케팅 업무를 총괄하는 등 점점 더 책임이 중한 일을 경험해 볼 수 있는 기회를 가지는 것이 좋다. 점진적으로 기업 외부에서도 자신의 역량을 개발하고 자신의 가치를 평가하고 확인해 볼 수 있는 기회를 갖는 것도 필요하다. 차세대 경영자

모임이나 대학 등에서 운영하는 후계자 역량개발 프로그램에 참여하는 것도 좋은 예에 해당한다. 이러한 기회를 통해서 후계자는 외부와의 네트워킹을 확충하게 되고 집단적인 의사결정 능력을 함양하게 된다. 이와 함께 기업경영 과정에서 끊임없이 직면하게 될 위기와 두려움 등을 의연하게 맞이하고 극복해 나가는 자세와, 자신만이 보유하고 있는 개인적인 역량과 기술을 활용하여 기업 내에서 자신의 리더십을 키울 수 있는 방법을 터득해 나가게 되는 것이다.

4) 후계자 코칭 및 멘토링

후계자는 좋은 멘토나 코치로부터 배울 수 있는 기회를 갖는 것이 필요하다. 멘토나 코치는 유능하고 충성도가 높은 간부직원이나 사외이사, 전문성을 보유한 자문역, 다른 기업의 경영자 중에서 가족과 기업 및 후계자에 관하여 잘 알고 있는 사람을 선정하여 위촉하는 것이 바람직하다. 덕망이 있고 유능한 개인 멘토나 코치를 지정하고 후계자와 긴밀한 관계를 유지하는 것은 후계자 육성에 많은 도움을 준다. 이 경우 멘토나 코치는 후계자의 전략적 사고, 경영 판단 및 의사결정, 리스크 관리, 권한의 위임과 책임 분담, 대인관계 등을 원만하게 해 나갈 수 있도록 돕는 역할을 수행한다. 그리고 후계자가 강화해 나가기를 희망하는 분야의 전문지식과 경영역량 배양을 지원하게 된다.

멘토 및 코치의 중요한 덕목은 후계자에게 있어서 가장 필요하고 소중한 것이 무엇인지를 잘 파악하여 도움을 주는 것이다. 후계자가 유능한 리더로 성장할 수 있도록 기꺼이 도움을 주려는 자발적인 의지도 멘토의 중요한 덕목에 해당한다. 멘토나 코치는 오로지 후계자가 역량 있는 기업가로 성장해 나가도록 도와주는 은밀한 관계자로서의 역할을 수행하여야 한다. 결코 가족기업 리더나 상사에게 후계자에 대한 정보를 제공해 주는 중간자로서의 역할을 해서는 안된다. 후계자와 멘토 및 코치와의 관계는 비공식적이며 동시에 상호간의 신뢰와 개인적인 친밀함에 바탕을 두어야 한다.

가족기업의 리더나 멘토는 후계자에게 가족기업의 역사, 창업정신 및 철학, 비전과 목표, 기업문화, 기업의 사회적 책임 등을 가르쳐주는 것이 좋다. 이를 통하여 후계자가 가족기업을 지속적으로 유지 발전시켜 나가는데 있어서 필요한 기초를 다질 수 있기 때문이다. 이러한 내용들을 바르게 이해하는 것은, 후계자가 나중에 가족기업의 리더로서 변화와 혁신을 추진하고 기업의 새로운 도약을 도모하는 역량을 발휘함에 있어서 아주 중요하다.

5) 은퇴한 가족기업 리더의 후계자에 대한 지원 및 자문

가족기업 리더는 은퇴 후에도 후계자가 리더십을 효과적으로 발휘할 수 있도록 일정기간 동안 필요한 역할을 수행할 필요가 있다.

• CEO로서 직면하게 될 책임과 의무에 대하여 알도록 지도한다.

승계를 통하여 가족기업의 새로운 리더가 되는 후계자는 부모 세대와는 다른 차별화된 관점에서 기업을 경영하려는 노력들을 시도하기 마련이다. 이 경우에 부모세대는 후계자의 생각이나 경영 스타일이 자신이 수행해 왔던 것과는 다르다는 이유에서, 또는 자신이 구축해 놓은 '제국'을 허물어뜨릴지도 모른다는 생각에서 후계자의 그러한 행동을 억제하려고 해서는 안된다. 오히려 후계자가 가족기업의 새로운 발전 및 도약을 위한 참신한 비전을 새로운 참모들과 함께 개발하고 기업의 사명과 목표 및 전략에 그러한 비전이 반영될 수 있도록 도와주는 것이 중요하다. 가족기업의 번영과 영속성 유지를 위해서는 이러한 비전과 목표의 달성을 위한 전략 및 세부계획을 수립하고 조직도 보다 효율적으로 기능을 할 수 있도록 재편하는 과정을 거치는 것이 필요기 때문이다.

• 후계자가 보다 안정적으로 경영을 할 수 있도록 조언한다.

젊은 세대 경영자의 대부분은 새로운 아이디어와 왕성한 에너지를 소유하고 있다. 그래서 이들 가운데는 공격적인 성장전략을 선호하는 경우가 많다. 이 경우 은퇴한 가족기업 리더는 외형성장 위주의 과도한 공격경영이 가져올지도 모르는 경영상의 리스크에 유의할 것을 조언할 수가 있을 것이다.

외형 중시의 공격경영은 새로이 경영책임을 맡은 후계자에게는 물론 내부 직원, 은퇴한 창업주, 주주 등 모두에게 일시적으로는 이익을 가져다주는 측면이 있기 때문에 이에 관한 욕망을 억제하기가 쉽지는 않을 수 있다. 그러나 이러한 경영은 불황국면에서 기업의 생존을 위협하는 요인으로 작용하는 등 가업의 영속성 유지라는 관점에서 볼 때 적지 않은 부작용을 초래할 가능성이 크다. 특히 경영자원이 충분하지 않은 중소·중견기업의 경우에는 기업의 안정성이 경기변동에 크게 영향을 받기 때문에 공격적인 경영의 위험성에 유의할 필요가 있다. 호황기나 금융완화기 등에는 그러한 유형의 경영이 효과를 발휘할 수 있지만, 경기가 어려워지기 시작하면 그동안 확장경영을 해온 기업들 가운데 상당수가 시장에서 퇴출되거나 위기에 직면하게 된다는 것은 많은 사례를 통해 증명된 사실이다.

• 신중하고 보수적인 재무정책이 기업의 장기적인 생존에 도움이 된다는 사실에 대하여도 자문을 할 필요가 있다.

부채비율의 최고 한도를 정하고 엄격하게 지켜나가면서 내실 경영을 도모할 것을 권고하는 것 등을 그 예로 들 수 있다. 기업이 확장 위주의 성장전략을 추구하다보면 외부차입을 늘려야 하는데 차입규모가 일정한도를 넘으면 부채비율이 높아지고, 과다한 부채비율은 특히 불황이나 신용 경색기에 기업의 존립을 위협하는 주된 요인으로 작용한다.

6) 후계자에 대한 적절한 평가와 피드백

후계자를 육성해 나감에 있어서 후계자에 대한 성과평가는 중요하다. 가족기업의 앞날을 책임질 후계자 자신의 입장에서도 적절한 피드백이 필요하고 주요 주주들에게도 그가 제대로 역할을 수행하고 있는지를 알릴 필요가 있다. 후계자는 가족기업의 소유주인 주주들로부터 경영을 위탁받은 대리인의 역할도 담당해야 하기 때문이다. 이사회, 경영자문단, 가족회의, 주주총회 등 여러 조직들은 후계자에 대한 이러한 평가와 후계계자가 수행하는 책임과 관련하여 의미 있는 역할을 담당한다.

후계자 육성 프로그램에는 언제 그리고 어떠한 방법으로 후계자와 멘토 및 코치가 서로 만나서 정해진 목표의 달성 정도를 점검할 것인지에 관한 내용을 포함해 놓는 것이 필요하다. 후계자가 달성해 나가야 하는 목표는 신뢰할 수 있고 자격을 갖춘 외부인사, 예컨대 사외이사라던가 법률 및 회계전문가, 컨설턴트 등과도 공유하는 것이 바람직하다.

후계자의 역량개발 과정에서 점검을 필요로 하는 분야들

- 후계자는 가족기업 이외의 다른 곳에서 가치 있는 경험을 하였는가?
- 후계자는 명확한 개인 역량개발 프로그램에 따라 훈련을 받았는가?
- 부모 이외의 다른 사람으로부터의 가르침이나 멘토링을 받았는가?
- 후계자는 가족기업에 대해 가시적인 공헌을 하였으며, 독립적으로 과업을 수행할 기회를 가졌는가?
- 후계자는 가족기업 외부와 내부로부터 기업경영에 필요한 기술과 가치들을 지속적으로 습득해 오고 있는가?
- 소유 경영자나 멘토는 후계자에게 가족기업의 역사, 철학, 전략 등을 지속적으로 가르치고 있는가?
- 후계자는 외부에서 리더십을 발휘하고 다른 사람으로부터 존경받을 기회를 가져 보았는가?
- 후계자는 나중에 기업이 어려운 상황에 직면할 경우를 대비하여, 자신의 업무수행과 관련하여 늘 합리적이고 발전적인 판단을 할 수 있는 자신의 인격개발 교육의 기회를 거쳤는가?
- 후계자는 자신 이외의 다른 후계자들과 공동으로 주요 관심사와 사업 등과 관련된 의견을 진지하게 협의하고 교환하는 기회를 가졌는가?

자료: Family Business Succession－The Final Test of Greatness－, 2011, p.43.

3. 성공승계를 위한 가족 차원의 준비

(1) 가족 차원의 승계준비 필요성

승계과정의 주요 이해당사자에 해당하는 가족 구성원은 승계를 앞둔 가족기업 리더가 관심을 갖고 세심하게 관리해야 하는 대상이다. 가족의 화목을 유지하면서 승계를 성공적으로 마무리하는 것이 가족기업 리더의 공통된 소망이지만, 승계과정은 가족의 긴장과 갈등이 잠재되어 있는 '지뢰밭'에 해당하기 때문이다. 승계를 진행하는 가족 구성원의 갈등과 긴장관계에 대하여는 가족기업의 특성에서 기인하는 당연한 현상의 하나로 이해하면서, 적절한 해결책을 강구해 나가는 지혜가 필요하다.

(2) 가족 차원에서 준비해 나가야 할 것들

1) 가족가치와 가족 거버넌스 확립

가족 구성원 간 충분한 소통과 협의를 통하여 승계에 관한 주요 이슈와 가치들에 대한 생각을 공유하고, 이것이 가족의 미션·사명과 일치하는 방향으로 합의가 이루어질 때 원만한 승계의 가능성이 커진다. 가족가치를 확립하고 가족회의를 효과적으로 운영하며, 가족정책을 수립하는 등 가족 부문의 거버넌스를 구축하는 것은 가족의 화목과 장래에 발생할 문제의 효과적인 해결에 큰 도움을 가져온다. 이 가운데 특히 가족 구성원에 대한 고용정책, 보상정책, 주식의 상환 및 유동화 정책 등과 같은 가족정책 수립은 문제 해결의 일관성과 공정성을 높이고 객관성을 담보할 뿐만 아니라, 다른 방식이었다면 심각한 갈등 및 분쟁을 유발할 수 있는 결정들을 객관화하고 탈개인화하는 효과를 제공한다.[4)]

2) 가족갈등의 관리

가족의 화목을 유지하면서 가족 구성원들의 협력과 축복 속에 승계를 성공적으로 마무리하는 것은 기업의 소유자이자 부모에 해당하는 가족기업 리더의 공통된 소망이다. 하지만 이러한 기대와는 달리 승계과정에서 발생하는 가족의 갈등과 분쟁으로 인하여 안정적인 승계가 어려움을 겪는 사례들이 적지 않다. 승계과정에서 발생하는 가족갈등의 대부분은 예측이 가능하지만 항

4) Stephanie Brun de Pontet & Craig E. Aronoff 외, 상게서, pp.60~61.

상 피할 수 있는 것은 아니다. 따라서 이를 예방하거나 해결하는 방안을 모색하고 장기적인 관점에서 관리해 나가는 것이 중요하다.

갈등은 소통 부족이나 잘못된 의사소통에서 기인하는 경우가 적지 않다. 원활한 소통과 이를 통한 합리적인 의사결정은 갈등을 줄이고 치유하는데 있어서 아주 중요하다. 따라서 가족 구성원들이 자신의 의사를 효과적으로 표명하면서 공감대를 형성할 수 있는 가족회의나 가족주주 모임 등을 정례적으로 운영해 나갈 필요가 있다. 역지사지(易地思之)의 마음과 상대의 말을 경청하는 자세도 중요하다. 상대방의 말을 끝까지 들어주고 상대의 생각과 감정이 이치에 맞지 않는다고 하더라도 상대가 어떤 이유에서 그런 입장을 갖게 되었는지를 이해하고 나면, 서로를 위한 해결책을 보다 용이하게 모색할 수 있다.

갈등을 관리하는 또 다른 중요한 요소는 의사결정 및 합의도출 과정의 공정성이다. 합의를 도출하는 과정이 공정한 것으로 인정될 경우 당해 결정은 지속력을 얻게 되고 원만한 가족관계 유지가 가능하다.

갈등이 발생하여 가족 간 긴장관계가 형성된 경우에는 갈등 해결자로서 가족기업 리더의 적극적이고도 생산적인 역할 수행과 함께 중재자에 해당하는 어머니와 현명한 배우자의 역할이 중요하다. 이해관계가 얽혀있는 가족 구성원들은 특히 승계과정에서 감정적으로 행동하기가 쉬운데, 승계계획을 수립하고 이를 실행에 옮겨가는 과정에서 외부 전문가나 덕망 있는 자문역 및 이사진의 도움을 받는 것도 효과적이다.

3) 가족 구성원의 긴장관계 이해 및 관리

가족기업 내에서 승계를 둘러싸고 자녀들 간에 치열한 경쟁을 하는 경우를 흔히 보게 된다. 이러한 경쟁은 경우에 따라서는 기업의 성과를 높이는 기회로 작용하기도 하지만 통제하기 어려운 분란으로 이어져 승계를 진행하는 과정에 지장을 초래하기도 한다. 자녀들의 배우자가 관여하게 되는 경우에는 갈등이 더 커질 수 있다. 가족기업에 참여하는 자녀들이 집에 들어와 회사에서 일어난 일들, 특히 함께 근무하고 있는 형제자매들에 대하여 부정적인 이야기를 자주하게 될 경우에는, 그 배우자와 다른 가족 간에 좋지 않은 감정이 생기게 되고 이것들이 가족의 긴장관계를 키워가는 원인이 되기도 한다. 승계과정에서 가족기업 리더와 후계자 간에 발생하는 갈등관계도 무시할 수 없는 수준이다.

이러한 가족 구성원 간의 갈등 및 긴장관계는 가족기업을 경영하는 대부분의 가정에서 경험하게 되는 일반적인 현상이라고 할 수 있다. 유능하고 사려가 깊은 사외이사나 자문역은 이러한 갈등 문제를 해소하는 데 도움을 줄 수 있을 것이다. 가족 구성원들이 전문기관에서 운영하는 교육프로그램에 공동으로 참석하여 승계과정에서 발생하는 다양한 도전과 갈등을 이해하고 이것들을 해결하는 방안에 대하여 배우는 것도 바람직하다.

다른 가족 구성원에 대한 조그마한 관심과 배려가 어려운 문제를 해결하는데 중요한 역할을 하기도 한다. 승계가 진행되는 동안 자녀의 입장에서 때때로 크게 좌절하고 견디기 어려운 상황이 발생하기도 한다. 그러나 이 경우에 자녀들이 부모 입장에서 그렇게 할 수밖에 없었던 마음과 상황을 생각해 본다면 부모에 대한 서운한 감정을 어느 정도 다스릴 수 있을 것이다. 그리고 부모 입장에서는 자녀들에게 차별적으로 주어진 역할들을 어떻게 조화롭게 조정을 할 것인가에 대하여 깊이 생각하고 그들과 소통을 한다면 자녀들의 서운한 감정도 줄어들 것이다. 승계과정에서 생겨나는 갈등과 긴장관계는 당연한 현상 가운데 하나로 이해하면서 다양한 해결방법을 강구해 나가되, 승계를 성공적으로 완료한 가족기업의 사례들을 통해서 적지 않은 문제해결 방법을 찾을 수 있을 것이다.

승계과정에서 가족 내 갈등 및 긴장관계를 줄일 수 있는 방법들

- 서로를 이해하고 서로간의 공감대를 형성해 나가라.
- 상호간의 커뮤니케이션 기술, 특히 경청하는 자세를 실천하라.
- 최고의 우선순위를 가족기업의 이익에 두어라.

- 경우에 따라서는 서로 시간적 여유를 두고 생각하라.
- 때로는 기업에 관한 내용을 피하고 재미있는 시간을 보내라.
- 가족 구성원 상호간에 어떻게 대할 것인지 등에 관한 기준과 원칙을 정한 가족 행동준칙(family code of conduct)을 마련하라.
- 가족기업의 특성과 그 기업이 어떻게 운영되는지를 가족들에게 가르쳐라.
- 외부의 도움을 구하는 것을 두려워하지 말라.

자료: Craig E. Aronoff 외, Family Business Succession－The Final Test of Greatness－, 2011, p.83.

4) 가족모임을 통한 소통과 협력

가족 구성원들은 기업의 경영 및 승계 과정에서 원활하게 소통하면서 생산적으로 참여하는 것이 중요하다. 가족 구성원들이 모여서 기업이 가족에게 어떠한 영향을 미치고 가족은 기업에 대하여 어떠한 영향력을 행사할 것인가에 대하여 진솔한 의견을 교환하는 것이야 말로 가족기업의 성공적인 승계를 위해 매우 중요한 일이다.

분주한 일상을 벗어나 가족들이 함께 모여 가족회의 및 가족포럼을 운영하는 것은 가족 구성원간 생각의 차이와 문제들을 해결하는 효과적인 방안 가운데 하나이다. 정례적인 가족회의는 가족의 결속을 도모하고 가족기업이 현 세대에서 다음 세대로 자연스럽게 승계되도록 하는데 유용한 기능을 수행한다. 가족회의 운영은 원만한 승계를 촉진하는 윤활유 역할을 할 뿐만 아니라 이의 운영을 통해서 가족과 기업 모두가 혜택을 누리게 된다.

승계를 앞두고 있는 가족의 구성원들이 가족모임을 통하여 일차적으로 도출해야 하는 중요한 사항은 해당기업을 가족기업 형태로 계속하여 운영해 나갈 것인지의 여부를 결정하는 것이다. 가족회의나 가족포럼 같은 모임에서 다루어야 하는 중요한 과제 가운데 하나는 가족헌장 또는 가족 사명선언문을 작성하고 가족의 합의를 거쳐 이를 채택하는 것이다. 가족헌장이나 사명선언문은 가족 구성원들이 준수해 나가야 할 가치 및 의무를 명확하게 설정하고 이를 지켜나가야 하는 타당한 이유를 담고 있다. 그리고 기업에 대하여 기대하는 가족의 목표와 비전을 기술하고, 이를 실천해 나가는데 있어서 가족들이 어떠한 역할을 감당해야 하는지에 관하여도 명확하게 기술하는 것이 필요하다.

4. 성공승계를 위한 기업 차원의 준비

(1) 기업 차원의 승계 준비의 중요성

가족기업의 성공승계를 위한 기업 차원의 준비도 소홀히 해서는 안된다. 승계를 준비하는 가족기업 리더는 자신이 경영 일선에서 물러나더라도 기업이 안정적으로 운영될 수 있도록 기반을 구축해 놓아야 하는 책임이 있다. 기업을 이러한 상태로 만들어 놓고 은퇴를 하는 가족기업 리더는 존경을 받으며, 스스로도 뿌듯한 마음을 갖게 될 것이다. 승계를 기업의 새로운 도약을 위한 제2창업의 기회로 활용하기 위해서는 승계를 준비해 나가는 과정에서 기업의 조직과 문화, 전략 등에 대한 점검과 함께 새로운 출발을 도모할 수 있는 환경을 만들어갈 필요가 있다. 이러한 준비들이 되어있을 때라야 가족기업의 경영이라는 바통을 넘겨받은 후계자는 뒤를 돌아보지 않고 전속력을 다해 질주해 나갈 수 있는 것이다.

(2) 기업 차원에서 준비할 것들

1) 후계자가 경영에 전념할 수 있는 기반 구축

승계를 앞두고 있는 가족기업의 리더가 관심을 가져야 하는 핵심과제는, 경영 일선에서 자신이 물러나더라도 '기업이 지속적으로 성장 발전해 나갈 수 있는 기반을 확고하게 구축하는 것'이다. 이를 위해서는 자신의 은퇴와 함께 가족기업의 새로운 리더가 된 후계자가 리더십을 효과적으로 발휘하면서 경영에 전념할 수 있는 환경을 만들어가야 한다. 기업이 다음과 같은 조건들을 충족하는 경우라면, 후계자가 경영에 전념할 수 있는 경영기반이 어느 정도

는 구축되었다고 할 것이다.[5]

- 창의적이고 활력 있는 조직문화를 유지하고 있을 것
- 매출액과 이익이 상승추세에 있을 것
- 기업이 안고 있는 부채의 규모나 질이 감당할 만한 수준일 것
- 현재 및 장래에 수요가 큰 매력적인 상품 및 서비스를 제공하고 있을 것
- 마케팅 전략 및 계획이 목표시장에 집중하고 있을 것
- 임직원들이 책임을 감당할 수 있을 만큼 잘 훈련되어 있을 것
- 재무제표와 경영관련 보고서들이 신뢰할 만하고 이에 관한 통제가 잘 되어 있을 것 등

2) 승계를 대비한 사업전략 수립과 팀워크 촉진

① 중장기전략의 수립

가족기업이 성공적으로 운영되어 나가기 위해서는 승계를 앞둔 시점에서 전략을 점검하여 중장기 목표 및 방향이 포함된 새로운 사업전략을 수립하는 것이 필요하다. 이는 기업의 지속적인 성장과 발전을 위해서 후계자가 다음 단계에 무엇을 하여야 할 것인지를 결정한다는 의미에서 매우 중요하다. 기업의 중장기전략을 수립하는 과정에 후계자가 참여할 수 있도록 배려하는 것은 후계자로 하여금 가족기업이 나아갈 방향과 전략을 이해하는데 도움을 줄 뿐만 아니라 당해 전략의 실행력을 높이는데 있어서도 유익하다.

② 팀워크의 촉진을 위한 조직 및 기업문화 구축

가족기업을 경영함에 있어서 리더 자신이 모든 일에 지속적으로 관여하기는 어려운 일이다. 설령 그것이 가능하다 하더라도 이러한 경영활동은 그다지 효과적이지 못하다. 승계를 앞둔 가족기업 리더는 계속하여 자신이 유일한 리더로 존재하기보다는 조직의 권한을 분산하고 팀웍이 활성화될 수 있도록 조직을 구성하며, 구성원의 역량을 배양하는 것이 중요하다. 이와 함께 경영정보의 원활한 공유와 사업부문 간 협력을 통하여 기업 전체의 이익을

5) Craig E. Aronoff, Stephen L. McClure, & John L. Ward, 전게서, pp.27~29.

극대화할 수 있는 방향으로 조직문화를 구축해 나가는 노력이 필요하다. 승계를 앞둔 리더가 이러한 점에 관심을 갖고 전략의 방향을 제시하고 조직의 문화를 구축해 나가는 경우에는 승계를 완료한 다음 후계자가 경영을 맡았을 때 기업조직을 운영해 나가는데 있어서 큰 힘을 제공한다.

3) 새로운 경영팀 구성

새로운 경영팀은 가족기업의 장래를 책임지게 될 후계자의 리더십을 뒷받침하는데 있어서 유용한 조직이다. 이러한 팀의 구성 및 활동에는 신중한 접근이 필요하다. 승계계획에는 후계자가 경영진을 새로이 구성할 수 있는 기회에 관하여 기술해 놓는 것이 필요하다.

오랫동안 헌신적으로 일해 온 임원을 퇴임시킬 것인가? 새로이 경영권을 이어받은 후계자에 의해 구성된 경영진에게 어느 직책을 맡길 것인가? 하는 내용들이 여기에 포함된다. 이러한 이슈들은 은퇴하는 가족기업 리더와 후계자 사이에 상당한 경쟁적 감정을 불러일으킬 가능성이 농후한 것들이다. 이러한 사안들은 경영 일선에서 은퇴하는 CEO는 물론 자리를 옮기게 되거나 퇴직을 하여야 하는 임원의 입장에서 고통스러운 일이기는 하다. 그럼에도 불구하고 가족기업 리더는 후계자가 자신에게 적합한 경영팀을 언젠가는 새로이 구성해야 한다는 사실을 인정해 주어야 한다. 자녀인 후계자가 부모세대의 경영진들과 함께 일을 하는 경우에는, 후계자는 여전히 경험이 부족하고 안심하기에는 미숙한 어린 파트너로 인식될 수밖에 없기 때문이다.

후계자가 자신과 함께 기업을 경영할 새로운 임원진을 구성할 수 있다는 것은 자신에게 있어서는 물론이고 기업의 장래와 관련하여서도 중요하고 의미 있는 일이다. 따라서 후계자는 기업의 여건과 전략적인 니즈에 적합한 인재를 새로운 경영팀의 구성원으로 선정하여야 한다. 이와 동시에 그동안 부모세대를 도와서 일해 온 임원들에 대해서는 적절한 보상과 존경을 필요로 한다. 후계자에게 있어서 그동안 기업 발전을 위해 수고해 온 사람들과 앞으로 기업을 새롭게 경영해 나갈 사람들을 어떻게 균형있게 대하고 존중할 것인가 하는 일은 상당히 중요한 일이다. 특별한 경우를 제외하고는 은퇴하는

CEO에 의해 구성된 기존의 임원들은 새로이 경영권을 맡은 후계자가 구성한 경영팀에서 오래 남아 함께 경영을 논의하는 것이 그다지 효과적이지 않다는 사실을 발견하게 된다.

후계자의 경영팀 구성에 관한 조언

- 기업의 전략적 필요에 적합한 인물을 선정하라.
- 후계자 자신이 부족한 분야의 경험과 전문성을 갖춘 인물을 선택하라.
- 후계자의 리더십 스타일을 지원할 수 있는 경영팀을 구성하라.
- 최고 수준의 유능한 외부 인력을 포함시켜라. 그들은 기업의 전문성을 한 단계 끌어 올리는데 공헌을 하게 될 것이다.
- 후계자에게 힘을 주고 CEO인 자신에게 도전하기를 두려워하지 않는 사람을 포함시켜라.

자료: Craig E. Aronoff 외, Family Business Succession, 2011, p.78.

제12장 가족기업의 리더십과 리더십의 이전 및 승계

가족기업의 안정적인 경영과 승계 및 영속성 유지를 위해서는 가족과 기업, 그리고 소유권 부문에서 유능하고 신뢰받는 리더의 역할이 중요하다. 역량을 갖춘 리더들이 각 부문을 효과적으로 관리하면서 상호 유기적으로 협력해 나갈 때, 기업의 발전과 가족의 행복이라는 목표를 달성하고 가업의 성공적인 승계 가능성이 커지기 때문이다.

기업체계에서는 비전을 제시하면서 양호한 성과를 창출해 나갈 유능한 CEO와 임원들을 필요로 한다. 창업세대의 리더는 창업자 겸 소유주이고 동시에 탁월한 역량을 갖춘 경영자로서, 대체로 경영 전반을 직접 통제하면서 권위주의적인 방식으로 기업을 운영한다. 형제자매 세대에 속한 기업의 경우에는 형제자매들이 한 팀을 이루어 리더십을 행사하면서 기업을 경영하는 경우가 많다. 사촌세대 혹은 그다음 세대에 속한 가족기업은 증대된 복잡성을 관리하고 새로운 환경과 도전 과제에 효과적으로 대응하도록 변화를 추구해 나간다. 이 단계의 리더십은 가업에 대한 헌신을 이끌어 낼 비전을 확립하고, 다양한 가족 구성원과 주주들의 참여를 유도하기 위한 소통에 주안점을 두며 경영을 전문화하는 경향이 있다.

기업을 소유하고 경영하는 구성원의 집단에 해당하는 가족 부문도 좋은 리더십을 필요로 한다. 가족 부문의 리더는 가족의 행복과 번영을 추구하면서 가족 구성원을 결합하고 화목하게 하는데 중추적인 역할을 담당한다. 가족을 교육하고 가족이 소중하게 생각하는 가치와 철학을 확립해 나간다. 가족기업 정책을 수립함과 동시에, 가족회의를 개최하고 가족들이 함께 시간을 보내면서 관계를 증진할 기회도 제공한다. 가업의 안정과 영속성 유지를 위해서는 건강하고 헌신적인 가족의 뒷받침이 필수적이기 때문이다.

소유권 체계는 가족과 기업 및 소유권 부문을 한데 아우르고, 주주의 기대와 가족가치 및 창업철학을 기업 운영에 효과적으로 반영해 나갈 수 있도록 이사회 의장과 이사직을 수행하는 리더를 필요로 한다. 다수의 기업이 소유권 부문의 리더인 이사회 의장과 기업의 리더인 CEO의 역할을 통합해서 운영하지만, 기업 규모가 크고 소유권이 여러 가족으로 분화된 기업의 경우에는 소유권과 기업 부문의 리더십을 분리하여 운영하는 것이 효과적이다.

가족기업의 영속성 유지와 성공 승계 여부는 대체로 리더십의 원천에 해당하는 소유권과 경영권의 이전 및 승계를 어떻게 준비하고 실행하느냐에 달려 있다. 소유권의 경우, 가족들이 서로 협력하고 청지기 정신을 공유하면서 소유주의 책임과 역할을 충실하게 수행하여 준다면 안정적인 승계가 가능하다. 기업의 소유권과 재산을 승계하는 과정에서 가슴을 열고 충분하게 소통하고 서로의 입장을 배려할 때 갈등 및 분쟁은 크게 줄어든다. 경영권 승계는 후계자를 잘 선정하고 육성하는 노력과 함께, 후계자에게 리더십을 단계적으로 넘겨주면서 경영자로서의 역량을 키워가도록 지원할 때 성공 가능성이 커진다. 경영권을 승계하는 과정에서는 가족기업 리더와 후계자 두 사람이 신뢰 관계를 유지하는 것이 중요하다. 경영권을 이전하고 난 이후에는 은퇴한 가족기업 리더와 후계자 간에 생산적인 관계를 설정하고 이를 지켜나갈 필요가 있다.

실패한 승계는 대체로 기업의 경영권을 비롯한 리더십 이전이 적기에 원만하게 이루어지지 않은 데서 비롯된다. 가업의 성공적인 승계와 영속성 유지를 위해서는 가족기업 리더가 각 부문에서 리더십이 효과적으로 발휘될 수 있는 환경을 조성하면서, 가족과 다음 세대를 교육하고 소유권과 경영권을 적기에 안정적으로 이전하는 것이 중요하다.

1. 가족기업 리더십의 특성과 유형

(1) 가족기업 리더십의 특성

가족기업이 갖는 복잡성 때문에 가족기업에 있어서 리더십은 다른 유형의 기업에서 리더십을 발휘하는 것보다 훨씬 더 어려운 일이다. 가족기업이 아닌 일반 기업의 리더는 주로 기업조직의 운영 및 성과 관리에 신경을 쓰면 된다. 하지만 가족기업 리더는 가족, 기업, 소유권 등 가족기업을 구성하는 각 부문을 효과적으로 관리하지 않으면 안된다. 이들은 서로 밀접한 관련이 있을 뿐만 아니라 상호 의존적인 관계에 있기 때문이다.

리더십은 리더가 처한 상황에 따라, 즉 창업세대, 자녀세대 혹은 사촌세대 기업인지, 위기에 처한 기업인지, 안정기에 접어든 기업인지, 아니면 소규모의 시작 단계에 있는 기업인지 혹은 기반을 확고히 다진 기업인지에 따라 달라진다. 기업에서 근무하는 직원의 숙련도도 리더십에 영향을 미친다.

기업이 공동대표 체제를 선택한 경우가 아니라면, 한 사람만이 최고경영자의 자리를 차지할 수 있다. 하지만 다행스럽게도 가족기업을 경영하는 과정에서는 리더십을 발휘할 수 있는 다양한 기회들이 존재한다. 가족기업을 효과적으로 운영해 나가기 위해서는 가족기업을 구성하는 하위체계(가족, 기업, 소유권) 각 부문에서 역량을 갖춘 신뢰받는 리더가 필요하다.[1]

(2) 가족기업 리더십의 유형

1) 기업 부문 리더십

기업 체계에서는 전략을 개발하고 사업을 추진할 최고경영자와 기타 임원들을 필요로 한다. 가족기업이 세대에 걸쳐 이전되는 과정에서 리더십은 팀 접근 방식을 취하게 되며, 이러한 팀에서 어떤 가족은 CEO를, 다른 가족 구성원은 CFO를, 그리고 또 다른 구성원은 마케팅이나 생산을 담당하는 임원으로 일할 수 있을 것이다. 이러한 리더십 팀의 성공을 좌우하는 관건은 지식, 기술 및 경험을 바탕으로 한 신뢰와 더불어 자신의 이익만이 아닌 모든 관계자의 이익을 도모하는 리더십에 대한 헌신이 있을 때라야 가능하다.[2]

'리더십'과 '경영'이 종종 서로 교체 가능한 용어로 사용되지만, 여기에서 말하는 리더십과 경영이라는 개념에는 차이가 존재한다. '리더십'은 주로 비전을 설정하고 그 비전을 이행하거나 달성하기 위한 전략에 초점을 맞출 필요가 있다. 리더십은 앞으로 나아가기 위한 길을 개척한다는 의미다. '경영'은

---

1) Craig E. Aronoff & Otis W. Baskin, Effective Leadership in the Family Business, 2011, pp.1~6, 13~14.

2) Craig E. Aronoff 외, 상게서, pp.6~8.

수행할 필요가 있는 과제를 실행해 나가는 것과 관련성이 크고, 조직을 관리하는 측면이 강하다.

2) 가족 부문 리더십

가족기업을 소유·경영하는 구성원의 집단에 해당하는 가족 부문도 좋은 리더십을 필요로 한다. 가족기업에 있어서 가족의 리더는 기업의 리더에 상응할 정도의 중요한 역할을 수행한다. 기업 부문에서 리더의 역할이 기업의 경영을 효과적으로 수행하고 양호한 성과를 창출하는 것이라면, 가족 부문 리더의 역할은 가족의 행복과 번영을 추구하는데 있다. 가족 리더는 가족 구성원 상호간의 관계를 증진함으로써 가족의 화합을 도모함과 동시에 가족의 갈등이나 가족의 위기에 대처하고 해결하는데 도움을 제공한다.

기업의 리더가 반드시 가족의 리더 역할도 함께 맡아야 할 이유는 없으며, 서로 다른 사람이 고유한 역할을 수행하는 것이 더 바람직할 수 있다. 자녀세대에 속한 가족기업의 경우 형제자매 가운데 한 사람은 가족에서 리더십을 발휘하는 한편, 또 다른 사람은 기업의 리더 역할을 수행할 수 있다. 사업과 가족이 확대됨에 따라 가족은 별도의 리더들로 구성된 보다 공식적인 가족협의회를 구성할 수도 있다.[3)]

가족 부문의 리더는 기업 경영이나 가족들과 관련이 있는 일들을 논의하는 가족회의를 정기적으로 개최하고 가족들이 함께 시간을 보내며 관계를 돈독하게 형성할 수 있는 기회도 제공해야 한다.

많은 가족들이 가족 부문에서 제대로 된 역할을 수행하는 리더가 존재하지 않을 때 과연 어떤 일이 벌어질지를 생각하지 않은 채 오로지 기업의 리더십 이전에만 관심을 집중하는 오류를 범하는 경향이 있다.

3) 소유권 부문 리더십

소유권 체계는 가족기업을 구성하는 3개의 영역(가족, 기업, 소유권)을 한데 아우르고 소유주 그룹인 주주의 기대와 가족가치 등에 따라 사업을 영위

---

3) Craig E. Aronoff 외, 상게서, pp.8~10.

해 나갈 수 있도록 이사회 의장과 이사직을 수행하는 리더를 필요로 한다. 이사회 리더십이 수행하는 역할은 가족의 번영 및 성장에 발맞춰 가족의 부와 재산을 유지·운용하는 것이다. 소유권 체계는 나머지 두 개의 영역인 가족체계 및 기업체계와 깊은 연관이 있으며, 이들 체계에 대한 깊은 이해를 바탕으로 한다. 가족 측면에서 이사회의 리더십은 가족 내 관계보다는 기업 경영과 관련된 가족의 가치 및 목표에 주안점을 둔다. 기업 측면에서는 경영진이 소유주의 이익을 가장 잘 대변하고 양호한 성과를 낼 수 있도록 가족의 목표와 가치를 기업의 목표에 반영시키는 역할을 담당한다.[4)]

가족기업은 대체로 이사회 의장과 CEO의 역할을 통합해 운영하지만, 기업규모가 큰 경우에는 이 두 가지 책임을 분리하는 것이 현명한 방안이다. 그 주된 이유는 CEO는 기업을 경영하는 것만으로도 아주 바쁜 자리이기 때문이다. 다른 사람이 이사회 의장직을 맡는 경우에는, 소유주들의 이익을 대변하는 능동적인 이사회 리더십을 발휘하는데 필요한 주의와 역량을 집중시킬 수 있다. 효과적으로 기능하는 이사회는 전략적인 감독기능을 수행하고 기업과 경영진의 실적을 평가한다. 주주들을 대변하고 주주들과의 관계를 증진하며, 최고 경영진의 활동을 지원하는 역할을 수행한다. 가족기업의 재산을 보호하고 키워가는 기능도 담당한다. 이러한 측면에서 볼 때 이사회는 핵심적인 가족 구성원들을 포함하여 외부에서 영입한 역량 있는 복수의 비즈니스 리더 및 전문가들이 참여하는 것이 이상적이다.

이사회 의장과 이사회가 수행할 수 있는 가장 가치 있는 역할 중 하나는 주주들의 가족기업에 대한 충성도를 높이고, 주주 간 협력 관계를 구축하며 인내자본[5)]의 형성을 장려하는 것이다. 이 같은 역할을 성공적으로 수행하기 위해서는, 소유권 부문의 리더가 주주들의 생각, 이들이 소중하게 여기는 가치 및 필요 등을 잘 이해하고 이를 효과적으로 충족시켜줄 수 있는 기업 부문의 역할을 조화롭게 추진해 나가야 한다.

---

4) Craig E. Aronoff 외, 상게서, pp.10~12.

5) 인내자본(paitent capital)이란 기업이 장기적인 사업목표를 달성할 수 있도록 가족 주주들이 자신들이 보유하는 자원을 기꺼이 기업에 투자하는 자본을 말한다.

2. 가족기업의 세대간 이전과 리더십

기업을 소유한 가족들 중에는 부모 세대에 성공을 거둔 리더십 스타일이 진정한 롤 모델이라고 단정하는 함정에 빠지는 경우가 허다하다. 성공적인 사업을 계속 영위하고 싶어 하는 후계자도 아버지처럼 회사를 이끌어야 할 것이라 기대하게 된다. 그러나 현실은 후계자가 부모세대의 리더십을 그대로 따르도록 허용하지 않을 뿐만 아니라 그것이 반드시 바람직한 것도 아니다. 자녀세대는 부모세대와 같은 방식으로 기업을 경영할 수 없으며 그렇게 해서도 안된다는 점을 인식할 필요가 있다.

가족기업의 세대간 이전은 리더십의 변화를 요구한다. 그 주된 이유는 첫째, 자녀는 부모와 동일한 재능이나 능력을 지니고 있지 않다. 리더로서 한 사람에게 유용했던 것이 다른 사람에게는 그렇지 않을 수 있다. 둘째, 비즈니스 환경은 끊임없이 변화하며, 이러한 변화에 대응할 수 있는 형태로 준비해야 한다. 셋째, 가족과 소유권 구조도 변화하기 때문에 리더십은 변화하는 가족과 소유권의 요구에 부합하는 것이어야 한다.

(1) 창업 세대의 리더십

대개의 경우 창업주는 자신의 아이디어를 성공적인 기업으로 변환시킨 특출한 능력을 갖춘 사람이다. 창업자이면서 소유주이고 동시에 탁월한 역량을 갖춘 경영인이라는 입지는 전체 기업 조직은 물론 가족 구성원이 다 같이 존중하고 인정하는 '정당한 권위'를 부여받게 된다. 하지만 자녀 세대 등 후속 세대의 리더인 경우 동일한 정도의 권위가 부여되지 않는다는 점을 인식하는 것이 중요하다. 가족기업의 리더십을 이어 받은 후계자는 여러 가지 방법을 통해 스스로 신뢰와 권위를 획득해야 한다.

창업주는 스스로 새로운 무엇인가를 만들어낼 용기와 자신감이 있어야 하며, 다른 사람들로 하여금 이러한 비전이 실현될 수 있음을 믿을 수 있도록 만들어야 한다. 하지만 시간이 지나면 창업주도 과거와는 다른 새로운 관점

을 유지할 줄 알아야 하고 다른 종류의 리더십을 행사할 수 있어야 한다.[6)]

(2) 형제자매 세대의 리더십

형제자매가 참여하는 단계에서 가족기업의 리더십은 팀을 중심으로 하여 발휘될 필요가 있다. 창업주가 주도하는 일인지배 방식은 더 이상 효과적이지 못하고 실현이 가능하지 않은 경우도 있다. 설사 기업의 최고 경영자가 한 사람인 경우라도, CEO와 그 형제자매들은 다른 사람들도 기업의 주식 및 지분을 보유하고 있다는 사실을 인식하는 것이 중요하다.

형제자매 세대가 한 팀을 이루어 리더십을 효과적으로 발휘해 나가는 것은 가족은 물론 사업의 측면에서도 매우 중요하다. 이 단계에 접어들면, 자녀 세대가 사업에 합류하기 위해 갖추어야 할 요건, 가족 구성원으로서 지켜야 할 행동 규범 등 가족 전체가 여러 사안에 대해 중요한 결정을 내려야 한다. 리더십과 관련하여 형제자매 세대가 직면하는 최대의 도전 과제는 자신들의 자녀에 해당하는 사촌 세대로의 전환이 이루어지는 시점에서 기업에 필요한 비전과 정책을 개발하는 일이다. 형제자매는 개인 한 사람의 경험과 전문지식에 국한되었던 창업주의 비전을 뛰어넘어 사업의 연속성이라는 관점에서 사고할 필요가 있다.[7)] 지도형 혹은 상담형 리더십이 적절한 리더십 유형으로 부상하는 시기가 바로 이 단계에 속한 가족기업이다.

(3) 사촌 세대의 리더십

사촌 세대 또는 그 다음 세대의 가족기업 리더십은 먼 친척 관계를 유지하는 사람들을 한데 아우르고 이들에게 영감을 불어넣는 문제로 전환된다. 이 단계의 가족기업은 규모가 커지고 전문화되었으며, 어떤 면에서는 상장기업과 매우 흡사한 방식으로 운영되기도 한다.

이 단계의 리더십은 멀리 떨어져 살고 있는 다양한 가족 구성원과 주주

---

6) Craig E. Aronoff 외, 상게서, pp.24~25.
7) Craig E. Aronoff 외, 상게서, pp.25~27.

들에게 정보를 제공하고 참여를 유도하며 응집력을 형성하기 위한 소통에 주안점을 둘 필요가 있다. 이 단계의 지혜로운 리더라면 가족과 가족이 물려받은 유산에서 가족기업이 차지하는 위치를 정의하고 가족과 기업의 가치와 비전을 명확하게 설정하며, 모든 가족 구성원이 함께 협력해 나가는 데 있어서 중요한 역할을 담당할 수 있다.

가족기업이 3세대인 사촌경영 단계에 이르면 모든 가족 구성원이 회사에서 일할 수 없고 그렇게 되기를 바라지도 않으며, 일부 가족들은 왜 계속해서 가족기업에 투자를 해야 하는지에 대한 의문을 갖게 된다. 이 단계의 리더십은 경영성과의 배분이나 배당의 형태로 제공되는 주주들의 권리 실현과, 미래에 더 큰 수익을 얻을 수 있도록 기업의 이익을 재투자할 필요성 간에 균형을 유지할 수 있는 방법을 찾아야 한다.

나아가 리더는 가족기업에 대한 헌신을 이끌어 낼 비전을 확립할 수 있어야 한다. 이 비전에는 가족의 가치, 지역사회에서 가족이 차지하는 위치, 가족기업이 제공할 수 있는 보상 등을 명확하게 밝히고 증진하는 일이 포함된다. 사촌 세대에 속한 가족기업에서 요구되는 리더십은 의사소통 기술, 다른 사람들을 교육하는 능력 등을 갖추어야 하고, 특히 미래 세대의 오너십과 리더십을 개발하기 위한 지도적 혹은 상담적 리더십에 주안점을 둘 필요가 있다.[8)]

3. 가족 리더십의 특성과 중요성

가족 리더십은 가족기업을 소유·경영하는 가족 구성원을 결합하고 화목하게 하는데 구심점 역할을 할 수 있는 사람이다. 성공한 가족기업 소유주의 대다수는 기업이 장수하면서 성공을 거두는 주된 비결의 하나로 다름 아닌 '건강한 가족'을 들고 있다. 서로를 돌볼 줄 아는 가족, 함께 즐거운 시간을 보내는 가족, 자신의 이익보다 가족 전체의 이익을 우선시하는 가족, 잠재력을 마음껏 펼칠 수 있도록 서로의 성장을 격려하는 가족, 원활하게 소통하는 가족,

8) Craig E. Aronoff 외, 상게서, pp.27~28.

함께 의사결정을 내리는 가족 등이 바로 이들이 말하는 '건강한 가족'이다.

이와 같은 건강한 가족을 만들어가는 것은 모든 가족에게 있어 어려운 과제라는 점에서 기업 부문의 리더십과 마찬가지로 가족 부문에서도 역량을 갖춘 좋은 리더십을 필요로 한다. 강력한 가족체계의 뒷받침이 없다면 건실한 가족기업으로서의 영속성을 유지할 수가 없기 때문이다.[9)]

(1) 가족 리더의 역할

가족 리더십은 가족 전체의 방향을 설정하고, 가족이 원하는 사업으로 이끌기 위한 기본 지침을 마련하며, 가족 스스로 사업성과에 대한 기대를 정의하는데 있어서 강력한 영향을 미칠 수 있다. 가족 리더십은 주로 가족의 발전을 도모하는 역할을 수행하는데, 가족이 번영할 때 기업의 성장과 발전을 지원할 능력도 한층 배가된다. 가족 리더십이 수행하는 역할은 다양하다.

먼저, 가족 구성원들이 주주로서뿐만 아니라 한 가족으로서 스스로를 바라보는 관점을 기르도록 도움을 제공한다.

가족 간 유대가 느슨해지는 사촌세대의 가족기업에서는 가족기업 리더가 수행하는 이러한 역할이 더욱 중요해진다. 더 많은 수의 가족 구성원들이 멀리 떨어져 살고 있을 뿐만 아니라 가족 구성원들도 다양해지기 때문이다.

가족 구성원들의 관계를 돈독하게 만들어 가족 응집력을 키우며, 가족 내 다양한 집단들 사이에서 발생할 수 있는 갈등과 차이를 극복할 수 있는 가교역할을 할 수 있다.

가족헌장과 가족가치 선언문, 가족사명 선언문 등을 채택함으로써 가족이 소중하게 생각하는 가치 및 철학이 무엇인지를 분명하게 한다. 그리고 가족가치를 적절하게 전달하고 소통함으로써 가족은 물론 기업을 위한 지침으로 사용되도록 보장할 수 있다.

가족 행동준칙이나 가족의 자선사업 관련 정책 등 가족을 위한 여러 정책을 수립한다. 그리고 가족 구성원에 대한 고용정책과 가족 구성원이 외부

9) Craig E. Aronoff 외, 상게서, pp.49~55.

세계와 사업에 대해 소통하는 방법을 규정하는 정책 등 가족의 사업 참여나 기업과의 관계를 다루는 정책을 수립하도록 이끈다.

모든 가족 구성원의 의견이 존중되도록 보장한다.

가족의 리더는 소유주가 아닌 가족 구성원, 즉 소유주의 배우자나 기타 회사와 가족의 결정에 영향을 받는 사람들이 의견을 개진할 수 있는 분위기를 조성한다. 그리고 가족 리더십은 가족의 번영을 도모한다. 가족이 번영하게 되면 기업의 성장과 발전을 지원할 능력도 한층 증대된다.

이 밖에도 가족 리더십은 회사에서 근무하든 그렇지 않든 상관없이 가족 내 모든 구성원이 가능한 동등한 지위를 누리고 공평하게 대우받도록 보장한다. 가족에 대한 정의를 통해 "과연 가족이란 무엇을 의미하는지"에 관하여 지속적으로 고민하고, 가족의 의미를 재해석·평가한다. 가족 구성원들이 가족기업의 운영 방식을 배우도록 보장한다. 그리고 가족들이 유능한 소유주가 될 수 있도록 회사에 대한 기본적인 사항을 이해하는데 필요한 교육기회를 제공한다.

(2) 가족 리더십의 또 다른 장점

가족 리더십은 다른 유형의 기업에서는 향유할 수 없는 장점, 즉 회사에 고용되지 않은 가족 구성원들에게도 리더십을 개발하고 활용할 수 있는 경험과 기회를 제공한다. 이러한 참여를 통해 가족 구성원은 자신의 역량을 발휘하고 그에 대한 정당한 평가를 받을 수 있는 기회를 갖게 된다. 또한 가족과의 유대, 가족 유산 및 사업에 대한 열정을 보다 공고하게 다질 수 있다.

이러한 도전의 기회에는 가족협의회를 이끌고 가족정책 개발, 가족 휴양이나 모임 계획 등과 같은 과제를 담당하는 위원회에서 활동하거나 주도하며 가족의 자선사업을 감독하는 활동이 포함된다.

가족기업 연구자들이 발견한 중요한 사항 중 하나는 가족 리더십의 역할이 사업체를 소유한 가족의 여성들에게 특별한 기회를 제공한다는 것이다. 모범적인 가족기업의 경우 두 명의 CEO가 있다는 표현이 즐겨 사용되기도 한다. 한 명의 CEO(Chief Executive Officer)는 말 그대로 가족기업의 최고경영자로서 사업을 운영하고, 가족의 정서적인 측면을 총괄하는 또 다른 CEO(Chief Emotional Officer)는 가족의 응집력과 화목하게 하는 환경을 조성하고 유지하는데 도움을 준다는 점에서 가족은 물론 기업의 장기적인 성공에 결정적인 역할을 한다.[10] 이와 같은 가족의 정서적 측면을 총괄하는 리더십은 CEO의 배우자 등 여성이 보다 효과적으로 감당할 수 있는 영역이다.

4. 가족기업의 리더십 이전 및 승계

(1) 리더십 이전의 대상

가족기업이 아닌 일반기업의 경우에는 CEO와 후계자 간의 경영권 이전을 통해서 승계가 마무리 된다. 그러나 가족기업의 승계는 그동안 기업을 소유하고 경영해 온 부모세대가 자녀 등 후계자에게 경영권을 이전하는 것만으로 완료되는 것이 아니다. 기업의 소유권과 가족에 대한 리더십 이전이라는 내용을 포함하는 훨씬 복합적인 사안에 해당한다. 가족 리더십, 소유권 통제, 그리고 기업의 경영권 등을 포함하는 리더십 이전에 관한 문제는 가족기업 리더의 생각과 의지, 가족 및 기업의 상황과 특성 등에 맞추어 독립적으로 설계되고 추진된다.

가족기업을 승계하는 과정에서 상속세 등 조세부담 경감을 위해서는 비교적 일찍부터 관심을 갖고 준비해 나가는 경향을 볼 수 있다. 그러나 차세대 구성원들이 기업의 소유권을 바르게 이해하고 행사하며 기업을 경영하는 과정에서 실천해 나가야하는 가치와 철학, 청지기정신 등을 갖추도록 하는 측면에서의 승계준비는 지연되거나 간과되는 경우가 허다하다. 이로 인하여 가족기업에 대한 소유권과 경영권을 행사하는 리더의 자리가 창업CEO의 손에 필요 이상으로 오래 남아있게 되며, 그 결과 승계과정에서 어려운 문제들이 발생하는 경향이 많다. 실패한 기업승계의 대부분은 '경영권 승계와 소유권

10) Craig E. Aronoff 외, 상게서, p.54.

승계, 그리고 가족 리더십 이전'이라는 이들 세 가지 유형의 승계가 적기에 원만하게 이루어지지 않은데서 비롯된다.

(2) 경영권 승계

1) 단계적·점진적 권한 이전

이어달리기 경기에서 아무리 빠르고 기술이 좋은 선수라고 하더라도 선발 주자가 바통을 넘겨주지 않으면 경기에 참여할 수가 없다. 다음 주자는 점진적인 준비과정을 거쳐 바통을 이어받은 다음에야 자신의 역량을 최대한으로 발휘하여 레이스를 펼친다. 선발 주자가 바통을 넘겨주기를 주저한다거나 다음 주자가 이를 제대로 받지 못하고 우물쭈물하거나 떨어트리게 되는 경우에는 그 경주에서 좋은 성과를 기대할 수 없는 것은 너무 당연한 일이다.

가족기업의 승계에 있어서도 이러한 원리는 동일하게 적용이 된다. 일단 후계자로 선정이 되면 후계자는 가족기업의 리더에게 필요한 역량을 꾸준하게 함양해나가야 한다. 경영권을 이전하는 순간에도 가족기업 리더와 후계자는 전력 질주하면서 안전하고도 우아하게 리더십을 주고받는 절차를 마무리하여야 한다. 그렇게 할 때 다음 주자인 후계자는 자신의 역량을 발휘해서 힘차게 달려 나갈 수 있게 되고, 이러한 순간들이 이어질 때 가족기업 승계라는 계주에서 좋은 성과를 거양할 수 있는 것이다.

많은 가족기업들이 바통을 주고받는 과정에서 실수를 하는 경향이 있다. 후계자에게 관리자에 해당하는 직책을 부여하고는 조직 차원에서 체계적인 프로그램을 실행하거나 지원함이 없이 스스로가 알아서 역량을 개발하고 기업경영 전반을 이해하면서 권위를 확보하라고 요구한다. 그러다가 어느 순간 갑자기 리더의 자리를 넘겨주면서 전속력으로 달려 나갈 것을 기대하는 경우가 적지 않음을 보게 된다.

바람직한 것은 후계자에게 새로운 책임들을 하나씩 단계적으로 넘겨주고 각 단계마다 가시적인 성과를 거양하면서 경영자로서의 역량을 키워가도록 지원하는 것이다. 이 기간 동안에 가족기업 리더는 의사결정 과정에 참여하는 것을 점진적으로 줄여 나가는 것이 바람직하다. 초기 단계에서는 후계자의 결정들에 대하여 사전 승인을 받도록 하다가, 다음 단계에서는 후계자가 결정한 내용에 관하여 요청이 있는 경우에 한하여 사후 동의로 갈음한다. 그 다음에는 주요 경영의사 결정에 대하여 사후적인 보고만을 받다가, 최종 단계에서는 후계자의 요청이 있는 경우에만 자문이나 맨토링을 하는 방법으로 승계를 완료하는 것이 바람직하다.

가족기업 리더에게 축적된 비즈니스 관련 인적 네트워크 또한 후계자에게 잘 이전되는 것이 바람직하다. 부모세대인 가족기업 리더는 주요 고객과 거래처, 주거래 은행의 간부, 기타 관련 분야 전문가 등에게 후계자를 소개함으로써 새로운 리더십이 잘 구축될 수 있도록 도울 필요가 있다.

2) 후계자의 리더십 획득

후계자가 가족기업의 새로운 리더가 되면 이제 그는 어느 특정한 파트의 장이 아닌 기업경영 전반에 걸친 총괄적인 통제권을 행사한다. 그러나 오래된 경력직원의 해고, 가족 직원에 대한 보수 결정, 중요한 사업부문 매각 등은 상당기간 은퇴한 가족기업 리더의 통제하에 남는다. 그럼에도 불구하고 이 단계에서 기업의 전반적인 경영을 맡게 된 후계자에게 전략적 목표달성에 필요한 최대한의 경영 자율권을 부여하는 것이 바람직하다.

가족기업의 경영권을 이어받은 후계자와 은퇴한 가족기업 리더 사이의 명확한 직무규정을 확정하고 지켜나가는 것도 필요하다. 업무추진 과정에서의 체계유지는 물론, 은퇴한 부모세대와 새로운 리더인 후계자간의 불필요한 갈등을 없애고 동시에 직원들의 새로운 리더십에 대한 불신을 제거하는데 있어 중요하기 때문이다. 마침내 승계가 완료되면 적절한 날을 정하여 경영권 승계가 완료되었음을 선언하는 이·취임식을 거행하고, 이어서 점진적인 소유권 승계 절차에 들어간다.

3) 우아하게 물러나기

적지 않은 가족기업 리더들은 형식적으로는 승계절차를 마무리해 놓고도 여전히 경영에 관여하는 절반의 은퇴를 즐기는 경우가 있다. 이 경우에 후계자는 기업을 경영하는 과정에서 적지 않은 애로와 불만을 갖게 되고, 은퇴한 창업주가 어느 상황에서 예고도 없이 경영에 관여하게 될지를 몰라서 경영의사를 소신있게 결정하는데 곤란을 겪게 된다.

만일 바통을 물려준 선발주자가 경기가 진행되는 운동장 밖으로 나오지 않고 있다면, 장애물이 되어 부딪혀 넘어져서 주자가 다치거나 바통을 떨어뜨리게 되는 결과를 초래할 가능성이 크다. 바통을 너무 늦게 넘겨주는 경우에도 게임에서 좋은 성적을 내기가 불가능하다는 것은 당연한 이치다. 이러한 결과를 방지하기 위해서는 가족기업 리더는 자기가 권한을 넘겨줄 시한을 명확하게 정할 필요가 있다. 후계자의 권위가 점차로 확립되어 가면 부모는 바로 다른 새로운 일을 시작할 준비를 본격적으로 추진하는 것이 바람직하다. 많은 은퇴한 성공 경영인들은 다양한 분야에서 새로운 삶을 행복한 마음으로 개척을 해 나가고 있다.

승계를 마무리한 가족기업 리더는 무엇보다도, 다시금 기업으로 돌아와 경영권을 행사하는 것은 최대한 피해야 한다. 형식적으로 은퇴를 하였으나 기업의 대주주로서 주요 경영의사를 결정할 권한을 보유한 경우에는, 은퇴 후 2~3년이 지난 시점에서 다시 기업으로 돌아오고 싶은 유혹을 받게 된다. 이러한 유혹을 이겨내지 못하고 다시 경영 일선으로 복귀하는 경우에는 가족관계에 큰 손실을 가져올 뿐만 아니라, 기업에 있어서도 두 주인의 존재로 인하여 심각한 문제를 유발하게 된다. 이러한 점에서 은퇴한 리더가 계속해서 기업의 대주주로서 소유권과 함께 경영권을 행사할 수 있는 여지를 남겨두는 것에 대하여는 진지하게 고려할 필요가 있다.

(3) 소유권 승계

기업의 소유권 및 재산권을 행사하고 있는 가족 구성원들이 소유자로서의 역할을 충실하게 수행하여 준다면 가족기업의 가치를 높이는데 유익하지만 그렇지 못하는 경우에는 큰 장애요인으로 작용하게 된다. 이러한 점에 비추어 가족기업 리더는 기업의 소유권과 재산을 상속인들에게 배분하는 과정에서 이들을 현재 혹은 장래의 비즈니스 파트너로 보고 세심한 주의를 기울일 필요가 있다. 보다 장기적인 관점에서는 자녀들을 단순히 경영권에 참여하는 리더로서만이 아니라, 가문의 유산에 해당하는 기업의 소유권을 올바로 이해하고 행사할 수 있도록 양육해 나가는 것이 중요하다. 그런데 가족기업 리더는 기업승계에 수반되는 상속세 문제, 재산계획의 복잡성, 개인의 노후보장에 필요한 재무계획, 경영권 승계 등과 관련한 사안에 집중한 나머지 가족기업을 공동으로 소유하는데서 발생하는 문제들을 간과하는 경우를 종종 보게 된다.

가족기업의 경영권과 소유권은 상호간에 아주 밀접한 관련성을 갖고 있지만 서로 분리해서 검토하는 것도 필요하다. 자녀 세대로만 국한해서 보더라도 소유권 승계는 아래와 같은 다양한 시나리오가 가능하다.

- 자녀들을 공동 후계자팀으로 인식하고 각 자녀들에게 소유권을 동일하게 분배하는 방안
- 자녀들에게 소유권을 분배하여 이전하되, 기업의 경영을 책임질 자녀에게는 경영권을 안정적으로 행사할 수 있을 정도의 주식을 이전하고 나머지 자녀들은 소액주주로 남도록 하는 방안
- 기업에 근무하는 자녀들에게만 소유권을 이전하는 방안
- 모든 자녀들에게 소유권을 동일하게 이전하되, 전문경영체제를 도입함으로써 자녀들은 경영에 참여하지 못하게 하는 방안
- 자녀 세대를 뛰어넘어 손자 세대에게 소유권을 이전하는 방안

가족기업에 대한 소유권을 어떠한 형태로 이전하느냐 하는 문제는 상당히 복잡한 문제에 해당한다. 소유권 이전과 재산의 분배 과정에서 자녀들을 포함한 가족 구성원 사이에 발생 가능한 분쟁을 최소화하기 위한 방안의 하나로 책임 있는 팀을 구성하고, 이 팀으로 하여금 최적의 방안을 마련하여 제시하도록 요청할 수 있다. 자녀들에게는 어려서부터 올바른 물질관과 상대방을 배려하는 마음, 자신의 이익보다는 가족의 화목과 기업의 장래를 중시하

는 자세, 가족기업에 있어서 소유권이 갖는 의미 등을 바로 교육하는 것이 중요하다. 주식 등 소유권과 재산을 분배하는 과정에서 부모세대가 가슴을 열고 자녀 등 가족 구성원들과 충분한 소통과 대화를 통해 서로의 입장을 배려하는 자세를 견지할 때 가족 구성원 간의 갈등 및 분쟁은 크게 감소된다.

(4) 리더십 이전 유형

가족기업 리더가 후계자에게 가족기업에 대한 리더십을 이전하고 은퇴하는 형태는 다양하다. 상당수는 자신의 건강이 허락하는 동안에는 끝까지 경영권을 놓지 않고 행사하다가 어쩔 수 없는 상황이 도래하면 갑작스럽게 준비가 되어있지 않은 상태에서 후계자에게 넘겨준다. 일부는 리더십을 일시적으로 후계자에게 이전했다가 자신의 마음에 들지 않으면 다시 기업에 복귀하여 통제권을 행사하기도 한다. 지혜로운 가족기업 리더는 승계계획을 체계적으로 수립하고 관리하면서, 점진적·단계적으로 리더십을 이전하는 방법으로 승계를 마무리하고 자신의 새로운 인생을 시작하기도 한다.

다음은 가족기업 승계과정에서 리더십 이전 스타일을 정리한 자료들을 바탕으로 리더십 이전 유형과 각 유형별 장단점을 정리한 것이다.[11)]

1) 군주형

이 유형은 가족기업의 리더가 사망하거나 갑작스러운 사고 또는 질병으로 경영에 관한 통제를 더 이상 할 수 없을 때까지 최고경영자 자리를 유지하고 후계자는 제대로 된 준비과정을 거치지 않은 상태에서 경영권을 승계하는 경우이다.

역사적으로 볼 때 한 나라를 다스리는 왕들은 특별한 경우를 제외하고는 자신의 생명이 다하는 순간까지 군주로서의 권한을 행사하였다. 그 나라의 법에는 군주의 은퇴에 관한 규정이 존재하지 않았다. 다수의 가족기업 리더

---

11) E. J. Poza & M. S. Daugherty, Family Business, 4e., 2014, p.168 이하; Family Business Succession: The Final Test of Greatness, Family Business Leadership Series, No.1., 2003, pp.43~50.

들도 이와 같은 형태의 권한을 행사하는 경향이 있다. 기업 현장에서 은퇴하는 연령대로 알려진 60대 후반 또는 70대 초반이 지난 나이에도 자신의 건강과 능력이 허용되는 한 일주일에 3~4일 정도 회사의 집무실에 앉아 업무를 통제하고 후계자나 경영간부들이 결정한 주요 경영의사 및 전략들을 확인하고 최종 결정하며, 개인적인 시간을 보낸다.

이들은 여전히 경영에 관한 실권을 장악하고 기업의 주요 간부들에 대한 인사권을 행사한다. 그들은 기업 내에서 승계에 관한 이야기를 꺼내지 않고 자신의 은퇴 및 리더십 이전 시기 등을 일절 언급하지 않는다. 그들에게는 질병이나 사망 같은 것은 자신과는 아무런 관계가 없는 남의 일처럼 인식된다. 가까운 친구나 자문역들에게도 자신의 은퇴에 관한 말을 하지 않는다. 그 결과 승계계획은 존재하지 않고 차세대 경영자를 육성할 책임의 하부이양이 이루어지지 않는다. 기업에 관한 주요 정보들은 최고 재무책임자나 CEO의 신임을 얻고 있는 경리책임자의 협조 아래 엄격하게 통제된다. 당해 기업의 성공을 가져온 비법들 또한 거의 공개되지 않는다.

이러한 유형의 리더가 지배하는 기업의 경우에는 당해 군주가 생존하여 경영권을 행사하는 동안에는 별 문제가 없을 수 있다. 승계와 관련하여 일반적으로 경험하게 되는 가족 구성원 간의 갈등이 현실로 드러나지 않기 때문이다. 하지만 그가 사망하거나 예기치 못한 질병이나 사고 등으로 기업을 경영하기가 불가능한 상황이 일어나게 되면 공황상태가 발생한다. 그의 사망이나 무능력화 등으로 인한 공백기가 도래하는 경우에 가족 구성원의 탐욕과 오랜 기간 잠재되어 있던 다양한 문제들이 동시 다발적으로 폭발하게 되고, 그 결과 창업세대 또는 여러 세대를 거쳐 일구어 온 가문의 유산이 단기간에 소멸하는 결과를 초래한다.[12)]

군주형 리더의 자녀나 친족들은 가족 갈등과 혼란, 그리고 각 개인의 가치와 기업의 자산가치 감소에 대한 대비를 미리 해 놓지 않으면 안된다. 가족기업에 있어서 쿠데타가 성공한 경우는 아주 드물다. 가족기업을 소유한 가

---

12) L. Danco, Beyond Survival: A Guide for the Business Owner and His Family, Cleveland: University Press, 1977.

족을 자문해 온 전문가들은, 이러한 군주가 경영하는 기업에 대하여 승계 또는 지속경영을 주된 목적으로 적절한 자문서비스를 적기에 제공하는 것이 결코 용이하지 않다고 말한다.

2) 장군형

장군형은 리더가 장기 여행이나 휴식을 위해 갑작스럽게 경영에 관한 통제권을 넘겨주고 회사를 떠났다가, 한참 후에 다시 돌아와서 자신의 부재기간 동안에 추진했던 변화 등을 원점으로 되돌리고 다시 자신의 스타일로 경영권을 행사하는 리더십 이전의 유형이다.

장군형은 군주형 리더와는 달리 자신이 설정해 놓은 원칙에 따라 부분적인 은퇴를 감행한다. 그런데 그들은 경영에서 완전하게 물러나는 것이 아니라 마지못해서 물러났다가 다시 돌아올 음모를 갖고 있다. 물러난 장군은 젊은 장수가 경영능력 및 역량의 부족 등으로 인하여 본연의 역할을 제대로 감당하지 못하는 모습을 보여줄 것을 기대하는 마음으로 인내하면서 세월을 보낸다. 그러다가 기대하는 상황이 발생하면 기다렸다는 듯이 마치 개선장군과 같은 모습으로 그동안의 잘못을 바로 잡고 기업조직을 치유하기 위해 돌아온다. 그리고 그동안 아무 일도 없었던 것처럼 경영 전반에 관한 통제권을 행사한다.

가족기업을 경영하는 과정은 언제나 문제의 연속이며, 안정적인 성장을 지속하는 것 또한 그리 쉬운 일이 아니기 때문에 장군형 리더의 은퇴 및 재입성 현상은 반복적으로 발생하는 경우가 허다하다. 장군형 리더의 가족기업에 대한 지배는 장기간 계속되는 경우가 있는데, 이러한 경우에는 누구든 막론하고 조직의 성공을 책임지고 있는 당사자들의 의욕과 역량을 크게 감퇴시키는 결과를 초래한다. 장군형 리더가 기업을 통제하는 경우에는 후계자나 다른 간부들은 자신의 책임과 권한이 한시적인 것에 지나지 않는다는 사실을 알고 있다. 머지않은 장래에 장군이 다시 돌아와 자신의 역량과 스타일로 기업을 경영하게 될 것이기 때문이다. 그 결과 자신이 권한을 행사할 수 있는 기간을 즐기게 되고, 따라서 기업의 장래를 진지하게 준비하는 중장기 전략이나 시스템과 인력에 대한 투자 활동은 동력을 얻기가 어려워지게 된다. 이로 인해 기업의 경쟁력이 약화되는 결과를 가져온다.

3) 외교관형

외교관형의 리더는 차세대 경영자 또는 핵심적인 역할을 담당하는 비가족 경영진들에게 기업 운영책임의 대부분을 이양하고, 자신은 기업의 이익을 위해 외교적인 또는 대표자로서 의무만을 보유한 상태로 은퇴를 한다.

외교관형 리더는 후계자나 유능한 비가족 경영자들이 각자의 역할을 효과적으로 수행할 수 있는 환경을 제공한다. 외교관형은 후계자로 하여금 경영수업을 충분하게 쌓도록 한 이후에 기업경영과 관련한 책임을 이양한다. 이들은 은퇴 후에도 기업의 성장·발전에 도움을 주는 일을 무난하게 수행하면서 기회가 주어지면 자선단체나 공익적인 일을 담당하기도 한다.

이러한 리더는 여유를 갖고 자신의 은퇴를 준비해 나가는데, 후계자가 일상적인 경영활동 전반을 잘 이해하고 효율적으로 경영해 나갈 능력을 갖추었다는 판단이 될 때에 최고경영자 자리를 이양한다. 승계를 향해 꾸준하게 달려 온 외교관형 리더는 승계 이후에 자신이 다시 기업으로 돌아올 여지를 남기지 않는다. 이러한 리더가 경영하는 가족기업의 후계자는 운이 좋은 사람이다. 그들은 가족기업 리더인 부모와 기업 외부에 잘 보이려고 하는 불필요한 경쟁을 피하면서 자신을 철저하게 준비해 나가는 일에만 전념하면 되기 때문이다.

4) 총독형

총독형 리더는 자신이 떠나는 시기를 확정해서 공표하는데, 이는 정해진 일정에 따라 승계가 이루어지도록 하는 것을 강제하는 기능을 한다. 승계 일정을 미리 공표하는 경우에는 승계를 효과적으로 준비해 나갈 승계계획 수립과 그 이행을 촉진하는 결과를 가져온다. 그리고 자신을 포함하여 승계 후보자, 가족 구성원, 경영진, 종업원, 공급자 및 고객 등 승계과정의 주요 이해당사자들에게 이에 대한 준비를 충실하게 해 나갈 수 있도록 하는 동기를 제공하는 효과가 있다.

이러한 유형의 리더십은 후계자가 점진적으로 경험을 쌓고 경영자로서의 리더십을 배양할 수 있는 이점이 있다. 그리고 가족기업의 리더는 책임이 줄어든 상태에서 자신의 미래를 준비할 수 있는 시간을 가질 수 있다. 반면에 가족기업 리더와 후계자 사이에 긴장관계가 유지되는 상황이 자주 발생할 가능성이 있으며, 경영에 관한 책임과 통제권이 점진적이기는 하지만 수시로 이전되는 관계로 후계자가 새로운 책임을 감당하는 방법에서 차이가 있을 수 있다. 후계자가 기업 내에서 자신의 위치를 굳히기 위해 노력하는 과정에서 가족기업 리더는 자신이 서서히 뒤로 밀려나고 있다는 서운한 생각을 갖게 되는 경우가 있을 수 있다.

5) 발명가형

발명가형은 승계가 진행되는 기간에 가족기업 리더 자신이 은퇴 이후에 경영할 사업체를 새로이 설립하거나 설립을 준비해 두었다가, 승계를 마무리한 시점에서 자신은 새로이 설립한 기업의 경영을 맡는 리더십 이전 유형을 말한다. 발명가형 리더는 대체로 창조적인 사람이다. 그들이 후계자를 지원할 조직이나 기구를 구상하는 경우에는, 그들은 대체로 자신들의 장래의 꿈을 이루어 갈 준비가 되어 있다고 보아도 무리는 아니다. 이러한 리더의 후계자는 운이 좋은 사람이다. 그들은 CEO에게 적절한 지도 및 도움을 요청하는 것이 비교적 용이하다.

지금까지 언급한 가족기업 리더의 권력이양 스타일 가운데 외교관형과 총독형의 점진적이며 단계적인 리더십 이전 유형이 가장 효과적인 방안에 해당한다고 볼 수 있다. 이와 같은 리더십 이전 유형은 가족의 화목과 건강을 지킬 수 있고 동시에 기업의 역량을 최대화할 수 있는 기회를 제공한다. 또한 후계자에게는 경영역량과 리더십을 키워갈 수 있도록 다양하고 창조적인 기회를 제공하면서, 가족기업 리더에게는 자신의 은퇴 이후의 삶을 계획하고 실천에 옮겨가는데 있어서 효과적으로 준비해 나갈 수 있는 환경을 제공한다. 발명가형 리더십 이전 유형도 은퇴하는 가족기업 리더나 후계자 모두에게 바람직하고 생산적인 유형에 해당한다. 그러나 이와 같은 유형은 특별하고도 운이 좋은 경우에 해당할 뿐 그리 흔한 경우가 아니다.

5) 가족 이외의 자를 CEO로 영입하는 경우의 리더십 승계

이 승계모델은 가족 구성원 가운데 준비된 후계자가 없는 경우에 일정기간 동안 전문경영인을 영입하여 경영을 담당하게 하고, 후계자가 준비를 완료하는 시점에서 승계를 마무리하는 형태이다. 가족기업의 리더는 2년차 정도가 되면 전문경영인에게 경영에 관한 통제권을 단계적으로 이양하면서 자신은 점진적으로 경영일선에서 물러나다가 3~4년이 지나면 완전히 손을 떼는 형태로 승계과정이 진행된다. 그리고 나면 비가족 CEO는 전문경영인으로서 3년 정도 기업을 경영하게 되는데, 이 기간 중 승계 후보자에게 경영권을 점진적으로 이양하면서 동시에 멘토 역할을 수행하다가 임기가 만료되면 후계자에게 기업경영을 물려주고 퇴임을 한다. 이 기간에 가족기업 리더는 회장 또는 고문의 직책을 유지하는 것이 일반적이다. 그리고 그는 소유권자로서 가족기업의 경영방침이나 주요 경영의사를 결정하는 과정에 참여하고, 전문경영인의 경영활동을 지원 및 통제함과 동시에 선정된 후계자가 잘 성장할 수 있도록 돕는 역할을 수행한다.

이러한 리더십 이전 유형은 후계자가 아직 준비되지 않은 경우에 다음세대 가족기업 리더로서 갖추어야 할 역량 및 리더십을 개발해 나가는 데 효과적이다. 존경받고 역량 있는 비가족 CEO라면 새로운 경영기법을 도입할 수도 있고, 당해 기업의 발전에 필요한 혁신과 변화를 후계자가 추진하는 것보다 더 용이하게 추진할 수 있는 장점이 있다. 그러나 승계를 관리하면서 가족기업을 효과적으로 경영해 나갈 수 있는 자격을 갖춘 전문경영인을 물색하기가 용이하지 않다는 문제점을 갖는다.

이러한 승계모델이 효과적으로 기능을 발휘하기 위해서는 임시적으로 경영 및 멘토 역할을 담당하는 비가족 CEO가 자신의 역할을 확실히 알고 이를 성실하게 수행하는 한편, 가족 구성원들은 이러한 승계모델을 채택한 이유를 명확하게 이해하고 있어야 한다.

제 3 편

가족기업 경영 및 승계 사례와 정책

제13장 장수 가족기업의 경영특성과 성공승계 전략

기업이 고객과 지역사회의 사랑을 받으면서 오랜 동안 생존해 나가기란 쉬운 일이 아니다. 가족기업의 경우에는 승계과정에서 발생하는 위험이 기업의 장기생존을 어렵게 하는 가장 큰 요인으로 작용한다. 여기에는 승계계획 부재, 후계자 역량 부족, 가족 갈등 및 분쟁, 승계자금 및 상속세 납부재원 마련의 어려움 등이 포함된다.

기업이 장수하기가 어려움에도 불구하고 세상에는 다수의 장수기업들이 있다. 전 세계적으로 업력 100년이 넘는 기업은 약 7만 개에 이르고, 200년 이상 장수를 누리는 기업도 7천여 개에 달한다. 창업 이후 수백 년을 이어온 장수기업 중에는 특정분야에서 차별화된 기술을 보유한 중소·중견기업들이 많다. 오랜 역사를 자랑하고 있는 독일, 이탈리아 등 유럽지역의 가족기업들은 해당 사업 분야에서 최고의 경쟁력을 보유하고 세계시장에서 높은 점유율을 확보하고 있으며, 보수적이면서 근성 있는 기업문화를 유지하는 특성을 갖는다. 이들 기업에서 찾을 수 있는 또 다른 공통점은 후계자를 잘 선정하고 철저하게 교육시킨다는 것과, 대를 이어 지켜 온 명확한 가족가치가 존재하고 창업자의 창업정신과 철학을 실천하기 위해 부단한 노력을 기울인다는 것이다.

글로벌 히든챔피언에 해당하는 독일의 명문 장수기업에 대한 사례연구를 통해서 발견한 장수기업의 특성으로는 다음과 같은 것들이 있다. 먼저 경영 측면의 특성이다. 명문 장수기업은 자신의 강점 분야인 고유사업에 집중하면서 해당 분야의 최고를 지향한다. 지속적인 혁신과 R&D는 시장의 변화와 고객 니즈에 부응하면서 장기적으로 생존해 나가기 위한 필수과제에 해당한다. 사람을 중시하고 종업원의 성장과 기업가정신을 독려한다. 생산적 노사관계를 유지하면서 노와 사가 함께 씨를 뿌리고 성과를 공유하는 기업문화를 구축하고 있다. 보수적인 재무전략은 언젠가 닥쳐올지도 모르는 위기에서 살아남고 새로운 기회를 잡기 위해 중시하는 덕목이다. 빠른 성장이 언제나 좋은 것은 아니라는 점을 인식하고 안정적인 성장을 추구하는 경향이 있다. 협력업체를 포함한 고객과의 상생이라는 가치를 추구하면서 최고 수준의 고객가치를 제공하기 위해 끊임없는 혁신을 도모한다. 단기성과보다는 지속가능한 성장을 중시하고 왕성한 기업가정신을 발휘하면서 사회적 책임활동에도 적극적이다.

기업의 승계와 지배구조 측면에서의 특성도 존재한다. 가족기업 형태로 경영되고 있는 명문 장수기업들은 창업정신 계승과 명문화된 가족가치를 확립하고 있다. 역량 있는 후계자 육성과 다음 세대에 대한 투자를 중시하면서, 가족 구성원에 대한 엄격한 관리와 교육을 통해서 책임 있는 소유가문의 일원으로 활동하도록 양육한다. 가족 구성원 가운데 적합한 후계자가 없으면 전문경영체제를 적극 활용하는 '열린 가족자본주의'를 채택하는 경향이 있다.

1. 장수기업에 대한 이해

(1) 기업의 생애주기와 "3세대 룰"

기업은 영속하는 것이 아니고 생로병사(生老病死)의 순환주기를 형성하면서 창업기 → 성장기 → 성숙기 → 구조조정기 → 쇠퇴기 → 소멸 등의 과정을 거친다. 절대 다수의 기업이 힘들고 거친 경영활동 과정에서 어려움을 극복하지 못하고 짧은 생애를 마무리하는 경우가 일반적이다. 많은 기업들이 창업 후 1년을 버티기 힘들며 3년 이내에 도산하는 기업이 절반에 이른다.

기업이 장수하기란 쉬운 일이 아니다. 양호한 성과와 함께 고객과 지역사회의 사랑과 존경을 받으면서 장기간 존립하기란 더 어려운 일이다. "부자 3대가기 어렵다"는 말과 "창업보다 수성이 어렵다"는 말이 있다. 미국, 중국, 일본은 물론 스페인과 남미의 브라질에도 동일한 의미를 갖는 말이 존재한다. 가족기업 연구자들 사이에는 기업이 3대를 이어 존속하기가 어렵다는 소위 '3세대 룰(The Three Generation Rule)'이 보편적으로 통용된다.

기업의 장수를 어렵게 하는 요인들은 다양하지만, 내부적 요인과 외부환경적 요인으로 구분하는 것이 가능하다. 특히 가족기업에게 있어서 장수를 어렵게 하는 주된 요인으로 승계 과정에서의 위험을 들 수 있다. 승계 과정의 위험은 주로 승계계획 부재와 승계과정 관리 실패에 기인한다. 여기에는 준비되지 않은 승계, 후계자 문제, 가족 구성원 사이의 갈등, 상속세 등 승계자금 마련의 어려움 등이 포함된다.

(2) 장수하는 기업에서 발견되는 일반 특성

기업이 장수하기가 어려운 일임에도 불구하고 세상에는 많은 장수기업들이 존재한다. 전 세계적으로 업력 100년이 넘는 기업은 7만여 개에 이르고, 200년 이상 장수를 누리는 기업도 7천여 개에 달한다는 통계가 있다. 200년 이상 장수한 기업의 절반 정도는 일본 기업이고 독일 기업이 4분의 1 정도를 차지하고 있다.[1] 1천 년 이상 생존해 온 초 장수기업도 찾아볼 수 있는데, 세상에서 가장 오랜 역사를 누린 기업은 일본으로 건너간 백제의 건축장인 柳重光이 578년에 설립해서 1,400여 년이 넘도록 가족경영 형태를 유지해 온 일본의 곤고구미(金剛組)다.[2] 일본의 전통 여관인 호시료칸 역시 718년 창업해서 현재까지 1,300년 동안 46대에 걸친 가족경영을 해 오고 있다. 독일의 포도주 생산업체인 슐로스 요한니스베르그(Schloss Johannisberg) 역시 1,200여 년의 오랜 역사를 자랑하는 세계적인 장수기업이다. 약국으로 출발해 창업주의 13대 후손이 경영하고 있는 독일의 제약 및 화학 분야 명문 장수기업인 머크(Merk)사, 26대에 걸쳐 700여 년을 가족기업으로 운영해 온 이탈리아의 와인 명가 안띠노리(Antinori Marchesi)도 조상이 물려준 부를 잘 보존하고 키워가면서 존경을 받아 온 장수기업에 해당한다. 우리나라의 100년 이상된 장수기업으로는 두산, 동화약품, 몽고간장, 광장, 보진재 등을 들 수 있다.

창업 이후 수백 년을 이어온 장수기업 중에는 특정분야에서 차별화된 기

1) 200년 이상의 장수를 누리는 기업이 많은 나라로는 일본(3,886), 독일(1,850), 영국(467), 프랑스(376) 등을 들 수 있다(일본 光産業創成大學院大學 고토 도시오(後藤俊夫) 교수: 2010년 기준).

2) 곤고구미(金剛組)는 578년 백제에서 일본으로 건너간 건축장인 금강중광(金剛重光, 한국명 柳重光)에 의해 설립되어 1428년 동안 생존해 오다가 2006년에 무리한 사업 확장과 급격한 변화에 따른 경영난을 극복하지 못하고 파산했다.

술을 보유한 중소·중견기업들이 많다. 오랜 역사를 자랑하고 있는 독일, 이탈리아 등 유럽지역의 가족기업들은 해당 사업 분야에서 최고의 경쟁력을 보유하고 세계시장을 공략하여 높은 시장점유율을 확보하고 있으며, 보수적이면서 근성 있는 기업문화를 유지하는 특성을 갖는다. 이들 기업에서 찾을 수 있는 또 다른 공통점은 후계자를 잘 선정하고 철저하게 교육시킨다는 것과, 대를 이어 지켜 온 명확한 가족가치가 존재하고 창업자의 창업정신과 철학을 실천하기 위해 부단한 노력을 기울인다는 것을 들 수 있다.

제우스(Arie de Geus)는 '장기간 생존할 기업과 소멸할 기업에 대한 구분을 시도한 연구'에서, 이 세상에 존재하는 두 가지 형태의 기업이 갖고 있는 특성을 소개하고 있다.[3] 그의 연구에 따르면 장수하는 기업(living company)은 주주에게 돌아가는 수익을 극대화하는 능력과는 별로 관계가 없는 몇 가지 특성을 갖는다. 이들 기업이 갖는 특성으로는 보수적인 재무관리, 외부 환경 변화에 대한 민첩한 대응, 기업에 대한 구성원들의 동질성 인식과 기업 정체성에 대한 확고한 신념, 새로운 아이디어에 대한 포용 등을 들고 있다. 그리고 이들 장수하는 기업은 '사람 중시, 자율중심의 유연한 분위기, 학습조직화, 인간중심적 기업문화' 등과 같은 경영전략을 중요하게 생각하고 실천해 나가고 있는 점을 발견하였다.

그는 일정 기간 존속하다가 소멸하는 기업을 경제적 기업(economic company)으로 정의한다. 이들 기업은 '사람에 대한 투자를 최저수준으로 유지하면서 가능한 한 단기간 내에 최대의 성과를 쥐어짜려 하고, 소수의 경영자와 투자자를 위해 부를 창출한다'는 목표를 향해 움직이는 기계와 같은 기업인데, 이들 소수 층은 엄격한 통제와 위계질서를 통해 기득권을 유지한다. 그 결과 경제적 기업은 '새로운 것을 배우거나 환경 변화에 적응하는 데 실패한다'라고 하였다.

3) Arie de Geus, The Living Company, Havard Business Review, 1997.

2. 독일 명문 장수기업의 경영 및 성공승계 사례[4)]

(1) 독일의 가족기업에 대한 선행 연구들

독일의 대표적인 중소·중견기업연구소인 IfM Bonn은 가족기업을 '기업의 소유자 또는 소유자 그룹이 의결권 및 통제권을 갖는 자본의 대부분을 보유하면서, 당해 기업을 직접 운영하거나 가족 구성원 이외의 전문경영인들과 공동으로 경영하는 기업'으로 정의하고 있다. 독일의 가족기업은 국민경제에서 차지하는 비중이 크고 수행하는 경제·사회적 역할도 지대하다. 전체 기업수에서 차지하는 비중이 95.3%에 달하고 매출액과 고용 측면에서도 각각 41.1%, 61.2%의 큰 비중을 차지하고 있다.[5)]

독일 가족기업 가운데는 글로벌 경쟁력을 갖춘 중소·중견기업들이 많은데, 이들 기업의 대부분은 소위 '독일식 경영모델'을 채택하고 있는 것으로 알려져 있다. 독일식 경영모델의 주요 내용을 전략, 지배구조, 운용의 효율성, 경영스타일 및 기업문화로 구분하여 살펴보면 각각 다음과 같다.[6)]

먼저, 전략 면에서는 '틈새시장에서 글로벌 마켓리더'를 지향한다.

그들은 시장 규모가 크고 가격경쟁이 치열한 '양적 시장'과는 거리를 두고, 가격경쟁이 아닌 특화된 고기술 제품 및 서비스에 집중하면서 글로벌 시장을 지향하고 고객이 필요로 하는 제품 및 서비스를 최상의 품질로 제공하고 있다. 글로벌 시장에서도 자체 영업망을 통해서 고객과의 친밀성을 유지하는 한편, 핵심역량은 외부에 의존하지 않고 자체적으로 조달하는 전략을 구상하는 경향이 강하다.

둘째, 장기적인 관점을 중시한 경영활동을 전개한다.

여러 세대를 거쳐 장기간 생존해 온 장수 가족기업의 대부분은 단기적인 관점을 중시하는 금융시장 또는 자본시장에 의존하지 않고 가족이 보유한 자

---

4) 이하의 내용은 조병선, '독일 히든챔피언의 지속가능 성장요인', '중소기업연구 제35권 제3호(2013년 9월)'에 수록된 내용 및 사례를 보완하여 재정리한 것임.

5) IfM Bonn, Volkswirtschaftliche Bedeutung von Familien– und Frauenunternehmen, Sep. 2010(2006년 매출세 납부 의무기업 기준).

6) Overview selected Policy in Germany, 2012. 7. IfM Bonn 내부자료.

본과 자원을 기업에 적극적으로 투자한다. 핵심 이해관계자들과 높은 수준의 신뢰와 충성도를 유지하면서 장기 안정적인 관계를 유지한다.

셋째, '열린 가족자본주의'를 지향한다.

소유권이 가족에게 있는 기업이라 하더라도 필요한 경우에는 외부 전문가를 적극 영입함으로써 소유와 경영이 분리된 유연한 지배구조를 유지함으로써, 소유 패밀리와 전문경영인이 상호협력을 통한 시너지를 창출한다. 가족 구성원 가운데 적정한 자격을 갖춘 후계자가 없는 경우에는 적극적으로 전문경영인을 영입하여 승계 문제를 해결하는 경향이 강하다.

넷째, 효율성을 중시하는 경영활동을 통하여 '핵심 프로세스에서 세계 최고수준'을 유지한다.

이들 기업은 전사적인 품질관리와 현장의 개선활동을 통해서 지속적인 혁신을 도모한다. 각 기업마다 다양한 업무를 수행하는 잘 훈련된 전문인력을 확보하고 있으며, 생산현장의 중간간부들과 사내 R&D 인력의 원활한 소통을 통한 혁신활동을 전개한다. 기업 내부에 높은 수준의 기술개발 능력과 핵심역량을 확보하고 자체적인 기술개발 활동을 전개하면서 필요한 경우에는 공급자, 대학, 연구소 등과 협력을 통한 필요기술의 습득 및 이전에도 적극적이다.

끝으로, 상생의 기업문화와 사람중심 경영을 추구한다.

독일의 장수기업들은 소유주와 경영자, 그리고 근로자가 서로에 대한 신뢰와 애정을 갖고 있으며, 노사가 협력하여 높은 성과를 창출하고 성과를 공유하는 기업문화를 형성하고 있다. 오랜 기간을 거쳐 생존해 온 장수 가족기업들은 여러 번의 위기를 경험하였다는 공통점을 갖고 있다. 이를 극복하는 과정에서 기업주와 기업을 소유한 가족은 종업원의 참여와 협력의 중요성을 절감하였고, 종업원 또한 기업소유 가족의 배려와 헌신적인 태도를 지켜보면서 서로에 대한 충성심이 형성되었으며, 이것이 상생의 기업문화로 뿌리를 내린 것으로 볼 수 있다.

(2) 독일의 장수기업에 해당하는 '히든챔피언'에 대한 선행 연구

독일의 히든챔피언에 관하여는 다양한 연구들이 존재한다. 이 가운데 헤르만 지몬(Hermann Simon)과 베른트 벤노어(Bernd Venohr)의 연구를 토대로 히든챔피언의 경영특성을 살펴보기로 한다.

1) 헤르만 지몬의 연구

헤르만 지몬의 연구에 따르면, 독일의 히든챔피언은 지난 15년 동안 약 120만 개에 달하는 양질의 일자리를 창출하였고, 수출 중심의 빠른 성장세를 보이면서 세계시장 점유율에서 가파른 상승세를 시현하고 있다. 그리고 경쟁업체가 모방하기 어려운 수준의 원천기술 보유하고 있을 뿐만 아니라 혁신을 주도하고 있다. 독일 히든챔피언의 주류는 장수 가족기업으로서 높은 투자수익률과 건실한 자기자본 비율을 유지한다.

헤르만 지몬은 히든챔피언들에게서 발견되는 성공요인의 핵심으로 '야심찬 목표가 있는 경영을 추구하는 기업가'를 들고 있는데, 히든챔피언 CEO에게서 발견되는 일반 특성으로는 목적지향, 몰입, 지구력과 끈질김, 과감한 위험

그림 13-1 독일 히든챔피언의 성장모델

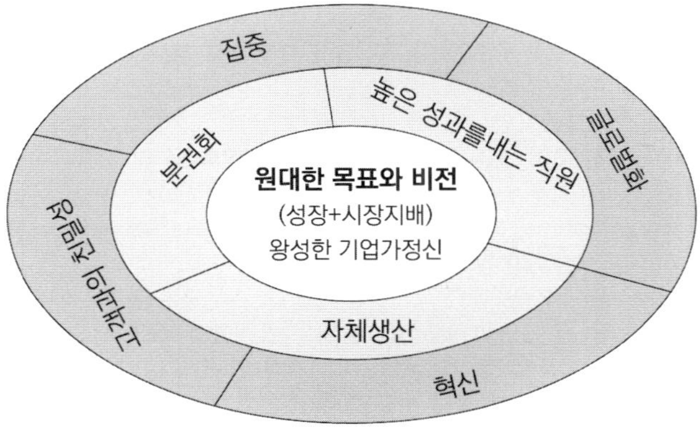

Hermann Simon

감수, 공감능력 등을 지적하고 있다. 히든챔피언들은 이와 같은 기업가정신을 토대로 자신이 잘할 수 있는 분야에서 최고를 지향하는 '한 우물 파기' 전략을 고수하고, 이를 통해서 축적된 결과물을 세계시장에 판매하는 글로벌경영을 적극적으로 전개해 나간다. 그들은 높은 성과를 창출하는 종업원들과 함께 고객과의 친밀성을 유지하면서 끊임없는 혁신활동을 추진한다.[7)]

2) 베르트 벤노어 연구

베르트 벤노어(Bernd Venohr)의 연구에 따르면, 독일의 히든챔피언에게서 발견되는 공통적인 특성 및 성장요인으로 '열린 가족자본주의', '글로벌 틈새시장에서의 마켓리더 지향', 그리고 '최고의 운영 효율성' 등 3가지를 들고 있다. 즉, 독일의 히든챔피언에 해당하는 기업의 대부분은 가족이 소유하고 있지만 필요한 경우에 외부 전문가를 적극 영입함으로써 소유와 경영이 분리된 소위 '열린 가족자본주의(Aufgeklärter Familienkapitalismus)'를 유지함으로써 전문경영인과의 상호협력적인 기업문화를 형성하고,[8)] 글로벌 틈새시장에서 마켓 리더십을 확보하는 전략의 추구를 통해서 자원과 역량을 글로벌 차원으로 활용하고 강화해 나간다.[9)] 그리고 핵심 프로세스와 주요 기능분야에서 최고 수준의 운영 효율성을 유지하기 위한 끊임없는 노력을 전개함으로써[10)] 지속

---

7) Hermann Simon, Hidden Champion of the 21st Century－The Success Strategies of Unknown World Market Leaders－, Springer, 2009; New Entrepreneurship for Globalia.

8) 베르트 벤노어 교수가 주요 국가별 가족기업을 대상으로 하여 CEO 구성비를 분석한 자료에 따르면, 가족 구성원이 CEO로서 기업을 직접 경영하고 있는 기업의 비중이 독일은 40%(장남이 CEO인 가족기업 비중은 10%)에 지나지 않지만, 프랑스는 69%(장남 CEO 44%), 미국 70%(장남 CEO 30%), 영국 77%(장남 CEO 50%)인 것으로 나타남. Bernd Venohr & Klaus E. Meyer, The German Miracle Keeps Running: How Germany's Hidden Champions Stay Ahead in the Global Economy, Fachhochschule für Wirtschaft Berlin Working Paper(No. 30.05/2007), pp.11, 24.

9) Bernd Venohr & Klaus E. Meyer, 상게논문, pp.11, 24; 글로벌 틈새시장에서 마켓리더의 자리를 유지하기 위해서 독일의 히든챔피언들은 매출액의 5%가 넘는 비용을 R&D에 투자함으로써 최고 수준의 품질 및 기술력을 유지함과 동시에, 고객과의 직접적이고 긴밀한 소통 및 협력관계 유지에 노력하면서 고객의 요구를 제품개발에 적극 반영한다.

10) Bernd Venohr & Klaus E. Meyer, 상게논문, pp.11, 24; 핵심 프로세스에서의 운영 효율성은 R&D 활동과 고객과의 밀접한 상호작용을 바탕으로 생산현장에서의 끊임없는 개선 및 혁신활동을 통한 제품과 생산과정 효율화를 통해서 달성되며, 이를 토대로 독일 히든챔피

적으로 성장해 나가고 있는 것이다.[11)]

이와 관련하여 베른트 벤노어는 독일경제의 저성장기에 해당하는 1994년부터 2004년 기간 중 연평균 GDP 성장률이 2.1%에 불과하고 독일 전체기업의 평균 성장률은 2.7%, 독일 증권시장에 상장된 대기업들(German DAX 30)의 평균성장률이 4.9%를 시현하였지만, 같은 기간 중 독일 히든챔피언들은 연평균 8.4%라는 높은 성장률을 시현하였다고 밝히고 있다.[12)]

(3) 명문 장수기업의 경영 및 성공승계 사례

국내외를 막론하고 오랜 역사를 자랑하는 명문 장수기업의 대부분은 가족기업 형태로 존립한다. 이들 장수기업들에게는 분명 일반 기업과는 다른 무엇인가 특별한 것이 존재한다. 독일의 기업 가운데 해당 사업 분야에서 세계적인 경쟁력을 갖고 글로벌 시장을 리드하고 있는 장수 가족기업에 대한 사례분석[13)]을 통하여 명문 장수기업의 경영과 승계에 관한 지혜를 발견하고자 한다.[14)]

언들은 글로벌 시장에서 제품의 품질과 및 가격경쟁력을 유지하는 것이 가능하다.

11) Bernd Venohr & Klaus E. Meyer, The German Miracle Keeps Running: How Germany's Hidden Champions Stay Ahead in the Global Economy, Fachhochschule für Wirtschaft Berlin Working Paper(No. 30.05/2007); Bernd Venohr, Das Geheimnis der Weltmarktüfhrer, 1.Deutscher Kongress der Weltmarktführer Schwäbisch Hall 25. Januar 2011; Globally succesful mid-sized companies: The German Mittelstand exemple, Economic Growth and the Corporate Ecosystem in Korea: KCMI International Conference (Seoul, November 13, 2012).

12) Bernd Venohr & Klaus E. Meyer, 상게논문, 7쪽.

13) 여기에 소개한 기업 사례 가운데 Joh. Barth & Sohn GmbH & Co. KG, HiPP AG, Alfred Kärcher GmbH & Co. KG, Carl Zeiss AG, Merck KGaA, Müller GmbH 등 6개 기업의 사례는 조병선, '독일 히든챔피언의 지속가능 성장요인', '중소기업연구 제35권 제3호(2013년 9월)' 에 소개된 사례를 보완하여 재정리하였음.

14) 독일의 기업, 특히 제조업이 세계적인 경쟁력을 보유하고 있는 배경에는 정책 및 제도적인 측면과 거래 관행이나 문화, 직업교육 시스템 등과 같은 기업생태계 관점에서도 검토가 필요하지만, 여기에서는 개별 기업의 경영 관점으로 범위를 제한하였음.

1) Joh. Barth & Sohn GmbH & Co. KG

① 경영 특성

이 기업은 맥주에 쓴맛을 내는 천연 원료인 홉(Hop)을 생산·가공 및 운송하는 업력 230여 년의 장수 가족기업으로 세계시장 점유율 30%인 히든챔피언이다. 사업영역을 무리하게 확장하기보다는 '우리가 잘하는 것을 더 잘 해나간다'는 확고한 경영방침을 고수하면서, 자사의 전통적인 사업 분야에 역량을 집중한 결과 홉의 생산 및 가공과 유통 분야에서 세계 1위 자리를 확보하였다. '세계 최고의 제품과 가장 효과적인 홉 제품의 유통'이라는 목표를 세우고 이를 달성하는데 필요한 원천기술을 보유하고 있으며, 더 나은 R&D 활동을 위해 런던에 전문기술연구소를 자회사 형태로 설립하여 운영하고 있다. 대학 및 연구소와 공동으로 기술개발 활동을 전개하고 있으며, 생산 현장에서도 고객의 의견을 들어 소규모의 비핵심 연구개발 및 개선활동을 상시적으로 진행한다.

동사는 1970년대 초반부터는 홉 아카데미를 운영해 오고 있는데, 여기에서는 홉과 기타 원부자재를 활용하여 보다 맛 좋은 맥주를 생산하는데 필요한 기술을 자사의 고객 및 잠재고객인 맥주 제조업체 직원들을 대상으로 교육·전수하고 있다. 미국, 호주, 중국 등에 11개의 현지 법인 및 지사와 농장을 두고 있는 동사는 현지 인력이 경영하는 현지화 전략을 실천하고 있다. 실질적인 현지화가 해외시장에서 직면하는 문화 및 관습의 차이를 극복하는데 용이하고 새로운 고객을 확보하는데 훨씬 유리함을 경험하고 있기 때문이다.

빠른 성장보다는 탄탄하고 안정적인 성장을 중시하는 경영을 추진하면서 주주에 대한 배당은 최소화하고 내부유보를 최대한 확대하는 방식으로 자기자본 충실화를 도모한다. 경기불황 등으로 기업이 어려움에 처할 경우에도 견뎌낼 수 있는 가장 효과적인 방안이 부채를 줄이고 자본금을 늘리는 것이라는 사실을 230여 년이라는 오랜 역사를 통해 경험하였기 때문이다. 현 CEO의 아버지인 이사회 의장은 동사가 장기간 건실한 장수기업으로 살아남을 수 있었던 가장 주된 요인으로 '기업의 위기대응 능력을 높여주는 자기자본의 충실화'를 들고 있다.

직원을 '가장 소중한 자산'으로 인식하고, 적극적인 교육투자와 함께 종업원 개인별 역량과 기대를 반영한 경력관리 제도를 일찍부터 도입하여 시행해 오고 있다. 종업원에 대한 평생교육 프로그램을 운용하고 있으며, 특히 40~50대 초반의 직원을 대상으로 다양한 교육을 실시함으로써 이들이 인생 후반전을 준비할 수 있는 기회를 제공한다. 그 결과 직원들은 장기근무를 하고 있으며 이직률은 1% 미만으로 근로의 안정성과 생산적인 노사관계를 유지하고 있다. 우수인력 확보를 위하여 2007년부터는 홉을 연구하는 젊은 연구자들에게 매년 장학금을 수여하여 학위과정을 지원하고 졸업 후 이들 인력을 채용하고 있다.15)

② 가업승계 및 지배구조

1794년 설립되어 창업자의 8대 후손이 경영하고 있는 동사는 "조상으로부터 물려받은 것을 잘 관리하고 더 좋은 것으로 만들어 후손에게 계승한다"는 명문화된 가족가치를 확립하고 이를 꾸준히 실천해 오고 있다. 가족기업으로의 영속성 유지를 위하여 가업승계에 관한 장기계획을 세워 철저하게 준비·관리하고 안정적으로 추진해나간다.

유능한 후계자 양성을 중시하고 있는 동사는 후계자가 갖추어야 할 조건을 명확하게 규정하고 있다. 후계자가 되기 위해서는 대학에서 관련 분야의 학업을 마치고 4개국 이상의 언어를 자유로이 구사할 수 있어야 하며, 가족기업에 본격적으로 참여하기에 앞서 5년 동안 다른 기업에 근무한 경험이 있어야 한다. 소정의 조건을 갖춘 후계자에 대하여는 입사 후 여러 나라에 소재하는 현지법인 및 해외지사에서 업무경험을 쌓게 한 후, 본사의 다양한 사업 분야에서 일반 직원들과 동일한 조건으로 근무를 하게 한 다음 역량을 인정받게 되면 경영에 참여한다.

소유권 승계와 관련하여서는 정부의 가업상속 및 승계 관련 조세지원제도가 있어 활용을 하지만, 기업 차원에서도 장기적인 계획을 세워 체계적으

---

15) Bath & Sohn, 2012/13 Sustainability Report, p.23.

로 준비를 해 나감과 동시에 후계자는 보유 주식의 배당금을 승계자금 명목으로 저축을 해 나가는 등 가족차원에서도 미리미리 준비를 해 나가기 때문에 승계과정에서 별다른 어려움은 없는 실정이다.

2) HiPP AG

① 경영 특성

HiPP사는 바이오 이유식 분야 유럽대륙 1위의 기업이면서 독일 내에서는 40%에 달하는 시장점유율을 유지하고 있는 히든챔피언이다. 외형중심의 단기성과 창출이나 빠른 성장보다는 안정 성장을 중시함으로써 경영 리스크를 최소화하면서 가업의 영속성 유지를 중시하고 있다. 자신이 잘할 수 있는 고유사업 분야인 이유식제품 분야에만 집중하는 사업전략을 창업 이후 지금까지 고수해 오면서 차별화된 경쟁력 유지를 위한 노력을 지속해 왔다. 자사의 핵심역량에 해당하는 바이오 친환경 이유식제품에서 차별화된 경쟁우위를 지속적으로 유지해 나가기 위해서 이유식제품의 주원료를 공급하는 6천여 농가 등을 대상으로 친환경·고품질의 원재료 생산에 필요한 교육과 노하우를 전수하는 데 많은 노력을 기울이고 있다.

일찍부터 해외시장을 개척해 온 동사는 독일 이외에 러시아, 헝가리, 오스트리아, 스위스 등에 생산기지를 두고 있다. 해외사업의 책임자는 모두 현지인이고 근로자의 대부분도 현지인으로 활용하고 있다. 그 이유는 현지의 상관습과 법제도에 대한 이해 및 활용, 마케팅 활동, 고객니즈 파악 등에서 현지인이 더 좋은 성과를 시현하기 때문이라고 한다.

90년대 중반부터 사회책임 경영과 윤리경영을 적극 실천해 오면서 기업시민의 일원으로서 지역사회 발전에 크게 공헌해 온 동사는, 대표적인 환경 친화적인 기업으로 2013년에는 지속가능 경영 부문에서 독일 1위를 차지하였다.

50여 명의 전문인력으로 구성된 자체 연구소를 운영하고 있는 동사는 핵심 기술자원은 철저하게 자체조달 원칙을 고수해 오고 있다. 대학 및 외부 전문연구기관과 공동으로 기술개발 활동을 전개하기도 하지만 자사의 부족한 분야의 역량을 보완하는 범위 내에서 제한적으로 활용한다. 자사 경쟁력의 원천에 해당하는 핵심기술이나 고유정보 및 노하우가 외부로 유출되는 것을 방지하기 위하여, 핵심 원천기술에 대하여는 특허 출원도 하지 않음을 원칙으로 하고 있다.

동사는 종업원들이 '일만 잘하는 것이 아니라 사회생활도 건전하게 잘 영위해 나갈 수 있도록' 다양한 교육기회를 제공하는 기업으로 잘 알려져 있는데,[16] 이는 '개인이 행복해야 조직도 행복할 수 있다'는 창업자의 경영철학에서 비롯된 것이다. 동사는 독일의 전통적인 직업교육시스템인 일학습병행제(Duale Ausbildung)를 통해서 잘 훈련되고 기업에 대한 충성심이 강한 인력을 용이하게 확보하고 있다. 확보한 인력에 대하여는 기업 자체의 평생교육 프로그램을 통해서 직원들의 성장기회를 다양하게 제공한다. 생산적인 노사관계가 정착되어 있고 직원의 이직률은 0.5% 이하의 매우 낮은 수준이다. 근로자의 평균 재직기간은 30년이고 대부분의 근로자들이 정년인 65세까지 근무하고 있다. 지역에 소재하는 좋은 기업이라는 특성에서 기인한 것이기는 하지만 대를 이어 근무하는 근로자들도 적지 않은 실정이다.

② 가업승계 및 지배구조

동사는 1899년 설립되어 창업자의 4대 후손이 경영하고 있는 장수 가족기업이다. 대를 이어 가족기업으로 경영해 나갈 계획을 갖고 있는 동사는, 외형중심의 단기적인 성과 창출이나 빠른 성장보다는 안정 성장을 중시함으로써 경영상의 리스크를 최소화하면서 가업의 영속성 유지를 위해 노력한다. 기업의 주식은 다섯 명의 가족 구성원들이 분산해서 소유하고 있는데, 현역에서 은퇴한 아버지는 회장으로서 자녀들의 경영 활동을 돕고 자문하며, 2명의 아들은 CEO 및 임원으로 기업을 경영하고 있다. 3명의 딸들도 R&D와 웹디자인 등 자신의 적성에 맞는 분야에서 경영에 참여하고 있다.

후계자가 되기 위해서는 경영자로서의 역량을 갖추고 가족 구성원과 비가족 임직원으로부터 인정 및 존경을 받아야 한다. 무엇보다도 가족가치와

---

16) 동사가 종업원들에게 제공하는 교육 프로그램은 직원의 업무역량 강화를 위한 기술 및 경영관련 교육 이외에도 경제·경영·법률 분야의 폭넓은 지식, 인간관계와 건강 및 여가에 관한 교육을 포함한 사회인으로서 살아가는 데 필요한 다양한 분야의 교육을 포함하고 있다.

창업자의 철학을 존중하고 가업에 대한 애정과 자부심, 그리고 헌신된 자세를 갖고 있어야 한다.

3) Alfred Kärcher GmbH & Co. KG

① 경영 특성

동사는 1935년 설립 이후 고도성장을 지속해 온 압력세척기, 진공청소기 등 청소장비 생산과 빌딩 및 운송장비 분야의 청소 서비스를 제공하는 글로벌 히든챔피언이다.[17)]

동사는 글로벌 틈새시장에서 높은 시장점유율을 지속적으로 유지하면서 고객들의 복합적인 청소 및 세척 수요를 적극적으로 충족해 나가는 전략을 유지해 오고 있다. 자사의 핵심역량에 해당하는 고압 세척장치를 개발하는데 역량을 집중함으로써 세계 최고수준의 기술력과 제품군을 확보한 동사는, 고압세척 분야에서 확보한 원천기술을 바탕으로 제품과 시장을 다각화해 왔다. 일반 세척기에 더하여 비행기와 차량 등 운송수단 세척기, 빌딩분야 세척장치, 휴대용 압력 세척기, 실내세척기, 세계최초 전자동 청소로봇, 새로운 개념의 정원(庭園) 관련 세척 비즈니스, 세척기능에다 건물외벽 개보수 수준의 작업이 가능한 초고압 세척장치 등 틈새시장에서 다양한 일류 제품군을 확보하고 지속적으로 새로운 시장을 성공적으로 개척해 온 것이다. 혁신을 중시하고 있는 동사의 판매 제품 가운데 절반 이상은 최근 4년 이내에 개발한 신제품일 정도로 혁신적인 신제품들을 지속적으로 출시한다.

적극적인 R&D와 고객지향적인 혁신활동을 전개하고 있는 동사는 매년 매출액의 5%를 R&D에 투자하고 있으며, 핵심기술에 해당하는 고압세척기술은 자체적으로 개발하지만 일반기술은 대학, 연구소 등과 공동개발을 일상화하고 있다. "우리는 고객의 문제를 제품으로 전환한다"라는 슬로건 아래, 고객과의 친밀한 관계 유지 및 직접적인 소통을 통해 고객이 안고 있는 문제를

---

17) 동사에 대한 사례는 현지방문 경영진과의 인터뷰 및 문헌조사 이외에 Bernd Venohr & Klaus E. Meyer, The German Miracle Keeps Running: How Germany's Hidden Champions Stay Ahead in the Global Economy, Fachhochschule für Wirtschaft Berlin Working Paper (No. 30.05/2007)의 pp.17~25의 동사에 대한 Case study 자료를 참고하여 작성하였음.

발견하고 그 문제를 해결하기 위한 기술을 개발하는 데 중점을 두고 있다.

60여 개 나라에 진출해 있는 동사는 수입업자나 대리점 등의 형태로 해외 시장에 진출하지 않고 본사가 직접 투자한 자회사 형태의 생산기지와 판매 및 서비스망을 구축하고 있다. 이는 자회사 형태의 해외 생산 및 마케팅 네트워크를 통해서 고객의 니즈와 그들이 안고 있는 문제를 신속하고도 정확하게 파악하고, 고객으로부터 얻은 정보를 활용해서 신제품을 생산하고 새로운 기술의 개발을 추진해 온 동사의 '주요 시장을 직접 관리하는 전략'에서 기인한다.

이 기업은 임금과 근무시간 등 근로조건 협상 과정에서 유연성을 발휘함으로써 상호 협력적인 노사관계를 유지하고 있다. 공정한 보상과 종업원 성장을 위한 교육투자에 적극적이고 급여 및 복지는 대기업과 비슷한 수준을 유지하고 있으며, 직업의 안정성이 보장되는 관계로 이직률이 아주 낮다.

마케팅을 겸한 독특한 사회공헌 활동 또한 동사의 핵심역량을 강화하는 수단으로 적극 활용하고 있는 점도 눈길을 끈다. 동사는 보유하고 있는 세척기술을 활용하여 '인류 문화자원의 청결과 가치 보존'을 목적으로 하는 테마형 사회공헌 활동인 클리닝 캠페인(cleaning campaign)을 활발하게 전개한다. 1980년 리우데자네이루에 있는 거대한 예수상 세척을 시작으로 현재까지 로마의 성 베드로 광장, 미국 뉴욕의 자유의 여신상, 러시모어산 중턱에 조각된 대통령상, 독일 통일의 상징인 브란덴부르크 문 등 수많은 문화유산 및 랜드마크를 대상으로 전 세계 80여 곳에서 세척봉사를 해 오고 있다. 우리나라에서는 서울의 남산타워, 충주댐 등에 대한 세척활동도 수행하였다. 랜드마크에 대한 세척 작업시에는 그 가치의 온전한 보존을 위하여 복원 전문가와 미술사학자 및 과학기술을 보유한 다양한 전문가와의 협업을 통하여 각 조형물의 특성에 맞는 최적의 세척방법을 적용함으로써 최대의 세척효과를 창출한다.

② 가업승계 및 지배구조

동사는 1935년 기계공학을 전공한 젊은 기술자인 케르허(Alfred Kärcher)에 의해 설립된 가족기업이다. "가족의 문제보다는 기업의 성공을 우선한다"는 원칙을 확립하고 실천해 나간다. 소유와 경영을 분리하고 있는 동사는, 소유가문의 전문경영인에 대한 전폭적인 신뢰를 바탕으로 가족적인 분위기의 공동체의식이 강한 기업문화가 형성되어 있다.

창업자가 사망한 후 창업자 부인이 CEO가 되어 경영을 총괄했다. 그러나 최고경영자로서의 자신의 한계를 인식하고 외부에서 역량 있는 전문경영인을 영입하여 기업경영을 맡기는 한편, 자신은 가족기업 리더로서 남편의 창업정신과 가족가치를 경영현장에 접목시키는 역할을 효과적으로 수행하는 데 주력하였다. 1989년 창업자의 부인이 사망하자 아들이 가족주주를 대표하여 이사회 의장을 맡았지만, 여전히 외부 전문가에게 기업경영을 맡기는 전문경영인 체제를 유지하고 있다. 가족 구성원이 경영 일선에 참여하지는 않는다 하더라도, 기업을 소유한 가문으로서의 책임과 역할을 잘 감당할 수 있도록 가족 구성원 및 자녀들에 대한 교육에도 적극적이다.

동사는 기업경영을 통해서 창출된 이익의 대부분을 사내에 유보하는 전략을 지속적으로 실천해 오고 있다. 기업의 주식 100%를 소유하고 있는 케르허 가족 구성원들은 검소하고 외부에 공개되는 것을 꺼리면서도 강한 사회적 책임을 갖고 기업을 운영하고 있다.

4) Carl Zeiss AG

① 경영 특성

동사는 창업 초기 정밀역학 및 광학을 연구하는 공방으로 시작하여 세계 최초로 현미경을 제작하였으며, 오늘날에는 광학렌즈, 광전자 공학 분야에서 세계시장을 리드하는 장수기업이다. 광학 분야에 대한 최고 수준의 광범위한 전문기술을 확보하고, 관련기술 분야의 다양한 제품을 생산해 온 결과 반도체 분야와 계측기 및 의료기 분야에 사용되는 특수 렌즈제품도 매출액이 지속적으로 증가하고 있는 실정이다.

적극적인 R&D 활동을 통해 관련분야의 기술을 선도하고 있는 동사는 매출액의 8~10%를 연구개발비로 지출하면서 수준 높은 기초연구에 주력하고 있다. 우수한 연구 인력을 다수 보유하고 있는 동사는 핵심기술은 보안상의 이유로 사내연구소에서 자체적으로 개발하고 있지만 일반기술은 대학 및 연구소 등과 활발한 산학연 협력을 통하여 공동으로 개발하는 전략을 오래전부터 유지해 오고 있다. 전 세계 40여 개 나라에 생산 공장을 두고 있는 동사는 개별 사업장마다 해당 지역의 대학 및 연구기관에 자금을 지원하고 공동연구를 진행하는 등 현지와의 산학협력을 활발하게 전개한다.

다양한 교육프로그램을 운영함으로써 종업원의 성장을 적극 지원하고 있는 동사는, "직원이 직원을 훈련시킨다"는 인재육성 철학 아래 리더십, 경영학, 데이터 프로세싱, 물리학, 전기전자, 렌즈 광택 등 200여 개 교육프로그램을 사내대학 형태로 운영하고 있다. 가족적이고 개방적인 노사관계도 동사의 경쟁력을 높이는 주된 요인의 하나로 작용하고 있는데, 근로자들의 회사에 대한 만족도와 임금 및 복지수준이 높고 종업원 이직률은 1% 미만으로 정년까지 장기근무하는 경우가 대부분이다.

일찍부터 해외시장을 적극적으로 개척해 온 동사는 45개에 달하는 생산공장이 국내외에 존재하고 30여 개 나라에 직접 투자한 영업 및 서비스망을 두고 있다. 적극적인 현지화 전략을 실천해 오고 있으며, 이를 통해 문화 및 관습과 법제도 등의 차이에서 오는 해외 사업의 어려움을 효과적으로 극복해 오고 있다. 사회적 책임경영 및 환경경영에도 적극적인 동사는 '근로자들이 일하기 좋고 복지와 임금 등 근로환경이 양호한 직장을 만들어가는 것'을 사회적 책임활동의 주요 목표로 하고 있다.

칼 자이스사는 2008년에 발생한 글로벌 금융위기의 영향으로 매출이 급감함으로써 위기에 직면하였다. 이의 극복을 위해 노사합의로 대폭적인 예산 절감 프로그램을 도입하여 추진하고 절감된 비용으로 R&D 분야 투자를 지속할 수 있었다. 이 과정에서 근로자들은 이미 합의된 임금인상과 상여금 등 인센티브를 포기하고, 사용자측에서는 종업원에 대한 정리해고를 하지 않기로 합의하였다. 매출부진으로 작업량이 줄어든 사업장에서는 작업시간을 감축하는 등의 조치들을 단행하였다. 그 결과 동사는 단기간에 위기를 극복하고 새로운 도약의 기회를 잡을 수 있었다.

② 가업승계 및 지배구조

광학분야 마이스터였던 칼 자이스(Carl Zeiss)에 의해 1846년 창업된 동사는 독립적인 재단이 경영을 통제하는 지배구조를 유지하고 있으며, 기업재단을 활용하여 승계 문제를 해결한 독일의 대표적인 사례에 해당한다. 창업자인 칼 자이스의 뜻을 기리기 위해서 설립된 공익재단에 해당하는 칼 자이스 재단이 회사주식의 100%를 소유하고 주주로서의 권리를 행사한다.[18] 재단에는 법조계, 학계, 산업계 등의 덕망 있는 중립적인 인사들이 이사로 참여하고 있는데, 재단의 이러한 인적 구성은 사회의 다양한 요구와 미래지향성 등을 통합 수용함으로써 기업경영에 긍정적인 영향을 미치고 있다.

5) Leoni AG

Leoni AG는 1917년 철사제조 마이스터인 드라치허(Drahzieher)에 의해 창업되었으며, 자동차에 주로 사용되는 와이어링 시스템과 와이어링 및 케이블 솔류션 분야 세계 3위의 히든챔피언이다. 동사는 가족기업 형태로 창업하여 경영되어 왔지만 현재는 주식을 거래소에 상장하고 전문경영인이 경영을 하고 있는 기업이다. 창업자 후손은 동사 주식의 일부를 보유하고 있지만 경영에 참여하지는 않는다.

레오니사는 주로 선도적 기술개발을 통하여 고객이 직면하는 문제에 대한 해결방안을 제시하는 전략을 추진한다. 즉, 고객사와의 원활한 소통을 통해 고객사의 니즈를 미리 파악하고 이를 해결할 신기술 및 신제품을 개발하여 고객에게 제안하는 문제 해결자(solution provider)로서의 역할을 적극적으로 수행한다. 핵심기술은 자체 연구소에서 개발하지만, 일반기술 분야에서는 필요한 역량을 보충하기 위해 외부와의 공동 기술개발도 활발하게 추진한다. 공동 기술개발은 자체 연구소와 대학과의 협력을 통한 개발, 관련 부품생산기업 및 고객사와의 협력을 통한 개발 형태로 진행하고 있다. 매출액의 4~5%를 연구개발비로 투자하고 있으며, 독일 본사와 미국 및 중국에 연구소를 두

18) 칼 자이스 재단에 관한 보다 구체적인 내용은 이 책의 제15장 "가족기업 승계 관련 정책 및 법제도", 칼 자이스 사례 참조.

고 있다. 동사는 노사공동경영제도를 운영하면서 개방적이고 투명한 노사관계를 유지하고 있다. 종업원들에 대한 적극적이고도 다양한 교육투자를 통하여 근로자의 지속적인 성과창출 능력을 제고한다. 급여는 대기업과 같은 수준으로 높고 근로자에 대하여 높은 고용안정성을 보장함에 따라 종업원들의 조직 몰입도가 높다. 이직률이 1% 미만으로 낮은 실정이다.

동사는 친환경제품의 생산에 주력하고 있는데, 환경과 관련한 기업의 목표는 '에너지의 효율성과 자원의 재활용성을 높임과 동시에 배기가스와 산업폐기물을 줄여 환경에 대한 폐해와 부담을 최소화하는 것'이다. 이러한 목표 달성을 위해 환경 친화적인 기술을 개발하고 친환경기술을 접목한 제품생산에 주력하고 있다. 1996년 독일 국내에 설립한 공장은 와이어 및 연선제조업체로서는 유럽 최초로 통용되던 EC 친환경 관리 및 감사를 통과하여 ISO 14001 인증을 받았으며, 해외에 소재하는 동사의 모든 생산시설 또한 동일한 기준에 따라 인증을 받은 친환경 시설이다. 다수의 협력업체들과는 신뢰를 중시하고 긴밀하게 소통하면서 기술을 공동으로 개발하고 상호간에 적정이윤을 보장하면서 장기 안정적인 거래관계를 유지하고 있다. 협력업체와의 장기에 걸친 상생의 거래관계는 영업비밀 유지, 협력업체를 다른 기업으로 교체하는데 따른 추가적인 비용의 발생 방지 등에 유리하게 작용하기 때문이다.

이 기업은 2008년 글로벌 금융위기의 영향으로 매출과 수익이 급격하게 감소하는 등 경영상 어려움에 직면하였다. 위기 극복을 위해 동사는 광범위한 비용절감 프로그램의 일환으로 직원에 대한 큰 폭의 구조조정을 실시함과 동시에 혁신적인 첨단 신제품 개발에 거액의 자금을 투자하였으며, 신제품 개발의 성공과 함께 자동차시장이 회복되면서 새로운 도약의 기회를 잡을 수 있었다.[19)]

---

19) 2009년에 위기 극복을 위한 광범위한 비용절감 프로그램의 일환으로 노사가 합의하여 직원에 대한 조기퇴직 형태의 구조조정을 실시한 사례가 있었는데, 이것은 그동안 동사가 설립 이후 최초로 취한 인력감축 조치이다.

6) Merck KGaA

① 경영 특성

동사는 의약품과 화학제품 분야의 최장수 가족기업으로 항암치료제, 피부 노화방지 화장품 원료, 코팅제, 액정 등에서 세계시장을 리드하는 명문 가족기업이다.

'사업의 성공은 사람과 더불어 시작된다'는 가문의 오랜 경영철학을 바탕으로 직원 한 사람 한 사람을 소중하게 여기고 종업원의 성장 및 발전을 위한 과감한 투자를 하고 있다. 단기적인 이익창출보다 세대를 아우르는 장기적인 관점을 중시하는 경영을 실천하고 있는데, 동사가 오랜 기간 가장 혁신적인 기업으로 존속해 올 수 있었던 주된 원인은 '단기적인 실적이나 이익 보다는 다음 세대가 물려받게 될 사업을 더 중요하게 생각하는 세대를 아우르는 장기적인 비즈니스를 우선적으로 생각해 온 것'에서 찾고 있다.[20]

창업 이후 지금까지 경쟁이 심한 분야는 피하고 틈새시장을 적극 개척해 온 동사는 지금도 대학 및 연구소 등과 긴밀하게 협력하면서 심혈관 질환, 당뇨병, 종양 분야의 치료제 등 미래 유망사업 분야를 집중적으로 개발하고 있다. 화학 사업부에서는 액정, 기능성 화장품 원료 및 안료를 비롯해서 수질·토양·식품의 독성 검출 및 신속분석 검사법 등 자사의 강점을 살려 미래중심적인 기술개발에 집중하고 있다.

R&D 전략의 세계화와 적극적인 현지화 전략도 머크사가 중시하는 전략 가운데 하나다. 매출액 대비 3% 이상을 R&D에 투자하고 있는 글로벌 연구개발 기업인 동사는, IMF 외환위기로 많은 외국 기업들이 철수하던 시기인 1998년에 한국시장 심화전략의 일환으로 평택에 액정혼합물 중심의 대규모 첨단연구센터를 설립하고 지금까지 한국의 기업, 대학 등과 긴밀한 협력관계

20) 머크사는 가족기업의 전통을 이어가며 100년 이상 앞서 다음 세대를 염두에 둔 투자를 하는 기업으로 알려져 있다. 동사의 화학분야 주력상품에 해당하는 액정제품의 경우, 다른 기업들이 관심을 두지 않았던 1904년부터 관심을 갖고 연구를 시작하여 LCD 기술의 초석을 다졌으며, 이 기술이 상용화된 1990년대부터는 LCD분야 선두주자로서의 위치를 확보하였다.

를 유지해 오고 있다.

'회사의 수익은 회사에 남겨두며 원래 있던 자리로 환원한다'는 원칙을 통해 기업의 사회적 책임을 적극적으로 수행한다. 제품과 직원, 환경과 지역사회 및 인류 건강에 이르는 사회적 책임을 광범위하게 실천하면서, 세전 수익의 1% 이상을 사회적 책임 프로젝트에 투자하고 있다.[21)]

② 가업승계 및 지배구조

머크사는 1668년에 약국으로 사업을 시작하여 현재 창업자의 13대 후손이 경영하고 있는 350여 년의 오랜 역사를 자랑하는 장수 가족기업이다. 주식의 70%를 창업자 후손인 130명의 가족 구성원들이 분산 소유하고 있으며, 30%에 해당하는 지분은 1995년 대규모 투자자금 조달을 위해 일반에 공개 매각하였다. 소유와 경영의 분리를 통해 투명한 지배구조를 구축함과 동시에 전문경영인에 의한 경영체제에서 발생할 수 있는 '대리인 문제'를 극복하는 데 효과적인 지배구조 구축이 가능한 주식합자회사(KGaA) 형태를 유지하고 있다.[22)]

Merck 가문은 1930년대부터 복합적인 사업을 효과적으로 운영할 수 있는 인재의 필요성을 인식하고 창업 이후 오랜 동안 유지해 오던 가족경영체제에서 전문경영인체제로 전환하여 현재에 이르고 있다. 가족기업으로서의 영속성 유지를 위해서 경영과 관련한 일상적인 업무는 유능한 전문경영인이

---

21) 예컨대 동사는 인류 건강에 대한 책임을 감당하기 위해, 2007년 세계보건기구와 협약을 체결하고 2017년까지 2,700만 아프리카 취학아동들에게 자사에서 생산하는 의약품인 Cesol@600 정제 2억 개를 무상으로 제공하는 프로그램을 진행하였다. 환경보호와 이산화탄소 배출량 감소에도 노력하고 있는데, 2020년까지 온실가스 배출량을 20%로 감축하겠다는 목표를 세우고 에너지 소비를 줄이고 태양열 등 재생에너지 자원 활성화를 위한 과감한 투자를 해오고 있다.

22) 독일의 주식합자회사(KGaA)는 소위 '주식을 발행하는 합자회사'라고 할 수 있는데, 이는 인적회사인 합자회사(KG)와 물적회사인 주식회사(AG)를 혼합한 형태의 법인이다. 이는 자본시장에서 널리 자본을 조달하는 것이 가능함과 동시에 대주주에 해당하는 가족 구성원이 경영권과 지배권을 안정적으로 유지할 수 있도록 하는 지배구조로서, 주식을 공개한 이후에도 정관에서 정한 무한책임사원이 업무집행을 담당하는 것이 가능하기 때문이다. 소유와 경영의 분리를 통해 투명한 지배구조를 확립하면서도 가족기업으로서 기업에 대한 통제권을 유지하기를 원하는 가족기업의 경우에 이러한 지배구조를 선택하는 경향이 있다.

담당하지만, 기업경영에 대한 감독은 기업을 소유하는 가족구성원의 직접적인 영향과 통제를 받도록 하는 독특한 이원적 지배구조를 구축하였다.[23)]

동사는 2009년에 국제경영개발연구원(IMD)의 글로벌 가족기업상을 수상하였다. IMD는 머크사가 '가족기업으로서 오랜 기간 수많은 도전을 극복하면서 지속적인 성장을 시현하였고, 특유의 개척정신과 용기를 발휘하여 혁신을 거듭하여 온 이외에도 명확한 가족가치 확립을 통해 후손들을 책임 있는 주주로 육성해 왔으며, 소유와 경영을 분리하면서도 가족과 기업이 효과적으로 협력해 나가는 독특한 지배구조를 구축'하고 있는데 주목하였다.

동사는 자녀세대를 대상으로 체계적이고도 엄격한 후계자 교육 프로그램을 운영하고 있다. 머크가의 자녀들은 머크사에서 일반인들과 동등한 자격으로 인턴십을 수행하지만 바로 신입사원이나 중간관리자로 고용되는 경우는 드물다. 자녀들이 회사에서 근무를 하기 위해서는 우선 다른 회사에 입사하여 경력을 인정받은 후에 엄격한 선발절차를 거쳐 가문의 절대적인 지지를 얻어 입사를 하여야 한다.

창업자의 후손들은 '자신을 투자자(invertor)가 아닌 창업자(founder)라는 정신'으로 무장하고, 가족이 보유하는 자원을 기업에 적극적으로 제공한다. 가족주주들은 파트너로서 대규모 투자 등을 위해 거액의 자금을 조달해야 하는 경우에는 증자에 의무적으로 참여해야 한다. 가족 구성원이 보유하는 주식의 제3자 매각은 금지되며, 가족 주주들은 기업유지 재단을 설립하여 재단 이사회를 통해 소유권을 행사한다. 기업유지 재단의 이사회는 가족주주 대표자 1명이 의장이 되고, 나머지 이사회 구성원은 비가족 전문가로 구성된다. 대규모 인수 합병이나 새로운 지역에 회사를 설립하는 등 기업 소유자로서 주요한 리스크를 수반하는 의사결정을 하는 경우에는, 주주들로 구성된 가족회의를 소집하여 충분하게 논의한 다음 협의결과를 경영층에게 전달하고 있다.

---

23) Merck사의 독특한 지배구조에 관하여는 박용 외, 머크웨이, 105~114쪽 참조.

7) Freudenberg

① 경영 특성

프로이덴베르크사는 부직포, 피혁, 고무제품 분야의 글로벌 경쟁력을 보유한 장수 가족기업으로 자동차와 기계 엔진의 마모를 방지하는 가스켓, 진동 방지장치, 고무카펫, 행주, 바닥청소걸레, 신발밑창 등 다수의 세계 1위 제품을 생산하고 있다.

'최고 품질의 제품을 가장 필요로 하는 고객에게 제공한다'는 경영철학과 '사람들에게 해가 되는 제품은 만들지 않는다'는 창업정신을 중시하고 핵심역량에 집중하면서 당해 사업 분야에서 세계 최고의 상품을 제공하는데 주력하고 있다. 고객과의 친밀성 유지를 위해 지속적으로 노력해 온 동사는, 높은 시장점유율 유지를 위해서는 '고객을 잘 알고 고객과의 공생관계를 유지하는 것이 중요하다'는 인식을 토대로, 해외시장에서도 대리점을 통한 판매를 지양하고 직접 투자한 현지법인 또는 지사를 활용한 현지 맞춤형 생산 및 판매활동을 전개해 오고 있다.

오래전부터 종업원의 창의와 혁신활동에 대한 충분한 보상을 제공하면서 끊임없는 혁신을 전개해 오고 있다.[24] 생산현장 및 공정의 개선활동과 혁신적인 신제품 개발에 주력한 결과, 최고 수준의 효율성을 유지함과 동시에 매출액의 3분의 1 정도는 최근 5년 이내에 개발된 신제품이 차지한다.

종업원을 존중하고 이들의 성장을 중시하는 기업문화를 구축하고 있다. 장기근속 직원의 비중이 높고 경영진으로서의 근속기간도 평균 15년으로 단기성과 위주가 아닌 장기적 관점에서의 경영을 뒷받침한다. '가족기업으로서

---

24) 프로이덴베르크사의 대표적인 혁신 사례들로는
- 1900년에 처음으로 크롬을 이용한 가죽공법을 도입해 유럽 최대 피혁 업체로 발전
- 가죽가공 후 남는 조각을 이용한 기계 마찰을 방지하는 링(simmerring)을 개발하여 자동차와 기계산업 핵심 부품업체로 발전
- 인조가죽과 인조고무 개발과 함께 세계 최초 신발밑창 개발
- 인조가죽을 만들면서 거기에 들어가는 섬유를 활용하여 1938년에 세계 최초로 부직포 생산 등을 들 수 있다(KOTRA 해외시장정보, 보석 같은 독일기업 시리즈 4-1, 프로이덴베르크, 2005. 12 참조).

우리는 종업원의 복리와 그들의 개인적인 성장을 위해 헌신한다'는 기본원칙과 동사가 창업 이후 지금까지 지켜 온 가치에 해당하는 '노사 상호간의 신뢰'를 바탕으로, 목표를 갖고 인재를 관리하면서 직원에 대한 맞춤형 교육 및 경력관리 활동을 전개하고 있다. '기업이 직원에 대한 평생교육을 고집할 때라야 한계를 뛰어넘는 정신과 기업문화를 정착할 수 있으며, 이러한 노력은 창업자의 철학을 지키기 위한 가족 구성원들의 의지가 있을 때 가능하다'는 확고한 기준을 갖고 이를 적극 실천한다. 사회적 책임경영 수행을 위한 행동강령을 제정하고 이를 지속적으로 실천함으로써 기업시민으로서의 역할을 성실하게 수행하고 있는 것도 동사의 특징 가운데 하나다.[25)]

② 가업승계 및 지배구조

동사는 1849년에 피혁가공 업체로 출발하여 창업자 8대 후손이 경영하고 있는 업력 170여 년의 장수 가족기업이다. 비상장 가족기업으로 주식은 창업자 후손 320명이 골고루 분산 소유하고 있으며, 향후에도 가족기업으로 존속한다는 명문의 원칙이 존재한다. 보유주식은 가족 구성원에게만 매각 및 이전이 가능하며 1인당 최대 2% 이내 주식만 보유가 허용된다. CEO를 포함한 집행이사회 구성원은 모두가 전문경영인이고 감독이사회 의장은 가족 구성원 중에서 선출하여 가족주주의 의사를 경영에 반영하는 거버넌스를 확립하고 있다. '기업이 우선이다'라는 명문화된 가치가 존재하고, 가족 구성원이 기업에 들어와 경영에 참여하기 위해서는 일반 직원들과 동일한 조건 및 자격을 갖추어야 가능하다.

가족 구성원들은 정해진 원칙에 따라 철저하게 관리하고 있는데, 이는 기업 주식이 다수의 가족 구성원에게 분산되어 있는 관계로 가족과 기업 간

---

25) Value & Principles Freudenberg Group: "우리 회사와 회사의 소유자인 가족 주주들은 공동으로 비즈니스를 운영하고 있는 지역사회와 국가의 기업시민(corporate citizens)으로서의 책임과 환경을 보호하는 일에 공헌하며, 안정적인 근무환경을 조성하고 안전한 제품을 생산하는데 최선을 다할 뿐만 아니라, 가족기업으로서 자신들과 협력업체·비즈니스 파트너 및 일반 시민과의 관계에서 신뢰와 정직을 유지하는 등 최고 수준의 행동을 준수한다"(동사는 쓰나미 피해지역인 동남아에 훈련센터를 설립하여 주민의 재기를 돕고, 중국 지진지역의 재건활동 지원 및 학교 설립·운영 등 다양한 사회공헌 활동을 전개하였음).

의 생산적인 관계설정이 매우 중요하기 때문이다. 근무하는 가족 구성원이 제대로 일하고 있는지를 감독하는 별도의 기구를 두고 있으며, 가족 구성원에 대한 명확한 성과평가 원칙을 정하고 이를 철저하게 준수하고 있다. 가족 주주의 행동이 문제가 되는 경우나 가족 직원의 성과에 만족하지 못하는 경우에는, 상사가 그 내용을 감사위원회에 보고하여 기업경영 관점에서 판단하고 가족 구성원은 감사위원회의 결정을 존중하여야 한다.

8) Müller GmbH

① 경영 특성

동사는 창업 초기부터 예술성이 강한 크리스마스 장식용 목각 공예품을 전문으로 생산해 온 중소기업이다. 창업자의 뜻에 따라 목각인형제품 생산에 집중하되, 예술성이 강한 창조적인 디자인과 제품의 고급화에 집중함으로써 경쟁업체들과 차별화를 유지해 오고 있다. 독특한 디자인을 자랑하는 창의적이고 질 높은 제품만을 고집하는 생산활동과 함께, '다양한 고객의 소리를 들어 제품에 반영할 목적으로' 사장이 직접 담당하는 A/S전략을 통해서 고객과 신뢰관계를 구축하고 있다.

매출액의 2~3%를 R&D 비용으로 투자하면서 현장 근로자들과 목공예분야 마이스터인 사장을 포함하여, 장기 근속한 생산 및 디자인 부문의 장인들이 수시 미팅과 정보교류를 통해 현장의 필요한 기술과 신제품을 개발한다. 자체적으로 해결하기 어려운 기술의 개발은 대학과의 공동개발을 통해 해결하고 있는 동사는 30여 건의 국내 및 국제 특허를 보유하고 있다.

중소규모의 가족기업이라는 특성을 살려 가족적 경영을 실천하고 있는 동사는, 전체 종업원과의 정례모임을 통해서 회사의 주요 현안과 경영성과 등 경영정보를 공유하고 직원들의 의견을 정기적으로 청취한다. 가족적인 기업문화와 생산적인 노사관계를 유지하고 직원의 만족도와 자긍심은 높은 수준이며 이직률이 아주 낮고 장기 근속자가 대부분이다. 풍부한 경험과 이론적 토대를 갖춘 마이스터(장인)들이 작업현장에서 종업원들을 단계적으로 교육하고 있으며, 일정 기간 이상 근무한 우수 직원들에게는 마이스터 자격 취득을 위한 교육기회를 제공한다.

동사가 소재하는 지역에는 오래전부터 목공예 전문인력을 양성하는 직업학교가 운영되고 있는데, 이 학교는 세계 유일의 목공예 분야 전문직업학교로서 관련분야의 직업교육 및 마이스터 양성 프로그램을 운영하고 있다. 동사는 직업교육생을 위한 수련장을 제공함으로써 목공예 분야에 대한 관심과 적성을 보유한 젊은 직원을 훈련하면서 사업장 인근에 위치한 목공예직업학교를 졸업한 인재를 채용하고 있다. 사업장 인근에 위치한 목공예 박물관은 200여 년 전부터 이 지역에서 시작된 목공예산업의 역사와 발전과정을 알리고 이 산업에 대한 새로운 인식과 다양한 아이디어를 제공함으로써 지역의 전통산업 발전에 기여하고 있다. 수공업자 조합이나 상공회의소 등도 지역의 목각공예 제품을 국내외 소비자와 고객에게 알리고 공동 기술개발, 공동구매 및 판매 사업, 정보제공, 해외시장 개척 등을 적극 추진한다.

② 가업승계 및 지배구조

1899년 선반공 분야의 마이스터인 E. Müller에 의해 설립된 이후 현재까지 120여 년 동안 목공예분야 마이스터 자격을 가진 후손이 대를 이어 경영해 온 장수 가족기업이다. 4대째 가업을 모범적으로 승계한 이 기업의 전임 CEO는 목공예부문의 존경받는 골든 마이스터(Golden Meister, 마이스터 자격 취득 후 50년간 해당분야에서 전문성을 발휘하며 일한 사람에게 주어지는 자격)로서 목공예제품 분야의 다양한 기술을 개발하여, 동사를 이 분야의 명품기업으로 발전시켰다.

동사의 후계자로 선정되기 위해서는, 가업에 대한 애정과 열정을 갖고 목공예 분야의 수공업 능력(목재를 가지고 공예품을 개발하고 제작할 수 있는 능력)과 경영능력을 보유한 마이스터로서, 직원들로부터 존경받고 종업원을 리드해 나갈 수 있는 인격과 자질을 갖추어야 한다. 현 CEO 역시 목공예 전문직업학교에서 직업교육을 마치고 아버지가 운영하는 기업에서 일하던 중 마이스터 자격을 취득하였다. 그 후에 경영분야의 직업교육을 받았으며, 해외시장 개척 역량을 강화하기 위해서 마케팅 분야의 석사학위 과정을 이수하는 등 독일의 평생교육 프로그램을 활용하여 경영자로서의 역량을 지속적으로 배양해 왔다.

3. 사례를 통해 본 장수 가족기업의 특성

(1) 기업경영 측면[26)]

사례연구를 통해서 발견한 독일 명문 장수기업의 경영특성 및 지속가능 성장요인을 기업의 경영 관점에서 정리하면 다음과 같다.

먼저, 고유한 사업 분야에 집중하면서 최고를 지향한다.

장수하는 가족기업의 대부분은 다양한 사업 분야를 영위하는 것이 아니라, 자신이 잘할 수 있는 분야에서 세계 최고의 기업으로 성장해 나가기 위한 노력을 지속한다. 시장을 좁고 깊게 정의하고 질적 시장지배력을 추구하는 '선택과 집중' 전략의 실천을 통해서 다른 경쟁업체들이 모방하기 어려운 원천기술을 확보하고 이를 지속적으로 강화해 나가고 있다. 그 결과 장기간에 걸쳐 축적된 기술 및 노하우를 활용하여 관련분야에서 다양한 신제품들을 지속적으로 개발하고 목표고객의 니즈를 충족시킴으로써 세계시장을 리드함과 동시에, 고객이 직면하고 있는 문제들을 해결해주는 역할을 수행하는 것이 가능하다.

둘째, 기술을 중시하고 혁신 및 R&D 활동을 적극적으로 전개한다.

장수 가족기업들은 전문성을 갖추고 생산현장에서 오랜 경험을 보유한 장인을 중심으로 제품의 혁신 및 개선활동을 활발하게 전개하면서, 고급 연구인력에 의한 신기술·신제품 개발활동도 매우 적극적이다. R&D 투자비율이 높고 경쟁력의 원천에 해당하는 고유기술 또는 원천기술은 외부로 유출되는 것을 방지하기 위해 자체 연구소를 중심으로 내부 핵심인력들이 집중적으로 개발하고 발전시켜 나간다. 그러나 경쟁전 기술에 해당하는 일반 기술이나 공통애로기술 등은 대학과 연구소 및 관련기업과 공동 기술개발활동을 통해 확보하는 등 개별기업 차원의 한계를 효과적으로 극복해 나가는 전략을 추구한다.

26) 조병선, 독일 히든챔피언의 경영 특성과 지속가능 성장요인, 중소기업연구, 2013, 101~105쪽.

셋째, 사람을 소중하게 여기고 근로자의 성장을 적극 지원한다.

명문 장수기업들은 직원에 대한 평생교육 프로그램을 적극 활용하여 직원들의 성장에 필요한 다양한 교육프로그램을 제공함으로써 종업원의 성장을 지원하고 근무 만족도를 높여나간다. 사람중시의 경영철학을 바탕으로, 종업원들이 기업과 함께 성장해 나갈 수 있도록 근로자의 직무역량 강화에 필요한 교육은 물론이려니와 이들이 건전한 시민으로 생활해 나가는데 필요한 각종 지식, 교양, 문화 등에 관한 교육기회를 제공하는데도 적극적이다. 그 결과 종업원의 이직률이 낮아 기술 및 노하우 축적이 가능하고 위기극복 역량이 우수하며, 안정적이고도 생산적인 노사협력 관계 유지가 가능하다. 이로 인하여 단위당 노동비용이 감소하여 생산성이 높아지고 일상적인 혁신 및 개선활동이 용이하며, 이는 창출된 가치를 직원들에게 더 많이 배분할 수 있는 여력을 확보하는 것을 가능하게 한다.

넷째, 장기적인 관점에서 지속가능한 성장 및 발전을 중시하는 전략을 추구한다.

장수 가족기업들은 장기간의 경영 과정에서 축적된 기술과 노하우 및 암묵지를 활용하여 차별화된 제품과 서비스를 제공함과 동시에 고객과의 돈독한 신뢰관계 구축에 주력한다. 이들 기업은 단기간의 성과나 빠른 성장보다는 안정적인 성장을 선호하고, 다음 세대를 준비하는 장기적 관점에서의 투자 활동을 전개한다. 기업이 위험에 직면하는 경우에 대응능력을 갖추기 위해서 기업수익의 내부유보 비중을 높이는 등 자본금 확충을 통한 재무구조 건실화를 중시하는 경영활동을 전개한다.

다섯째, 해외시장을 중시하되 현지화를 적극 추진한다.

장수 가족기업의 대부분은 좁고 깊게 정의된 시장을 목표로 '선택과 집중' 전략을 추구하는데서 오는 제약을 극복하기 위해 일찍부터 해외시장을 중시해 온 결과 글로벌 시장에서 경쟁력을 유지하고 있다. 글로벌 시장을 효과적으로 개척하기 위해 해외 생산기지는 물론 판매와 A/S 등 마케팅채널의 현지화전략을 적극적으로 실천하고 있다. 일부 기업의 경우에는 보다 장기적인 관점에서

R&D센터의 글로벌화 및 현지화도 추진하고 있다. 해외시장에서의 높은 시장 점유율을 유지하고 고객을 잘 관리하면서 고객의 니즈를 제대로 파악해서 신속하게 대응하기 위해서는 제대로 된 현지화가 매우 효과적이기 때문이다.

여섯째, 거래 고객 및 협력업체와는 신뢰를 바탕으로 상생의 협력관계를 유지해 나간다.

대다수의 장수 가족기업은 협력업체들에 대하여 상생의 파트너임과 동시에 핵심되는 주요 고객이라는 인식이 확고하다. 철저한 상호 신뢰를 바탕으로 협력업체들과 기술을 공동으로 개발하고 장기 안정적인 거래관계를 유지하며, 납품단가 책정 과정의 합리성을 보장하는 등 상호 협력적이면서도 공정한 거래관행 및 문화를 정착해 오고 있다. 이와 같은 상생의 동반자적인 거래관계 유지는 거래비용을 줄이고 양질의 부품·소재 및 원자재 조달을 가능하게 함으로써 경영의 안정성을 높이는 데 유익할 뿐만 아니라, 최고 수준의 품질을 지속적으로 유지하는데 있어서 중요한 요인으로 작용한다.

일곱째, 기업의 사회적 책임활동의 중요성을 인식하고 이를 자발적이면서도 적극적으로 수행한다.

장수 가족기업의 대부분은 기업경영을 통해서 창출된 가치를 직원의 성장·발전과 직원에 대한 복지후생에 적극 투자하면서 다양한 방법으로 고객과 지역사회에 환원하는 활동을 전개하고 있다. 이러한 경향은 사회공헌 활동이 기업의 지속적인 성장에 긍정적으로 작용할 뿐만 아니라 기업소유 가문에 대한 평판 및 명예와도 직결된다는 사실을 오랜 경험을 통해 확인하였기 때문인 것으로 판단된다. 특히 지역에 존립하고 있는 기업의 경우에는 기업시민으로서 지역과 함께 성장해 온 자사의 특성을 살려 지역발전에 적극적으로 참여하고 있으며, 그 결과 고객과 직원 및 지역사회로부터 존경과 사랑을 받는 기업으로서의 위치를 확보하고 있다.

(2) 가업승계 및 지배구조 관련

대를 이어 장수해 온 가족기업들은 가업의 안정적인 승계와 함께 영속성 유지를 위해 필요한 지배구조 및 거버넌스를 확립함으로써, 가족 부문과 기업 부문이 건강성을 유지하면서 서로 협력하는 관계를 유지해 나갈 수 있도록 배려한다.

첫째, 가족가치 확립과 가족 구성원에 대한 교육 및 관리를 통하여 가족과 기업 간 생산적인 관계를 유지한다.

가족 구성원 및 가족 주주들에 대한 교육과 관리를 철저하게 함으로써, 소유 가문의 책임과 역할을 충실하게 수행하면서 청지기정신을 발휘할 수 있는 토대를 구축해 나간다. 창업이념을 중시함은 물론 기업을 소유·경영하는 가족으로서 추구하는 가치와 목표, 가족 구성원이 가족기업과의 관계에서 지켜야 할 원칙 등 명문화된 가치와 행동규범을 확립하고 이를 교육하는 등 가족 구성원들을 체계적으로 관리한다.

둘째, 안정적인 지배구조를 구축하고 가업의 승계를 체계적으로 준비해 나간다. 장수 가족기업들은 다양한 형태로 자사 특성에 적합한 지배구조를 구축함으로써, 가족기업이 갖는 구조적 위험을 줄여가면서 안정적으로 경영해 나갈 수 있는 토대를 만들어 나간다. 그리고 명문 장수기업으로 성장해 나가는 데 필수적인 승계를 체계적으로 준비해 나감과 동시에 유능한 후계자 양성에 필요한 다양한 노력을 전개한다. 특히 가족기업의 후계자로서 갖추어야 할 조건을 명문화하여 이를 준수함으로써 후계자 선정 등 승계과정에서 발생 가능한 갈등 및 분쟁 요인을 사전적으로 관리해 나간다. 이와 함께 경영에 참여하고자 하는 가족 구성원들이 지켜야 할 책임과 의무 등에 대한 엄격한 규정을 두고 이를 실천해 나가고 있다. 가족 구성원 가운데 자격을 갖춘 적합한 후계자를 찾지 못한 경우에는 전문경영인을 적극적으로 영입한다.

(3) 기업가정신 관점

앞에서 제시한 경영특성 및 지속가능 성장요인을 가능토록 하는 바탕에는 가족기업 리더와 소유 가문의 왕성한 기업가정신이 존재한다.

명문 장수기업의 리더들은 '고객에게 더 나은 가치를 제공하면서 세계시장을 리드해 나간다'는 원대한 목표를 갖고 기업을 경영한다. 그들은 기업 활동 과정에서 창출된 가치와 보유자원을 기업과 근로자의 성장·발전을 위해 투자하는데 적극적이다. 기업의 경쟁력을 높이고 지속가능한 성장에 필수적인 R&D와 교육, 생산설비와 새로운 시장개척 활동 등에 과감하게 투자하는 등 리스크를 적극적으로 감수한다. 그리고 특유의 공감능력과 리더십을 발휘하여 종업원들의 자발적인 혁신활동을 포함한 사내기업가정신을 촉진함으로써 활력 있는 기업문화를 조성해 나간다.

소유와 경영이 분리된 전문경영체제를 도입한 가족기업의 경우에는 전문경영인을 신뢰하고 그들의 기업가정신 발휘를 적극 독려하고 지원한다. 그리고 창업자 후손인 가족기업의 리더와 가족 주주들은 자신들이 보유하고 있는 자원을 기꺼이 기업에 추가로 제공하는 등 소유 가문으로서의 책임과 기업가정신을 적극적으로 실천해 나간다.

4. 경영상 시사점

히든챔피언에 해당하는 독일 장수기업의 사례에서 발견한 경영특성과 지속가능 성장요인을 바탕으로 가족기업이 글로벌 경쟁력을 갖춘 장수기업으로 성장해 나가는데 있어서 고려할 만한 경영상 시사점으로는 다음과 같은 것들을 들 수 있다.

(1) 개별 기업의 경영 측면

대기업과의 경쟁을 피할 수 있는 틈새시장에서 전문화를 추구하되, 핵심역량에 집중하면서 끊임없는 혁신과 기술개발 활동을 통하여 해당분야의 최고가 되기 위한 노력을 지속적으로 전개해 나간다. 종업원들에 대한 관심과 보다 적극적인 교육투자를 통해서 그들의 성장과 기업가정신을 독려하면서 그들과 함께 씨를 뿌리고 창출된 성과를 공유하는 '사람중시'의 기업문화를 구축한다. 고객밀착형 경영을 통해서 고객의 니즈를 파악하고 그들이 직면하고 있는 문제를 함께 해결하는 상생 파트너로서의 역할을 적극 수행해 나가면서, 국내시장이나 소수의 납품업체에 과도하게 의존하는 상황에서 벗어나 적극적으로 해외시장을 개척하고 현지화를 추진해 나간다.

중소·중견기업이 필요한 자원을 내부화하는 데는 한계가 있는 점을 감안하여, 핵심역량은 내부화 하되 그렇지 않은 분야에 대해서는 기술의 공동개발이나 공동마케팅 활동 참여 등과 같은 외부자원을 효과적으로 활용하는 방안을 강구해 나간다. 사회적 책임활동을 자율적으로 감당하고 청지기정신을 발휘하는 등 건전한 기업시민으로서의 역할을 통해서 고객과 지역사회로부터 사랑받는 기업이 되기 위한 노력을 경주해 나간다. 무엇보다도 왕성한 기업가정신 발휘를 통하여 끊임없이 새로운 가치를 창출하고 세계시장을 지속적으로 확대해 나간다.

(2) 가족기업의 거버넌스와 승계 측면

가족기업으로서의 강점을 효과적으로 활용하고 가족 구성원의 갈등을 최소화하기 위하여 가족가치를 확립하고 가족과 기업의 관계에서 적용되는 원칙을 정하고 실천해 나간다. 가족기업에서 발견되는 구조적 불안정성을 효과적으로 관리할 수 있는 지배구조를 구축하는 것도 필요하다. 가족 구성원 및 가족 주주들에 대한 교육과 관리를 철저하게 함으로써, 기업을 소유·경영하는 가족 구성원으로서의 책임과 역할을 충실하게 수행하면서 청지기정신을 발휘할 수 있는 토대를 구축해 나간다.

기업승계의 중요성을 인식하고 단기적인 재무성과 창출 못지않게 중장기적인 관점에서 가업의 영속성을 강화하는 노력들을 병행하되, 특히 역량 있는 후계자를 육성하는 일과 창업자의 철학 및 가치를 계승하는 일에도 관심을 갖는 등 충분한 시간을 갖고 승계를 준비해 나간다. 가족 구성원 가운데 역량 있는 후계자를 찾기가 어려운 경우에는 외부에서 영입한 전문경영인에게 기업경영을 맡기는 방안도 적극 검토한다.

제14장 가족기업 승계 관련 정책 및 법제도

가족기업의 안정적인 승계는 양질의 일자리 유지 및 창출, 투자 활성화, 기업가정신 고양 등을 통해 경제 활력을 증진하고 기업에 체화된 암묵지와 기술의 전수 및 축적 등을 통해 경쟁력 있는 장수기업의 탄생을 촉진한다. 경쟁력을 갖춘 중소·중견기업 층이 두터워지면 소수 대기업 중심의 경제제체가 안고 있는 리스크를 완화하고, 청년실업 해소와 사회 전반의 양극화 현상을 완화하는 등 사회문제 해결에도 긍정적으로 작용한다. 반면에 승계가 적기에 이루어지지 않거나 원활하지 못해 기업이 어려움에 처하게 되면 기업가치가 훼손되고 양질의 일자리가 위협 받게 되며, 축적된 기술과 노하우, 경영비법, 생산설비 등과 같은 소중한 사회·경제적 자산이 소멸되는 결과를 초래한다. 이러한 이유에서 독일을 비롯한 EU 국가들과 일본 등에서는 기업승계를 국가 경쟁력 관점에서 인식하고, 기업의 안정적인 승계를 통한 양질의 일자리 유지 및 창출과 투자 활성화를 촉진하면서, 장수기업 출현을 장려하는 정책을 지속적으로 강화하는 추세다.

우리나라 중소·중견기업이 기업을 승계하는 과정에서 직면하는 어려움들 가운데 가장 큰 애로사항은 소유권 이전에 수반되는 과다한 상속세 및 증여세 부담이다. 상속세율이 OECD 국가 최고수준이고 기업의 승계에 따른 조세부담 완화를 목적으로 도입된 가업상속공제제도는 사전 및 사후관리 요건이 엄격하고 적용대상 기업도 제한적이어서 활용하는 데 어려움이 많다.

기업승계 관련 정책 및 법제도가 잘 정비되어 있는 대표적인 나라로 독일을 들 수 있다. 독일은 정부, 금융권, 유관기관 및 단체 등이 유기적으로 협력하여 기업의 승계활동을 종합적으로 지원한다. 승계가 원활하게 이루어져 계속기업으로 남아 고용을 유지·창출하면서 국민경제 발전에 기여할 수 있도록 기업의 사업재산에 대한 상속·증여세 최고세율을 우대하여 적용한다. 가업상속세 감면제도 역시 기업을 승계하는 과정에서 널리 활용되고 있다. 독일에서는 적지 않은 기업들이 재단을 설립하거나 신탁제도를 활용하여 기업을 승계하기도 하는데, 일정규모 이상의 비상장 가족기업을 중심으로 이에 관한 관심이 점차로 높아지고 있다.

독일 기업 중에는 적합한 후계자가 없거나 기타 이유로 자녀 등 가족 구성원에게 기업을 승계하기가 어려운 경우가 증가하고 있는데, 이 경우에 활용할 수 있는 제도로 Nexxt Change 프로그램이 있다. 이는 기업을 양도하려는 고령의 기업주와 기존 기업을 인수하여 사업을 시작하려는 창업자를 연계해주는 전국 규모의 온라인 기업승계거래소를 운영하는 공적 프로그램이다.

독일은 기업의 안정적인 경영과 승계, 경영권 확보, 효과적인 지배구조 구축 등을 뒷받침하는 데 필요한 다양한 법제도적 인프라를 정비하고 있다. 오랜 역사를 두고 발전해 온 기업재단 등 공익법인제도와 효과적인 지배구조 구축이 가능한 신탁법 및 회사법제도 등이 여기에 해당한다. 보유 주식을 출연 또는 신탁하는 방법으로 설립한 재단이나 신탁회사를 통해 기업을 운영하도록 하는 방안은 가족기업의 안정적인 경영과 승계에 기여함과 동시에 기업 활동으로 창출된 부의 일부를 공익목적에 지속적으로 활용할 기회를 제공함으로써, 명문 장수기업 탄생과 기업의 건실한 사회적 책임활동 수행에 기여한다.

가족기업의 성공적인 승계는 개별 기업의 노력만으로 이루어지는 것은 아니다. 승계와 관련한 정책과 법제도적 인프라가 효과적으로 뒷받침될 때라야 가능하다. 가족기업의 영속성 유지를 통한 경제 활력 증진과 글로벌 경쟁력을 갖춘 장수기업 육성을 위해서는 승계와 관련한 조세부담을 완화하고, 기업승계 과정에서 위협 받기 쉬운 경영권의 안정적인 확보와 효과적인 지배구조 구축에 필요한 법제도적 인프라를 선진적으로 구축해나갈 필요가 있다.

1. 기업승계의 중요성과 지원 정책[1)]

(1) 기업승계의 중요성

한국 경제의 고도성장기를 이끈 창업세대 CEO의 고령화가 빠르게 진행

1) 이 글은 조병선(2019), "한국과 독일의 가업승계 지원 정책 및 법제도 연구—소유권 승계를 중심으로—", 한국중견기업학회, 『중견기업연구』 제6권 제1호(통권 제10호), 2019년 12월호에 수록된 논문과 조병선, 한국과 독일의 가업승계 지원 정책 및 법제도(한국 경제의 기적과 환상, 질서경제연구회 엮음), 2020. 2, 311~357쪽 내용의 일부를 재정리·보완한 것임.

되는 가운데 경영자 세대교체가 업계의 주요 과제로 등장하고 있으며, 경영권 및 소유권 이전이 진행 중이거나 승계를 계획하고 있는 기업의 수가 큰 폭으로 증가하고 있다. 기업의 안정적인 승계는 양질의 일자리 유지 및 창출, 투자 활성화, 기업가정신 고양 등을 통해 경제의 활력을 증진하고 기업에 체화된 암묵지(暗黙知)와 기술의 전수 및 축적 등을 통해 경쟁력 있는 장수기업의 탄생을 촉진한다. 경쟁력을 갖춘 중소·중견기업 층이 두터워지면 소수 대기업 중심의 경제제체가 안고 있는 구조적인 위험을 완화하고, 청년실업 해소와 사회 전반의 양극화 현상을 완화하는 등 사회문제 해결에도 긍정적인 효과가 있다. 반면에 승계가 적기에 이루어지지 않거나 원활하지 못해 기업이 어려움에 처하게 되면 기업가치가 훼손되고 양질의 일자리가 위협 받게 되며, 축적된 기술과 노하우, 경영비법, 생산설비 등과 같은 소중한 사회·경제적 자산이 사장(死藏)되는 결과를 초래한다. 이러한 이유에서 독일과 일본 등에서는 가족기업의 승계를 국가 경쟁력 관점에서 인식하고, 기업의 안정적인 승계를 통한 양질의 일자리 유지 및 창출과 투자 활성화를 촉진하며, 장수기업 출현을 장려하는 정책을 지속적으로 강화하는 추세다.

기업의 성공적인 승계는 개별 기업의 노력만으로 이루어지는 것은 아니다. 승계와 관련한 정책과 법제도적 인프라가 효과적으로 뒷받침될 때라야 가능한 것이다. 소유권 승계에 수반되는 상속·증여세 부담 완화, 역량 있는 후계자 육성, 승계 관련 금융·정보 및 컨설팅 서비스 확충, 안정적인 소유 및 지배구조 구축이 가능한 법제도 정비 등이 여기에 해당한다.

건실한 중견·중소기업의 지속적인 성장과 영속성 유지를 통한 경제 활력 증진과 글로벌 경쟁력을 갖춘 장수기업을 육성하기 위해서는 승계와 관련한 상속세 부담을 완화하고, 승계 과정에서 위협 받기 쉬운 경영권의 안정적인 확보와 효과적인 지배구조 구축에 필요한 법제도적 인프라를 선진적으로 구축해나갈 필요가 있다. 기업승계에 관한 인식을 개선하고 역량 있는 후계자 육성을 위한 노력도 중요하다.

(2) 기업승계에 대한 인식과 정책

중소·중견기업의 안정적인 승계와 이를 통한 기업의 영속성 유지 및 경제 활력 증진을 위해서는 승계와 관련한 상속세 등 세제상 혜택을 확대해야 한다는 업계의 요구가 지속되고 있다. 이러한 입장과는 달리 기업승계를 '부의 대물림'으로 보고 '과세 공평성'이나 '부의 대물림 차단' 등을 이유로 승계와 관련한 세제상 혜택을 확대하는 것을 부정적으로 보는 인식도 적지 않은 실정이다.

기업을 승계하는 과정에서 상속·이전되는 기업의 사업용 재산은 "생산활동에 공여되어 일자리를 제공하고 경제적인 부와 다양한 사회적 가치를 창출하는 재산"이다. 생산 활동에 공여되는 기업의 사업용 재산은 개인의 현금성 자산이나 부동산 등 다른 일반 재산과는 성격이 다르다는 점에서 세제상 혜택 제공의 정당성을 찾을 수 있다. 승계의 대상인 기업은 일자리 창출, 국가가 지출해야 하는 복지비용 부담, 다양한 사회공헌 사업, 지역경제 기여 등을 통해 경제·사회 발전에 공헌하는 기업시민에 해당한다는 것도 가업상속재산에 대한 세제상 혜택 부여의 타당성을 제공해준다고 할 것이다.

이 문제와 관련한 독일 연방헌법재판소의 '구 상속세 및 증여세 법률조항에 대한 위헌 판결(2014. 12. 17)' 내용도 참고할 만하다.[2)3)] 독일 연방헌법재판소는 "상속세 및 증여세법 제13a조 및 제13b조에 의거, 승계 이전하는 사업재산에 대해 상속세를 면제하는 것은 막대한 차별취급을 초래하지만 기업의 존속을 보장하고 이로써 일자리를 보존하는 등 공공복리 증진에 기여하기 때문에 정당화되므로 원칙적으로 기본법 제3조 제1항(평등권)에 위반되지 않는다"고 했다. 독일 연방헌법재판소는 "상속인이 높은 상속세 납부 부담을 지는

---

2) 조병선·최갑선, "독일 가업재산 승계와 상속세 감면 제도", 중견기업연구원 연구용역 보고서, 2015, 15쪽 이하. 독일에서 가업재산을 승계함에 있어서 발생하는 상속세 문제 전반에 관해 실무적인 관점에서 기술한 문헌으로는 Wittener Institut für Familienunternehmen, Familienunternehmen und die Erbschaftsteuer, Ein Leitfaden, 2014. 2; Bundesministerium für Wirtschaft und Ernergie, Unternehmensnachfolge, Die optimale Planung, 2014 참조.

3) 위 판결의 원문은 독일연방헌법재판소 사이트 http://www.bverfg.de/e/ls20141217_1bvl002112.html 참조.

경우에는 대기업도 재정적 어려움에 빠질 수 있고, 투자여력을 상실하거나 일자리를 축소시키고 기업을 매각하거나 해체할 수도 있을 것이므로 이러한 위험성이 초래하게 될 공공복리의 훼손 부담은 매우 크다. 따라서 대기업에도 상속세감면 혜택을 부여할 필요성이 있을 것이며, 이는 헌법상 정당화될 수 있을 것이다." 다만 "대기업이(상속세를 부담할 능력이 있어서) 세감면 혜택을 받을 필요성이 없는 경우까지도 상속세를 감면해주는 것은 헌법상 문제가 되며, 따라서 사업재산에 대한 상속세감면이 아무런 세감면 혜택 필요성 심사도 거치지 않고 대기업에까지 제공된다면 헌법에 위반된다"고 판시했다. 이와 함께 "상속세감면 대상 사업재산의 50%까지 관리재산으로 구성되어 있는 경우에도 사업재산 전체에 대해 무제한적으로 상속세감면 혜택을 부여하는 것은 헌법에 위반된다"고 판시했다.

이러한 내용들을 종합해보면, 가족기업의 승계와 관련한 세제상 우대조치를 부의 대물림이나 공평과세 등과 같은 시각에서 바라보는 것은 문제가 있다. 가업승계를 건실한 기업의 영속성 유지, 명문 장수기업 육성, 양질의 일자리 유지 및 창출, 투자 확대와 기업가정신 고양을 통한 경제 활력 제고 등 '국가 경쟁력' 향상에 직결되는 것으로 보고 관련 정책을 추진하면서 법제도적 인프라를 구축해나갈 필요가 있다.

EU 중소기업법은 기업의 승계와 관련하여 회원국들이 관련 정책을 입안하고 법제도를 마련하는 데 참고할 가이드라인을 제시하고 있는데, "기업의 안정적인 승계 및 양도는 신규 창업기업이 만들어내는 일자리보다 더 많은 일자리를 유지·보존한다는 점을 중시하고, 기업의 승계 및 양도에 대해서는 창업과 동일한 수준의 정책적 지원과 배려가 요구된다. 특히 조세 문제로 인해 기업의 승계 및 양도가 어려움을 겪지 않도록 배려해야 한다"고 규정하고 있다.

2. 한국의 기업승계 관련 세제

중소·중견기업이 기업을 승계하는 과정에서 직면하는 어려움들 가운데 가장 큰 애로사항은 소유권 이전에 수반되는 과다한 상속세 부담이다.[4] 상속세율이 높고 가업상속에 따른 조세부담 완화를 목적으로 도입된 가업상속공제제도 또한 적용대상 기업이 제한되어 있을 뿐만 아니라 사전 및 사후관리 요건이 너무 엄격한 관계로 이를 활용하는 데 어려움이 많기 때문이다.

(1) 높은 상속세율

우리의 현행 상속세 최고세율은 50%(과세표준 30억원 초과 금액)이고, 최대주주 보유주식에 대한 할증평가를 포함하면 최대 60%의 높은 상속세율을 적용받는다. 최대주주 보유주식에 대한 할증평가는 "최대주주 등이 보유하는 주식 및 출자지분은 해당 기업의 자산가치와 수익가치에 더하여 경영권 프리미엄이 있는 것이 일반적"이라는 취지에서 이들 최대주주가 보유하는 주식에 대해서는 일괄적으로 일반주주의 주식평가액에 일정률을 할증하여 평가하는 제도다.

실효세율도 경쟁국 대비 높은 수준으로 2017년 기준 우리나라의 상속세 실효세율은 28.09%로 일본(12.95%), 독일(21.58%), 미국(23.86%) 등에 비해 크게 높다.[5] 상속세 과세표준 구간별 실효세율을 보면, 100억원 초과~500억원 이하 구간은 45.6%이고 500억원을 초과하면 47.6%에 이르고 있어 기업을 상속하는 과정에서 과중한 상속세 부담에 직면해 있는 실정이다.

(2) 가업상속공제제도

가업상속공제제도는 중소기업 등의 승계를 원활하게 지원할 목적으로 도입한 제도로, 일정 요건에 해당하는 피상속인이 기업재산을 상속인에게 승계하는 경우 상속세 부과대상이 되는 기업재산의 일부를 과세대상에서 감면

4) 중견기업연합회가 조사한 자료(2018 중견기업 가업승계 실태조사)에 따르면, 중견기업이 승계과정에서 겪고 있는 주된 애로사항은 과도한 상속 및 증여세 부담(28.7%), 복잡하고 까다로운 가업상속공제제도(15.1%), 후계자 역량 부족(12.3%) 등으로 나타났다.

5) 이성봉(2019), "한국 경제·한국기업의 글로벌 경쟁력 강화를 위한 상속세제 개선 방안", 한국경영자총협회(글로벌 경쟁력 강화를 위한 상속세제 개선 토론회 발표자료).

해주는 제도다.

가업상속공제 대상은 가업영위기간 10년 이상의 중소기업과 연간 매출액 3,000억원 미만의 중견기업이며, 가업의 영위 기간에 따라 200억(10년 이상), 300억(20년 이상), 500억(30년 이상) 한도 내에서 상속재산가액을 공제한다. 동 제도를 활용하기 위해서는 소정의 피상속인 요건과 상속인 요건을 충족해야 하고, 상속 개시일 이후 7~10년 동안 엄격한 사후관리 요건을 준수해야 한다. 사후관리 요건으로는 가업용 자산의 20% 이상 처분 금지, 해당 상속인의 대표이사 취임, 가업 유지, 주식 등 상속받은 상속인의 지분 처분 및 양도 금지, 정규직 근로자 100% 이상 유지, 가업의 주된 업종 유지 등을 들 수 있다. 가업을 상속받은 자가 상속 개시 이후 사후관리 요건을 이행하지 않을 경우에는 '공제를 받은 금액에서 사후의무 위반기간에 해당하는 추징률'을 곱하여 계산한 금액을 상속 개시 당시의 상속세 과세가액에 산입하여 상속세를 다시 계산해서 납부해야 한다.

현행 가업상속공제제도는 해당 상속재산에 부과되는 상속세를 완전히 면제해주는 것이 아니라 '이월과세' 또는 '과세 이월'의 성격을 갖는다. 가업상속공제를 적용받은 기업의 사업용 재산 가운데 상속인이 양도소득세 과세대상 재산(주식, 부동산 등)을 타인에게 양도할 경우에는 피상속인의 보유기간 동안 발생한 자본이득에 대해 양도소득세로 납부해야 한다. 가업상속공제를 적용받은 자산에 대해 양도차익을 계산하는 경우 양도가액에서 공제할 취득가액은 상속 당시 가액이 아니라 피상속인의 당해 재산 취득시기에 따라 적용한다.[6)]

(3) 가업승계 주식에 대한 증여세 과세특례

가업승계 주식에 대한 증여세 과세특례제도는 중소·중견기업의 경영자가 생전에 자녀 등에게 가업을 승계할 수 있도록 지원함으로써 가업의 영속

6) 이 제도 도입 당시부터 2013년 12월 31일까지는 상속세를 영구적으로 감면해주는 방식이었으나 2014년 1월 1일 이후 상속분부터는 과세이연 방식으로 변경되었다.

성을 유지하고 경제 활력을 도모할 목적으로 도입한 제도다. 이 제도를 활용하여 가업영위기간 10년 이상인 중소기업 또는 연 매출액 3천억원 미만인 중견기업의 60세 이상인 경영자가 자녀 등에게 100억원 한도 내에서 사전 증여하는 경우, 증여가액에서 5억원을 공제한 나머지 금액에 대해 증여세 일반 누진세율(과표 구간에 따라 10~50%)이 아닌 10%(과표 30억원 초과분은 20%)의 낮은 세율로 증여세를 납부하고, 사후적으로 상속이 발생한 시점에 기한에 관계없이 합산하여 상속세를 계산해 징수한다.[7)]

가족기업의 주식을 증여한 날로부터 7년 이내에 정당한 사유 없이 가업을 정상적으로 승계하지 않거나 사후의무를 위반한 경우에는 해당 주식의 가액을 일반 증여재산으로 보아 이자 상당액과 함께 기본세율(10~50%)로 증여세를 다시 계산하여 납부해야 한다.

증여자 및 수증자는 사전적으로 소정의 요건을 충족해야 하고, 사후적으로는 증여일로부터 5년 이내에 대표이사 취임, 증여일로부터 7년까지 대표이사직 유지, 가업의 주된 업종 유지, 수증자가 증여받은 지분 유지, 사후관리 기간 중 1년 이상 휴·폐업 금지 등의 요건을 준수해야 한다.

(4) 가업상속재산에 대한 상속세 연부연납제도

가업상속재산에 대한 상속세 연부연납제도는 중소·중견기업이 상속 시점에서 많은 상속세를 일시에 납부하는 데 따른 부담을 완화해주기 위해 일정 기간 동안 상속세를 분할하여 납부하도록 허용하는 제도다. 일반 상속세의 경우 연부연납 기간(최장 5년)에 비해, 가업상속과 관련한 세금을 분할해서 납부할 수 있는 기간은 상속재산 비율에 따라 최장 20년(상속재산 중 가업상속재산 비율이 50% 미만인 경우에는 10년, 50% 이상인 경우에는 20년)까지 분할납부가 가능하다.

---

7) 해당 증여 이전에 이미 부모로부터 동일한 기업 주식 등을 증여받은 경우에는 해당 가액을 합산해야 하고, 합산한 결과가 100억원을 초과한 경우에는 당해 초과금액은 과세특례가 적용되지 않는다. 증여세 과세특례는 최대주주 등의 자녀 1인에 대해서만 적용된다.

상속인이 상속받은 가업을 폐업하거나 해당 상속인이 가업에 종사하지 않게 되는 경우, 가업용 자산의 100분의 50 이상을 처분하는 경우, 해당 가업을 1년 이상 휴업하거나 해당 상속인이 최대주주 지위를 상실하게 되는 경우 등에는 연부연납을 취소하거나 변경하고, 연부연납에 관계되는 세액의 전액 또는 일부를 징수할 수 있다.[8)]

3. 독일의 기업승계 현황과 정책 및 법제도

(1) 독일의 기업승계 현황

독일에서는 창업세대를 포함한 기업인의 세대교체가 빠르게 진행되는 과정에서 기업의 승계 및 양도가 큰 폭으로 증가하고 있다. 기업 소유주의 고령화로 인해 기업을 승계하거나 매각해야 하는 기업인 수가 증가하고 있지만, 이들이 일구어놓은 기업을 이어받을 후계자와 기존 사업체를 매입하여 새로운 사업을 시작할 창업자 등 차세대 기업인의 부족 현상이 심화되고 있는 상황이다.[9)]

독일의 중소·중견기업 전문 연구기관인 IfM Bonn의 연구자료[10)]에 의하면, 2018~2022년 기간 중 승계가 예상되는 가족기업은 15만 개로, 이들 기업의 승계가 원만하게 이루어지는 경우 240만 개의 일자리가 유지·보존되고 승계 이후 기업이 안정적으로 성장·발전하는 과정에서 더 많은 양질의 일자리 창출이 가능할 것으로 추정되고 있다.

독일에는 약 357만 개의 기업이 존재하는데, 이 가운데 전체의 94.7%에 해당하는 338만 개의 기업이 가족기업 형태로 존립하고 있다. 이들 가족기업 가운데 기업의 규모나 수익 및 업종 등에 비추어 승계에 적합한(übernahmewürdige) 기업은 약 70만 개에 달할 것으로 추정되고 있다.[11)] 승계에 적합한 70만 개의

---

8) 상속세 및 증여세법 제71조 제4항.
9) Arne Leifels, KfW Research Fokus Volkswirtschaft, Nr. 132, Juli 2016.
10) IfM Bonn, Unternehmensnachfolgen in Deutschland 2018 bis 2022, Rosemarie Kay und Olga Suprinovic etc. Feb. 2018.

기업 가운데 2018~2022년 기간 중에 승계 및 양도가 이루어질 것으로 예상되는 '승계 및 양도가 무르익은 기업(übergabereife Unternehmen)' 또는 '승계에 임박한 기업(übergabe anstehende Unternehmen)'은 15만 개에 달한다. 향후 5년 이내에 승계가 이루어질 것으로 예상되는 15만 개 기업을 규모별로 보면 소규모 기업이 큰 비중을 차지하고 있지만, 매출액 100만~1천만 유로의 기업군에서는 5만 4,600개사, 1천만~5천만 유로 기업군에서는 5천 개사 등이 향후 5년 이내에 승계를 할 것으로 추산되고 있다. 그리고 연간 매출액 5천만 유로 이상의 중견기업 및 대기업군에서도 같은 기간 중 800여 개사에서 승계가 이루어질 것으로 파악되었다.

향후 5년 내에 승계가 이루어질 것으로 예상되는 15만 개 기업 가운데 절반이 넘는 기업(53%)의 소유주들은 자신의 자녀 등 가족 구성원에게 가업을 물려주는 가족 내 승계(familieninterne Nachfolge)를 계획하고 있고, 18%에 해당하는 기업의 소유주들은 기업에서 근무하는 종업원이나 경영인에게 사업을 양도하는 기업 내 승계(unternehmensinterne Nachfolge)를 예정하고 있다. 그리고 나머지 29%에 해당하는 기업 소유주는 외부 경영인이나 다른 기업, 기타 기존 기업을 인수하는 방법으로 사업을 시작하려는 창업자 등 관심이 있는 외부인에게 기업을 양도하는 기업 외 승계(unternehmensexrerne Nachfolge)를 계획하고 있는 것으로 추산되었다.

(2) 독일 기업승계 지원정책의 개요

독일은 정부, 금융권, 유관기관 및 단체 등이 유기적으로 협력하여 중소·중견 가족기업의 승계활동을 종합적으로 지원한다.

승계가 원활하게 이루어져 계속기업으로 남아 고용을 유지·창출하면서 국민경제 발전에 기여할 수 있도록 기업의 사업재산에 대한 상속·증여세 최고세율을 우대하여 적용한다. 기업의 승계를 뒷받침하는 대표적인 세제상 지

11) IfM Bonn은 연간 수익 5만 8,442유로를 넘는 개인기업 또는 인적회사, 손실을 시현하지 않는 물적회사(자본회사), 자본잠식상태가 아닌 기업 등을 승계에 적합한 기업에 해당하는 것으로 추정한다.

원정책에 해당하는 '가업상속세감면제도'는 가업을 자녀 등 가족 구성원에게 상속이나 증여의 방식으로 승계하는 과정에서 활용하는 제도다. 독일에서는 적지 않은 기업들이 재단을 설립하거나 신탁제도를 활용하여 기업을 승계하기도 하는데, 일정 규모 이상의 비상장 가족기업을 중심으로 이에 관한 관심이 점차로 높아지고 있다.[12] 가족 구성원 가운데 후계자가 없거나 가업을 잇기를 원하는 자녀가 있더라도 필요한 역량을 갖추지 못한 경우, 그리고 경영에 고도의 전문성이 요구되어 자녀 등 가족 구성원이 직접 경영하는 것이 어렵다고 판단되는 경우에는 소유권은 가족이 보유하면서 경영은 전문경영인에게 맡기는 경우도 상당하다.[13]

독일 기업 가운데는 적합한 후계자가 없거나 기타 이유로 자녀 등 가족 구성원에게 기업을 승계하기가 어려운 경우가 증가하고 있는데, 이 경우에 활용할 수 있는 제도로 Nexxt Change 프로그램이 있다. 이는 기업을 양도하려는 고령의 기업주와 기존 사업체를 인수하는 방법으로 사업을 시작하고자 하는 창업자 등을 연계해주는 전국 규모의 온라인 기업승계거래소를 운영하는 프로그램이다.

(3) 기업승계에 따른 상속·증여세 부담 완화

1) 기업의 승계와 관련한 상속·증여세율 우대 적용

독일의 현행 상속·증여세 최고세율은 50%다. 하지만 기업을 상속이나 증여의 방식으로 배우자나 자녀등 직계비속에게 승계하는 경우에는 30%의 최고세율을 적용함으로써 기업의 안정적인 승계를 촉진하고 있다. 독일 세법

12) 독일 가족기업의 재단을 활용한 가업승계에 대한 구체적인 내용에 대해서는 조병선, "독일의 기업재단과 가족기업 사업승계", 중견기업연구원, 2015 참조.

13) 독일의 히든챔피언 연구자인 베른트 벤노어(Bernd Venohr) 교수가 주요 국가별 가족기업을 대상으로 하여 CEO 구성비를 분석한 자료에 따르면, 가족 구성원이 CEO로서 기업을 직접 경영하고 있는 기업의 비중이 독일은 40%(장남이 CEO인 가족기업 비중은 10%)에 지나지 않지만, 프랑스는 69%(장남 CEO 44%), 미국 70%(장남 CEO 30%), 영국 77%(장남 CEO 50%)인 것으로 나타남. Bernd Venohr & Klaus E. Meyer, The German Miracle Keeps Running: How Germany's Hidden Champions Stay Ahead in the Global Economy, Fachhochschule für Wirtschaft Berlin Working Paper(No. 30.05/2007), pp.11, 24.

표 14-1 독일의 상속세 및 증여세 세율

<table>
<tr><th rowspan="3">과세표준액
(단위: 유로)</th><th colspan="4">과세등급별 세율(단위: %)</th></tr>
<tr><th rowspan="2">상속인그룹 I</th><th colspan="2">상속인그룹 II</th><th rowspan="2">상속인그룹 III</th></tr>
<tr><th>과거
(~2009)</th><th>현재
(2010~)</th></tr>
<tr><td>~75,000</td><td>7</td><td rowspan="4">30</td><td>15</td><td rowspan="4">30</td></tr>
<tr><td>~300,000</td><td>11</td><td>20</td></tr>
<tr><td>~600,000</td><td>15</td><td>25</td></tr>
<tr><td>~600만</td><td>19</td><td>30</td></tr>
<tr><td>~1,300만</td><td>23</td><td rowspan="3">50</td><td>35</td><td rowspan="3">50</td></tr>
<tr><td>~2,600만</td><td>27</td><td>40</td></tr>
<tr><td>2,600만 초과
(350억원)</td><td>30</td><td>43</td></tr>
</table>

은 피상속인(또는 증여자)에 대한 납세의무자의 친인척 관계에 따라 과세등급을 I등급,[14] II등급,[15] III등급[16] 등으로 구분하고 각 등급마다 세율을 차등화하고 있는데, I등급에 속한 상속 및 증여의 경우 최고세율은 30%이고 II등급과 III등급에 속한 상속 및 증여의 경우에는 각각 43%, 50%의 최고세율을 적용한다.

가업을 상속하는 경우 1997년 이전까지는 상속인이 과세등급 I에 해당하는 경우에만 상속·증여세율을 우대 적용했었다. 그러나 1997년부터는 기업승계와 관련한 상속 및 증여(이하 '상속'이라 함)에 대해서는 과세등급 II와 III에 속하는 상속인 그룹에게도 과세등급 I의 경우와 동일하게 낮은 상속세율을 적용함으로써 기업의 승계를 촉진하기 시작했다. 독일 연방정부는 1997년 2월 상속세법 전면개정 시, 자연인이 세 감면 대상 기업재산을 취득하는 경우 과세 II등급 및 III등급에 해당하는 경우에도 과세 I등급과 동일하게 낮은 상

14) 배우자, 자녀, 손자손녀의 사망으로 인한 상속인의 경우 부모 및 조/증부모.

15) 과세등급 I에 속하지 않은 경우의 부모 및 조/증부모, 형제자매, 형제자매의 자녀, 양부모, 자녀의 배우자, 배우자의 부모, 이혼한 배우자.

16) 모든 다른 상속인 및 목적성 기부.

속세율을 적용하도록 세법을 개정했다(상속세법 제19a조). 이와 같이 기업재산의 상속과 관련해서 다른 재산의 상속과 달리 상속세법상 친인척 관계에 상관없이 모든 과세등급에 낮은 세율을 적용한 것은 기업재산 상속을 통해 기업과 일자리를 계속해서 유지·운영해야 하는 사회적 책임성이 모든 상속인에게 동일하게 부과되기 때문이다.[17)]

이와 같이 기업상속과 관련한 세제상 혜택을 받는 상속인의 범위는 더욱 확대되어 현행 상속세법에서 정하는 세감면 대상 기업재산을 취득하는 '상속인'으로는 과세등급 I, II, III등급에 속하는 모든 자연인, 가족재단, 목적성 기부금을 수령하는 공익재단 등을 모두 포함한다.

2) 기업재산에 대한 상속세 감면제도

독일의 중소·중견기업은 대부분 개인기업, 인적회사 등 가족기업 형태로 운영되고 있어 기업재산을 상속하는 경우, 상속인은 상속세를 납부하기 위해 상속대상 기업의 현금성 재산을 인출하거나 기업재산의 일부를 매각해야 하는 경우가 허다하다. 이에 독일 정부는 상속이나 증여를 통해 승계되는 기업이 큰 재정적 부담을 지지 않고 기업을 존속시킴과 동시에 일자리를 보존할 수 있도록 지원해야 할 필요성이 크다고 인정하고, 일찍부터 기업재산에 대한 상속세 부담을 경감하는 방안을 도입·운영해오고 있다.[18)]

---

17) 이와 같이 기업을 상속하는 경우 상속세법상 친인척 관계에 상관없이 모든 과세등급에 속한 상속인에 대해 낮은 상속세율을 적용하는 것은 연방헌법재판소가 1995년 6월 22일자 결정에서 판시한 아래 내용을 반영한 것이다.
"상속인은 기업재산 및 기업수익을 상속을 통해 증대시키지 못하는 상태에서, 기업을 양도하거나 폐업하지 않고, 사회적 책임성을 진 채로 기업을 계속해서 유지·운영해야 한다. 따라서 입법자는 상속인의 축소되고 제한된 급부능력을 고려하여 기업의 계속 운영이 상속세 부과로 인해 위협받지 아니할 정도로 상속세 부담을 적절하게 조정해주어야 한다. 따라서 입법자는 상속재산에 대한 상속인의 사회적 책임성 및 축소된 급부능력을 피상속인과 상속인 사이에 존재하는 친인척 관계에 상관없이 상속세감면 혜택을 부여하는 입법에서 반영해야 한다."

18) 구 상속세 및 증여세법(2008. 12. 24)에 의한 기업재산 상속세 감면제도 도입 당시의 입법자료 내용을 참고하여 독일의 기업재산 등에 대한 본격적인 상속세 감면제도 도입의 배경을 정리하면 아래와 같다.
"대부분의 기업에서는 막대한 자본을 생산 활동 수행을 목적으로 투자하고 있다. 가업을 승계하는 과정에서 부과되는 상속세는 관련 기업이 현금성 재산이나 경상적인 이익을

① 기업재산에 대한 상속세 감면제도 발전 과정

독일의 현행 가업상속세 감면제도는 입법자와 연방헌법재판소의 합작품이라고 할 수 있는데, 동 제도의 발전과정을 정리해보면 아래와 같다.[19)]

먼저, 1951년 이후 2000년대 중반까지는 기업을 승계하는 과정에서 이전되는 상속재산의 가치를 실제 가치보다 낮게 평가하는 방법으로 과세표준을 낮게 설정함으로써 상속세 부과액을 최소화하는 방안을 채택했다(1951년, 1974년 및 1997년 상속세법). 이 기간 중에는 승계 과정에서 상속인이 부담하는 상속세가 최소화되었으므로 기업재산에 대한 상속세감면 혜택을 부여할 필요성이 크지 않았다. 그러던 중 연방헌법재판소는 "상속재산을 저평가하고 과세표준을 낮게 설정하는 것은 헌법상 평등원칙에 위배된다"는 이유에서 위헌결정을 선고했다(2006. 11. 7).

이에 독일 정부는 관련 법령을 개정하고 2009년 1월부터 2016년 6월까지의 기간 동안에는 '공정가치'를 기준으로 상속재산 가액을 평가하고 과세표준액을 현실화했다. 이에 따라 기업의 상속재산에 대한 상속세 부담이 큰 폭으로 증가하게 되었으며, 그 결과 입법자는 기업재산에 대한 상속세가 대폭 증가한

동원하여 납부하는 경우가 대부분이다. 기업이 제공하는 일자리의 지속적인 유지를 위해서는 당해 기업이 일시적으로 부담하는 과중한 재정상 애로에서 탈피하도록 보호해야 하고, 기업의 현금 적립액과 투자여력이 국가의 조세 징수로 인해 훼손되어서는 안 된다. 기업이 승계되는 시점에서는 기업 내 조직의 정비 및 재배치와 새로운 투자를 필요로 하기 때문에 안정적인 재정여건을 확보하는 것이 중요하다. 그리고 기업재산은 다른 종류의 재산에 비해 특수성을 가지므로 상속세법상 상이한 다른 취급이 요청되고 있다. 기업재산은 가치를 창조하고 고용을 창출하며 일자리를 유지하는 데 토대가 된다(연방의회발간물 16/7918, 33쪽). 이에 기업의 현금성 재산을 보호하고 투자를 저해하지 않음과 동시에 일자리를 보존할 수 있는 상속세감면 혜택제도가 모든 기업에 제공되어야 한다(연방의회발간물 16/7918, 23, 33쪽). 지역사회와 밀접하게 연관되어 있는 가족기업은 독일 경제의 성장과 경쟁력 있는 일자리 창출에 중요한 역할을 담당함과 동시에 시장에서의 경쟁을 촉진해나간다. 가족기업이 수행하는 이 같은 공공복리적인 기능과 역할들은 기업의 상속세감면 혜택 제공의 정당성을 제공하고 있으며, 생태학적 중요성이 강조되면서 그 의미가 증대되고 있는 농업 재산 및 임업 재산에 대한 상속세감면 혜택 부여에 대해 정당화되고 있다(연방의회발간물 16/7918, 23쪽)."

19) Britta Beckers, Die Vererbung von Betriebsvermögen in der Bundesrepublik Deutschland-eine Untersuchung der erbschaftsteuerlichen Belastung unter Berucksichtigung der allgemeinen Rahmenbedingungen in historischer Perspektive, 2018. Dissertation; 최갑선, "독일 기업재산 상속세 감면제도에 관한 연구", 중견기업연구원 내부자료, 2019, 8쪽 이하 참조.

만큼 상속세감면 혜택을 제공하는 방향으로 상속세법을 개정했다(2008. 1. 1).

그러던 중 2014년 12월 독일 연방헌법재판소는 다시금 "다른 상속재산과는 달리 기업재산 등에 대해 상속세감면 혜택을 부여하는 차별취급 내용의 일부가 평등원칙에 위배된다"는 이유로 상속세법에 대한 일부 위헌판결을 선고했다.[20] 이에 따라 입법자는 위헌적인 요소들을 제거하여 새로운 상속세법을 개정해야 했는바, 개정안으로는 크게 '대폭적 개정안'과 '소폭 개정안' 두 가지 대안이 제기되었다.[21]

'대폭적 개정안'은 그동안 시행해온 상속세 감면제도 내에서 관련법을 개정하는 것이 아니라 완전히 새로운 대안을 선택하는 것이었다. 이 안은 기업재산에 대한 상속세 감면제도를 완전히 폐지하는 대신에 6~12%의 낮은 상속세율로 상속세를 전면적으로 부과하고, 필요 시 상속세 연부연납을 허용하는 방안이었다.[22] 반면에 '소폭 개정안'은 단순하고도 현실적인 해결안으로서 상속세법 제13a조, 제13b조 및 제19a조의 기본적인 상속세 감면제도를 그대로 유지하면서 위헌적인 요소만 개정하고자 하는 안이었다. 결국 입법권자인 의회는 이들 개정안 가운데 소폭 개정안을 선택하여 위헌적인 요소들을 제거하고 기업재산 등에 대한 상속세감면 혜택을 평등원칙에 합치되게 부여하는 내용으로 상속세 및 증여세법을 개정·시행하기에 이르렀다.[23]

이와 같이 독일에서는 1951년부터 현재까지 기업을 승계하는 과정에서 상속인의 기업재산에 대한 상속세 부담이 크지 않도록 정책적인 배려를 했고, 이러한 배려가 상속세 및 증여세법 개정 과정에 지속적으로 반영되었다고 할 수 있다.

현행 독일 상속세 및 증여세법은 기업재산, 농업재산 및 임업재산, 자본회사의 25%를 초과하는 참여 지분 등을 증여 및 상속받은 경우, 일정한 요건

---

20) 2014. 12. 17. 연방헌법재판소 위헌판결(1 BvL 21/12, BVerfGE 138. 136－255).

21) Christian Steger & Stefan Königer, Erbschaftsteuer 3.0 – erneuter Reparaturauftrag an den Gesetzgeber, Handlungsoptionen und Lösungsmöglichkeiten bei einer Neuregelung, BB 2015, pp.157~165, 157f.

22) 연방재무부 소속 학술자문위원회가 제안한 대체입법안이었음. Die Begünstigung des Unternehmensvermögens in der Erbschaftsteuer, Gutachten des Wissenschaftlichen Beirats beim Bundesministerium der Finanzen, Januar 2012, p.11.

23) 2016년 11월 14일 개정 상속세법을 의결하고 2016년 7월 1일부터 소급 시행함.

을 충족하면 85% 또는 100%에 해당하는 기업재산 등을 상속세 과세대상에서 공제하는 조세감면 혜택을 부여하고 있다. 현행 상속세법에서는 '비사업용 관리재산'에 대한 조세감면 범위를 대폭 축소하고 있으며, 기업재산의 15%를 초과하는 현금성 재산과 최근 2년 이내에 투입된 현금성 재산에 대해서는 조세감면 대상에서 제외했다.

구 상속세법에서 중소규모 기업의 상속재산뿐만 아니라 중견기업과 대기업을 포함한 대규모 기업재산까지 모두 상속세를 감면하던 것과 달리, 현행의 개정 상속세법에서는 상속세감면 대상 기업재산이 상속세 최고세율 적용구간에 해당하는 2,600만 유로를 초과하는 대규모 기업재산의 경우에는 조세감면 혜택을 제한하고 있다.

② 현행 가업상속세 감면제도의 주요 내용

- **기업의 사업재산에 대한 상속세감면 혜택: 일반감면 모델 및 선택감면 모델**

상속되는 기업의 사업재산 가운데 2,600만 유로(약 350억원)[24] 한도 내에서는 세법에서 정하고 있는 가업상속세 감면 모델에 따라 상속세를 감면한다.[25] 가업상속세 감면 모델은 상속 개시 후 기업유지 기간과 급여지급 총액에 따라 일반감면 모델과 선택감면 모델의 두 가지가 있는데, 어느 모델을 적용받을 것인지는 개별 기업이 선택한다.

먼저, 일반감면 모델을 선택한 경우에는 2,600만 유로 한도 내에서 상속되는 사업재산의 85%에 해당하는 금액을 상속세 부과 대상 사업재산에서 공제한다. 일반감면 모델을 선택한 기업에 대해서는 감면대상에서 제외된 나머지 사업재산 가운데 최대 15만 유로에 달하는 금액을 추가로 공제한다.[26] 일

24) 독일 상속세법상 2,600만 유로는 기업승계와 관련하여 배우자와 직계비속에 대한 상속세 최고세율 30%가 적용되는 시작점에 해당함.

25) 상속개시 이전의 10년 동안 동일한 상속인에게 증여된 금액을 모두 합산하여 2,600만 유로의 한도 기준을 초과하면, 상속개시 이전 10년 동안에 증여된 금액에 대해 상속세를 소급적으로 부과한다(개정상속세법 제13a조 제1항 제2문 및 제3문).

26) 이 같은 추가 공제는 소규모의 상속 재산들(소규모 가내공업, 소규모 상점 등)의 경우에 상속세 부과를 위한 가치산정과 비용이 드는 심사절차를 생략하고자 도입한 것이며, 이러

반감면 모델을 활용하여 조세감면 혜택을 받은 기업은 상속개시 이후 5년 동안 기업을 유지해야 하고, 이 기간 동안의 급여지급 총액은 상속시점에서 지급한 연간 급여 총액[27]의 400% 이상이어야 한다.[28]

그리고 선택감면 모델을 활용하는 경우에는 2,600만 유로 한도 내에서 상속되는 사업재산의 100%에 해당하는 금액을 상속세 부과 대상 사업재산에서 공제한다. 선택감면 모델을 활용하는 경우에는 상속개시 이후 7년간 기업을 유지해야 하며, 이 기간 중에 지급하는 급여 총액은 상속시점에 지급한 연간 급여 총액의 700% 이상이어야 한다. 선택감면 모델을 활용하기 위해서는 기업재산 중에서 관리재산(비사업용 자산)이 차지하는 비중이 최고 20% 이하여야 한다(개정 상속세법 제13a조 제10항 제2문).[29]

• **사전 특별공제(Vorwegabschlag)**

인적 요소가 강한 가족중심 기업으로서 회사 설립계약이나 정관에 이익배당 및 자금인출 제한,[30] 재산처분 제한,[31] 퇴직보상금 제한[32] 등을 중첩적

한 추가 공제는 10년 이내에 한 사람에게 발생하는 여러 취득재산 중에서 단 한 번의 취득에만 적용된다.

27) 상속시점에 지급한 연간 '급여총액'은 기업재산의 이전이 행해진 시점에서 해당 기업이 과거 5년간 평균적으로 지급한 임금과 봉급의 합계액을 의미한다.

28) 승계기업을 경영하는 과정에서 더욱 생산적이고 효율적인 고임금 일자리가 창출된다면, 상속세감면 규정에 영향을 받지 않은 채로 저임금 일자리의 축소가 가능하기 때문에 종업원 수 대신에 급여총액 유지 규정이 적용되면 해당 기업은 고도의 고용 신축성을 유지할 수 있게 된다.

29) 상속세감면 혜택 부여 조건들의 경우, '기업 유지 기간'과 '급여총액 유지 기간'은 일반감면의 경우 5년, 선택감면의 경우 7년으로 각각 규정하고 있으나 종업원 수 20인 이하 소기업의 급여총액 유지 의무는 기업의 종업원 수 규모에 따라 차별화하고 있다. 즉 종업원 16인 이상 기업의 경우는 급여총액의 400%(일반감면) 또는 700%(선택감면), 종업원 11~15인 기업의 경우는 급여총액의 300%(일반감면) 또는 565%(선택감던), 종업원 6~10인 기업의 경우는 급여총액의 250%(일반감면) 또는 500%(선택감면)를 유지해야 한다. 종업원 5인 이하인 기업에 대해서는 급여총액 유지의무가 면제된다.

30) 이익배당금 및 자금인출 제한은 출자사원에 대한 이익배당금 또는 자금 인출액 최고 한도를 법인의 세후 이익의 37.5% 이하로 제한하는 경우에 해당하고, 이러한 제한은 상속세 과세시점 2년 전부터 시작하여 과세시점 후 20년 동안 존속해야 한다.

31) 재산처분 제한은 인적회사 참여지분 재산 또는 자본회사 참여지분 재산을 공동출자 사원, 가족구성원, 가족재단에게만 매각할 수 있도록 제한하는 경우가 해당한다(개정상속세법 제1조 제1항 제4호).

32) 퇴직보상금 제한은 출자사원에 대한 퇴직보상금 지급한도를 인적회사 참여 지분 또는 자

으로 규정하고 있는 경우에는 상속되는 기업의 사업재산 중에서 최고 30%에 달하는 금액을 '사전 특별공제' 형식으로 상속세 부과대상에서 추가로 공제한다(개정 상속세법 제13a조 제9항).

• **대규모 사업재산에 대한 상속세감면**

구 상속세법에서는 중소규모의 기업재산뿐만 아니라 중견기업과 대기업의 사업재산까지도 소정의 요건을 충족하면 상속세를 감면했다. 그러나 개정된 현행 상속세법에서는 상속세 부과대상 사업재산이 2,600만 유로를 초과하는 경우에 대해서는 감면 혜택을 대폭 제한하고 있다. 다만 2,600만 유로를 초과하는 대규모 사업재산에 대해 상속세감면 혜택을 받기 위해서는 상속인이 과세관청에 '점감적 세감면 혜택'을 신청하거나 '세감면 필요성 심사'를 신청해서 승인을 받아야 한다.

점감적(漸減的) 세감면 모델을 활용하는 경우, 2,600만 유로를 초과하는 금액에서 시작하여 최고 9천만 유로(약 1,200억원)에 이르기까지 매 75만 유로마다 1%p씩 감면 혜택이 점진적으로 축소된다. 이 모델은 상속받는 사업재산의 규모가 증가할수록 상속세감면 혜택이 줄어드는 구조로 설계되었으며, 9천만 유로를 초과하는 상속재산에 대해서는 감면 혜택을 제공하지 않는다.

'세감면 필요성 심사'는 대기업 등 대규모 사업재산을 상속받는 자가 자신에게 부과되는 상속세를 자력으로 납부하기 어려운 경우, 이를 심사해서 상속세를 감면해줌으로써 기업의 존속과 경쟁력 유지를 도모할 목적으로 도입한 제도다. 상속인이 자신이 처분할 수 있는 재산의 50%(상속기업 관리재산의 50%와 상속인이 이미 소유하고 있는 개인 재산 및 상속되는 개인 재산의 50%)를 투입해도 상속되는 기업의 사업재산에 부과되는 상속세의 전부를 납부할 수 없음을 입증하는 경우에는 당해 금액을 초과하는 나머지 상속세액에 대해서는 상속세 납부가 면제된다.[33] 세감면 필요성 심사 방식을 통해 상속세감면

본회사 참여 지분의 공정가액 가치 이하로 제한하는 경우에 유효하다.

33) 처분할 수 있는 재산이 충분히 남아 있다면, 상속인은 세감면 혜택을 부여받지 못하고 세감면 대상 기업재산에 부과되는 상속세를 기본적으로 납부해야 한다(개정상속세법 제28a조 제1항).

을 받은 경우에는 상속세 선택감면 모델 활용 시에 부과되는 '7년간 기업 유지와 급여지급 총액 700% 이상 준수' 조건이 적용된다.

(3) 상속증여세 연부연납제도

구 상속세법에서는 사망에 의한 상속이나 증여의 경우에 부과되는 상속세 및 증여세를 10년 동안 무이자로 분할 납부하는 것이 가능했다. 그러나 현행의 상속세법에서는 사망에 의한 상속의 경우에 한하여 상속세를 7년 동안 분할하여 납부할 수 있도록 규정하고 있다. 연부연납 첫 해에 한하여 무이자 혜택을 받을 수 있고, 2년 차부터는 이자가 부과된다(조세기본법 제234조, 제238조). 증여의 경우에는 연부연납제도의 적용이 배제된다(개정 상속세법 제28조).[34]

연부연납의 경우에도 기업의 존속 및 급여총액 유지 조건을 준수하여야 한다(개정상속세법 제13a조 제3항 및 제6항). 조건을 준수하지 않은 경우에는 연부연납이 종료되고 상속세가 즉시 부과된다. 상속인이 상속개시 이후에 상속받은 기업을 양도하거나 기업재산 및 지분을 매각하는 경우에도 연부연납은 즉시 종료된다(개정상속세법 제28조 제1항).

34) 연방헌법재판소 판결 이후 개정 법률을 입법하는 과정에서 상속세 연부연납은 심층적인 정치적 협상의 대상이 되었으며, 입법 과정에서 내용이 몇 차례 변경되었다. 즉, 연방정부 법률개정안에 처음 도입된 상속세법 제28조 제7항에 의하면, 세감면 필요성 심사를 실시한 이후에 상속세가 감면되지 아니한 상속인은 상속세를 10년까지 연부연납을 신청할 수 있는 법적 청구권을 수령할 수 있도록 규정함. 그리고 연부연납은 상속인의 신청에 의해 실행되며, 증여의 경우에는 이자가 부과되지만, 상속의 경우에는 이자가 부과되지 않도록 함. 위 상속세법 제28조 제7항 개정안은 정치적인 협상 과정에서 삭제되었으나, 연방하원 재무위원회의 권고안에 의해 사망의 경우에만 적용되는 새로운 연부연납규정(연방하원 법률개정안 제28조 제2항)으로 대체됨. 이에 따르면, 상속인은 사망으로 인한 상속 취득의 경우(증여의 경우는 해당 없음), 상속세감면 대상 재산에 부과되는 상속세를 10년까지 연부연납할 수 있는 법적 청구권을 부여 받도록 함. 상속세 '일반감면', 대규모 상속의 경우 '점감적 세감면' 또는 '세감면 필요성 심사'를 적용한 이후 상속세감면 대상 재산에 상속세가 부과되는지 여부에 상관없이 연부연납이 허용됨. 연부연납은 신청에 의해 무이자로 제공되도록 규정함(2016년 6월 22일자 연방하원 재무위원회 의결권고안, 연방하원 출판물 18/8911, 45쪽). 그러나 연방상원이 2016년 7월 8일 연방하원 법률개정안에 대한 동의를 하지 않고 조정위원회의 개최를 요청했기 때문에 위와 같이 입안된 연부연납 개정안은 실현되지 못함. 최종적으로 조정위원회는 연방하원 법률개정안 제28조 제2항의 연부연납 규정을 폐기하고, 개정상속세법 제28조 제1항의 개정안 도입에 합의함.

(4) 기업승계의 도구로 활용되는 기업재단[35)]

독일은 가족기업의 안정적인 경영과 승계, 경영권 확보 및 효과적인 지배구조 구축 등을 뒷받침하는 데 필요한 다양한 법제도적 인프라를 정비하고 있다. 독일의 발달한 기업재단 등 공익법인 제도와 효과적인 지배구조 구축이 가능한 신탁법 및 회사법제도 등이 여기에 해당한다.

독일에서는 상당수의 기업들이 재단을 설립하거나 신탁제도를 활용하여 기업을 승계하기도 하는데, 비상장 가족기업을 중심으로 이에 관한 관심이 점차 높아지고 있다. 보유 주식을 출연 또는 신탁하는 방법으로 설립한 재단이나 신탁회사를 통해 기업을 운영하도록 하는 방안은 가족기업의 안정적인 경영과 승계에 기여함과 동시에 기업 활동으로 창출된 부의 일부를 공익목적에 지속적으로 활용할 기회를 제공함으로써, 가업의 영속성 유지를 통한 명문 장수기업의 탄생과 기업의 효과적이고 지속적인 사회적 책임활동 수행에 기여한다. ‘재단의 나라’로 알려진 독일에는 재단 수가 많고 다양한 유형의 재단이 활성화되어 있는데, 기업 관련 재단의 종류만도 공익재단, 가족재단, 이중재단, 신탁재단 등 다양한 재단이 활동하고 있다.

1) 기업재단의 개념과 존립형태

독일에서 기업재단 또는 기업 관련 재단(unternehmensverbundene Stiftung)은 “기업의 주식 등 지분을 보유하고 있는 재단 또는 재단이라는 법형식을 갖고 운영되는 기업(die an einem Unternehmen Anteil halten bzw. Unetrnehmen, die in der Rechtsform der Stiftung gefürt werden)”을 의미한다.[36)]

독일 기업재단의 형식은 크게 직접적으로 기업과 결합한 기업재단(unmittelbare unternehmensverbundene Stiftung)과 간접적으로 기업과 연계된 기업재단(mittelbare unternehmensverbundene Stiftung)으로 구분된다.

---

35) 이하 독일 기업재단의 개념과 존립형태, 유형, 설립 동기, 사례 등에 관한 내용의 대부분은 조병선, “독일의 기업재단과 가족기업 사업승계”, 중견기업연구원 연구용역보고서, 2015에 수록된 내용을 정리·인용함.

36) H. Berndt, Stiftung und Unternehmen: Rechtsvorschriften, Besteuerung, Zweckmässigkeit, 7.Aufl., 2003, S.55f.

그림 14-1 독일 기업재단의 존립형태

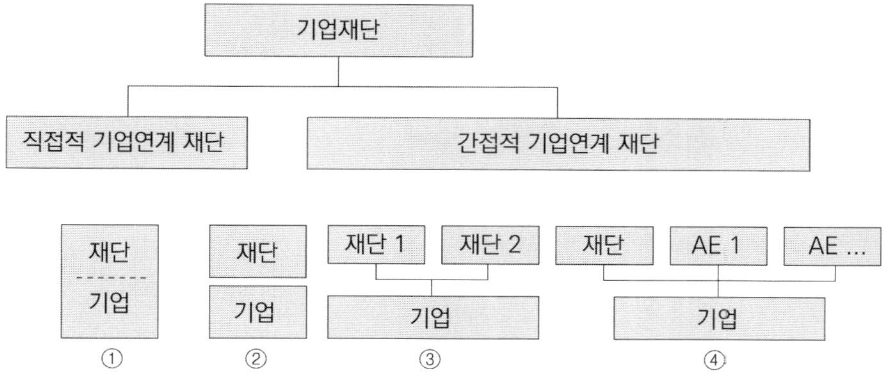

AE = Anteilseigner (지분소유자)

직접적으로 기업과 결합한 기업재단(위 그림의 유형 ①)은 '기업운영재단(Unternehmensträgerstiftung)'이라고도 불리고 있다. 이러한 유형의 기업재단에서는 재단과 기업이 법률적으로 동일한 하나의 조직체를 이루고 있으며, 기업은 재단에 소속되어 있고 재단이 당해 기업을 직접 경영한다. 간접적으로 기업과 연계된 기업재단(유형 ②~④)은 '참가적 기업재단(Beteiligungsträgerstiftung)'으로도 지칭되는데, 이러한 유형의 기업재단은 인적 또는 물적 회사에 대한 주식 등 지분 보유자로서 기업경영에 부분적으로 참여하고, 대체로 재단의 목적 달성에 필요한 재정의 안정적인 확보를 위해 배당 등 주주로서의 경제적 수익권을 행사하면서 의결권 행사에는 소극적인 특성을 보인다. 간접적 기업연계 재단의 경우 기업재단은 당해 기업의 주식을 소유한 단일 재단일 수도 있고(유형 ②), 다수의 소유자 가운데 하나에 해당할 수도 있다(유형 ④).

기업재단들은 서로 다른 역할을 담당할 수도 있는데, 자금 제공 및 기부의 원천(Dotationsquelle), 기업을 소유하는 가족의 수탁자로서의 기능 또는 기업을 운영하는 기구(Fuehrungsinstrument des Unternehmens)로서의 기능을 수행한다.[37]

37) B. H. Hennerkes & M. K. Binz, Die Stiftung als Rechtsform für Familienunternehmen(II),

간접적 기업연계 재단(참가적 기업재단)의 형태를 구축하는 경우, 주식(지분)에 내재하는 권리인 의결권과 배당권 등 이익수취권(Gewinnrechte)을 분할하여 배분할 수 있다. 간접적 기업연계재단의 경우에는 대부분의 지분 및 주식과 수익분배권을 보유하고 있지만, 의결권의 전부 또는 일부를 제3자가 보유하는 형태가 일반적이다.

2) 기업재단의 유형

① 특별한 재단 형태인 이중재단

독일에서 비교적 활발하게 활용되고 있는 기업재단의 형태로서 "법률적으로 독립되어 있는 2개 혹은 그 이상의 재단이 해당 기업의 공동 소유자로 존립하면서 활동하는 형태"인 이중재단(Doppelstiftung)이 있다. 이중재단으로 운영되는 기업재단 가운데 가장 흔히 볼 수 있는 형태는, 공익목적 재단을 설립하여 운영하면서 동시에 부수재단으로 사익목적 재단에 해당하는 가족재단(Familienstiftung)이 함께 활동하는 형태다. 이중재단을 구성하는 가족재단의 경우, 한 가족이 지분을 보유하기도 하지만 때로는 서로 다른 복수의 가족재단이 지분을 보유하고 있는 경우도 존재한다.

공익법인과 사익법인이 공존하고 있는 이중재단의 경우에는 일반적으로 주식 및 지분에 대한 의결권과 의결권 등 이익수취권을 분리하여 운영한다. 공익목적 재단은 기업으로부터 창출되는 이익에 대한 배당권의 대부분을 향유하는 반면, 주주로서 경영의사를 결정하는 권리에 해당하는 의결권은 보유하지 않거나 매우 제한적으로 보유하고 있다. 반면 사익목적재단에 해당하는 가족재단은 형식적으로나마 배당청구권의 일부를 보유하되 대부분의 의결권을 보유함으로써, 기업에 대한 소유권을 행사함과 동시에 가족기업에 대한 영향력 및 경영권을 물려받게 된다.[38]

공익재단과 사익재단이 혼합되어 운영되는 이중재단은 가족기업의 안정적인 승계와 관련한 해법을 제시하면서 기업 활동을 통해 창출한 부의 일부

---

in Der Betrieb, Heft 44, 1986, S.2269~2274.

38) B. H. Hennerkes & M. K. Binz, 상게논문, S.2220f.

를 출연 또는 기부함으로써 공익분야 기여라는 목적을 동시에 달성하는 도구로 활용되고 있다.[39]

② 특별한 재단 형태로서의 Stiftung & Co. KG

Stiftung & Co. KG 형태의 기업재단은 기업에 대해 인적책임(합자회사의 무한책임 사원)을 지는 공동출자자에 해당하는 재단이다. 이러한 형태의 재단은 주로 기업의 운영을 사원권(Gesellschafterrecht)과 분리할 목적으로 활용된다. 재단을 운영하는 임원은 독일 상법의 규정에 따라 관련된 기업의 업무집행 및 경영에 관한 권한을 위임받아 행사하며, 사원관계(Gesellschafterverhältnissen)에 구애받지 않고 독립적으로 재단 정관에서 당해 합자회사에 대한 업무집행권 및 경영권을 정할 수 있다. 이 밖에도 Stiftung & Co. KG 형태의 재단을 운영하는 이유로는 다양한 사항이 언급되고 있는데, 동 유형의 재단이 갖는 이점으로는 "인적회사의 사원에 대한 제한적인 책임과의 병행, 기업의 영속성 유지 목적의 달성에 유리하게 작용하는 재단의 장점 활용, 유한회사 형태의 재단(GmbH & Co. KG)에 비해 상대적으로 변형이 용이한 특성, 경영에 대한 노동조합의 참여 및 공동결정권으로부터의 자유로움(Mittbestimmungsfreiheit), 조세상의 이점 활용, 적대적 M&A로부터의 보호" 등을 들고 있다.[40]

③ 기타 유사재단 형태로의 기업재단

독일의 기업재단 가운데는 앞에서 소개한 재단 유형 외에도 '재단과 유사한 형태를 갖는 재단(stiftungsverwandte Gestaltungsform)'이 존재하는바, 이러한 형태의 재단은 법원의 판례를 통해 인정되었다.[41] 재단과 유사한 형태를 갖는 재단은 대부분 '공익목적의 재단 유한회사(Stiftung gemeinnützige GmbH)' 형태로 존재하지만, 종종 재단협회(Stiftung e.V) 형태로도 존립하면서 다른 형태의 일반 재단이 갖고 있는 법적 권리와 중요한 특성들을 갖는 '권리능력을

39) A. Richter, Die Unternehmenstiftung－ein Instrument der Unternehmensnachfolge?, in: Berater－Brief Vermögen, Heft 1, S.17~22, 2004, S.20.

40) 이에 관한 구체적인 내용은 B. H. Hennerkes & M. K. Binz, 전게논문, 1986, S.2271~2274.

41) 1964년 슈투트가르트(Stuttgart) 최고지방법원은 한 판결에서 '재단과 유사형태를 갖는 재단의 형성'을 인정하는 판결을 했으며, 이로써 유사재단 형태가 재단의 한 유형으로 활용되기 시작했다(OLG Stuttgart 1964, S.1146).

보유한 재단'에 해당한다.

재단 유한회사와 조합형태의 재단에 대해서는 그동안 독일 기업들이 승계의 도구로 활용하는 경우가 그리 많지 않았으나, 2000년대 중반부터 관심이 증대되고 있는 효과적인 기업승계 방안의 하나로 거론되고 있는 실정이다.[42)]

재단과 유사한 형태를 갖는 재단은 주로 신탁계약을 통해 운영되고, '소유권자가 없는 재단(Stiftung eigentümerlos)'이라는 특성을 갖는다. 이러한 형태에 해당하는 재단 유한회사는 주로 유한회사의 자본참가자(주주)로서 복수의 사원이 존재하는 유한회사 형태의 공익재단(Stiftung gemeinützige GmbH)으로 일반 재단과는 적지 않은 차이가 존재한다. 이러한 형태의 재단의 경우 기부자는 신뢰할 수 있는 사람을 선정하고, 이 사람이 수탁자로서 지분을 관리하면서 지분보유자로서의 역할을 물려받는다. 수탁된 지분에 대한 신탁관리자로서의 관계가 종료 또는 해제되면 당해 기업에 대한 지분은 반환되고, 다른 사원이 정관이 정한 바에 따라 후임자를 선택하게 된다.[43)]

신탁계약(Gesellschaftsvertrag)은 지분소유자(Gesellschaftern)에게 소유자로서의 권리 및 수익권이 귀속되지 않는 조건하에서 성립 가능하다. 그러나 보유지분에 따른 기업경영 참여와 관련한 의결권과 배당청구권에 대한 결정권(Entscheidungsrechte) 및 통제권(Kontrollrechte)을 행사할 수 있는 권리는 보유한다.[44)] 일반적으로 사원총회는 재단에 대한 감독기구[재단운영위원회(Stiftungsrat) 또는 재단감독위원회(Stiftungskuratorium)]로서의 역할을 담당하며, 이와 같은 유한회사 형태의 공익재단의 업무집행은 일반재단의 재단이사회의 역할에 해당한다.

유한회사 형태의 법형식에 대한 친숙함 외에도 유한회사 형태의 재단이 갖는 장점으로는 재단 설립이 용이하다는 점, 재단 설립에 필요한 최저자산의 규모가 크지 않다는 점, 정관 변경이 용이하다는 점, 국가의 감독을 받지

---

42) Karin Fleschutz, Die Stiftung als Nachfolgeinstrument für Familienunternehmen, S.82.

43) 재단과 유사한 형태를 갖는 재단 가운데 대표적인 기업재단으로는 로버트 보쉬 재단(Robert Bosch Stiftung GmbH)과 말레 재단(Mahle Stiftung GmbH), 보름란트 재단(Wormland Stiftung GmbH), 루트비히 슝크 재단(Ludwig Schunk Stiftung e.V.) 등이 존재한다.

44) Karin Fleschutz, S.82.

않아도 된다는 점, 공익목적으로 설립하는 경우에는 일반 공익재단과 동일한 세제상 혜택이 제공된다는 점 등을 들 수 있다.[45]

④ 설립목적에 따른 기업재단의 유형

기업재단은 공익에 기여할 목적으로 설립된 재단(공익재단)과 사적인 목적 달성을 위해 설립된 재단(사익재단)으로 구분된다. 공익재단은 교육, 학문, 연구, 예술 등과 같은 분야의 공공복리(Gemeinwohl)와 공공의 이익(allgemein Interesse)을 도모할 목적으로 설립된 재단이다. 공익재단 가운데 설립목적이 조세감면법(Abgabenordnung)에서 정하는 목적에 해당하는 경우에는 조세감면 혜택이 부여된다.

세제상 혜택을 받기 위해서는 공익목적으로 설립된 재단의 경우, 재단 수익의 2/3 이상을 공익목적 달성을 위해 활용해야 한다. 공익목적으로 설립된 재단이라 하더라도 사적인 목적에 해당하는 기부자, 기부자를 기념하는 사업, 기부자의 직계후손(자녀)의 이익을 위해 재단 수익의 최대 1/3 한도 내에서는 사용이 가능하다.

사익목적 재단은 특정 개인의 목적 달성 및 한정된 소수 집단의 이익을 추구하는 것을 주된 목적으로 하는 재단을 말한다. 사익목적 재단 가운데 대표적인 것은 가족재단이며, 가족재단은 재단의 수익을 가족구성원을 위해 사용한다. 개인의 사적인 이익을 목적으로 설립된 재단에 대해서는 세제상의 혜택을 부여하지 않는다.

3) 기업재단 설립 동기

독일에서 기업이나 기업인들이 기업재단을 설립하는 이유는 다양하지만, 기업의 영속성 유지 및 기업의 보존을 도모하는 데 가장 주된 목적이 있다.[46] 재단을 통해 가족기업의 승계와 관련된 불확실성을 제거하는 데 주된 목적을 두고 있는바, 후계자로 인해 가족기업이 분할되거나 가족 구성원 간의 분쟁으

---

45) Karin Fleschutz, S.83.

46) K. Timmer, Stiften in Deutschland – Die Ergebnisse der Stifter Studie, Gütersloh, Bertelsmann Stiftung, 2005, S.36, S.42ff.

로 가업이 어려움에 처하는 것을 방지하고, 자신이 일구어온 기업이 시장에서 적대적인 M&A를 당하지 않고 대를 이어 존속·발전하면서 가족의 번영과 사회발전에도 공헌하기를 바라는 마음에서 재단을 설립하는 경향이 강하다.[47)]

독일 기업재단에 관한 실증 연구들에 따르면, 독일 기업들이 기업재단을 활용하는 이유는 '가족기업의 영속성 유지'이지만, 기업재단의 설립자마다 한두 가지 이상의 중요한 부수적인 목적들이 존재한다. 카린 플레슈츠(Karin Fleschutz)가 420개 기업재단을 대상으로 연구한 결과에 따르면, 독일의 기업인이 기업재단을 가족기업 승계의 수단으로 선택한 이유 가운데 가장 큰 것은 '기업의 영속성 유지를 확실하게 하려는 것'이다. 그 다음은 기업의 분할 및 분열의 사전 예방, 창업자 자신의 이상 실현, 이름의 존속, 가족기업의 존속에 대한 장래의 불확실성 방지, 종업원에 대한 동기, 가족 구성원에 대한 경제적 보상 등의 순이다.[48)]

독일 가족기업 가운데 적지 않은 기업들은 준비된 후계자가 없거나 가업을 맡아 경영할 의지를 갖고 있는 자녀들이 없어 승계 과정에서 어려움을 겪고 있으며, 가업을 이어갈 자녀들이 없는 경우도 상당수에 이른다. 이러한 경우 기업재단을 설립하는 것은 가업의 영속성 유지를 위한 효과적인 방안의 하나에 해당한다. 재단 설립을 통해 가업의 영속성을 도모함과 동시에 가업 운영으로 창출된 가치를 활용하여 공익 또는 종업원의 성장 및 복지에 공헌하는 것이 가능할 뿐만 아니라, 창업자의 이상을 실현하고 가족 구성원과 후손들에 대한 경제적 배려 및 생활에도 도움을 줄 수 있는 방안이 되기 때문이다.[49)]

4) 독일의 기업재단 사례

① 로버트 보쉬(Robert Bosch GmbH) 사례

보쉬그룹은 1886년 로버트 보쉬(Robert Bosch)에 의해 설립된 자동차부품

---

47) Karin Fleschutz, S.100~101.
48) Karin Fleschutz, S.104.
49) Karin Fleschutz, S.102.

생산 전문기업이다. 창업자인 보쉬는 1964년 유언을 통해 자신이 보유하고 있던 회사의 지분을 기부하여 로버트 보쉬 재단(Robert Bosch Stiftung GmbH)을 설립했다. 회사 지분 92%를 소유하고 있는 이 재단은 보유 지분에 대한 배당권은 정상적으로 행사하고, 이를 통해 획득한 배당수익을 정관에서 정한 목적 달성을 위해 사용한다.

보쉬재단은 보유지분에 대한 의결권을 행사하지 않고, 신탁계약을 통해 보유지분 의결권의 전부를 별도의 신탁회사인 로버트 보쉬 산업신탁합자회사(Robert Bosch Industrietreuhand KG)에 위탁하고 있다. 창업자의 후손 20여 명은 보쉬사 지분 7.99%를 보유하고 있는데, 이들은 보유지분에 대한 배당수익권을 정상적으로 행사함으로써 주주로서의 경제적 이익을 향유한다. 보유지분 7.99%에 대한 의결권 가운데 7%는 가족주주들이 직접 행사하고, 나머지 0.99%는 신탁계약을 통해 로버트 보쉬 산업신탁합자회사에 위탁하고 있다. 그 결과 로버트 보쉬 산업신탁합자회사는 0.01%의 지분을 보유하고 있으면서도 전체의 93% 의결권을 행사하면서 보쉬그룹에 대한 지배 및 통제권을 행사하고 있다.

그림 14-2 보쉬그룹의 소유 및 지배구조

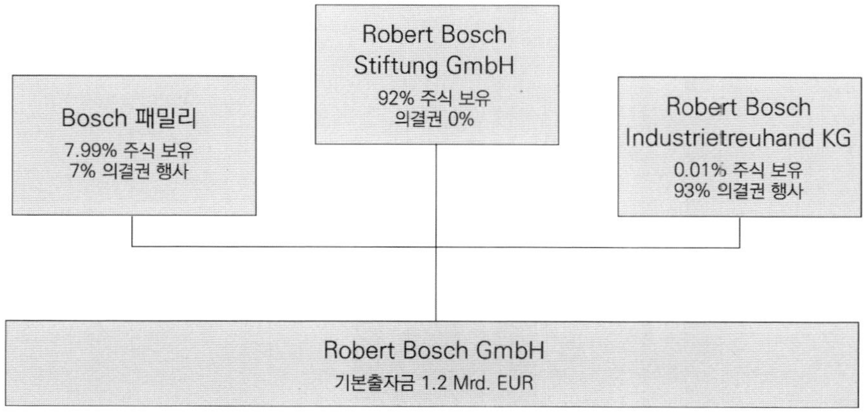

이와 같은 지배구조 구축을 통해 보쉬그룹은 기업운영의 자율성 확보(보쉬 가문의 후손들에 의한 경영간섭 배제), 탄탄한 재정적 뒷받침(재단이 배당으로 확보한 재원의 상당 부분을 기업에 재투자), 외부 세력으로부터의 독립성 확보 등을 통해 기업의 영속성 유지 등의 효과를 누리고 있다.

② 베텔스만(Bertelsmann SE & Co. KGaA) 사례

베텔스만사는 1835년 설립 이래 지금까지 180여 년 동안 가족기업 형태를 유지해온 종합미디어그룹이다. 창업자 후손으로 베텔스만그룹의 4대 CEO였던 라인하르트 몬(Reinhard Mohn)은 '기업의 사회적 책임 수행과 기업의 영속성 및 지배력 유지, 상속세 부담 경감' 등을 목적으로 1977년 베텔스만 재단(Bertelsmann Stiftung)을 설립하고, 보유하고 있던 기업 주식 68.8%를 재단에 출연했다.

그림 14-3 베텔스만그룹의 소유 및 지배구조

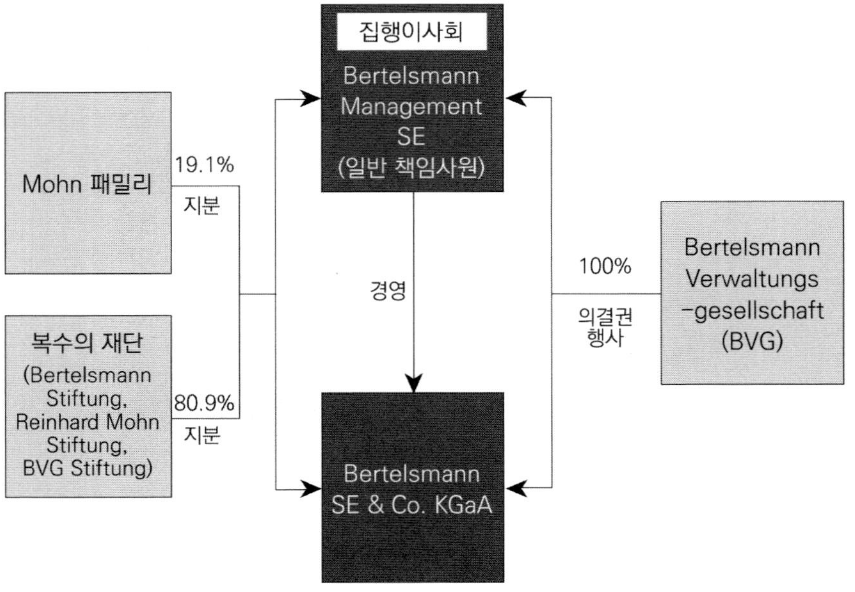

베텔스만그룹은 3개의 관련 재단(Bertelsmann Stiftung, Reinhard Mohn Stiftung, BVG Stiftung)이 주식의 80.9%를 보유하고, 나머지 주식 19.1%는 창업자 후손인 몬 가문(Mohn Family)이 소유하고 있다. 베텔스만그룹을 소유한 3개의 재단과 몬 가문은 각자가 보유한 주식에 대한 배당청구권을 행사하지만, 의결권은 별도의 기업운영 조직인 BVG(Bertelsmann Verwaltungs Gesellschaft)에 신탁하고 있다. 그 결과 BVG는 베텔스만그룹의 주식을 보유하지 않지만, 신탁계약을 통해 위탁받은 의결권(100%)을 행사하면서 주요 경영의사를 결정하고 기업을 통제한다.

베텔스만그룹을 사실상 지배하는 기업운영조직인 BVG의 이사회는 창업자 후손인 몬 가문 3인과 독립적인 인사 3인으로 구성되어 있으며, 모기업인 Bertelsmann SE & Co. KGaA와 다수의 자회사로 구성된 베텔스만그룹은 전문경영인 체제를 유지하고 있다.

③ 칼 자이스(Carl Zeiss AG) 사례

칼 자이스사는 1846년 칼 자이스(Carl Zeiss)에 의해 설립된 광학 및 렌즈 제조 분야의 명문 장수기업이다. 창업자가 사망한 다음 해인 1899년 칼 자이스사와 Schott & Gen사의 공동지분 소유자였던 에른스트 아베(Ernst Abbe)는 창업자의 뜻을 기리고 기업의 영속성 유지를 위한 승계 문제 등을 고려하여 칼 자이스 재단(Carl Zeiss Stiftung)을 설립했다.

칼 자이스 재단은 Carl Zeiss AG와 Schott AG 주식 100%를 소유하면서 기업을 통제·운영한다. 재단은 독립 이사회를 구성하고 지배주주로서 Carl Zeiss AG와 Schott AG 그룹을 관리하고, 재단 산하의 2개 기업그룹은 전문경영인 체제를 유지하고 있다. 기업의 주요 경영의사를 결정하는 기구인 재단 이사회는 중립적인 각계의 전문가들로 구성되어 있다. 이러한 기업 지배구조는 기업경영에 긍정적인 영향을 끼치고, 사회적 혁신을 포함하는 지속 가능 경영을 도모하는 데 유리하게 작용하고 있다. 칼자이스 재단은 “민간 기업이 공공의 이익, 특히 근로자의 복지에 공헌할 수 있도록 하는 데 있어서 기업 차원에서 구축할 수 있는 가장 우수한 지배구조를 구축”한 것으로 평가

그림 14-4 칼 자이스그룹 소유 및 지배구조

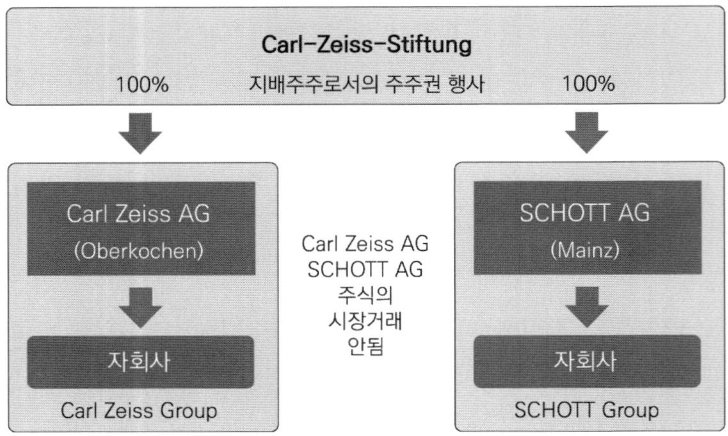

받고 있다.[50]

5) 가업을 이을 후계자가 없는 기업의 승계 지원

독일 정부는 기업을 소유·경영하고 있는 가족의 구성원 가운데 적합한 후계자가 없는 경우, 창업에 준하는 수준의 정책 수단을 활용하여 기업의 승계 및 양도를 지원하고 있다. 그 중심에는 전국규모의 독일 최대 온라인 기업승계거래소인 'Nexxt Change 프로그램'이 있다.[51] 이는 연방경제부(BMWi), 독일재건은행(KfW), 독일상공회의소(DIHK), 독일수공업자협회(ZDH), 지역은행(Volksbanken Group, Sparkassen Group) 등이 공동으로 참여하는 공공성이 강한 기업승계지원 프로그램이다.

Nexxt Change 프로그램은 가족 내 승계가 곤란한 기업들이 가족 이외의 자에게 기업을 승계하는 경우, 이를 지원하기 위해 만들어진 독일 최대의 온라인 기업거래 시스템으로 기업인계·인수를 위한 다양한 정보와 수준 높은

50) Bernt, 전게서, S.467; Karin Fleschutz, S.67~68.

51) Bunbdesministerium für Wirtschaft und Energie, Unternehmensnachfolge, Die optimale Planung, April 2014, 13쪽 이하.

중개서비스를 제공하고 있다. 이 기업승계거래소는 기업을 양도 및 승계하려는 기업인과 기업을 인수하거나 인수하는 방식으로 사업을 시작하려는 창업자 사이에 존재하는 정보의 비대칭 문제를 완화함으로써 기업의 승계를 촉진하는 데 주된 목적을 두고 있다. 이 기업승계거래소는 인터넷플랫폼으로서 그동안 여러 기관 및 단체에 산재해 있던 기업승계 관련 다양한 프로그램을 통합하여 출범한 것이다.[52)]

KfW재건은행그룹은 온라인 기업거래소를 운영하는 핵심 파트너로서 인터넷 거래소의 작동, 거래소의 내용 관리, 운영 기술 및 조직운영을 위한 절차적인 문제들을 해결하는 업무를 수행한다. 이 기업승계거래소는 전국적인 지역 네트워크에 연결되어 있고, 상공회의소, 저축은행 및 서민은행 등에 소속된 다수의 지역파트너들이 기업매매 광고물을 공표하는 것을 지원하며, 기업매매 광고에 관심을 가진 사람들을 서로 접촉하도록 중개하고 있다. 금융기관들은 기업을 승계하는 과정에서 발생하는 금융을 지원하는 역할도 적극적으로 담당한다. 이 기업승계거래소를 통해 매년 1천여 건 이상의 기업승계거래가 성사되고 있다.

4. 기업승계 지원 정책 및 법제도 선진화 방안

중소·중견기업이 강하고 가족기업 비중이 높은 독일은 우리보다 한 발 앞서 기업승계의 중요성을 인식하고 중소·중견기업의 승계활동을 효과적으로 지원하기 위한 정책을 추진해왔다. 기업을 승계하는 과정에서 위협 받기 쉬운 경영권의 안정적인 확보와 효과적인 지배구조 구축을 뒷받침하는 데 필요한 법제도적인 인프라도 지속적으로 정비해왔다.

오늘날 우리는 빠르게 증가하고 있는 기업의 승계를 효과적으로 지원하고, 이를 통해 양질의 일자리 유지 및 창출과 투자 활성화 등 경제 활력을 증

---

52) 프로그램 운영 내용에 관한 세한 것은 다음 사이트 참조.
https://www.nexxt-change.org/DE/Startseite/inhalt.html; https://www.nexxt-change.org/SharedDocs/Downloads/DE/agb.pdf?__blob=publicationFile&v=3

진함과 동시에 명문 장수기업의 탄생을 촉진해야 하는 도전에 직면해 있다. 이와 같은 도전 과제에 효과적으로 대응해나가는 데 있어 독일의 선험적 경험과 사례들은 우리에게 다음과 같은 몇 가지 시사점을 제공해주고 있다.

첫째, 기업을 승계하는 과정에서 직면하는 과중한 상속세 부담을 완화해주는 방안을 적극적으로 검토해야 한다. 우리나라의 상속세 최고세율은 50%이지만 최대주주 보유주식에 대한 할증률을 감안하면 최고 60%의 상속세를 부담해야 하는 상황에 직면하게 된다. 기업을 승계하는 과정에서 부담하는 이와 같은 상속세율은 OECD 국가에서도 가장 높은 수준으로 개별 기업이 감당하기에는 지나치게 과다할 뿐만 아니라, 이처럼 과중한 상속세를 부담하고도 안정적으로 생존해나갈 수 있는 기업은 찾아보기가 어려운 실정이다. 우리나라에만 존재하는 최대주주 보유주식에 대한 일괄적인 할증평가제도는 폐지하는 것이 바람직하다.

둘째, 가업상속공제제도의 실효성을 높이는 방안을 강구해야 한다. 이를 위해서는 가업상속공제 사후관리 요건을 현실에 맞게 완화할 필요가 있다. 사후관리기간을 5~7년으로 단축하고, 고용유지 의무에 해당하는 정규직 근로자 수 기준을 완화하거나 독일의 경우처럼 급여지급 총액 기준으로 변경하는 것이 바람직하다. 업종유지 의무 또한 대폭 완화함으로써 기업이 환경변화에 신축적으로 대응할 수 있도록 해야 한다. 이와 함께, 독일의 가업상속공제제도의 경우와 마찬가지로 기업의 크기나 상속재산 규모에 관계없이 소정의 요건에 부합하는 경우 생산 활동에 공여되는 상속재산 중 일정 한도까지는 상속세감면 혜택을 동일하게 제공할 필요가 있다.

셋째, 증여 방식에 의한 기업승계가 활성화될 수 있도록 증여세 과세특례제도와 증여세 관련법을 개정하는 것이 필요하다. 기업승계가 갖는 특성을 감안할 때 상속보다는 사전증여 방식을 통해 기업을 승계하는 경우 승계 성공률이 높고, 가족기업 리더가 사망한 이후에 효력이 발생하는 상속과 관련한 가족 구성원 간의 갈등 및 분쟁을 줄일 수 있다. 독일 상속세법에서는 상속과 증여를 동일 수준으로 규정함으로써 사전증여를 통한 기업의 안정적인 승계를 촉진하고 있다.

넷째, 정책지원의 대상이 되는 승계의 범위를 확대해나갈 필요가 있다. 그동안의 기업승계 지원정책은 가족기업 소유주가 자녀 등 가족 구성원 1인에게 기업재산의 대부분을 상속하는 경우에 한하여 가업상속공제 혜택을 제공하는 등 '협의의 가업승계'만 정책의 대상으로 국한하고 관련 제도를 운영해왔다. 그러나 독일의 경우에는 기업을 '가족 내 승계'는 물론이고 '가족 구성원 이외의 자에 대한 승계'까지 정책 대상에 포함하고 가족 이외의 자와 재단 등에게 기업재산을 상속 또는 증여하는 경우에도 동일하게 낮은 상속세율을 적용하고 있는 점을 감안하여 정책의 대상이 되는 기업승계의 범위를 확장해나가는 것이 바람직하다.

다섯째, 기업을 승계하는 과정에서 위협 받게 되는 경영권의 안정적인 확보와 장수기업으로 가는 데 필요한 소유 및 지배구조 구축을 뒷받침할 법제도적 인프라를 구축하는 방안을 마련해나가야 한다. 특히, 성공한 가족기업의 리더들이 갖고 있는 '이상의 실현'을 뒷받침하고 건실한 기업의 영속성 유지와 명문 장수기업의 출현을 촉진하기 위해서는 기업재단을 활용한 승계가 원활하게 이루어질 수 있도록 관련 법제도를 구축해나가는 것이 필요하다. 여기에는 공익재단 설립 및 운영 관련 법제의 선진화, 공익재단 출연 주식에 대한 세제상 우대 확대, 재단 보유 주식에 대한 불합리한 규제 개선, 공익신탁 활성화, 독일식 이중재단제도 도입 등에 필요한 법제의 정비 등이 포함된다. 이 가운데 특히 독일식 이중재단제도는 공익적 목적의 기업재단과 창업자의 후손 등 가족 구성원들이 설립한 사익목적의 가족재단이 서로 조화를 이루면서 기업경영에 참여하고, 기업 활동을 통해 창출된 이익을 공익목적으로 활용함과 동시에 일정 한도까지는 재단 설립자나 설립자의 후손 등 가족 구성원에 대한 경제적 보상이 가능하다는 점에서 상당한 시사점을 제공하고 있다.

끝으로, 가족 구성원 가운데 가업을 이을 후계자가 없는 기업에 대한 승계지원책을 적극 검토할 필요가 있다. 우리나라의 경우에도 가업을 이을 후계자를 찾지 못해 당해 기업을 매각하거나 폐업 등을 고려하는 기업들이 적지 않은 실정이고, 이러한 기업의 수는 날로 증가할 것으로 예상된다. 이들 기업의 대부분은 규모가 작고, 정보의 비대칭성과 M&A 시장의 미성숙 등으로 인해 당해 기업 스스로 시장에서 기업을 매각하거나 인수할 후계자를 찾기가 어려운 실정이다. 이에 독일의 Nexxt Change 프로그램 같은 공공성이 강한 기업승계 지원 플랫폼을 구축하고, 기업을 양도 및 승계하려는 기업인과 기업을 인수하는 방식으로 사업을 시작하려는 창업자 등을 연계하는 서비스를 제공할 필요가 있다.

찾아보기

[ㄱ]

가교승계 140
가문 54
가문의 유산 10, 54, 114
가업(家業)의 영속성 53
가업교육 프로그램 85
가업상속공제제도 268, 294
가업상속재산 270
가업승계 241, 259, 262
가업의 영속성 60, 115, 135, 288
가족 갈등 15, 90
가족 거버넌스 29
가족 구성원 4, 18, 26, 54, 64, 118, 189, 260
가족 내 승계 109, 272
가족 리더십 216, 217
가족 리더십 승계 120
가족 사명선언문 65, 66, 67, 68, 203
가족 연례모임 73
가족 외 승계 109
가족 우선 경영 27
가족 행동지침서 69, 70
가족가치 13, 15, 65, 84, 180, 200, 234, 241, 246
가족가치 확립 184, 260
가족갈등 관리 184
가족경영 233
가족교육 84, 85
가족기업 4, 101, 178
가족기업 거버넌스 34
가족기업 리더 26, 114, 118, 123, 177, 178, 179, 189
가족기업 승계 219
가족기업 정책 75, 76, 78, 83
가족기업 체계 22
가족기업의 거버넌스 28
가족기업의 딜레마 90
가족기업의 양가속성 21
가족기업의 영속성 93, 175
가족사 98
가족위원회 44, 52
가족의 의사결정 방법 78
가족의 정체성 12
가족의 화목 28, 29, 53, 93, 128, 200
가족의 화합 122, 168, 175, 211
가족재단 282, 284, 287
가족적 기능체계 20
가족정책 200

가족주주 33, 52
가족주주 모임 100, 201
가족주주 협의회 55
가족체계 18, 26, 39, 91
가족행동강령 84
가족헌장 65, 203
가족협의회 29, 100, 211
가족회의 29, 52, 68, 72, 201, 203
가족효과 53, 56, 58
갈등관리 95
갈등관리 전략 99
감독이사회 254
감성이입 역량 146
거버넌스 29, 100
경영 리더십 206
경영권 승계 108, 120
경영리스크 182
경영성과 7, 9
경영이념 121
경영자 세대교체 265
경영자원 182
경영철학 145, 154, 243, 250, 258
경영팀 52, 118, 206
경쟁우위 14, 49
경제적 기업 234
고객과의 친밀성 253
고령화 117, 264
고용정책 79, 200
고용창출 효과 8
곤고구미 131, 233
공감능력 132, 156, 261
공동 기술개발 248
공동 업무수행 단계 44
공동결정권 285
공동경영체제 149
공동마케팅 262
공익목적 재단 284
공익법인제도 282
공익재단 282, 287
공통 애로기술 257
과정 갈등 95
관계 갈등 95
관리재산 279
국민경제 7, 115
균형 경영 28
글로벌 경쟁력 265
글로벌 틈새시장 244
기본소양 개발 158
기업 거버넌스 31
기업 내 승계 272
기업 부문 리더십 210
기업 외 승계 272
기업 우선 경영 26
기업가정신 9, 154, 238, 260, 261
기업가치 115, 265
기업문화 184, 197, 234
기업승계거래소 273
기업유지 재단 252
기업의 사회적 책임 197
기업의 영속성 29, 242, 266, 267
기업재단 248, 282
기업재산 268, 274, 278
기업체계 19, 26, 39, 91
기업체계 발전축 45

[ㄴ]
납품단가 259
내부유보 258
내부육성 156
내부자 52, 96, 97
네포티즘 39
Nexxt Change 프로그램 273, 292
능동적인 이사회 35

[ㄷ]
다중역할 23
대리인 비용 47, 48
대리인이론 47
도덕적 해이 47
독립이사회 44, 126
독일식 경영모델 235
독점소유 형태 42
동시적 다중역할 22

[ㄹ]
로버트 보쉬 재단 289
리더십 이전 223

[ㅁ]
마이스터 255
머크(Merk)사 233
멘토 33
명문 장수기업 113, 127, 239, 260, 294
목표 갈등 95

[ㅂ]
배당권 284
베텔스만 재단 290
보상정책 200
복잡성 45, 92
부가가치 성장률 8
부모세대와 자녀세대 간의 갈등 39
부의 대물림 266
비사업용 관리재산 278
비상 승계계획 186
비즈니스 모델 183

[ㅅ]
사내기업가정신 261
사람중심 경영 236
사업영역 183
사업의 확장 및 정형화 단계 46
사외이사 31, 35
사익목적재단 284
사전 특별공제 279
사촌 간 협력단계 35
사촌 세대의 리더십 214
사촌 컨소시엄 43
사회공헌 80, 81
사회적 가치 19
사회적 책임경영 12, 247
사후관리 요건 269
산업신탁합자회사 289
3세대 룰 232
상생의 기업문화 236
상속방식에 의한 승계 111
상속세 266
상속세 납부재원 184
상속재산가액 269

생산적인 노사관계 243
선택감면 모델 279
성과평가 78, 198
성숙단계 46
세감면 필요성 심사 280
세대간 협력 45
세대교체 117
소유구조 51, 184
소유권 108
소유권 부문 리더십 211
소유권 승계 109, 120
소유권체계 발전축 42
소유와 경영의 분리 251
소유주 31, 54
소유주 그룹 31, 53
소유체계 19, 39
소통능력 133
승계 후보자 145, 162
승계계획 115, 118, 123, 173, 175, 177, 185, 233
승계계획 수립 140, 178
승계과정 114, 115, 173, 178, 179, 190, 233
승계과정 관리 33, 188
승계비용 125, 177, 184
승계시기 134
승계의 음모 122
승계자금 184, 242
승계지원팀 184
시장지배력 257
신뢰 121, 133
신생 가족기업 단계 44
신탁계약 286
신탁재단 282
신탁제도 273, 282
실효세율 268
쓰리서클 모델(The 3 Circle Model) 39
쓰리서클 발전모델 41

[ㅇ]

안정성 113
암묵지 265
양가속성 22
양극화 265
역동성 42, 92
역선택의 문제 47
연부연납 281
연부연납제도 270
열린 가족자본주의 137, 236, 238
온라인 기업승계거래소 292
외부경험 155, 162
외부자 52, 96, 97
외부자원 262
원천기술 237, 240, 257
위헌판결 277
유럽 중소기업법 116
유언장의 효력 138
윤리경영 12, 242
은퇴 이후의 삶 190, 192
은퇴계획 193
의결권 5, 284
의사결정 능력 196
이사회 31, 52, 126
이원적 지배구조 252

이중 기능적 특성 19
이중기능체계 21
이중재단 282, 284
이해관계자 54, 115, 121
이해상충 및 자기거래 80
인내자본 57, 60
인적 네트워크 220
인적회사 285
일반감면 모델 278
일학습병행제 243

[ㅈ]
자기자본 충실화 240
자녀세대 210
자문위원회 34
자본비용 56, 61
자본이득 269
자선사업 80, 81
자원기반이론 48, 49
자주독립형 교육 157
장수기업 28, 233, 265, 295
장자 상속권 146
장자계승 원칙 135
재단 유한회사 286
재무계획 14
재무구조 258
전문경영인 109, 137, 246
점감적(漸減的) 세감면 모델 280
정서적 연류와 혼란 24
정체성 191
제2의 창업 111, 169
조직관리 역량 154
조직문화 205
족벌주의 16
주니어 보드 35, 167
주식 유동화 52
주식공개 43
주식의 상환 및 유동화 정책 200
주식합자회사 251
주주 목표 55
주주 협의회 52
주주계약 79, 80, 84
주주총회 31, 73
증여방식에 의한 승계 111
증여세 과세특례제도 269
증여자 270
지배구조 78, 79, 184, 241, 251, 259, 282
지속가능 성장요인 257
지역사회 12, 54, 60, 259
집행이사회 254

[ㅊ]
차세대 경영자 121
참가적 기업재단 283
창업 세대의 리더십 213
창업세대 16, 51, 175, 210, 271
창업세대의 고령화 117
창업세대의 그늘 134
창업이념 260
창업자 4, 86, 114, 252, 271
창업정신 15, 53, 121, 196, 234, 246, 253
창업주 179

창업철학 180
청지기정신 9, 54, 260
체계이론 38

[ㅋ]
칼 자이스 재단 291

[ㅌ]
투자자 86, 252
틈새시장 235, 261

[ㅍ]
패밀리 오피스 83
편애 92
평등원칙 277
평생교육 프로그램 258
피상속인 269, 274

[ㅎ]
하위체계 38
할증평가제도 294
핵심기술 243, 246
핵심역량 235, 242
행동규범 99, 260
헌법상 평등원칙 276
현지화 전략 240, 247
협력업체 249, 259
형제간의 갈등 94
형제자매 세대 85, 214
형제자매 세대의 리더십 214
형제자매 파트너십 34
혼인계약 81
혼전합의서 81
환경경영 247
후계자 118, 260
후계자 선발과정 138
후계자 선정기준 136
후계자 역량개발 계획 165
후계자 역량개발 프로그램 196
후계자 육성 152
후계자 육성계획 164, 165, 194
후계자 코칭 196
후계자의 정체성 194
히든챔피언 237

[저자 약력]

조 병 선

독일 쾰른(Köln)대학교 법학박사(경제공법 전공)
(전) IBK 경제연구소장
　　숭실대학교 교수(벤처중소기업학과)
　　한국가족기업연구원장
(현) 중견기업연구원장
철탑산업훈장 수상(중소기업진흥 유공)
대통령표창 수상(중소기업금융 유공)

저 서

100년 기업으로 가는 길
가족기업 경영과 승계전략
적자사장, 흑자사장 등

가족기업의 성공승계 전략

초판 발행　2021년 8월 31일

지은이　조병선
펴낸이　박노일

총괄기획　김중용 · 최준규
편　집　심성보 · 김인숙

펴낸곳　pnc publishing and culture 피앤씨미디어

경기도 고양시 일산동구 강송로 153 310-1501
등록 제396-2012-000203호
전　화　070)7550-3758　팩　스　02)718-8554
홈페이지　www.pncmedia.co.kr　이메일　pnc@pncmedia.co.kr
ISBN　979-11-5730-794-4　93320

정 가　30,000원